S. 206

Wir haben Musik nicht gehört –
jedoch gelesen.

Bad Teinach, 6.8. - 20.8.95

Meiner lieben Benita,

Deine Magda

Eugenie Schumann · Claras Kinder

Eugenie Schumann

# Claras Kinder

Mit einem Nachwort von Eva Weissweiler
und Gedichten von Felix Schumann

Dittrich-Verlag
Köln

Titelgestaltung: Hans-Joachim Lenz
Satz: Greiner & Reichel, Köln
Druck und Bindung: Freiburger Graphische Betriebe

ISBN 3-920862-05-8

# Inhalt

## Zu diesem Buch

Die Erinnerungen Eugenie Schumanns werden hier so nachgedruckt, wie sie in der ersten Ausgabe 1925 erschienen sind. Hinzugefügt werden in diesem Buch bisher unveröffentlichte Gedichte von Felix Schumann.

Eva Weissweiler, die Clara-Schumann-Biografin und Herausgeberin des Briefwechsels von Clara und Robert Schumann, erweitert das Lebensbild Eugenie Schumanns um Ausschnitte aus deren Korrespondenz mit ihrer Lebensgefährtin, der Sängerin und Clara-Schumann-Sekretärin Marie Fillunger, und zitiert in ihrem Nachwort unveröffentlichte Quellen, die den Streit um das bis 1937 unter Verschluß gehaltene Violinkonzert Robert Schumanns neu beleuchten, so u. a. zeitgenössische Expertenurteile und die Kontroverse zwischen Eugenie Schumann und Joseph Goebbels. Darüber hinaus wird das Leben der anderen Kinder Robert und Clara Schumanns nachgezeichnet.

Die Erinnerungen von Eugenie Schumann sind 1942 ein zweites Mal erschienen, allerdings *gereinigt*. Beschreibungen der jüdischen Freunde der Schumanns und anderer Persönlichkeiten, die nicht ins Bild des Nationalsozialismus paßten, wurden gestrichen. Sie werden im laufenden Text durch eckige Klammern kenntlich gemacht.

Der Name Clara Schumann wird in den Erinnerungen durchgehend mit *K* geschrieben. Robert Schumann versuchte so, den Namen seiner Frau der deutschen Sprache anzupassen. Clara Schumann hat die Schreibweise ihres Mannes in ihren Briefen übernommen und beibehalten.

Köln, April 1995 — Der Verleger

# Erinnerungen von Eugenie Schumann

# Vorwort

Als ich im Jahre 1920 nachstehende Erinnerungen niederzuschreiben begann, war ich von einer ganz bestimmten Absicht geleitet: Es sind in der Welt durchaus irrtümliche Meinungen über die Veranlagung und den Charakter meiner Brüder verbreitet. Ihnen entgegenzutreten durch getreue Schilderung der Persönlichkeiten, so wie sie sich vor allem in ihren Briefen spiegeln, schien mir Pflicht nicht nur gegen die teuren Brüder, sondern auch gegen sie als Söhne unsrer Eltern. Ob ich damals gleich an Veröffentlichung dachte, ist mir nicht mehr erinnerlich; ich fühlte nur den unabweisbaren Drang, die Dinge zu sagen, wie sie waren, und so fing ich an zu schreiben. Ein Wort gab das andre, eine Erinnerung rief tausend andre wach. Ich schrieb schließlich mir zur Freude, mein Leben überblickend, und da verweilend, wo es mir gefiel. Je länger ich schrieb, desto mehr trat die Gestalt unsrer Mutter in den Vordergrund.

An meiner Schwester Marie achtzigstem Geburtstag überraschte ich sie mit den ersten fünf Kapiteln. Sie hatte Freude daran. Ein freundlicher Verleger, der die Arbeit zu Gesicht bekam, sagte mir Worte der Anerkennung, regte mich zu Ergänzung und Abrundung an. So nahm ich nach langer Unterbrechung die Feder noch einmal zur Hand; ich fand, daß ich noch mancherlei zu sagen hatte, und so wurde aus den losen Kapiteln ein Buch. Habe ich in demselben wenig gegeben, so doch immerhin das Beste, was ich besitze: die Erinnerungen an große und gute Menschen, an große und gute Zeiten.

# Kindheit

Ich bin im Dezember des Jahres 1851 als siebentes von acht Geschwistern in Düsseldorf geboren, und mein Vater zeigte das Ereignis der Großmutter Bargiel durch folgenden Brief an:

Liebe Mama!

Sie wissen schon, was es zu bedeuten hat, wenn ich schreibe. Auch diesmal war des Himmels Schutz über Klara und früh in der ersten Morgenstunde ein gesundes Kind, ein Mädchen, da. Denken Sie, drei Stunden vorher waren wir, Klara und ich, noch auf dem Schadowfeste, wo wir nicht gerne fehlen wollten. Nun bin ich glücklich, daß Klara so wohl und munter dabei ist, und recht pflegen wollen wir sie in den nächsten Wochen.

Ihren Kindern viele herzliche Grüße, namentlich Woldemar für seine letzte Sendung, auf die ich ihm noch besonders antworte.

Wir haben viel Musikalisches vor in der nächsten Zeit; eine Aufführung des »Elias«, dann der Matthäuspassion von Bach, Ende Januar vermutlich auch meines Märchens »Der Rose Pilgerfahrt«, die ich jetzt fertig instrumentiert habe. Vielleicht kommt Woldemar dazu her? Darüber sprechen wir noch.

Nun seien Sie selbst herzlich gegrüßt und geküßt, und danken mit mir dem Himmel, daß er unsre geliebte Klara so kräftig erhalten hat. Recht bald hoffen wir, von Ihnen Nachrichten zu erhalten.

Ihr Robert

*Montag, den 1. Dezember 1851*
*Vormittag zehn Uhr*

An diesen teuren Vater habe ich auch nicht die leiseste Erinnerung! War ich doch im März 1854, als er nach Endenich kam, erst zweieinviertel Jahre alt. Wie oft habe ich mich bemüht, das Dunkel der ersten Kindheitsjahre zu durchdringen – ich dachte immer, die Gestalt, die sich gewiß manchesmal über meine Wiege gebeugt, müsse auftauchen. Aber vergebens – der Schleier blieb undurchdringlich. Meine Geburt war die letzte Eintragung in das Gedenkbüchlein, welches er für uns Kinder angelegt hatte, und ich hatte mich damit abgefunden, daß sie das einzige sichtbare Zeichen des Zusammenhanges zwischen mir und ihm sei. Da fand ich vor kurzem in einem Briefe meines Vaters an meine Mutter vom 1. April 1855 zu meiner unsäglichen Freude die Worte: »– schreibe über Eugenie, sie zeigte so helle Sinne.« So hatte er sich also noch während seiner Krankheit in Gedanken mit mir beschäftigt, so wie er es in gesunden Tagen mit den älteren Geschwistern getan hatte.

Sein früher Tod warf auch auf mein Leben schwere Schatten. Schon als Kind fühlte ich, daß ich etwas Unersetzliches verloren hatte. Ich dachte immer an ihn und sein Schicksal und vergoß viele Tränen darüber. Später versuchte ich mir eine Vorstellung seiner Persönlichkeit zu machen; ich versuchte mir vorzustellen, wie es überhaupt sei, einen Vater zu haben. Aber nie wollte es mir gelingen; alles, was ich über ihn hörte, machte mir seine Gestalt nicht lebendig. Als ich dann älter wurde, lernte ich ihn lieben durch seine Werke. So bescheiden meine musikalische Begabung war, so war mir doch die Fähigkeit geworden, seinen Geist zu erfassen, mich von ihm durchdringen zu lassen; ich empfand tief die Leidenschaftlichkeit, die Innigkeit und Reinheit seines Gemütes, seiner Seele Hochgespanntheit und den wunderbaren Reichtum seiner Gedanken. Und da schuf ich mir ein Bild von ihm und von seinem Geschick, wie es sich innerlich an ihm vollzog. In einer schweren Krankheit sagte ich einmal zu meinem Arzt: »Es ist kein Wunder, daß mein Vater krank wurde, in seinem Kopfe wuchsen ja lauter Blumen.«

Auch an meine Mutter habe ich nur wenig Erinnerungen aus den Kinderjahren. Die erste stammt aus der Düsseldorfer Zeit. Wir jüngeren Kinder spielten eines Abends zusammen im Eßzimmer. Da fiel uns ein: Wir wollen zur Mama hinübergehen; die gibt uns Schokolade. Dazu mußten wir aber durch eine, nach unsern kindlichen Begriffen, riesengroße Stube hindurch, wo an einem Ständer in der Ecke ein großer gelber Pelzmantel hing, den unser Vater auf der Reise nach Rußland getragen hatte. Vor diesem Pelz fürchteten wir uns wie vor einem wilden Tiere, und es bedurfte alles Mutes, uns daran vorbei zu wagen. Wir faßten uns an den Händen, rannten zusammen durch den dunkeln Raum und stürmten in das Zimmer der Mama. Da saß sie bei heller Lampe an ihrem Schreibtisch – noch sehe ich die schlanke Gestalt in schwarzer Samttaille und seidenem Rock. Wie geborgen fühlten wir uns nach überstandener Gefahr! Sie behielt uns ein Weilchen bei sich, nahm aus einer Schreibtischschublade die ersehnte Süßigkeit und entließ uns wieder.

Die zweite Erinnerung fällt in das Jahr 1857, als ich fünfeinhalb Jahre alt war. Ich sehe meine Mutter im Wasser stehen und die Arme nach mir ausstrecken; ich werde ihr hinuntergereicht, und sie taucht mich in die Fluten. Das war in Sankt Goarshausen, und meine Mutter hatte mich in den Wellen des Rheins gebadet, getauft fürs Leben, denn gewiß stammt von diesem Eindruck her, unzertrennlich von der Gestalt der Mutter, die heiße Liebe zum Rhein, die mich mein ganzes Leben hindurch begleitet hat, die Liebe zu unserm deutschen Rhein, dem Schmerzenskind, für das so viel Blut geflossen ist und noch viel mehr fließen wird.

Aus diesem Aufenthalte in Sankt Goarshausen erinnere ich mich noch eines Spazierganges auf die »Loreley«, auf der die uns führende weibliche Begleiterin in Tränen zerfloß. Ihren Kummer kannte ich nicht und hätte ihn wohl auch nicht verstanden, aber »Loreley« und Tränen waren für mich von dem Tage an unzertrennlich.

Im Jahre 1858 verlebten wir einige Wochen in Göttingen, und da erinnere ich mich meiner Mutter in weißem, schwarz geblümtem Musselinkleid und breiter, schwarzer Schärpe, in Gesellschaft der älteren Schwestern und der Freunde Brahms, Grimm und Agathe Siebold Anschlagversteckens spielen. Sie hatte sich in dem hohen Grün eines Spargelfeldes verborgen. Dort aufgescheucht lief sie, so schnell sie konnte, auf den zum Ziel erwählten Baum zu, und unvergeßlich blieb mir der Schrecken, als sie, beinahe angelangt, über eine Wurzel stolperte und hinfiel.

Noch eine andre Erinnerung habe ich aus jenen Jahren, die sich nicht auf meine Mutter bezieht, mir aber zeitlebens so unverrückt vor Augen gestanden hat, daß ich nicht umhin kann, sie hier zu schildern.

Wie auf einem Bilde sehe ich im Flur eines Hauses in Düsseldorf eine Schar Kinder stehen; die blicken staunend hinauf nach dem Treppengeländer. Dort macht ein junger Mann mit langem blondem Haar die halsbrecherischsten Turnübungen, schwingt sich von rechts nach links, hinauf, hinab; schließlich stemmt er beide Arme fest auf, streckt die Beine hoch in die Luft und springt mit einem Satze hinunter, mitten hinein in die bewundernde Kinderschar. Die Kinder waren wir, ich und meine etwas älteren Geschwister, der junge Mann Johannes Brahms.

Wenige Monate nach der Erkrankung unsres Vaters trat die Notwendigkeit des Erwerbens an die Mutter heran, sie mußte sich entschließen, ein Wanderleben zu führen, und die Versorgung und Erziehung der Kinder Fremden übertragen. Marie und Elise, Ludwig und Ferdinand* kamen in Pension, Julie zur Großmutter Bargiel, und nur Felix und ich blieben daheim; erst in Düsseldorf unter der Aufsicht einer Vertrauensperson und später in Berlin in der Obhut der Schwestern, denen als Ratgeberin eine Freundin des Hauses, Fräulein Elisabeth Werner, von uns »Tante Elisabeth« genannt, zur Seite stand.

Die Übersiedlung nach Berlin erfolgte im Jahre 1857. Wir bezogen eine schöne Wohnung, in welcher selbstverständlich die sogenannte Berliner Mittelstube mit einem

* Marie, Elise, Julie, Ludwig, Ferdinand – meine älteren Geschwister

großen Fenster nach dem Hofe nicht fehlte. In diesem der Südsonne zugewandten Raume hielten wir Kleinen uns auf; dort stand auch das Tafelklavier für uns zum Üben, während die Schwestern den schönen Flügel in der vorderen Wohnstube benutzten. Manchmal war Marie bei uns, dann meine zweite Schwester Elise, auch wohl beide zusammen, wofür mir eine unvergeßliche Szene, deren erstarrte Zeugin ich war, bürgt. Elise, die damals oft etwas schwermütiger Laune war, lehnte am offenen Fenster und blickte unverwandt auf das Schöneberger Ufer hinab. Sie hatte schöne lange blonde Zöpfe, die mit unzähligen Haarnadeln am Kopfe befestigt waren. Marie sagte ihr etwas, erhielt aber keine Antwort. Neckerfriede, der sie war, schlich sie sich hinter die Schwester, zog ihr eine Haarnadel heraus und warf sie auf die Straße. Elise rührte sich nicht. Eine zweite Nadel folgte der ersten, dann die dritte, und schließlich alle miteinander. Elise war unbeweglich geblieben; als aber die letzte Nadel hinuntergeflogen war, drehte sie sich blitzschnell um, und eine schallende Ohrfeige saß auf Mariens Backe.

Auch Julie muß öfter bei uns gewesen sein, denn ich erinnere mich noch lebhaft einer Klavierstunde bei ihr, der Fünfzehnjährigen. Sie war eben von einem Aufenthalte bei dem Großvater in Dresden zurückgekehrt, bei dem sie selbst gelernt hatte. Die Stunde fing damit an, daß sie auf dem zurückgeschlagenen Deckel des Tafelklaviers Süßigkeiten aller Art, die sie geschenkt bekommen hatte, in Reih und Glied aufbaute und mir ein Stück davon für jede gut gespielte Tonleiter, Etüde und so weiter versprach. Nun, jede Leistung wurde als Glanzleistung bewertet, und die Leckerbissen verschwanden schnell. Unzählige Küßchen wurden dazwischen gestreut.

Abends brachte sie uns zu Bett, dann nahm sie das Licht und sagte: »So, jetzt bin ich die Frau und will das Licht ausblasen.« Dann machte sie einen ganz schiefen Mund und versuchte zu blasen. Das ging aber nicht. Da rief sie: »Mann, Mann, komm doch schnell her und blase das Licht aus.« Nun kam der Mann auch mit einem schiefen Munde und versuchte zu blasen, aber umsonst! Nun hieß es nacheinander: »Lieschen, Trude«, und so weiter. Alle kamen sie, die Töchter und die Magd, aber alle hatten sie schiefe Münder, von Julie auf das drolligste und in unglaublicher Mannigfaltigkeit dargestellt. Keine konnte blasen, und da wurde endlich der Nachtwächter gerufen, der hatte kein schiefes Gesicht; der konnte blasen. Das Licht verlöschte, wir lagen im Dunkeln; noch einmal suchte die Liebliche unter Lachen und Scherzen unsere Mündchen, dann verschwand sie.

Wir beiden Kleinen waren unzertrennlich. Felix war ein reizend liebenswürdiges Kind, aller Menschen Liebling. Ich selbst liebte ihn so zärtlich, daß ich es natürlich fand, daß er mir oft vorgezogen wurde. Im Dezember 1857, als er dreieinhalb Jahre alt war, schrieb der Onkel Woldemar* an unsre Mutter: »Der Felix ist auch ganz lebendig und hat vom Christkind geträumt, das ihm in blauen Hosen und blauem Rock mit einem Kranz auf dem Kopf erschienen ist, und ihm Mehreres versprochen hat. Cäcilie wird dafür sorgen, daß das Christkind sein Wort hält. Felix ist ein prächtiger Kerl.« – Einmal wünschte er sich ein Schaukelpferd, aber die Mama hatte infolge eines Unfalls so wenig verdient, daß sie uns allen nichts zu Weihnachten schenken konnte. Marie aber besaß einen goldenen Ring, den verkaufte sie, und Felix bekam sein Pferdchen, auf dem dann auch ich reiten durfte.

Ich erinnere mich unsrer Winterspaziergänge am Kanal und der dicken Tränen, die die eisige Kälte den schönen blauen Augen des Brüderchens entlockte; die Pelzhandschuhe hingen ihm an einer Schnur über den Schultern, aber die kleinen Hände hielten es nie lange darin aus. Manchmal durften wir mit auf die Äpfelkähne gehen, wo die Äpfel in unzähligen Sorten, in länglichen Körben ausgestellt, von den dicken Äpfelfrauen verkauft wurden.

Ich erinnere mich, daß wir nach dem Essen immer das Tischtuch zusammenlegten, wobei wir es uns unzählige

* Woldemar Bargiel, Halbbruder unsrer Mutter. Cäcilie, seine Schwester

Male aus den Händen rissen. Dann sagte ich: »Du bist aber mal grob«, und Felix: »Du bist viel gröpper.« – Ich erinnere mich, daß er mir eines Tages einen Zahn ausriß. Wir spielten »Pferd«; ich saß als Kutscher hoch oben auf zwei aufeinandergestellten Tischen und hielt, da ich die Hände gerade anderweitig gebrauchte, die Zügel mit den Zähnen. Da zog das Pferdchen an, und der Zahn war draußen. – Auch sehe ich uns zusammen den ganzen Tag in einer Laubhütte sitzen, die uns irgend jemand wohl am Palmsonntag im Eßzimmer von Weidenkätzchen, Kalmus und jungem Grün zurechtgemacht hatte. Einmal wurden wir im Mai auf eine Wiese geführt; auf einem jungen Bäumchen saßen große, braune Tiere. Man ließ uns schütteln und da fielen lauter Schokolademaikäfer herab. Von diesem Erlebnis schreibt sich meine Duldsamkeit gegen Maikäfer her, während mir sonst alles Kriechende und Krabbelnde zuwider war. – Im Sommer gingen wir öfters in den Zoologischen Garten, wo wir uns mit den Kindern des damaligen Direktors den ganzen Tag in einer großen Sandgrube herumtummelten und »Räuber und Soldaten« und »Wildes Tier« spielten.

Einmal waren wir mit der Mama im Sommer in Kreuznach; da fuhren wir oft auf der Nahe. Eines Tages, es war ein glühend heißer Sommertag, sollte Stockhausen mit uns fahren. Wir saßen schon im Kahn, da erschien er in einem großen Pelzrock und erklärte, das sei die einzig richtige Kleidung für den Sommer, nichts hielte die Hitze so gut ab wie ein Pelz. Er gab damals mit meiner Mutter mehrere Konzerte in Kreuznach und sang unter anderm die Müllerlieder. Mit seinem: »Ich hört' ein Bächlein rauschen« sang er sich für ewige Zeiten in mein Kinderherz hinein. Unvergeßlich der Zauber dieses Liedes aus seinem Munde.

Marie erzählt noch gern von einem kleinen Schrecken, den Juliens stürmische Lebhaftigkeit ihr bei Gelegenheit dieser Konzerte eintrug. Der Kreuznacher Musikalienhändler verlangte nämlich für den Vertrieb der Eintrittskarten so hohe Prozente, daß sie den Ertrag der Konzerte unverhältnismäßig geschmälert haben würden. Da meinten denn Marie und Elise, sie könnten den Verkauf selbst besorgen. Die Mutter gab, wenn auch ungern, ihre Einwilligung, und es wurde eine Anzeige in die Zeitung gesetzt. Sehr bald erschienen die ersten Käuferinnen, zwei fremde Damen. Da stürzte Julie herbei und bat die Schwestern inständigst: »Bitte, bitte, laßt mich verkaufen«, und ehe Marie und Elise es sich versahen, lief sie an ihnen vorbei in das für den Verkauf bestimmte Zimmer. Den erzürnten Schwestern blieb nichts übrig, als sich zu bescheiden. Nach wenigen Minuten kam Julie zurück, langsam und mit ganz verstörter Miene. »Nun, was ist denn? Hast du keine Billette verkauft?« – »O ja, die Damen haben zwei gekauft, aber – aber sie haben sie nicht bezahlt.« Sie war untröstlich, wurde wohl auch tüchtig ausgelacht. Es dauerte aber nicht lange, da schickten die Damen das Geld, welches sie vermutlich der kindlichen Verkäuferin nicht hatten in die Hand drücken wollen.

Es war auch in den Berliner Jahren, daß mir ein Glück zuteil wurde, welches ich damals als solches nicht verstand, an das ich mich aber später gern zurückerinnerte. Ich rettete nämlich einem kleinen Mädchen das Leben, und das kam so: Herr und Frau Möllinger, bei denen Felix und ich einmal kurze Zeit in Pension waren, hatten uns mit aufs Land genommen. Wir spielten da mit andern Kindern auf einem großen Gutshofe. In der Mitte desselben war ein kleiner, aber tiefer Teich mit steil abfallendem Rande; das Wasser war schwarz und schlammig und von quakenden Fröschen bewohnt. Wie es geschah, weiß ich nicht, aber ein kleines Mädchen fiel hinein und sank gleich so tief unter, daß nur noch der Kopf und die hilfesuchenden Händchen sichtbar waren. Die andern, kleineren Kinder liefen schreiend dem Hause zu; ich aber kletterte ohne Zaudern den steilen Rand hinunter, trat ins Wasser, so weit es nur ging – vielleicht hatte ich auch einen Stock zur Hand – kurz, es gelang mir, das Kind herauszuziehen. Mittlerweile kam man vom Hause herbeigestürzt, wir wurden sofort ausgezogen und ins Bett gesteckt. Am nächsten Tage schenkte mir Herr Möllinger eine wunderschöne Puppe und ein Kleid, weil ich so tapfer gewesen sei, was ich gar nicht verstand. Erst viel später wurde es mir klar, daß ich das Kind aus einer großen Gefahr errettet hatte.

Einen lebhaften Eindruck machte mir die erste Begegnung mit unsrem Großvater Wieck, die in diese Zeit fiel, und den ich danach leider nur noch einmal in meinem Leben wiedergesehen habe. Vermutlich hatte er Felix und mich zu einem Ferienbesuche nach Dresden eingeladen. Er war ein großer, hagerer Mann mit scharf ausgeprägten Gesichtszügen und einem Paar tiefblauer, feuriger und dabei doch schwermütiger Augen – Augen, wie man sie nur bei Deutschen findet. Erinnerlich ist mir sonst nur, daß er uns Geld gab, um auf die Vogelwiese zu gehen, und daß er eines Tages – ich saß mit Felix auf dem Fenstertritt und es waren eine Anzahl Menschen im Zimmer – eine längere, sehr heftige Rede hielt, wo er zum Schluß sagte, »die Klara, die Klara, an der könne man sehen, was seine Methode zu leisten vermöge.«

Merkwürdigerweise habe ich aus den Berliner Jahren so gut wie keine Erinnerung an meine Mutter. Es ist mir das um so unbegreiflicher, als ich aus den Tagebüchern weiß, daß sie Weihnachten fast immer mit uns feierte, und daß wir auch im Sommer öfters mit ihr zusammen waren. Das weiß ich noch, daß man mir eines Morgens sagte: »Geh mal in die Wohnstube; da ist eine Überraschung für dich.« Und als ich eintrat, sah ich mit unbeschreiblichem Glücksgefühl die Mama auf dem Sofa liegen, wo sie nach durchreister Nacht ausruhte. Auch ist mir, als hätte ich sie oft weinen sehen. Sicher aber ist, daß, wo sie auch sein mochte, wir immer ihre liebende Fürsorge, ihre schützende Hand fühlten, und daß sie uns sowie den älteren Geschwistern das Höchste auf der Welt war. Soviel es ihr die ungeheuren Anforderungen ihres Berufes gestatteten, hielt sie durch brieflichen Verkehr eine Art des Zusammenlebens aufrecht; sie gab uns Nachricht von den Geschwistern, ermahnte uns, einander zu schreiben, erinnerte uns an die Geburtstage, kurz, sie tat alles, um einer Entfremdung vorzubeugen. Auch die Kleinen erhielten ihren Teil an Briefen von der Mutter, von denen einige hier folgen:

*Kreuznach, den 15. September 1860*

Meine liebe Eugenie,

Dein Briefchen zu meinem Geburtstage hat mich sehr erfreut – ich hoffe, Du hast es allein geschrieben? Das tue ja immer, dann sehe ich was Du kannst und ob Du recht viel weißt. Wie geht es mit dem Klavier? übst Du auch täglich eine Stunde? und weinst Du auch gar nicht mehr? Das hoffe ich sehr. Hier sprechen wir oft von Euch, und wenn ich ein kleines Mädchen oder einen Jungen sehe, meine ich immer, Ihr, Du und Felix müßtet es sein. Nun, so Gott will, leben wir nächsten Sommer wieder einige Wochen zusammen, freilich, recht fleißig müßt Ihr dann gewesen sein. Schreibe mir recht bald wieder, mein liebes Kind, und denke immer an Deine Dich zärtlich liebende

Mutter Klara

*

*Kreuznach, den 15. September 1860*

Mein liebes Lixemännchen,

Du hast mir ja ein allerliebstes Briefchen zu meinem Geburtstag geschickt! Aber allein geschrieben hast Du es wohl nicht? Das mußt Du nun auch bald lernen! Daß Du nun eine Geige hast, freut mich. Wie heißt denn der Ton, den Du darauf gespielt? G, D, A oder E? Schreibe mir ja immer, wie viel Töne Du kannst. Vielleicht sind es bald so viele, daß Du sie nicht mehr zählen kannst. Hast Du auch einen Sack für die Geige? Sei ja recht vorsichtig damit, denn so eine Geige ist kein Spielzeug. Nun, lebe wohl, Du lieber kleiner Musikant. Sei fleißig, folgsam und denke recht viel an Deine Dich küssende

Mutter Klara

Grüße Deinen Lehrer von mir.

*

*Düsseldorf, den 22. Dezember 1860*

Meine lieben Kleinen,

wenn Ihr am Weihnachtsabend recht vergnügt seid, dann denkt auch an Eure Mama, die so gern bei Euch wäre! Damit Ihr aber auch seht, daß ich an Euch denke, schicke ich Euch die schönen Bücher, in denen Ihr immer Sonntags lesen sollt, wenn Ihr in der Woche recht fleißig waret. Aber zerreißen oder schmutzig machen, dürft Ihr sie ja nicht, da wäre ich sehr, sehr böse, die müssen immer schön bleiben. In der Musik seid Ihr doch auch recht fleißig? Übt Ihr auch alle Tage? Allein für Euch? Nun lebt mir wohl, meine liebe Eugenie und mein lieber Felix, denkt recht oft an Euere Mutter und seid recht fröhlich am Weihnachtsabend, und immer recht lieb zu der guten Tante Storch* und Elisabeth. Ich küsse Euch in aller mütterlichen Liebe und Zärtlichkeit

Euere Mama Klara

*

Im Herbste des Jahres 1862 kaufte meine Mutter ein Häuschen im Dorfe Lichtenthal bei Baden-Baden. Dasselbe war ursprünglich ein kleines Bauernhaus mit daranstoßender großer Scheune gewesen. Eine spätere Besitzerin hatte die Scheune in Wohnräume umgewandelt, und diese gaben dem Inneren des sonst so überaus bescheidenen Baues einen herrschaftlichen Anstrich. Von der Dorfstraße gesehen, war das Häuschen so häßlich und schmucklos, daß wir Kinder ihm den Namen »Hundehütte« beilegten. Und wahrhaftig, niemand wollte glauben, daß eine Künstlerin wie meine Mutter da wohnte. [Als Hermann Levi, der damalige Kapellmeister in Karlsruhe, sie zum ersten Male besuchte, hörten wir, wie er zum Kutscher, welcher der Weisung gemäß Lichtenthal 14 vorgefahren war, sagte: »Nein,

* Schwester von Fräulein Werner

das kann nicht richtig sein, hier kann Frau Schumann nicht wohnen.« Und doch wohnte sie da, und dieser selbe Hermann Levi und viele Freunde und Bekannte, Künstler und Fürstlichkeiten verlebten da trauliche, anregende und genußreiche Stunden.] Baden-Baden war damals eine andre Stadt als jetzt. Die Spielbank beherrschte das ganze Leben; aus allen Ländern, besonders aus Frankreich, England und Rußland strömte die vornehme und elegante Welt dorthin, und in großzügigster Weise sorgte der Pächter der Bank für die Annehmlichkeit und das Vergnügen der fremden Gäste. Und auch die Einheimischen gingen nicht leer aus; Wohlhabenheit kennzeichnete das Städtchen und die Umgebung; die schönsten Anlagen erfreuten das Auge – die herrlich duftenden Azaleengruppen waren meiner Mutter eine stets wiederkehrende Freude – das geschmackvolle Kurhaus mit seinen weiten Sälen, die Konzerte des ausgezeichneten Orchesters, zu denen Künstler ersten Ranges verpflichtet wurden, standen jedermann unentgeltlich offen und – Steuern waren ein unbekanntes Ding.

Im Frühling 1863 zogen wir ein. Noch sehe ich die großen Möbelwagen vor der »Hundehütte« stehen, mich und Felix auf den ausgeladenen Kisten sitzend und dabei Freundschaft schließend mit den Kindern aus dem Nachbarhause. Die älteren Schwestern besorgten den Einzug, und vierzehn Tage später kam die Mama nach. Für uns Kinder kamen nun die glücklichsten Sommer unsres Lebens. Den ganzen Winter war meine Mutter auf Reisen, meist in Begleitung von Marie. Wir andern waren in der Welt zerstreut, und da war denn dieser bescheidene aber zauberhaft idyllisch gelegene Besitz ein Paradies, in welchem wir uns teils für den ganzen Sommer, teils zu den Ferien, zusammenfanden. Hier pflegte meine Mutter der Ruhe nach anstrengender Winterfahrt, hier gehörte sie uns, lebte für uns, für unsre Erziehung und Ausbildung, freute sich der Fortschritte, die wir während des Winters gemacht hatten, und sorgte sich, ach, wie sehr, wenn nicht alles so ging, wie es gehen sollte. Ihr Geist der Liebe, des Wohlwollens, der Ordnung, des Fleißes und treuester Pflichterfüllung im großen wie im kleinen herrschte im Haus. Sie teilte die Pflichten jedem nach seinen Kräften zu und sorgte für gesunde Abwechslung von Arbeit und Erholung. Das Frühstück nahmen wir bei gutem Wetter in der grünumrankten Laube im Gärtchen ein, freuten uns dabei der herrlichen Bäume in der Lichtenthaler Allee, von der uns nur die kleine glitzernde sanft plätschernde Oos trennte. Von unserm Versteck aus konnten wir die Spaziergänger da drüben beobachten – die spätere Kaiserin Augusta ging jeden Morgen vorbei, und im Monat September erschien die hohe, achtunggebietende Gestalt ihres Gemahls, des damaligen Königs von Preußen, späteren Kaisers Wilhelm I. ihr zur Seite.

Während des Frühstücks wurden Briefe gelesen und die Pläne für den Tag besprochen. Meine Mutter blieb meist noch eine Stunde draußen, entweder in der Gesellschaft der lieben Freundinnen, Fräulein Leser und Fräulein Jungé, die gewöhnlich für den ganzen Sommer nach Baden kamen und im Nachbarhause einquartiert waren, oder ihre Korrespondenz erledigend.

Wir Kinder gingen ins Haus an unsre verschiedenen Geschäfte. Der Vormittag gehörte ganz der Arbeit. Wir wurden alle von Kindheit an zur Musik angehalten und lösten uns genau nach der Uhr am Klaviere ab. Unsre Mutter betonte stets die Wichtigkeit des regelmäßigen, wenn auch nicht langen Übens. Als Felix einmal, noch ein ganz kleiner Kerl, die Mama eines Sonntags bat, ihm das Üben zu erlassen, gab sie ihm zur Antwort: »Es wäre mir zwar lieber gewesen, wenn du mich gebeten hättest, ob du am Sonntag zwei Stunden spielen dürftest statt einer, aber ich will dir deine Bitte doch erfüllen.«

Wir hatten immer einen schönen Flügel für uns, und zeitweise waren sogar drei Flügel im Hause, die meiner Mutter von verschiedenen Fabrikanten zur Verfügung gestellt waren. Meine Mutter – und der Großvater Wieck vor ihr – war der Ansicht, daß die Ausbildung eines guten Anschlages nur auf einem Flügel zu erreichen sei, und ich erinnere mich, daß sie in späteren Jahren einmal ganz unglücklich war, als ich wegen Platzmangels in einer Pension auf einem Pianino üben mußte. Die älteren Schwestern hatten jede zwei Stunden wöchentlich bei der Mama; wir Kleinen wurden von den Schwestern unterrichtet und zum Üben auch, oder vielmehr besonders, in den Ferien angehalten – zu meiner großen Unzufriedenheit, denn ich liebte es durchaus nicht, aus dem Garten und von den Spielen mit den Nachbarskindern, Adolf, Elisabeth und Flora Schwarz, abgerufen zu werden. Ich erinnere mich noch, wie ich eines Tages, als mich Elise wieder und wieder hineinrief, zornig die Fäuste ballte und einmal nach dem andern die Worte ausstieß: »Ich hasse sie, ich hasse sie«, worauf mir Elisabeth, die für meine Schwester schwärmte, lachend erwiderte: »Und ich, ich liebe sie, ich liebe sie.«

Da wir eine so zahlreiche Familie waren, gab es immer tüchtig im Hause zu tun, und die leichteren Arbeiten wurden von den Schwestern besorgt. Die Leitung des ganzen Hauswesens lag Marien ob; sie besorgte Küche und Keller, was bei dem großen Haushalt und bei dem lebhaften Fremdenverkehr keine Kleinigkeit war. Außerdem hatte sie die Aufsicht über uns Kleinen; unsre körperliche Pflege, die Sorge für unsre Kleidung, alles ruhte auf ihren jungen Schultern. Soviel ich mich erinnere, habe ich, bis ich erwachsen war, selten ein Kleid getragen, das nicht ihre fleißigen Hände gefertigt hatten, und es genügte ihr nicht, die Sachen einfach herzustellen, sie mußten auch immer hübsch und geschmackvoll sein. Noch sehe ich die weiß und roten, die weiß und blau gestreiften, getupften und geblümten Stoffe, die meine Mutter meist aus England brachte, noch fühle ich die Spannung, mit der ich das Wachsen des neuen Kleides verfolgte, und welche Aufregung, als die erste Nähmaschine ins Haus kam und es ans Ausstudieren des kniffligen Wunders ging. – Dann galt es die Toilette meiner Mutter instand zu halten, die nötigen Besorgungen zu machen und andres mehr, und dabei sollte doch auch die eigene Ausbildung nicht vernachlässigt werden. Und all das schien so selbstverständlich, wurde so still und heiter verrichtet ohne irgendwelchen Anspruch auf Anerkennung. Schon damals ahnte mein kindliches Gemüt, welchen Schatz die Mama und wir an dieser ältesten Schwester besaßen, aber erst in reiferem und reifstem Alter lernte ich ihren Wert voll einschätzen, und nur mit tiefster Rührung kann ich jetzt auf dies Leben der Arbeit und Wirksamkeit für ihre Lieben zurückblicken.

Ja, wirklich, der Himmel hatte es gut gemeint mit unsrer Mutter, daß er ihr eine solche Tochter zur Seite stellte. Ihr hatte sie es zu verdanken, daß sie ungestört ihrem Berufe leben konnte; nie nahten sich ihr die so lästigen Anforderungen des täglichen Lebens, sie bei der Ausübung ihrer Kunst aus allen Himmeln reißend. Ihr konnte sie getrost alles überlassen, mit ihr wurde alles und jedes beraten, alle Pläne mit ihr gemacht. Meine Mutter vergalt ihr aber auch ihre Hingabe durch zärtlichste Liebe, der die Dankbarkeit noch etwas ganz besonders Rührendes gab. Auch hielt sie streng darauf, daß man ihrer »Marusch«, wie sie sie damals oft nannte, stets die schuldige Achtung erwies; sie gab ihr schon früh eine große Selbständigkeit, volles Verfügungsrecht, und entschädigte sie auf diese Weise für das Opfer ihres Lebens. Wenn ich später, als ich älter wurde und meine eigenen Ideen über dies und jenes im Hause hatte, bei Marie auf Widerstand stieß und mich bei der Mama beklagte, daß ich nicht zu meinem Rechte käme, sagte sie immer: »Du mußt nie vergessen, was mir Marie in den Jahren nach des Papas Tod, wo ihr alle noch klein waret, gewesen ist; ohne sie hätte ich die Zeit gar nicht überleben können.«

Nachmittags wurde gelesen, genäht, um vier Uhr Kaffee getrunken, den wir Kinder alle zusammen im Eßzimmer einnahmen. Mama war im Wohnzimmer und empfing die zahlreichen Besuche, die sich täglich einstellten. Nach dem Kaffee wurde meist ein langer Spaziergang gemacht. Ich liebte diese damals nicht, spielte lieber mit den Freundinnen; auch war Mama immer sehr ängstlich; wenn wir vorausliefen oder hintenan blieben, meinte sie, wir wären verloren, und ruhte nicht, bis wir wieder alle dicht vor ihr oder hinter ihr hergingen. Auch durften wir beileibe nicht am Rand des Abhangs, oder was Mama so nannte, gehen, und das taten wir doch am liebsten.

Später, als Mama nicht mehr so viel gehen konnte, habe ich oft mit Sehnsucht dieser Spaziergänge gedacht, wo wir ihr jedes Erdbeerlein, jedes hübsche Blümchen zubrachten, die zu unserm Erstaunen immer in ihre Tasche verschwanden, weil, wie sie sagte, sie da am frischesten blieben. Wir kannten alle Lieblingsplätze der Mutter. Welche Freude hatte sie an den dunkeln Tannenwäldern, an der »Freundlichen Landschaft« beim Austritt. Das Lied meines Vaters: »Sehnsucht nach der Waldgegend« war eines ihrer Lieblingslieder, bei dem sie noch im späten Alter so recht schwärmen konnte. Auch »Verrufene Stellen« vermied sie keineswegs, denn als echte Deutsche liebte sie das Gruseln. In jüngeren Jahren suchte sie gerne großartige, ja schaurige Gegenden auf, aber je älter sie wurde, desto mehr zog das Liebliche sie an.

Bei den Spaziergängen ging es selten ohne Einkehr ab, was uns Kindern natürlich gar nicht unangenehm war, und Mamas Lieblingsessen, Pfannkuchen mit viel Zucker und Salat mit viel Essig, war auch das unsre. Da erzählte sie uns dann, wie sie als junges Mädchen im Sommer immer eine Schüssel mit Gurkensalat in ihrem Schranke gehabt habe, an dem sie sich während des Übens labte. Sie hatte stets einen ausgezeichneten Appetit und aß gerne; auch konnte sie aus den höchsten Regionen ohne weiteres zu leiblichen Genüssen herabsteigen. Dabei fällt mir ein kleines Erlebnis aus etwas späterer Zeit ein. Wir waren in Heidelberg und hatten einen Morgenspaziergang auf das Schloß gemacht. Es war ein strahlend schöner Tag und Mama hatte in dem Anblick der herrlichen Ruinen geschwelgt. Auf der Terrasse trafen wir eine uns bekannte Dame, Frau W. mit ihrer Familie. Man setzte sich an einen Tisch und bestellte das Frühstück. Damit dauerte es aber sehr lange, und Mama sagte schließlich ungeduldig: »Es ist doch zu arg, wie lange man uns warten läßt.« Da richtete Frau W. sich steif in die Höhe und sprach die unvergeßlichen Worte: »Wie kann man beim Anblick einer so herrlichen Natur an etwas so Prosaisches denken.« Mama lächelte nur, aber wir Kinder waren empört, und diese Frau hatte es ein für allemal bei uns verspielt.

Es waren schöne Tage, und jetzt in der Erinnerung liegt es wie ewiger Sonnenglanz darüber; aber der schönste Tag war doch der, an dem Mama nach längerer Ruhezeit wieder anfing zu üben. Da wurde der Flügel gleich nach dem Frühstück geöffnet, und dann durchfluteten die Töne das Haus. Wie Meereswogen brausten die Tonleitern, an- und abschwellend, gebunden und abgestoßen, in Oktaven, Terzen, Sexten, Dezimen und Doppelterzen, manchmal in einer Hand allein, während die andre begleitende Akkorde spielte, dann Arpeggien aller Art, Oktaven, Triller, alles im lebhaftesten Zeitmaße ohne die geringste Unterbrechung, in herrlichen Harmonien von einer Tonart in die andre übergehend. Das Wunderbare an diesem Üben war, daß es, obgleich ihm immer derselbe Plan zugrunde lag, doch jeden Tag neu, wie aus geheimen Quellen geschöpft, erschien. Hinreißender Schwung, vollendeter Rhythmus, wie er nur tiefinnerster Seele entspringen kann, höchste technische Meisterschaft strömten in diesen Übungen zusammen und schufen daraus ein wunderbar vergeistigtes Kunstgebilde. Eine entfernte Verwandte von uns, die zum Besuch bei uns weilte, sagte einmal, man habe ihr erzählt, Paganini habe mit einer Tonleiter die Menschen zu Tränen gerührt; sie habe das nie glauben können; jetzt aber, nachdem sie Mama üben gehört, verstehe sie es. – Wer es einmal gehört hat, dem ist es wohl unvergeßlich geblieben, und das hörten wir nun Tag für Tag, und so wie es damals schon mein Kindergemüt mit unaussprechlicher Wonne und Befriedigung erfüllte, so ist es geblieben all die Jahre hindurch, bis zu dem Tage, wo wir es zum letzten Male hörten. Oft bestürmten wir Mama, sie möge so eine Übungsstunde aufschreiben; sie sagte aber immer, es sei ihr nicht möglich diese Art von freiem Phantasieren festzuhalten.

Nach den technischen Übungen, die sie in früheren Jahren stets mit der Tokkata von Czerny beschloß, kam Bach an die Reihe, und da wechselten ab: Italienisches Konzert, einzelne Fugen aus dem Wohltemperierten Klavier, die große Fuge in A-moll, Chromatische Fantasie, die Orgelfuge in A-moll, die sie sich selbst gesetzt hatte, auch manchmal Partiten und Suiten; Tokkata von Schumann und fünf oder sechs Etüden von Chopin machten den Schluß. Ein Üben im landläufigen Sinne des Wortes war das nun nie. Niemals habe ich meine Mutter langsam, Takt für Takt, etwas üben hören. Sie hatte schon als Kind alle technischen Schwierigkeiten überwunden, sie war mit den Schöpfungen Chopins und Schumanns, mit denen von Thalberg, Henselt und Liszt aufgewachsen, und jedes Werk wurde sofort bei seinem Erscheinen von ihr studiert. Neu für sie waren nur die Sachen von Brahms, und auch bei diesen konnte sie immer gleich an die Gestaltung gehen, ohne sich mit Vorübungen aufhalten zu müssen. Und so tief drang sie in den Geist eines jeden Werkes ein, daß sie ihr sozusagen in Fleisch und Blut übergingen; sie lagen wie Spiegelungen auf dem Grunde ihrer Seele, und zog sie sie hervor, so erschienen sie stets wie neu geschaffen. Sie übte meist ohne Noten, und ich erinnere mich einzelner Gelegenheiten, wo sie mir, als ich während des Übens in ihr Zimmer kam, zurief, ich möge ihr das Stück, welches sie gerade spielte, heraussuchen, sie müsse etwas nachsehen. Wir störten Mama nie ohne triftigen Grund, wenn sie am Klaviere saß, aber wir wußten, daß wir jederzeit bei ihr eintreten durften, ja daß sie es sogar gerne hatte, und jedesmal traf uns ein freundlicher Blick. Was mich dann am meisten wunderte, war, daß sie unentwegt fortspielte, während sie uns dies oder jenes sagte; auch las sie beim Tonleiterspielen oft eben angekommene Briefe, die vor ihr auf dem Pulte lagen.

Traurig war es, wenn der Herbst herankam. Mamas Geburtstag am 13. September, uns der geliebteste Festtag des Jahres, bedeutete das Ende des Sommers. Es fingen dann die Vorbereitungen für den Winter an; Mamas Toiletten wurden instand gesetzt, die großen Koffer bereitgestellt und Marie leistete Unglaubliches. Aber sie war auch die Traurigste, wenn die Stunde des Abschieds von dem geliebten Häuschen kam.

Sie hing an diesem Heim mit ganzer Seele und hat sich nie über den späteren Verlust desselben getröstet.

# Schuljahre

Im Herbste des Jahres 1863 kam Felix in Pension zu Professor Planer in Berlin, der bereits Ferdinands Erziehung leitete, und Anfang Oktober brachte mich Marie in die große Mädchenpension von Fräulein Marie Hillebrand in Rödelheim bei Frankfurt am Main. Diese Anstalt genoß damals eines großen Rufes und war meiner Mutter von erfahrenen Freunden auf das wärmste empfohlen worden; sie glaubte daher mich dort gut aufgehoben. Einige Stunden blieb Marie noch bei mir, dann ließ sie mich allein in einer Schar von etwa hundert Mädchen des verschiedensten Alters. Der Abschied von Baden muß mir wohl schwer genug geworden sein; zum ersten Male seit meiner frühesten Kindheit war ich eine Reihe von Monaten mit der Mutter zusammen gewesen; ich hatte alle Geschwister wiedergesehen, wir hatten einen so glücklichen Sommer verlebt und nun kam die bittere Trennung auf voraussichtlich viele Jahre. Von Felix war ich bis dahin unzertrennlich gewesen, und nun wurden auch wir auseinandergerissen. War es da zu verwundern, daß meine Tränen flossen? Von früh bis spät den ganzen ersten Tag? Abends stand ich allein im Garten, noch immer strömte es aus meinen Augen. Da kam Fräulein Hillebrand auf mich zu und sagte: »Kennst du das vierte Gebot? Sag es mir einmal auf!« Gehorsam stammelte ich die wenigen Worte. »Nun siehst du, du versündigst dich gegen dies Gebot. Deine Mutter hat dich hierher getan zu deinem Besten, und nun weinst du! Siehst du ein, wie unrecht das ist?« Meine Tränen stockten wie durch Zauberspruch, zugleich aber schlossen sich auch die Türen meines Herzens vor dieser kalten Frau, und nie wieder in den beinahe drei Jahren meines Aufenthaltes unter ihrem Dach taten sie sich auf. Hätte sie damals das elfjährige Kind, die halbe Waise, die eben den ersten großen Schmerz ihres Lebens durchkämpfte, in ihren Arm genommen und gesagt: »Eugenie, weine dich aus, dann aber sei guten Muts«, wie anders hätte sich unser Verhältnis gestaltet, wie viel günstiger sich mein Seelenleben entwickelt.

Fräulein Hillebrand entstammte einer bedeutenden Professorenfamilie. Ihr Vater, Joseph Hillebrand, war Professor der Philosophie in Heidelberg und Gießen und betätigte sich auch schriftstellerisch. Ihr Bruder war jener bekannte Karl Hillebrand, der sich im Jahre 1848 als Neunzehnjähriger am badischen Aufstand beteiligte und sich im darauffolgenden Jahre nach Frankreich flüchtete, wo er eine zweite Heimat fand und sich als Gelehrter und Schriftsteller eine hervorragende Stellung errang. Man erzählte uns Zöglingen, daß Fräulein Hillebrand ihrem Bruder zur Flucht verholfen habe, und zwar nicht ohne Gefahr für ihre eigene Person. Sie leitete die ganze Anstalt fast ohne Hilfe von andern Lehrern; ich erinnere mich nur eines Mr. Roland, der uns ab und zu französischen Unterricht gab. Fräulein Hillebrand lebte nicht mit uns im Schlosse, sondern in einer außerhalb des Parkes gelegenen Wohnung. Trotzdem war sie von allem, was vorging, bis auf das kleinste genau unterrichtet, und für die Zöglinge war es kein Geheimnis, daß sie zu dem Zwecke ein fein ausgearbeitetes Spioniersystem eingerichtet hatte. Wir waren in Gruppen von acht bis zwölf Mädchen eingeteilt, die »Partien« genannt wurden. Das Alter spielte bei der Einteilung keine Rolle, von zehn bis achtzehn Jahren und darüber waren wir bunt durcheinandergewürfelt. Jede dieser Partien lebte ganz für sich, und nur zu den Stunden, bei den Mahlzeiten und Spielen fanden sich alle zusammen. Die Partei der »Gestraften« war von den gemeinsamen Mahlzeiten, den Spielen und Spaziergängen ausgeschlossen. Zu den Unterrichtsstunden erschien sie, nachdem die andern Partien alle versammelt waren. – Freundschaften wurden nicht geduldet; sobald zwei Zöglinge sich enger aneinander anschlossen, wurden sie getrennt. Einmal mußte ich mehrere Monate lang mit einer von mir gehaßten, älteren Schülerin eine »Partie« bilden; von früh bis spät war ich mit ihr allein, mußte einsame Spaziergänge mit ihr machen und war ganz in ihre Gewalt gegeben. Eine Anzahl der Zöglinge war verpflichtet, Fräulein Hillebrand alles zu hinterbringen, was geschah und was gesprochen wurde. Eine von den Auserkorenen, die mich gerne hatte, sagte einmal zu mir: »Nimm dich in acht, Schumännchen (wir wurden alle mit den Familiennamen angeredet), was du sagst, ich muß alles melden.« Ich bin stolz darauf, daß ich nie zu diesen Auserkorenen gehörte; Fräulein Hillebrand war eine Menschenkennerin.

So wurden wir nie unsres Lebens froh; wir wurden verklagt, wir wußten nicht von wem. Wir wurden auch nicht beschuldigt, sondern »einfach gestraft«, und fragten wir in höchster Seelenangst: »Wofür, wofür?« so hieß es: »Das wirst du schon wissen.« Die Strafen waren erniedrigender Art und ließen ihren Druck auf dem Gemüt zurück, nachdem sie längst überstanden waren. Als ich später »Jane Eyre« und »David Copperfield« las, da mußte ich mir sagen, daß ich es damals nicht viel besser gehabt habe als Jane bei Mister Brocklehurst und als der arme David mit seinem Zettel: »Nehmt euch in acht; er beißt!«

Die Ernährung war, soviel ich mich erinnere, schlecht; sicher ist, daß ich, von zu Hause her an zwar einfache aber stets gut zubereitete Kost gewöhnt, mich oft vor den Mahlzeiten ekelte, wozu ohne Zweifel beitrug, daß sie uns auf braunem Wachstuch und in Zinngefäßen vorgesetzt wurden.

Ich erwähnte bereits, daß wir in einem Schlosse untergebracht waren. Fräulein Hillebrand hatte dasselbe von dem Besitzer, Graf von Solms-Rödelheim, gemietet. Es war ein mittelalterliches Gebäude, ganz aus Quadern zusammengefügt, mit mehreren runden Türmen; einer dieser Türme war stets verschlossen, und man munkelte von eingestürzter Treppe und unterirdischem Gang. Zahllose Räume standen uns zur Verfügung, alle hoch, hell und luftig. Von allen Fenstern hatte man den Blick in den großen Park mit den herrlichsten alten Bäumen und Spielplätzen, wie man sie schöner nicht denken kann, und die Stunden, die wir da verbringen durften und die uns nicht kärglich zugemessen wurden, gehören zu den wenigen Lichtpunkten meines Aufenthaltes. Die kleine, gelb dahinfließende Nidda, ein Nebenflüßchen des Mains, begrenzte den Park an einer Seite, und an ihrem Ufer sah ich eines Morgens Fräulein Hillebrand in großer Aufregung hin und herlaufen. Ein junges Mädchen aus Frankfurt am Main war in der Nacht verschwunden, und Fräulein Hillebrand suchte ihre Spuren am Wasser. Der Flüchtling wurde später am Bahnhofe eines benachbarten Ortes entdeckt und, wie ich glaube, zurückgebracht, ruhte aber nicht, bis ihre Eltern sie ganz aus der Pension wegnahmen.

An den Hausgeschäften hatten wir einen großen Anteil; in die Küche kamen wir nicht oft, wohl aber hatten wir sämtliche Schlafräume zu reinigen, und ich mußte als eine der Jüngsten im kattunenen Schlafrock mit dem Handbesen unter die Betten kriechen, was mir ganz schrecklich war. Die Schlafzimmer wurden auch im kältesten Winter nie geheizt, und das Waschwasser, welches abends in die zinnenen Becken gegossen wurde, war morgens oft fest zugefroren. Wir mußten im Winter um sechs, im Sommer um fünf Uhr aufstehen. In schrecklicher Erinnerung sind mir diese frühen Morgenstunden aus der Zeit von vor Weihnachten geblieben. Einige Wochen vor dem Feste mußten wir von den eiskalten Schlafstuben aus, anstatt zu unserm Frühstück von wässerigem Milchtee oder Eichelkaffee, in den Schulsaal wandern. Dort brannte wohl schon ein Feuer, aber der große Raum war doch kaum erwärmt und dazu trübselig beleuchtet. Wir mußten uns setzen, Fräulein Hillebrand stand auf dem Katheder und hielt ein Andachtsbuch in den Händen. Bei dem Lichte einer Kerze, welche das gefürchtete Antlitz grell beleuchtete, las sie uns einen langen Satz vor. Diesen wörtlich fehlerlos nachzusprechen wurde eine der Zöglinge aufgerufen. Kam die Reihe an mich, so gab es jedesmal einen kläglichen Zusammenbruch. Ich faßte leicht und hatte ein ausgezeichnetes Gedächtnis für Dinge, deren Sinn ich in mich aufgenommen hatte. Aber das Vorgelesene verstand ich nicht; vielleicht war es zu abstrakt, oder aber klammerte ich mich in Erwartung des kommenden Examens zu ängstlich an jedes Wort an – kurzum, es war mir unmöglich, so einen Satz nachzusprechen, und so wurden diese Andachtsübungen, die zur Erhebung dienen sollten, mir zur qualvollen Pein. Was es für ein Buch war, welches sich Fräulein Hillebrand zu ihrem Experimente ausersehen hatte, wußten wir nicht, aber wir steckten unsre Köpfe zusammen und taten es ab mit dem einen Wort, welches uns der Inbegriff alles schaurig Geheimnisvollen war: katholisch.

Ich sprach vorhin von einigen Lichtpunkten, und dazu gehörte vor allem der Unterricht, den wir genossen und den ich, ich weiß es genau, schon damals als Genuß empfand. Für Fräulein Hillebrand war Weltgeschichte das Alpha und Omega alles Unterrichtes, und sie gab sich ihm mit wahrer Begeisterung, ja Genialität hin. Sie teilte uns auch hier nicht in Altersklassen, sondern versammelte die ganze Schar um sich und öffnete ihr rückhaltslos den reichen Schatz ihres Wissens. Webers Weltgeschichte war unser Leitfaden; angemessene Abschnitte wurden uns aufgegeben, die in den einzelnen Partien vorbereitet werden mußten, und zwar geschah dies in der Art, daß das älteste Mädchen der Partie uns die Aufgabe Satz für Satz vorlas, uns Notizen diktierte und das Gelesene durch Abfragen sich und uns einprägte. Ich erinnere mich noch heute einiger Schlagworte aus dem »Weber«, die ihren Eindruck auf mich nie verfehlten, so zum Beispiel: Das Volk rief nach Brot, und die Kirche reichte einen Stein. – Waren alle Partien bereit, so wurde Fräulein Hillebrand benachrichtigt; bald ertönte die Glocke, wir strömten von allen Seiten herbei und dann saßen wir in zitternder Erwartung im Schulsaale. Ich sage »zitternd«, denn Fräulein Hillebrand war im Unterricht, so wie im Leben, ungemein streng, und wer das schwere Pensum nicht vollkommen beherrschte, konnte der Strafe sicher sein. Die geringste Strafe lautete: Nach der Suppe aufstehen und mit einem Stück Brot in der

Hand den Eßsaal verlassen. Eines Tages fand uns Fräulein Hillebrand allesamt ungenügend vorbereitet, und da wurde über die ganze Gesellschaft diese Strafe verhängt. Als wir uns dann zu dem frugalen Mahle an die Tische setzten, sahen wir zu unserm Erstaunen, daß die Köchin das ganze, bereits gekochte Essen in die Suppe versenkt hatte.

Wie gesagt, wir saßen in zitternder Erwartung, in losen Reihen, jede mit Schreibheft und Bleistift in der Hand, bis sich die Türe auftat und eine kleine schwarzgekleidete Gestalt lautlos hereinglitt. Wir schnellten von den Sitzen empor, und manch eine erblaßte vor innerer Erregung. Langsam durchschritt Fräulein Hillebrand den Raum, bestieg das Katheder und ließ ihre großen, kalten, dunklen Augen über uns hinfahren, wobei sie sich in das eine oder andre Antlitz geradezu einbohrten; dann hieß es: »Setzt euch«, und der Unterricht begann. Eine Schülerin mußte anfangen zu erzählen, dann auf einen Wink hin eine andre fortfahren, dann eine dritte und so weiter. Dazwischen prasselten die Fragen wie Hagelkörner, und keiner war vor einem Angriff sicher. Nicht nur die Ereignisse, sondern alle Jahreszahlen mußten wie am Schnürchen gehen, und dann hieß es: »Was geschah zu der Zeit in Rom, in Griechenland, in Frankreich, Deutschland, England?« Denn Fräulein Hillebrand legte den größten Wert darauf, daß wir den Zusammenhang der Weltgeschichte von allem Anfang an bis auf die Neuzeit erfaßten. Wohl dreimal ließ sie während meines Aufenthaltes in Rödelheim die ganze Weltgeschichte an unsrem Auge vorüberziehen, und in Verbindung damit Geographie, Kulturgeschichte und Literatur. Da gab sie uns denn verschwenderisch ihr Bestes; ihr freier Vortrag wirkte zündend, und wenn sie auf deutsche Kultur und Literatur zu sprechen kam, oft erschütternd, so daß sich der Eindruck davon in mir nie verwischt hat. So unglücklich ich mich sonst in Rödelheim fühlte, so habe ich doch zeitlebens mit wahrer Dankbarkeit des Schatzes gedacht, den diese bedeutende Frau mir mit auf den Lebensweg gab. Sie hat mir nicht nur ansehnliche Kenntnisse als feste Grundlage zu weiterem Studium übermittelt, sondern vor allem meinen Geist befähigt, das Wesentliche und den inneren Zusammenhang aller Geschehnisse zu erfassen. Der Unterricht in andern Fächern wurde ziemlich stiefmütterlich behandelt. Schreib- und Rechenstunden hatten wir gar nicht, Französisch lernten wir so nebenbei und Englisch noch weniger. Soviel ich mich erinnere, hatten wir nur vormittags Unterricht; die Nachmittage gingen mit Vorbereitung der Aufgabe für den nächsten Tag, mit Spielen im Park und langen Spaziergängen hin. Im Sommer wurden manchmal Ausflüge in den Taunus gemacht, und ich erinnere mich einer auf Strohlagern verbrachten Nacht in Dornholzhausen. Ganz im Anfange meines Rödelheimer Aufenthaltes wurden sämtliche Zöglinge nach dem nahen Frankfurt geführt, um der Fünfzigjahrfeier der Schlacht bei Leipzig beizuwohnen. Ich erinnere mich des sonnigen Herbsttages, der ungeheuren Menschenmenge – dann wachte ich auf in einem fremden Zimmer, mehrere Personen beugten sich über mich – ich war in dem Gedränge ohnmächtig geworden, und man hatte mich in das erste beste Haus gebracht.

Mein Verhältnis zu Fräulein Hillebrand wurde mit den Jahren immer schlechter, und allen Berichten an Mama nach entwickelte ich mich sehr unartig und kampflustig. Eines Tages geschah mir etwas Seltsames. Ich stand mit einer Anzahl junger Mädchen in einem großen Klassenzimmer; wir waren gerade vom Essen heraufgekommen. Fräulein Hillebrand ging hindurch und heftete ihre Augen auf mich, ohne ein Wort zu sagen. Wie gebannt blieb ich stehen. Sie ging hinaus, ich rührte mich nicht. Die andern begaben sich an ihre Arbeit, ich stand noch immer mitten im Zimmer. Niemand redete mich an. Die Dämmerung kam, die Lampen wurden angesteckt, und noch immer blieb ich regungslos auf demselben Fleck. Da, kurz vor Schlafengehen, kam eines der älteren Mädchen auf mich zu und sagte mir, Fräulein Hillebrand ließe mir sagen, ich könne gehen. – – – Furchtbares Erlebnis, ein Schaden an meiner Seele, den ich nie ganz verwunden habe. Aber gottlob, ich hatte von meinen Eltern einen freien, unabhängigen Geist mitbekommen; ich war gewarnt, und es gelang meiner Peinigerin nicht, mich auf die Dauer zu unterjochen, obgleich sie kein Mittel unversucht ließ. So legte sie mir einmal den Arm um die Schulter, zog mich an sich und sagte: »Kannst du denn gar kein Vertrauen zu mir haben?« – »Wie kann ich Vertrauen haben zu jemandem, der keines zu mir hat«, kam die schnelle Antwort. Da stieß sie mich von sich und sagte: »Du bist ein ganz schlechtes Mädchen«, und von dem Augenblicke an waren wir erklärte Feinde, und meine arme Mutter erhielt die schreckhaftesten und, wie sich später herausstellte, lügenhaftesten Berichte über ihre jüngste Tochter.

Ich hatte immer große Sehnsucht nach meiner Mutter und nach Marie und weinte mich oft in Schlaf. Die Tage, die mir einen Brief von ihnen brachten, waren Festtage, und die Briefe trug ich mit mir herum, bis sie in Stücke gingen. Welchen Wert ich schon als kleines Kind darauf gelegt haben muß, ersehe ich jetzt daraus, daß ich jedes Zettelchen aufs sorgfältigste aufbewahrt habe, was mit meinen sonstigen Gewohnheiten keineswegs übereinstimmte.

*Auszüge aus Briefen meiner Mutter und*
*Schwester Marie aus der Rödelheimer Zeit*

*Düsseldorf, den 18. Oktober 1863*

Meine liebe Eugenie!

– – – Wir kommen nächste Woche nach Frankfurt, wo wir Dich denn sobald wie möglich besuchen werden. Mama geht es gut, sie war nur noch drei Tage in Baden, da sie länger in München bleiben mußte; doch der Abschied von unserm lieben Häuschen ist uns sehr schwer geworden. Mama und ich haben geweint, als wir hinausgingen und es mit den geschlossenen Läden so öde und verlassen aussah – – –

Marie

*

*Wismar, den 27. November 1863*

Den Ort, von wo ich Dir, mein liebes Kind, schreibe, kennst Du gewiß nicht mal auf der Landkarte! Ich gebe jetzt hier im Mecklenburgischen Konzerte, Schwerin, Rostock, Wismar und Güstrow – siehe Dir die Orte mal auf der Karte an und denke dabei an Deine Mama, die immer an Dich denkt und nun gar jetzt, wo Du zwölf Jahre alt wirst und recht mit großen Schritten auf die Jungfrau losgehst! Im Geiste umarme ich Dich, geliebte Eugenie, am Geburtstag – morgen! Ich hoffe, Du faßt recht erfreuliche Beschlüsse und erneuerst sie Dir jeden Tag! – Ich denke, meine kleinen Geschenke werden Dich freuen und wirst Du mit dem Schlafrock vorsichtig sein, damit er nicht gleich kaput ist. Dein letzter Brief hat mich, was seinen Inhalt und Styl betraf, sehr erfreut, aber besser *schreiben* mußt Du ein andermal – so viel Zeit muß ein Kind für seine Mutter immer finden, daß es ordentlich schreibt – – So leb denn wohl, meine geliebte Eugenie! Sey zärtlichst umarmt von

Deiner treuen

Mutter Klara

*

*Detmold, Dezember 1863*

Liebes Genchen,

einen schönen Weihnachtsgruß sollst Du doch auch noch außer den Geschenken schriftlich von mir haben. Mögest Du das schöne Fest recht froh verleben und recht vergnügt mir davon berichten können, so wie neulich von Deinem Geburtstag. Das war ja ein reizender Tag. Die liebe gute Fräulein Hillebrand, wie freundlich war sie für Dich! Und wie wird es nun schön am Weihnachtsabend sein, wo jedes ein Fest feiert. Denke den Abend an mich, geliebtes Kind, und wie gerne ich Eure Freude sähe! Wie sehr werde ich den Abend an Dich und Deine Geschwister denken! Nur

Julie wird mit mir und Marien sein. – – – Jetzt sey mir umarmt in aller treuen Liebe

von Deiner Mutter Klara

Hast Du noch keine besondere Herzensfreundin? Hast Du sie, dann grüße sie von mir.

*

*Riga, den 18. Februar 1864*

Meine liebe kleine Eugenie,

Du hast so lange nichts von uns gehört, daß Du gewiß ganz böse auf mich bist. – Ich denke aber, Elise und Julchen haben Dir geschrieben und, was sie wußten, von uns erzählt.

Wir sind nun schon seit acht Tagen hier in Rußland oder vielmehr in Livland, – denn Russisch hört man hier gar nicht sprechen, sondern nur Deutsch, auch sind hier noch deutsche Sitten in den Häusern; auf den Straßen freilich sieht's anders aus wie bei uns; – als wir ankamen, war weit und breit hoher Schnee und alle Menschen fuhren in kleinen offenen Schlitten, und bei dem Tauwetter, das wir einige Tage hatten, fuhren sie in offnen Wagen. Geschlossene Wagen sieht man fast gar nicht, und es ist eigentlich unbegreiflich, daß man sie bei der oft grimmigen Kälte nicht benutzt; – der Wind war in den ersten Tagen unsres Hierseins entsetzlich schneidend, so daß man immer fürchten mußte das Gesicht zu erfrieren. – Die Männer gehen hier in große Pelze gewickelt, mit Pelzmützen, die das ganze Gesicht bedecken und nur eine kleine Öffnung für die Nase haben. – Die ärmeren Leute tragen Schafpelze, das Fell nach innen, und haben nach außen gekehrt das bloße, weiße Leder – um die Beine und Füße wickeln sie sich Lappen, die sie fest mit Bindfaden umwinden, und unter den Füßen tragen sie bloße Holzsohlen. – Daß dies alles einen sehr merkwürdigen Eindruck auf mich macht, kannst Du Dir gewiß denken! – Vor allem freue ich mich jedoch auf Petersburg, obwohl es mir hier sehr gefällt. Wir sind in einer deutschen Familie sehr herzlich aufgenommen, und Mama wird von allen Menschen auf Händen getragen. – Sonnabend gehen wir wahrscheinlich zu Konzerten nach Mitau. Hier hat Mama schon zweimal gespielt; Sonntag Vormittag und gestern Abend. Leider ist sie gar nicht ganz wohl; sie wurde auf der Reise hierher von Königsberg, die vierundzwanzig Stunden dauerte, sehr krank und hat sich noch immer nicht ganz wieder erholt. – Auf dem ganzen Weg von Königsberg bis hier ist keine einzige Stadt, wo man hätte übernachten können, nur elende Dörfer oder nur Häuser in kleinen Gruppen zusammenliegend sieht man. – Die Leute sind so entsetzlich arm, daß es einem jammert. Die Hütten, die sie bewohnen, aus bloßem Holz und ganz klein; oft sieht man kleine Kinder im bloßen Hemdchen, mit nackten Füßen vor der Tür stehen.

Daß wir uns einige Tage in Berlin aufgehalten haben, wirst Du wohl schon gehört haben. Wir wohnten bei Mendelssohns und sahen den Ferdinand täglich, der sehr munter und vergnügt war. Der arme Felix hat aber die ganze Zeit über zu Bett gelegen; er ist sehr groß geworden seit dem Sommer, sah aber recht blaß aus. – – Sehr verlangt uns, nun einmal von Dir zu hören, und bitte ich Dich sehr, uns gleich am nächsten Sonntag zu schreiben und recht ausführlich, alles, wie es Dir geht, was Du lernst und sonst treibst. Ist das Weihnachtskleidchen schon gemacht und wie? Gefällt es Dir sehr? Ich habe es nämlich ausgesucht und dachte, es müsse Dir sehr hübsch stehen. Deine treue Schwester

Marie

*

*Petersburg, den 17./29. März 1864*

Meine liebe Eugenie, über Deine letzten Nachrichten haben wir uns sehr gefreut, weil wir aus Deinen Briefen sahen, daß es Dir gut geht und Du vergnügt bist. – – – Wir sind schon seit drei Wochen hier in Petersburg, wo es mir sehr gefällt – ein bißchen wie Berlin, aber viel großartiger. Die Straßen sind sehr breit und ein Palast ist neben dem andern in den Hauptstraßen. Auch sind die Kirchen sehr schön und haben vergoldete Kuppeln, die wundervoll in der Sonne glänzen, was zu den weißen Dächern sehr schön aussieht. Bis jetzt hatten wir lauter Schnee; seit einigen Tagen fängt's aber an zu tauen, wo ein so furchtbarer Schmutz entsteht, daß man kaum gehen kann. – Die Straßen wimmeln von kleinen Schlitten, die in furchtbarer Geschwindigkeit aneinander vorüberfahren.

Wir wohnen hier im Palais der Großfürstin Helene, die eine sehr kunstsinnige Dame ist. – Vorigen Donnerstag hat Mama bei ihr in einer Soiree gespielt, wo der Kaiser und die Kaiserin zugegen waren.

Außerdem hat sie schon fünfmal öffentlich gespielt und wird wahrscheinlich noch ein Konzert geben. Nächsten Freitag oder Sonntag soll Mama bei der Kaiserin spielen – – Voriges Jahr um diese Zeit waren wir in Düsseldorf, weißt Du das noch? Wie wir am Ostersonntag mit Bendemanns auf dem Grafenberg waren und Ostereier gesucht haben?

Mama ist leider gar nicht wohl gewesen und ist auch heute noch nicht ganz wieder hergestellt. – –

Lebe wohl und sei herzlich geküßt

von Deiner treuen

Schwester Marie

*Von Mama*

*Dresden, 12. April 1865*

Liebste Eugenie,

ich dachte, ein hübscher Sonntaganzug möchte Dir wohl Freude machen, und so sende ich Dir hierbei einen, der mir sehr für meine Eugenie gefiel. – – Deine Schwestern haben dieselben Kleider, wenn Du zu den Ferien kommst, da könnt Ihr Euch alle mal egal anziehen.

*

*Baden-Baden, den 30. September 65*

– – – Herzlich küsse ich Dich für Deine Briefe und namentlich den lieben Geburtstagbrief, der mir innige Freude gemacht. Wir haben den Tag so heiter wie möglich verlebt. Deine Geschwister hatten mir alle schön aufgebaut, dazu kamen noch Überraschungen von Fräulein Leser, und mittags kam Herr Levi mit Champagner an.

Der Tag vorher, den zwölften, war ein recht schwerer für mich, es war mein silberner Hochzeitstag – welch ein glücklicher Tag hätte der sein können, lebte Euer herrlicher Vater noch! Daran mußte ich den ganzen Tag denken und war sehr traurig; ich konnte daher auch an meinem Geburtstag nicht so recht von Herzen heiter sein.

Herr Joachim war mit seiner Frau und dem kleinen reizenden Jungen vierzehn Tage hier. Im November werden wir zusammen in Frankfurt Konzert geben, da sehe ich Dich denn auch, mein geliebtes Kind. – – – Wie schwer es mir wird, Elise fortziehen zu lassen, kann ich nicht beschreiben – furchtbar traurig ist mir diese Trennung.

*

*Karlsruhe, den 2. Mai 1866*

Meine teure Eugenie,

soeben empfange ich Deinen lieben Brief, der mir so viel Freude gemacht, daß ich Dir gleich meinen Kuß dafür schicken muß. – – – Daß Du ein Examen machen willst, freut mich außerordentlich, und daß Du überhaupt Lernbegierde und Fleiß zeigest, das beglückt mich. Ich habe gerade hier recht schwere Tage, da mir der Ludwig durch seine Halsstarrigkeit große Sorge macht, und da kam mir gestern Dein Brief wie ein freundlicher Sonnenstrahl zwischen durch schwere Wolken. Bleibe nur auf diesem Wege, mein teures Kind – etwas Tüchtiges in der Welt zu erreichen, ist immer schwer und geht nicht ohne Kampf mit der eigenen Schwäche, aber wie herrlich, hat man diese besiegt, und das wird Dir bei so festem Willen gewiß gelingen. – – – Nun sey mir in herzlichster Liebe umarmt, meine geliebte Eugenie, und, wenn Dir etwas schwer wird, so denke immer, wie Du mich durch Deinen Fleiß beglückst. Das wird Dir Mut und Ausdauer geben.

Deine treue Mutter
Klara

*

So vergingen zweieinhalb Jahre und darüber. Die Meinigen sah ich in der ganzen Zeit selten und immer nur kurz. Im ersten Jahre erlaubte mir Fräulein Hillebrand nur eine Woche zum Besuche im Lichtenthaler Häuschen, im zweiten gab sie mir vier Wochen Ferien. Dazwischen sah ich meine Mutter nur, wenn sie nach Frankfurt kam, und dann immer nur für einige Stunden dort oder in Rödelheim. Meine Schwester Elise, die sich im Jahre 1865 als Klavierlehrerin in Frankfurt niedergelassen hatte, hätte mich gern jeden Sonntag besucht, aber auf Wunsch von Fräulein Hillebrand kam sie nur alle vier Wochen. Ich stand wohl mit den Meinen in brieflichem Verkehr, aber abgesehen davon, daß ich nach Kinderart nicht gerne schrieb, unterlagen alle unsre Briefe Fräulein Hillebrands Zensur, und damit verbot sich jede unbefangene Aussprache von selbst. Eine gewisse Fremdheit war die natürliche Folge, und so kam es wohl, daß meine Mutter keine Ahnung hatte, daß ich so unglücklich in Rödelheim war.

Es kam der Juni 1866. Es war ein glühend heißer Sommer; der Park prangte in vollem Schmuck. Unter Arbeit und Spiel, unter Leid und Freud, in völliger Weltabgeschlossenheit floß unser Leben dahin. Da, eines Tages, sahen wir mit grenzenlosem Staunen eine Schar Männer, etwa sechzig, alle in Uniform, schwer bepackt und mit Staub bedeckt, in den Schloßgarten einmarschieren. Im Schatten der hohen Platanen machten sie halt, warfen alles Gepäck von sich und lagerten sich im Grase. Bald hörten wir denn, es seien Österreicher und es gäbe Krieg – unser Leben solle weitergehen wie gewöhnlich, nur müßten wir uns bei unsern Spielen auf einen gewissen Teil des Parkes beschränken. Natürlich beobachteten wir von den Fenstern aus die fremden Eindringlinge, so viel wir konnten, und groß war unsre Verwunderung, als wir einmal Fräulein Hillebrand aus einem riesigen Kessel, der über offenem Feuer hing, Suppe ausschöpfen sahen.

Wenige Tage mochten vergangen sein, da hieß es eines Abends spät – es war schon dunkel: Es sind weitere vierhundert Mann Einquartierung gekommen, die jungen Mädchen müssen alle fort. – Das Durcheinander, was nun folgte, kann man sich wohl denken, und für Fräulein Hillebrand müssen es entsetzliche Stunden gewesen sein. Für jede Schülerin, und viele waren von weit her, mußte Unterkunft gefunden werden; diejenigen, die in benachbarten Orten wie Frankfurt, Höchst, Soden, Gießen usw. zu Hause waren, mußten noch eine Kameradin mitnehmen, Wagen mußten beschafft, für jedes das Allernötigste gepackt werden. Wie es alles zustande gebracht wurde, das weiß ich nicht, aber nach wenig Stunden waren wir sämtlich unterwegs, und mitten in der Nacht schellte ich bei meiner Schwester in Frankfurt, vielmehr bei den Freunden, bei denen sie zufällig einige Wochen zu Besuch war, an. Die Hausfrau nahm mich auf das gütigste auf, und ich blieb da, bis ich nach Baden weiterfuhr.

So war ich denn dem Gefängnis entflohen, frei, in der Mitte meiner Lieben. Ich sah alle meine Geschwister wieder, und das Verhältnis zu meiner Schwester Julie gestaltete sich in dem Sommer zu einem sehr innigen. Ich war schon früher ihre Vertraute gewesen, und an allem, was ihr Liebes oder Leides widerfuhr, mußte ihre »petite confidente«, wie sie mich in der ihr durch langen Aufenthalt in Frankreich geläufig gewordenen Sprache nannte, teilnehmen. Sonst habe ich nicht viele Erinnerungen an diese Sommermonate; die Tage flogen dahin, und wie ein Blitz traf mich eines Tages die Nachricht: Fräulein Hillebrand hat geschrieben, du könntest wieder zurückkommen. Da fühlte ich, das könne nie und nimmer sein, und ich bat Mama, mich nicht wieder nach Rödelheim zu schicken.

Sie war zuerst sehr böse, sagte, ich sei dort gut aufgehoben und müsse wieder hin. Da geriet ich in wilde Verzweiflung, einen ganzen Tag lang weinte ich auf Juliens Zimmer; zum erstenmal in meinem Leben schüttete ich mein bedrängtes Herz aus und muß durch meine Erzählungen wohl Mamas Glauben an Fräulein Hillebrand erschüttert haben, kurzum, nach Rödelheim kehrte ich nicht wieder zurück. Im folgenden Jahre brach dort eine Nervenfieberepidemie aus, der mehrere Zöglinge zum Opfer fielen. Dies mag wohl die Veranlassung gewesen sein, daß Fräulein Hillebrand die Anstalt nach Soden verlegte.

Im Herbst des Jahres kam ich in die bekannte, nicht sehr große Erziehungsanstalt Neu-Watzum bei Wolfenbüttel, die von Fräulein Henriette Breymann und ihren Geschwistern Anna, Marie und Karl geleitet wurde. Zum zweitenmal kam ich in die Hände einer bedeutenden Frau, aber welcher Unterschied zwischen den beiden! Den himmelweiten Abstand in ihren Standpunkten und Bestrebungen hätte ich damals nicht definieren können, empfand ihn nur in ihrem Wesen und in der Einwirkung auf meine eigene Natur. Wie verschieden auch die äußere Erscheinung! Fräulein Hillebrand von kleiner Figur mit unheimlich gleitender Gangart, Henriette groß und stattlich, imponierend in Haltung und Bewegung. Die Gesichtszüge waren nicht schön, aber äußerst ausdrucksvoll. Das große blaue Auge hätte man leuchtend nennen können, wäre es nicht so tiefernst, ja schwermütig gewesen. Ebenso sprach der Mund von Kampf und Schwere des Lebens, auch von schwankender Gesundheit. Vielleicht war mir das damals nicht ganz klar, aber das weiß ich, daß es das durchaus Menschliche in Henriettens Wesen war, was uns zu ihr hinzog. Sie ließ uns teilnehmen an allem, was sie und die ihrigen betraf, ebenso nahm sie wärmsten Anteil an den Erlebnissen und den Verhältnissen ihrer Schutzbefohlenen. Die Kämpfe, die sie mit ihrem eigenen Ich zu bestehen gehabt hatte und von denen sie uns gelegentlich sprach, befähigten sie, andre zu verstehen, ihnen auf allen Wegen, auch auf Abwegen, zu folgen und sie im edelsten Sinne zu beeinflussen. Als Älteste einer langen Geschwisterreihe war sie gewohnt, mit jüngeren Wesen umzugehen, zu helfen, zu raten und zu stützen. Auch uns war sie mehr Schwester als Vorgesetzte, was sich schon rein äußerlich darin kundgab, daß wir sie und ihre Geschwister mit Du anredeten; und so große Ehrerbietung wir ihr zollten, so nahten wir uns ihr doch ohne Scheu. Unser Verhältnis zu ihr ruhte auf der Grundlage gegenseitigen Vertrauens, und wir wußten, daß wir bei allen Ansprüchen, die sie an uns stellte – und es waren stets die höchsten – doch eine milde Richterin und gütige Freundin an ihr fanden. Geleitet von dieser sicheren Hand lebte ich langsam wieder auf, und der Druck, der auf meinem Gemüte gelegen und der, wie mir die Mitschülerinnen später sagten, mein Wesen gekennzeichnet habe, wich von mir.

Von einer Briefzensur war keine Rede; freier brieflicher Austausch mit unsern Angehörigen galt als selbstverständlich. Einmal hatten sich mehrere Mütter, darunter auch meine, über schlecht geschriebene Briefe beschwert, und da erging die Verordnung, daß die Angeklagten eine Zeitlang Henrietten die Briefe vor Abgang zeigen mußten. Noch jetzt sehe ich den halbverschleierten Blick, wenn sie sich sorgfältig bemühte, kein Wort zu lesen, während sie den Bogen auseinanderfaltete, schnell umwendete und ihn der Schreiberin wiedergab.

Die Zöglinge waren meist aus Familien, die in guten Verhältnissen lebten, und dementsprechend war auch der äußere Zuschnitt der Anstalt. Henriette hatte in Anbetracht der besonderen Verhältnisse meiner Mutter eine Preisermäßigung bewilligt. Nie aber wurde von seiten der Geschwister Breymann ein Unterschied gemacht zwischen mir und den reichen Mädchen, nie merkte ich irgendwelche Zurücksetzung, gegen die man in der Jugend so empfindlich ist. Auf kostspielige Vergnügungen, wie zum Beispiel mehrtägige Ausflüge in den Harz, verzichtete ich in Gedanken an meine Mutter freiwillig.

Henriette schenkte mir öfter Konzertbillette, auch lud sie meine Brüder, die ich so selten sah, zu mehrtägigen Besuchen ein.

Gleich in den ersten Wochen nach meinem Eintritt in die Anstalt geschah mir etwas sehr Trauriges. Karl Breymann hatte mich in der Rechenstunde des Abschreibens von einer Mitschülerin beschuldigt. Ich war beleidigt, empört und schließlich, als er bei seiner Behauptung blieb, verzweifelt. Da rief mich Henriette, die, eben von einer längeren Reise zurückgekehrt, mich erst seit wenigen Tagen kannte, zu sich und sagte: »Wenn du mir mit reinem Gewissen sagen kannst, daß du nicht abgeschrieben hast, so werde ich dir glauben.« Meine Antwort muß sie wohl befriedigt haben; denn sie zog mich an sich und sagte: »Es tut mir leid, daß du Karl nicht überzeugen kannst, aber *ich* glaube dir.« Ich war getröstet und von dem Augenblicke an Henrietten mit ganzer Seele ergeben. Unter ihrer Obhut verlebte ich einige der glücklichsten Jahre meines Lebens; böse Stunden blieben nicht aus – ich war eine Kampfnatur und nicht leicht zu behandeln. Ich habe Henriette viel Sorge gemacht, aber es gelang mir, ihre Zuneigung zu erringen, und aus ihrem eigenen Munde kamen mir in einer Stunde, in der ich an mir selbst verzweifelte, die unvergeßlichen Worte: »Weißt du, Eugenie, die jungen Mädchen, die einem am meisten Sorge machen, gewinnt man oft am liebsten.« Wenn ich ihr später nicht so nahe stand wie einige meiner Mitschülerinnen, so lag es wohl daran, daß ich sehr jung aus der Anstalt schied und mein ferneres Leben mich in Kreise führte, die Henriettens Bestrebungen ganz fremd gegenüberstanden. Ich blieb aber immer in Verbindung mit ihr und weiß, daß sie mir ihr gütiges Interesse und Wohlwollen stets bewahrt hat.

Es ist wohl nicht an mir, über Henriettens geistige Bedeutung und ihre Leistungen zu sprechen. Berufenere haben das bereits getan, und jeder, der sich eingehend mit der Erziehung der weiblichen Jugend beschäftigt hat, weiß, was Henriette Breymann in der Richtung erreicht hat. Sie war eine begeisterte Jüngerin von Pestalozzi und Fröbel und setzte ihr ganzes Leben, ihre ganze Kraft ein, um den Ideen der beiden großen Erzieher zum Durchbruch zu verhelfen. Ihre Bestrebungen gingen weit über den Rahmen der Wolfenbütteler Anstalt hinaus, und als sie Herrn Karl Schrader, späteres Reichstagsmitglied, heiratete, war sie für den großen Wirkungskreis, der sich ihr in Berlin bot, völlig vorbereitet. Mit ihren beiden Lieblingsschülerinnen Mary Lyschinska aus Edinburgh und Annette Haminck-Schepel aus Holland schloß ich innige Freundschaft, der ich mich nach den entbehrungsvollen Jahren in Rödelheim mit größter Leidenschaftlichkeit hingab. Beide waren etwas älter als ich und waren nach Beendigung ihrer Schulzeit in der Anstalt noch einmal dahin zurückgekehrt, um von Henrietten in den Pestalozzi-Fröbelschen Ideenkreis eingeführt und zu Erzieherinnen in weiterem Sinne ausgebildet zu werden. Sie widmeten sich später ganz diesem Berufe und leisteten darin, teils in England, teils in Deutschland, Bedeutendes. Mary Lyschinska folgte einem Rufe nach London als Superintendent of method in infant schools. Es war dies eine städtische Anstellung und Mary hatte die besondere Aufgabe, die Fröbelschen Prinzipien den Kleinkinderlehrerinnen in Abendklassen zu erklären und die Einführung der Kindergartenbeschäftigungen in den Kleinkinderschulen zu beaufsichtigen. Ihre Tätigkeit war also eine Art Inspektion und das zu einer Zeit, wo es im allgemeinen den Frauen noch nicht gestattet war, eine solche auszuüben.

Annette Schepel wurde erste Vorsteherin, und dadurch Mitgründerin, des Pestalozzi-Fröbel-Hauses, bis später Frau Klara Richter an ihre Stelle trat.

Das Verhältnis dieser meiner beiden Freundinnen zu Henriette war ein sehr reizendes; sie sorgten für sie, pflegten sie, wenn sie krank war, was nicht selten vorkam, und nahmen ihr an Arbeit ab, was sie konnten. In ihren Seelen schlugen Henriettens Ideen Wurzeln und pflanzten sich von da aus in weite Kreise fort. Auch nach Henriettens Verheiratung war die eine oder die andre immer bei ihr. Sie ersetzten ihr die eigenen Kinder und blieben bis zu ihrem Tode aufs innigste mit ihr verbunden, und so machte es sich wie von selbst, daß Mary nach Henriettens Hinscheiden Kindespflicht an dem vereinsamten Herrn Schrader erfüllte und ihm seine letzten Lebensjahre durch kindliche Liebe und Fürsorge erhellte*.

Unter meinen Mitschülerinnen befand sich auch Hedwig Krüsemann, die spätere Kommerzienrätin Heyl. Sie hatte schon damals großes Verständnis für Henriettens Bestrebungen, die schließlich ihrem ganzen Leben die Richtung geben sollten. Auch mit Charitas Dietrich war ich einige Zeit zusammen ohne zu ahnen, welches ergreifende Kinderschicksal dies junge Leben in sich schloß. Erst durch ihre Erinnerungen, die sie unter dem Titel: »Amalie Dietrich von Charitas Bischoff« herausgab, erfuhr ich davon.

Wie ich schon sagte, ich war sehr glücklich in diesem Kreise. Neu-Watzum wurde mir zur zweiten Heimat und, wie es nun einmal meine Natur war, gab ich mich dem Leben in der Anstalt, den Menschen, mit denen ich es teilte, mit voller Seele, ja, mit Hintansetzung der ganzen übrigen Welt hin, so daß die in ihren Briefen oft wiederkehrenden Befürchtungen meiner Mutter, ich könnte ihr und den Geschwistern entfremdet werden, nicht unbegründet waren. Der Gedanke an den Abschied erfüllte mich mit großer Trauer, und als er dann überstanden war, verfolgte mich die Sehnsucht nach allem, was ich verlassen hatte, noch lange Zeit.

### *Auszüge aus Briefen meiner Mutter aus der Neu-Watzumer Zeit*

*Düsseldorf, den 24. Dezember 1866*

– – – Dein Brief vom zwölften hat mich sehr erfreut, er war so, wie ich sie gern von Euch habe. Wegen des Zwischenfalles mit Deiner Freundin Lamont hattest Du aber unrecht! Überlege Dir mal, ob es Dir nicht ebenso emp-

* Seitdem ich dies Kapitel niederschrieb, erschien im Verlag von Walter de Gruyter & Co.: Henriette Schrader-Breymann, ihr Leben aus Briefen und Tagebüchern zusammengestellt und erläutert von Mary J. Lyschinska

findlich gewesen wäre, hättest Du sie um ihre Handschrift gebeten, und sie hätte Dir etwas anderes hineingelegt. Damit hast Du ihr geradezu eine Beleidigung zugefügt. Denke Dir mal, wie oft ich ganz fremden Menschen ins Album schreiben muß, wie oft es von den Leuten höchst unbescheiden ist, wie sie mich damit quälen, mir Zeit rauben, aber trotzdem brächte ich es nie übers Herz, abzuschlagen. Wie verletzend nun ist es, tut man solches einer Freundin! – Fühlst Du nicht die Härte Deines Verfahrens? Glaube mir, mein teures Kind, Geistesgaben sind eine schöne Zugabe ins Leben, aber ein liebevolles Gemüt ein Schatz, der dem ganzen Leben seinen Glanz verleiht, wie nichts sonst. – – – Dein vierstimmiges Sätzchen war ganz hübsch – nur voran, es wird schon immer besser werden.

*

*London, den 25. Januar 1867*

– – – Unsre Überfahrt nach England war sehr unangenehm; wir hatten heftiges Schneegestöber, wurden durch und durch naß, da wir auf dem Verdeck saßen, (seekrank waren wir *nicht*) und mußten mit den von Nässe triefenden Kleidern in den Dover-London-Zug, der gleich abging, und so noch zweieinhalb Stunden fahren. Es hat uns zum Glück nichts geschadet, nur bildete sich bei Marien ein in Düsseldorf begonnenes Gerstenkorn zu enormer Größe aus, und hat sie acht Tage lang gepeinigt. Anstrengungen habe ich schon ganz bedeutende gehabt durch die schnell aufeinander folgenden Konzerte in fünf verschiedenen Städten. Die Aufnahme war überall enthusiastisch, und Herr Joachim und ich und Herr Piatti mußten überall Stücke zugeben. Die Reisen selbst sind so bequem wie möglich eingerichtet, überall sind uns gewärmte Coupés bestellt, ebenso überall Zimmer in den besten Hotels, und zum Glück sind wir durch den Schnee nirgends mehr als etwa ein bis zwei Stunden aufgehalten worden. *Schnell* fahren sie, das ist wahr, jedoch man ängstigt sich weniger, ist man mal im Zuge, als hört man in der Ferne davon. Von der Kälte haben wir aber ganz enorm gelitten, denn die Kaminfeuer wärmen nur, wenn man davorsteht, hinter einem bläst der Wind durch Tür und Fenster, und dabei lassen die Leute noch immer alle Türen auf. Wir bleiben jetzt bis Dienstag hier, Dienstag spiele ich dann in Bath, Mittwoch in Clifton, Donnerstag in Torquay, Freitag früh reisen wir wieder hierher zurück, bleiben dann den ersten, zweiten, dritten, vierten Februar hier, am vierten spiele ich zum ersten Male in London, am fünften in Liverpool und am sechsten in Bradford, den siebten geht es wieder hierher zurück, am neunten spiele ich wieder hier. Ich werde Gott danken, wenn ich dies alles überstanden, denn es sind enorme Anstrengungen, da ich gewöhnlich jeden Konzerttag drei bis vier Stunden zu reisen habe, von London nach Liverpool sogar fünfeinhalb Stunden. Nun weißt Du unsre Route ganz genau und kenntest Du all die Orte, so könntest Du uns in Gedanken verfolgen jeden Tag. – – – Nun muß ich noch Deiner Angelegenheit mit Herrn Breymann erwähnen, und kann Dir nicht recht darin geben, denn, hat Dir Herr Breymann unrecht getan, so bleibt er immer Dein Lehrer, und gegen einen Lehrer darf man sich nie empören, nie sich so über ihn äußern, wie Du es tust; das muß einem schon das Dankbarkeitsgefühl verbieten, denn niemandem außer den Eltern schuldet man Dankbarkeit in solch einem Grade wie dem Lehrer, der sein ganzes Leben dem Wohle fremder Kinder opfert. Ich denke, wenn Du das auch jetzt noch nicht einsiehst, so wird doch die Zeit kommen, wo Du meiner Worte gedenkst – möchte dies bald sein. Es kommt übrigens in allen Lebensverhältnissen vor, daß einem ein ungerechter Verdacht mal trifft, oft von Menschen, die man innig liebt; diesen muß man dann, kann man ihn nicht von sich abwälzen, tragen in dem Bewußtsein, daß er eben *ungerecht*. Gegen Lehrer aber kann man sich deshalb am wenigsten auflehnen, weil gerade sie mit den schwierigsten und verschiedenartigsten Charakteren zu verkehren haben, und sie, da sie oft *wirklich* betrogen werden, gar zu leicht einmal auf Unschuldige einen

Verdacht werfen können. Nimm es also nicht so schwer, fühlst Du Dich in der Sache ganz rein, so ist das ja die Hauptsache.

*

*Von Marie*

*Rugby, den 5. März 1867*

– – – Hier in Rugby ist eine große Knabenschule, fünfhundert Knaben sind hier. Wir wohnen bei dem Direktor derselben, Herrn Arnold, und werden heute mittag mit fünfzig von den Zöglingen speisen. Das wird uns sonderbar vorkommen. Am Nachmittag ist ein Fußballwettspielen vor dem Haus, da sollen wir zusehen. Die Engländer scheinen sehr viel auf diese Spiele zu geben; gestern abend wurde uns der Jüngling vorgestellt, der sich am meisten auszeichnet im Spiel, und das letztere wurde ganz besonders hervorgehoben, gerade so, wie man bei uns den Schüler anpreisen würde, der am tüchtigsten lernt. – – –

*

*Von Mama*

*25. April 1867*

– – – Sehr interessiert haben mich Deine Berichte über Dein Leben und erfreut, daß Du einige Freundinnen hast, mit denen Du so gern verkehrst. Daß Du manchmal spielen mußt, ist mir auch sehr lieb, das ist eine ganz gute Übung. – – – Über Deinen Mißgriff in dem Adagio der Pastoralsonate habe ich sehr gelacht, denn, denke Dir, ganz dasselbe ist mir passiert, als ich diese Sonate einstudierte, da habe ich aber, Gott weiß warum, die letzten sechs Takte in Dur gespielt. Ich glaube, es lag daran, weil ganz am Schlusse die Figur aus dem Dursatz in der Mitte des Adagios wiederkehrt, daß ich in das Dur verfiel. Ärgern kann einen nun das schon, weil es eine Zerstreutheit ist, aber wütend werden muß man deshalb nicht; das steht überhaupt keinem Menschen wohl an, geschweige denn einem weiblichen Wesen – nur Sanftmut ziert das Weib; Heftigkeit, wenn sie ausartet, erniedrigt, ist durchaus unwürdig. Denke immer daran, mein geliebtes Kind; wenn Du die Heftigkeit kommen fühlst, und Du wirst sehen, daß Du sie bekämpfen kannst – ich habe das früher an mir erfahren, und nichts kann mich mehr verdrießen, als wenn ich mal heftig geworden. Für mich besteht nun überhaupt die wahre Frömmigkeit darin, daß man immer und immer an seinem innern Menschen arbeite, ihn besser und besser zu machen suche, und so viel als möglich andern zum Nutzen und Wohl zu leben, seine Umgebung immer liebreich zu behandeln – in der Erfüllung dieser Pflichten findet man doch die beste innere Befriedigung und natürlich dabei in der steten Fortbildung seines Geistes. Leicht ist das nicht und bleibt wohl eine Aufgabe fürs ganze Leben, und schon früh muß man anfangen, später wird es noch viel schwerer. – – – Es freut mich, daß Du Fräulein Henriette so lieb hast, wäre es nur auch mit Herrn Breymann der Fall! Ist das nur die Folge von dem Vorfall damals, so mußt Du das zu vergessen suchen – man muß nicht nachtragen, und nun gar einem Lehrer, dessen Geduld auf gar harte Probe gestellt wird. – Nun mein teures Kind, muß ich schließen, schreibe mir bald wieder, es interessiert mich ja das Kleinste, was Du mir von Dir erzählst, und Euere Briefe sind ja das Einzige, was ich von Euch habe, mir die Trennung zu erleichtern. – –

*

*Baden-Baden, den 5. August 1867*

– – – Deine sonstigen Nachrichten haben mich aber sehr erfreut und interessiert, es ist mir immer so lieb, wenn ich Näheres von Deinem täglichen Tun und Treiben weiß und dem folgen kann. Eine vortreffliche Übung ist das Stundengeben*, nicht allein geistig fördernd, sondern auch Geduld und Nachsicht lehrend. Letzteres ist gar nicht so leicht auszuüben, und erst im Selbstunterrichten lernt man schätzen, was an einem selbst getan worden ist, die Mühe so mancher Lehrer. Leider nur kommt die Erfahrung oft so spät erst, daß man nicht mehr Gelegenheit hat, sich tätig den Lehrern dankbar zu erweisen. Bei Dir ist das nun nicht der Fall, und ich hoffe, Du vergiltst Deinen Lehrern die Mühen durch besten Willen und Freundlichkeit. Fräulein Vorwerk danke doch ja in meinem Namen, daß sie sich musikalisch Deiner annimmt. Das ist wirklich sehr liebenswürdig. Dabei fällt mir ein, was Du mir schriebst über die Komplimente, die man Dir in der Matinée bei Fräulein Vorwerk gemacht.** Was Dir Fräulein Henriette darüber gesagt, kann nur Scherz gewesen sein, denn gäbest Du den Leuten solch eine Antwort, so wäre das ja eine Beleidigung gegen diese, die doch immer nur die Absicht hatten, Dir etwas Angenehmes zu sagen, und nach solch 'ner Antwort sagen würden, »welch ein arrogantes, schroffes Wesen hat dies Mädchen!« Ein Kind, dem die Leute Gutes über die Eltern sagen, braucht das doch nie für Komplimente zu

* Die französische Lehrerin war erkrankt, und Henriette übertrug mir zu meiner großen Freude den Unterricht in der französischen Grammatik für einige Wochen. Ob ich denselben zu ihrer Zufriedenheit erteilt habe, weiß ich nicht mehr. Unvergeßlich ist mir aber folgendes Vorkommnis geblieben: Eine Schülerin frug mich in der Stunde, ob es »le bonheur« oder »la bonheur« heiße. Nun wußte ich das ja jedenfalls, aber ich war von der plötzlichen Frage so betroffen, daß ich einen Augenblick schwankte, und da fuhr mir das damals in Deutschland sehr gebräuchliche »à la bonne heure« durch den Kopf, und da lautete denn meine Auskunft: »la bonheur«.

** Bei Henriette hatte ich mich beklagt, daß mir immer alle Leute dasselbe über meine Eltern sagten, und daß ich nie wisse, was ich darauf sagen sollte. Wir waren gewöhnt, zu ihr ohne Scheu über alles zu sprechen, und sie förderte diese Vertraulichkeiten, indem sie auf das freundlichste auf unsere Mitteilungen einging. Sie erzählte mir dann bei der Gelegenheit, Jenny Lind habe den Leuten, die ihr ihre Bewunderung ausgesprochen, immer geantwortet: »Ja, es ist eine schöne Gottesgabe.« Damit wollte sie aber nicht sagen, daß ich das nachsprechen sollte, mein Bericht darüber an Mama muß wohl den dahingehenden Eindruck gemacht haben.

nehmen, das braucht sich nur zu freuen, ein freundliches Gesicht als Antwort genügt vollkommen, man verlangt von jungen Mädchen keine geistreichen Antworten.

Wie gerne hätte ich Dir noch Felix geschickt. – – – Wir haben rechte Freude an ihm gehabt, er ist ein gar lieber Schlingel! –

Geige spielt er zuweilen ganz allerliebst, nur hat er zu wenig Technik.

*

*Dienstag, den 15. Oktober 1867*

(Mit Bleistift auf ein Zettelchen geschrieben.)
Meine teuere Eugenie!

Du wirst Dich erstaunen, diese Zeilen durch eine Kameradin zu erhalten. Ich traf diese in Gießen auf der Eisenbahn, und als ich von Wolfenbüttel beim Einsteigen sprechen hörte, dachte ich natürlich gleich daran, meiner geliebten Eugenie einen Gruß zu senden. Du wirst Dich noch mehr erstaunen zu hören, daß ich allein gereist bin; denke Dir, Marie und Elise sind heute Morgen fünf Uhr mit Josephine Schmitt und dem jungen Robert nach Paris auf acht Tage, um die Ausstellung zu sehen. Es hielt schwer, Marie dazu zu bewegen, mich allein reisen zu lassen, aber schließlich gelang es mir – – da sich beiden so schöne Gelegenheit bot, so war es mir eine große Freude, ihnen den Genuß verschaffen zu können – so etwas Großartiges vergißt man doch sein Lebtag nicht, und ich hoffe, sie genießen es recht ordentlich. –

*

*Hamburg, den 24. Oktober 1867*
*Holzdamm Nr. 8.*

– – – Ich denke so viel an Dich und über Dich, und recht hast Du, wenn Du glaubst, ich kümmere mich oft um Dich, aber gerade deshalb wird mein Herz nie müde werden, Dir immer und immer wieder zuzusprechen. Dein gestriger Brief, so trübe er auch klang, bestärkt mich doch in meiner Hoffnung, daß ich auch an Dir noch Freude haben werde, denn ich bin überzeugt von Deinem aufrichtigen Streben, einmal ein tüchtiges Mädchen zu werden. Das Schwerste für Dich ist, gegen Deine schroffe Natur anzukämpfen, jedoch ist ja gerade dies aller Menschen höchste Aufgabe, und hast Du Dich mal erst eine Zeitlang überwunden, so wird Dir nach und nach ein freundliches Wesen zur andern Natur; Du wirst sehen, wie Dir dieses die Herzen andrer gewinnt, wie sehr Du Deine Mutter beglückst, und die trüben Gedanken werden schwinden. Du sagst, Du möchtest tot sein – findest Du denn das Los Deiner Schwestern so gar traurig? Sind sie mir nicht Stütze und meinem Herzen die liebsten Freundinnen? Stehst Du meinem Herzen nicht ebenso nahe, und soll ich nicht hoffen dürfen, auch an Dir, mein teures Kind, dasselbe zu finden? Möchte der Gedanke *daran Dich* so froh machen wie mich. Hege ihn vor allem im Herzen, und kümmere Dich nicht, was aus Dir wird. Jetzt *lerne*, was Du kannst, dann komme zu mir und Deinen Schwestern, ein Wirkungskreis im Hause wird Dir nicht fehlen, und will's Gott, so leben wir noch eine Weile miteinander. Hast Du den Drang, nach außen eine Tätigkeit zu haben, so läßt sich auch das bewerkstelligen, ohne daß wir Dich deshalb entbehren. Vor allem fasse Mut, es wird dann auch alles werden. – – – Ich möchte, ich könnte immer bei Dir sein, und immer Dich ermutigen! Sind wir erst mal länger beisammen, so gelingt es mir gewiß, Dir den Dämon, den ein jeder mehr oder weniger in sich hat, bezwingen zu helfen. – – –

*

*Frankfurt, den 1. Januar 1868*

– – – Elise erzählte mir heute von Fräulein Vorwerks Äußerungen wegen des Vortrags. Gräme Dich darüber nicht, liebes Kind! Lege nur immerhin Deine Empfindung in die Musikstücke, die Du spielst, und wäre sie auch hie und da nicht ganz die richtige, so ist es mir immer lieber als keine, oder eine eingelernte. Ich denke, wir werden uns im Sommer darüber verständigen. – – –

Zu diesem Brief ist zu bemerken: Dies so überaus gütige Fräulein Vorwerk, eine Freundin Henriettens, die als vermögende Dame in Wolfenbüttel lebte, hatte sich aus Interesse und Verehrung für meine Eltern erboten, mir Klavierstunden zu geben. Sie spielte selbst sehr gut und gab sich unendliche Mühe mit mir, brachte mich aber in die größte Verlegenheit, weil sie immer von mir wissen wollte, was ich mir bei den Musikstücken dächte, oder was meiner Ansicht nach der Komponist sich dabei gedacht hatte. Nun dachte ich mir aber gar nichts Besonderes beim Spielen, wenigstens nichts, was ich hätte in Worte fassen könne. So waren denn solche Fühler höchst peinlich für mich, und ich hatte Elisen meine Not geklagt. – Seltsamerweise verfiel ich später einmal beim Unterrichten in denselben Fehler wie Fräulein Vorwerk, wurde aber glücklicherweise schon bei dem ersten Versuche auf drastische Art geheilt. Eine sehr talentvolle zwölfjährige Schülerin hatte die Papillons op. 2 von Schumann einstudiert und spielte dieselben so reizend, daß sogar Mama davon befriedigt war. Da fiel mir auf einmal ein, das Mädchen zu fragen, was sie sich bei den verschiedenen Stücken dächte, und ich gab ihr auf, über jede Nummer eine kleine Erläuterung zu schreiben, und da bekam ich denn in der nächsten Stunde über Nummer fünf, welches Stück sie ganz besonders reizend spielte, zu lesen: Hier tanzt eine ältliche Witwe allein und wünschte, ihr seliger Ehemann lebte noch, um mit ihr tanzen zu können.

Ich war wie vernichtet, aber es war eine Lehre fürs Leben.

*

*Brüssel, den 14. Januar 1868*

– – – Wir sind nun seit fünf Tagen hier und bleiben bis zum dreiundzwanzigsten hier, dann fahren wir ab nach

London. Ich spielte vorgestern Papas Konzert im Theater National vor dreitausend Zuhörern und fand eine so enthusiastische Aufnahme, daß ich nur gewünscht hätte, ihr wäret alle dabei gewesen. In Deutschland (im Norden) hat man keinen Begriff von solch einem Entgegenkommen des Publikums, und, gebe ich im ganzen auch wenig auf Publikum, so ist es doch weit animierender für den Künstler, wenn er das Publikum so warm sieht. – – –

*

*London, den 16. Februar 1868*
*31 St. James-Street, Piccadilly*

Meine geliebte Eugenie,

ich beantworte umgehend Deine Zeilen und habe soeben schon an Fräulein Breymann geschrieben. Du weißt, mein liebes Kind, ich mache Euch gerne Freude, wo ich es kann, wenn es sich irgend mit meiner Gesinnung verträgt, jedoch finde ich es ganz gegen mein Gefühl, daß man, um Notleidenden beizustehen, fürerst an sein eigenes Vergnügen denkt. Bedenke, wenn alle von Euch das Geld, was die Anzüge kosten, zusammenlegen, kommt schon eine hübsche Summe heraus, und das Vergnügen der Lotterie bleibt Euch, ob im Kostüm oder Hauskleide. Übrigens aber kann ich auch solche Ausgaben durchaus nicht machen – – – Du weißt, ich spare nicht, wo es gilt, Euch eine wahre Freude zu bereiten, aber für ein Kostüm, was man nur einmal trägt, würde ich höchst ungern etwas ausgeben. Jedoch, tun es alle die andern, *so sollst Du keine Ausnahme* machen, ich bewillige aber überhaupt nicht mehr als fünf Taler zu dem Zwecke. Marie hat Dir neulich geschrieben, Du dankst ihr gar nicht in Deinem letzten Briefe? Schreibe *recht bald*, was Ihr getan, und dann schreibe aber an Marie, es ist ja ebenso für mich mit. Sie kränkt sich leicht, und das tut mir dann leid, denn sie liebt Euch alle so innig und denkt immer so liebevoll Eurer.

Leb wohl, mein teures Kind, und sei zärtlichst geküßt von
Deiner treuen Mutter
Klara

*

Aus einem Briefe von Marie vom 23. März 1868 ersehe ich, daß ich auf das Kostüm verzichtete. Sie schreibt: »Wir freuen uns sehr, daß Euer Bazar so schönes Geld eingebracht hat, und daß Du Dich außerdem, auch ohne Kostüm, gut amüsiertest.«

Schon als Kind beunruhigte mich oft der Gedanke, daß Mama alles, was ich brauchte, durch ihrer Hände Arbeit verdienen mußte, und es war mir immer schrecklich, wenn ich neue Kleidungsstücke brauchte.

*

*Düsseldorf, April 1868*

Meine geliebte Eugenie,

kann ich zu dem für Dich wichtigen Tage auch nicht mit Dir sein, so bin ich es doch im Geiste und umarme Dich, mein teures Kind, indem ich die innigsten Wünsche, die aus dem Mutterherzen kommen, für Dich zum Himmel sende. Möge Dein Lebensweg ein glücklicher sein und Du immer durch Pflichttreue und liebenswürdige Bescheidenheit Deine Umgebung erfreuen und mich dadurch beglükken – sie ist des Weibes schönster Schmuck und gewinnt sich jedes Menschen Herz. Ich gebe Dir weiter keine Ermahnungen – das Leben möge Dich führen und immer zum Besten sich Dein Innerstes wenden. Beifolgende Brosche mit dem Bilde Deines herrlichen Vaters sei Dir ein liebes Andenken an diesen Tag! Dem Teueren strebe nach, er war ein schöner Mensch im höchsten Sinne des Wortes. Groß an Geist, Herz und Bescheidenheit, an ihm konnte man aufblicken in liebevollster Bewunderung. – – –

*

*Karlsbad, den 19. Mai 1868*

Meine geliebte Eugenie, längst hättest Du wieder einen Brief von mir gehabt, wenn ich gekonnt hätte, wie ich gewollt. Aber jeden Tag kamen mir wichtige Briefe, die keinen Aufschub gestatteten, und dann darf ich eben nicht viel schreiben, weil es mich immer angreift. Vor allem will ich Dich nun küssen für Deine lieben Briefe – namentlich hat der letztere mich innig gefreut, und ich hege die beglückende Hoffnung, daß auch Du mit der Zeit Dich vertrauensvoll an mich anschließen wirst, wie Deine Schwestern, welche wohl längst eingesehen haben, wie doch niemand in der Welt einem so nahe steht als die Eltern. Dann habe ich ja, dem Himmel sei Dank, noch ein frisches jugendliches Herz, so daß ich jede noch so jugendliche Empfindung verstehe. Ich sehe der Zeit, wo ich auch Dich mal um mich haben werde, mit Ungeduld entgegen – ich denke, wir lernen uns dann recht genau kennen – nicht wahr, meine Herzenseugenie? – – – Ferdinand hoffe ich in den Pfingsttagen zu sehen, da will ich nach Berlin. Recht viel habe ich darüber nachgedacht, Dich auch dahin kommen zu lassen, und, daß ich es Dir versprochen hatte, quält mich immer, denn seitdem sind mir so viele unerwartete Ausgaben gekommen, daß ich es nicht kann. – – – Ich denke, es wird auch mal wieder bessere Zeit kommen, und später soll meine teure Eugenie auch nicht zu kurz kommen, wie denn keines von Euch, für die ich ja nur lebe.

*

*St. Moritz, den 6. Juli 1868*

– – – Aus Deinem Briefe will ich Dir nun vor allem einiges beantworten. Ich habe wegen Deines Examens an Fräulein Breymann geschrieben und sie um genaue Auskunft gebeten. – – – Die Zeit, wo ich weniger werde verdienen können, rückt näher, je älter ich werde, und mein Trachten muß es ja sein, Euch jetzt lernen zu lassen so viel als möglich, damit Ihr bald selbst für Euch sorgen könnt. Ludwig ist mir leider gar keine Stütze, im Gegenteil werde ich mich mit dem Gedanken, ihn vielleicht immer erhalten zu müssen, vertraut machen müssen; Felix ist noch sehr jung und dessen Erziehung fängt erst an. Die arme Julie ist immer so leidend, daß sie nichts tun kann, so sind also nur Ferdinand und Du (Elise ist ja längst schon selbständig) diejenigen, auf deren Mithilfe ich hoffen darf. Ich schreibe Dir das so genau, damit Du die Wichtigkeit Deiner Karriere recht erfassest; ich habe das Vertrauen zu Dir, daß Du ein recht tüchtiges, pflichtgetreues Mädchen wirst so wie Elise, mir zur Freude! – Nicht wahr, meine geliebte Eugenie, ich werde mich nicht täuschen? Die Fähigkeiten hast Du, und fehlt es Dir an musikalischer Erfindung, so quäle Dich darum nicht und verzweifle darum nicht an Deiner Phantasie. Du hast sicherlich Phantasie genug, nur gerade nicht in der Musik, nicht so viel, als zur *Produktion gehört, aber genug zur Reproduktion*, und damit bin ich schon zufrieden; ich könnte aber nicht das kleinste Gedicht machen! Überhaupt aber versteht man wohl unter Phantasie nicht nur die Erfindungskraft, sondern auch das Verständnis für das Phantastische!

Mary Lyschinska hat aber sehr recht, wenn sie Dich warnt, die Phantasie auf *Unbedeutendes* zu erstrecken, zum Beispiel auf das Ausmalen kleiner Unannehmlichkeiten, sich gewaltsam zu erregen und so weiter. Da ist sie schlimmer. Überhaupt muß man sich nicht erregen für *nichts*, sein Gemüt nicht verzehren am Kleinen, es gibt ja genug des Großen und Schweren im Leben. Genieße das Leben sorglos, solange es Dir noch keine Sorgen bringt! Und solange ich lebe, hoffe ich dieselben möglichst fern von Dir halten zu können, besonders dadurch, daß ich sowohl für Deine geistige wie körperliche Pflege tue, was ich kann.

Was Du mir über die Beethovensche Sonate in Fis-dur schriebst, hat mich gar nicht erstaunt. Diese kann Dir unmöglich gefallen, denn sie gehört zu denen, welche seitens des Spielers schon eine *bedeutende geistige* Reife verlangen, die Du nicht haben kannst, da Du noch zu jung! Selbst wenn Du *Künstlerin* wärest, wärest Du *dazu* noch zu jung. Deine Frage wegen später kann ich Dir noch nicht beantworten. – – Quäle Dich darum noch nicht, meine Liebe! Denke jetzt nur an Deine Ausbildung, nicht nur des Geistes, sondern auch des Gemüts, das ist die Hauptsache. Ich würde nicht imstande sein, mit jemand immer zu leben, dessen Gemüt nicht in Harmonie stünde mit dem Geist, und sollte ich eines von beiden missen, so doch lieber den Geist als das Gemüt.

Nun noch etwas von uns: Wir sind also seit drei Tagen hier, sechstausend Fuß über dem Meere, umgeben von Schneebergen, reizenden kleinen Waldungen und vor uns einen schönen grünen See. Aber kalt haben wir es; am ersten Tage hatten wir fortwährendes Schneegestöber und erst heute sind die Wolken etwas lichter und lassen uns die Spitzen der enormen Felsen erkennen. Die Luft ist wundervoll, das fühlt man, und die Stahl- und Kohlengasbäder höchst angenehm. *Ich* bade, *Elise* trinkt.

Die Reise hierher hat mich aber wahrhaft entsetzt. Denke Dir, daß wir stundenlang an den steilsten Abhängen gefahren sind, himmelhohe Felsen auf der einen Seite, Abgründe an der andern, dabei eine Chaussee, so schmal, daß, wenn zwei Wagen sich begegnen, der eine ganz an den Rand des Abgrundes (an dessen Fuße ein wild tobender Fluß wahrhaft stürzt über das Gestein) fahren muß oder gar stehen bleiben muß. Nie vergesse ich, was ich da für Angst ausgestanden, so darin steckend in einem Postwagen. Aber eine wunderbar großartige Natur ist es, fast erdrückend in ihrer Wildheit, ihrem tiefen Ernste.

Hoffentlich wird es mir in meinem Leben auch noch mal vergönnt, Dir solche Naturgenüsse zu verschaffen; es gehört aber, wie in der Kunst, so auch zum Genusse des Großartigen in der Natur eine gewisse Reife, die erst das Leben, Erfahrungen und selbst Prüfungen mit sich bringt. – – –

*Nachschrift.* Schreibst Du nächstens mit andrer Handschrift, dann vergiß Deinen Namen nicht, sonst kenne ich Dich nicht mehr! Ich für meinen Teil würde mich bemühen, besser zu schreiben, nicht aber eine ganz andre Handschrift führen. Doch – das mache, wie Du willst, es ist so wichtig nicht!

*Von Marie*

*Baden, den 15. September 1868*

– – – Dann möchte ich ein genaues Verzeichnis haben von Deiner Wintergarderobe und von Dir wissen, was Du wohl gebrauchst. Wir haben einige gute Kleider von Mama, die wir Dir schicken werden, wenn Du sie brauchst, damit Du sie Dir zurecht machen lassest. – – –

Hier muß ich einschalten: Die Kleider kamen, und darunter war ein Brokatkleid, ein Meer von silbernen Blumen auf schwarzem Grunde, herrlich, unverwüstlich, aber recht absonderlich für ein sechzehnjähriges Mädchen. Dieses Mädchen war denn auch tief unglücklich über das neue Sonntagsgewand. Schweren Herzens zog ich es an und begab mich ungern unter meine Mitschülerinnen. Da begegnete mir Henriette, sie blieb stehen, sah mich an mit großen Augen, auf deren Hintergrund wie so manchmal ein kleiner Schelm lauerte, und sagte: »Nein, Eugenie, was für ein *reizendes* Kleid hast Du an!«

Man kann sich denken, daß ich getröstet war. Welch feiner Takt, welches Verständnis eines jungen Menschen offenbarte sich in den wenigen Worten!

*

*Von Mama*

*Frankfurt a. M., den 1. Oktober 1868*

Meine teure Eugenie,

ich kann nicht sagen, wie innig leid mir Euer unglückliches Verfehlen getan, welch ein unglücklicher Zufall, der den Felix in Guntershausen in den falschen Zug geführt! – Es soll Euch aber eine brillante Entschädigung werden; wird sie auch Moneten kosten, so spricht mein fühlendes Herz doch zu sehr dafür, Euch die Freude nicht vorzuenthalten, daß Ihr Euch seht. Also, meine liebe Eugenie, ich komme am 4. November von Bremen, und in Wolfenbüttel wirst Du mit Reisetasche und Köfferchen unsrer warten und mit uns nach Berlin rutschen. Wir bleiben dann dort zusammen vier Tage – am neunten gehen wir nach Breslau und Du dann zurück. Wie findest Du das? Ich denke, einen recht ordentlichen Kuß bekomme ich, nicht wahr, meine Herzenstochter? – – – Fräulein Breymann sage doch meinen herzlichsten Dank! Ich hoffe, sie hat nichts gegen Deinen Berliner Ausflug! – – – Ich bin sehr beschäftigt, kann daher weiter nichts schreiben und denke, kurzer Brief aber große Freude, die wiegt ja alles auf!

Zärtlich umarmt Dich Deine

Klara

Wir wohnen in Berlin im Hotel – ein wahres Götterleben wollen wir zusammen führen, ich meine in unserm gemütlichen Beisammensein. In einer Familie, wo man doch immer Rücksichten zu nehmen hat, könnten wir das nicht so haben, ich will Dich daher auch bei niemandem einlogieren, sondern mit uns. Sorge aber, daß Du ein gutes Kleid und ein anständiges Alltagskleid hast, das Flanell für alle Tage, das schwarzseidene, wenn wir ausgehen werden.

Addio nochmals.

*

*Wien, den 29. November 1868*
*Stadt Operngasse 6*

– – – Von mir kann ich Dir soweit Gutes sagen: ich bin hier wieder mit offenen Armen aufgenommen, das Publikum hat mich im ersten Konzert vor acht Tagen empfangen, wie man nur jemanden empfängt, den man lieb hat! Das hat mir große Freude gemacht! Jetzt sind zwei volle Konzerte vorüber, am 5. Dezember ist das dritte und am 14. Dezember das vierte wahrscheinlich. Man setzt mir wieder von allen Seiten zu, mich ganz hier niederzulassen, wozu ich mich gewiß gleich entschlösse, läge nur Wien nicht gar so sehr aus dem Zentrum von Deutschland! – – –

Herr Brahms ist auch hier und hat gestern mit mir Papas Variation für zwei Klaviere im Konzert gespielt. Er ist sehr nett und liebenswürdig zu uns, was uns manche angenehme Stunde bereitet. Bei Osers leben wir so behaglich wie möglich, was hier, wo es so furchtbar schwer hält, Wohnungen zu finden, doppelt zu schätzen ist. Überhaupt aber fühlen wir uns hier wieder sehr glücklich; die Menschen sind alle so lieb gegen uns, und das Zusammenleben mit den Leuten hat etwas gar Gemütliches, noch nichts wie in einer Weltstadt, obgleich sich die Stadt enorm vergrößert. – – – Von Lix und Ferdinand habe ich immer gute Nachrichten gehabt – der Lix schreibt mir gar reizende Briefe, so in seiner Art, sinnig und oft poetisch – – – Schreibe mir bald wieder, Eure Briefe sind mir immer das Liebste, was mir kommen kann. – – –

Marie schreibt dazu: Mit Brahms, der jetzt hier ist, sind wir viel zusammen. Mama hat gestern in ihrem zweiten Konzert die Variationen für zwei Klaviere mit ihm gespielt, und zwar so, wie sie ursprünglich geschrieben waren, mit Begleitung von zwei Cellis und einem Horn.

*

*Von Marie*

*London, den 24. Januar 1869*

– – – Wir sind seit vorgestern abend hier, hatten eine ganz herrliche Überfahrt, das Meer war so schön dunkelblau und warf kleine weiße Schaumwellchen, was ganz wundervoll aussah. England ist doch ein schönes Land. Alles so grün, so üppig selbst im Winter, nur London steckt in einer Kohlendunstatmosphäre, an die man sich schwer gewöhnt. Der Himmel ist immer grau.

Wir wurden an der Eisenbahn von einem Bekannten, Mr. Burnand, empfangen, der uns in sein schönes Haus führte, wo wir bleiben werden, bis wir eine Wohnung gefunden haben werden. – – Er, sowie seine Schwester empfingen uns mit einer Herzlichkeit, die uns ganz vergessen ließ, daß wir in ein fremdes Land kamen. Wir sind von Liebe und Fürsorge und allem nur erdenklichen Komfort umgeben. Schade ist's, daß wir wieder fort müssen, und das Lodging wird ein empfindlicher Abstand sein. – – – Wir gehen morgen nach Manchester, haben Dienstag dort Konzert, Mittwoch in Liverpool. Donnerstag in Preston. Freitag kommen wir zurück, und Sonnabend mittag spielt Mama zum erstenmal hier. Die übernächste Woche bleiben wir ganz in London. Mama spielt Montag, Mittwoch und Sonnabend hier. Daß Du Dich auf den Sommer freust, ist sehr schön. Du wirst sehen, daß es zu Hause auch ganz hübsch ist, wenn wir Dir auch nicht alle Pensionsfreuden und Annehmlichkeiten ersetzen können. Marie

*

*Von Mama*

*Brüssel, den 3. April 1869*

Liebste Eugenie,

ich will Dir doch endlich mal einen direkten Gruß senden und Dich für Deinen lieben Brief küssen. Du siehst, wir sind nun von England fort und reisen morgen früh nach Düsseldorf, wo wir einige Tage bleiben werden. Halte Dich von nun an bereit zur Abreise, ich melde Dir von Düsseldorf aus noch den Tag, wo wir Dich (in Frankfurt wahrscheinlich) erwarten. Marie will dann voraus mit Dir nach Baden gehen, um erst alles ein wenig herzurichten, und hofft sehr auf Deine Mitwirkung. Ich komme dann etwas später nach. – – – Leb wohl, meine geliebte Eugenie! Wie freue ich mich, Dich endlich mal wieder ganz bei mir zu haben! – –
Noch eines: Laß Dir doch ja von Fräulein Breymann etwas Rat geben, was Du im Sommer hauptsächlich arbeiten willst – es ist so wichtig, daß Du fortschreitest, nicht etwa zurückgehest. – – –

Dies sind nur wenige Auszüge aus einer stattlichen Anzahl von Briefen, die mir meine Mutter zwischen meinem fünfzehnten und achtzehnten Jahre schrieb. Wie ich schon sagte, ich hütete sie bereits damals wie meine teuersten Schätze, aber erst jetzt im späten Alter lernte ich sie ihrer ganzen Bedeutung nach werten. Seitdem die Welt steht, haben Mütter so geliebt, so gedacht, so geschrieben. Daß aber eine Frau, die sich der Kunst geweiht hatte, einer Kunst, welche schon an und für sich ein Menschenleben ausfüllt, deren Ausübung in der Öffentlichkeit unausgesetzte, höchste Anspannung erfordert, so im höchsten und umfassendsten Sinne Mutter sein konnte, dünkt mich nichts weniger denn ein Wunder, einzig in seiner Art.

Ich war doch nur eine von sieben, und nur Marie lebte mit der Mutter. Die sechs andern Kinder waren in der Welt zerstreut, und für alle mußte nicht nur gesorgt, sondern auch an alle geschrieben werden. Und diese Briefe, die meist auf Konzertreisen entstanden, zu denen die spärlichen Augenblicke zwischen Eisenbahnfahrten, Proben, Konzerten, Besuchen umd Abhaltungen aller Art benutzt werden mußten, tragen keine Spur von Flüchtigkeit und Eile; auf meine Briefe wurde eingegangen, nicht das Kleinste wurde vergessen; sie zeugen von Liebe, die keine Ruhe kannte, von Sorge, die den Schlaf fernhielt.

Wie rang die geliebte Mutter um mein Vertrauen, wie fürchtete sie eine Entfremdung durch die jahrelange Trennung. Und nun war diese überstanden; ich trat als Erwachsene ein in das Heim, das die liebende Mutter im wahrsten Sinne des Wortes mit »ihrer Hände Arbeit« uns geschaffen, und ich nahm meinen Platz ein in der Reihe der Geschwister.

# Die Geschwister

Drei Mädchen, drei Knaben, ein Mädchen, ein Knabe, so hatte es der Himmel in schönstem Ebenmaße den Eltern beschert. Den ältesten Bruder, Emil, habe ich nicht gekannt, da er schon im Jahre 1847 starb. Ihr andern aber, geliebte Gestalten, ihr, die ihr noch mit mir auf Erden wandelt, und ihr, die ihr die irdische Hülle längst abgestreift, tretet hervor, ziehet noch einmal vorbei an meiner liebenden Seele und laßt mich Worte suchen, zu sagen, wie ihr in jenem unvergeßlichen Sommer, wie in eurem ganzen Lebenslauf mir erschienet, wie eigenartig ein jeder und wie liebenswert alle.

Marie, Elise, Julie! Euch hat noch unser Vater ins Leben eingeführt, eure ersten Schritte geleitet und für euch im Jahre 1846 das bereits erwähnte Erinnerungsbüchlein* angefangen und drei Jahre lang fortgeführt. Mit welcher Liebe, mit welchem Verständnis folgt er darin den zarten Spuren eurer Kinderfüßlein, den ersten Regungen eures Seelenlebens! Was habt ihr, was haben wir alle an solch einem Vater verloren!

## *Marie*

Ihr, der Erstgeborenen, Erscheinen in der Welt teilte er der Großmutter in Berlin durch folgenden Brief mit:

*Mittwoch, den 1. September 1841*

Liebe Mama,

Sie sind eine Großmama – von einem allerliebsten, wohlgebildeten Mädchen. Welche Freude in unserm Hause. Aber auch zwei schwere Stunden, in denen Klara viel gelitten hat. Doch ist sie ganz wohl, ganz glücklich. Hofrat

* Vollständiger Text des Büchleins auf Seite 242.

Jörg, derselbe, der Klara gebracht, hat auch Klaras Kind (gebracht). Wären Sie doch hier. Sie würden Glückliche beieinander sehen können. Die Tante hat treulich beigestanden, kam schon früh vier Uhr. Die ersten ernsthaften Anzeichen erschienen schon gestern abend; heute früh gegen sechs kamen die Wehen, und fünf Minuten nach zehneinviertel früh war das kleine Wesen da. Der erste Schrei – und wir fielen uns mit Tränen in die Arme. Klara war selbst wie neugeboren. Adieu nun, liebe gute Mutter meiner Klara, Großmutter meiner – wie soll sie heißen?

Schreiben Sie gleich

Ihren

glücklichen Kindern

*

»Immer vergnügt, das ist mein Leben!
Ich kann an diesem schönen Tag
Kaum einen schönern Wunsch dir geben
Als: liebe Mama, tu mir's nach.« Marie

Mit diesen Worten, »Vom Papa zum 13. September 1845« aufgeschrieben, beglückwünschte die Vierjährige die Mutter an ihrem sechsundzwanzigsten Geburtstage. Dieses »immer vergnügt« entwickelte sich bei Marie schon früh zu einer wohltuenden gleichmäßigen Heiterkeit, die selbst das schwere Erlebnis des frühen Mädchenalters nicht dauernd aus ihrem Gemüte zu bannen vermochte. In der Erinnerung an die mit den Eltern verlebten glücklichen Kinderjahre besaß sie einen Zauber, dessen Glanz ihren langen, oft mühevollen Lebensweg sanft bestrahlte und erhellte. Sie war die einzige der Schwestern, die ein lebendiges Bild des Vaters in ihrem Herzen bewahrte, es hegte und pflegte und uns mitschauen ließ.

Ich könnte Erinnerungen aus der Kindheit nicht wachrufen, ohne deiner, Marie, zu gedenken, wie ich es bereits getan. Warst du mir doch eine zweite Mutter, bei der ich mich immer geborgen fühlte. Ich erinnere mich deutlich, daß ich als kleines Kind dein Gesicht, die dunkel blaugrauen Augen mit den dichten Brauen, das glänzende schwarze, glattgescheitelte Haar, deine sehr schlanke Gestalt unendlich lieb hatte. Ich erinnere mich, daß ich mich gerne an dich anschmiegte, und daß ich den zarten Duft, der von deinen Haaren ausging, gerne einatmete. Du hattest eine prachtvolle Gesundheit und warest immer heiter, immer zufrieden, und nach schweren Erlebnissen fandest du dein Gleichgewicht stets überraschend schnell wieder und konntest dadurch den minder Kräftigen eine sichere Stütze sein. Du konntest recht von Herzen lustig sein und lachen, daß dir die Tränen über die Backen liefen. Gar gerne necktest du, und Mama sagte, das habest du vom Papa geerbt. Bei aller Gleichmäßigkeit des Gemütes, hattest du eine ausgesprochene Anlage zum »furor teutonicus«, der oft ganz unerwartet wie ein Gewitter hervorbrach und ebenso schnell wieder vorüberging. Dabei warest du die Denkerin der Familie. Schon ganz früh lasest du mit Vorliebe Goethe, und er wurde dir Lehrer und Bildner. Du konntest lange anhaltend und schweigsam über Dinge nachdenken, über wichtige sowohl als auch alltägliche, und wir wußten, wenn Marie über etwas nachdachte, so kam immer Gutes heraus.

Dein Dasein war von dem unsrer Mutter unzertrennlich. Du warst des Vaters Liebling, und so waret ihr besonders eng verbunden. Ihr waret noch zusammen jung gewesen, und du erzähltest mir einmal, du habest Mama noch vor sich hinsingen hören. Ihr konntet nicht ohne einander sein. Einmal hattest du auf unser dringendes Zureden hin eine Einladung nach Paris angenommen. Alle Einrichtungen waren getroffen, die Koffer gepackt; ich freute mich schon darauf, den Braten schneiden und dich sonst vertreten zu dürfen. Da im letzten Augenblick erklärtest du, du wollest nicht reisen; alle Überredungskünste waren vergebens; es wurde abtelegraphiert, wieder ausgepackt und ich, ich lernte das »Tranchieren« nie. – Es war dir eben nur wohl, wenn du von früh bis spät für unsre Mutter, für uns und darüber hinaus für viele andre sorgen konntest. All dein Denken war nur auf unser Wohl eingestellt. Du konntest nicht anders dein ganzes Leben lang und noch jetzt, in hohem Alter, wo der Tod die Reihen deiner Schutzbefohlenen gelichtet hat, ergänzest du sie aus Gliedern der jüngsten Generation, die dich nie von Angesicht zu Angesicht geschaut.

Keine wahrte wie du das Andenken an unsre Eltern. Du folgtest den Spuren ihres Geistes auf Schritt und Tritt, und hast du es mir auch nie ausgesprochen, ich weiß, daß du ihnen unermüdlich nachstrebst. Du wirst sie erreichen!

Der Eigenart meines Wesens folgend, trennte ich meinen Weg von dem deinen, aber wo ich auch sein, von wo ich auch kommen mochte, wenn mein Fuß den Weg zu dir einschlug, dann, und nur dann, ging ich »heim«.

## *Elise*

Die eigenartigste der ganzen Schar. Eine hohe, schlanke, kräftig gebaute Gestalt mit blauen Augen und dunkelblondem Haar, welches in dicken Flechten am Kopfe befestigt war. Ausgeprägte Gesichtszüge, den mütterlichen nicht unähnlich, und lebhafte, schnelle Bewegungen verrieten einen energischen Geist. Mit fester Hand fingest du schon in jungen Jahren an, dir dein Leben zu zimmern. Ein sehr stark ausgesprochener Unabhängigkeitstrieb, verbunden mit dem Wunsche, der Mutter einen Teil ihrer Lasten abzunehmen, zeigte dir den Weg.

Du verließest das mütterliche Haus, um dir in der Fremde ein Dasein zu gründen; du ließest dich als Klavierlehrerin in Frankfurt am Main nieder. Du warest schon damals, im Jahre 1865, eine ausgezeichnete Klavierspielerin. Ich erinnere mich noch, wie Mama eines Tages mit dem Florentiner Quartett das A-dur-Quartett von Brahms aus dem Manuskript spielte. Sie wurde abgerufen, und da forderten dich die mitspielenden Herren auf, für sie einzutreten. Und du setztest dich ohne weiteres hin und lasest das schwere Stück flott vom Blatt.

Du kehrtest nie dauernd in den Familienkreis zurück, aber du hingest an uns mit schwesterlicher Liebe. Du teiltest der Mutter Sorgen, sprangest helfend ein, wo du konntest, und nahmest regen Anteil an dem Gedeihen der jüngeren Geschwister.

Wenn du zu den kurzen Ferienwochen kamst, so wehte es wie Sturmwind durch unser Haus. Es war in deinem Wesen eine Sicherheit des Auftretens, eine Großzügigkeit, die sich auch in der Art, wie du die kleinen Dinge des täglichen Lebens anpacktest, oft zu unsrer Belustigung, offenbarte. Du konntest alles mögliche, was du nie gelernt hattest, und schrecktest vor keiner Aufgabe zurück. Einmal erbotest du dich, Marien einen Rock zuzuschneiden, wozu sie selbst nicht den Mut hatte, da der Stoff knapp war. Mit flinker Hand und großer Schere ging's ans Werk, in kurzer Zeit lag der Rock kunstvoll geschnitten und geheftet auf dem Tische, aber, o weh, Marie konnte nicht hinein, so schlank sie war.

Hattest du irgendeine Arbeit vor, so vertieftest du dich da hinein mit der ganzen verhaltenen Leidenschaftlichkeit deines Wesens. Stundenlang war kein Wort aus dir herauszubringen, eine Eigentümlichkeit, die ein dichtender Freund an deinem Polterabend in den Worten verewigte:

»Du und Moltke, ihr habt ein Zeichen:
Es ist das fürchterliche Schweigen.«

Überhaupt warst du ein origineller Kauz. Im Herbste des Jahres, wo du nach Frankfurt übersiedeltest, gaben Mama und Joachim dort ein Konzert, und Mama meinte, es sei eine schöne Gelegenheit, dich den Frankfurtern vorzustellen. Sie schlug dir vor, unsres Vaters Variationen für zwei Klaviere mit ihr zu spielen. Du warest einem Auftreten in der Öffentlichkeit sehr abgeneigt, aber schließlich willigtest du ein. Das Konzert kam, ich saß, von Rödelheim kommend, unten im Saale, hörte zum ersten Male die Kreutzersonate und sah Mutter und Schwester gemeinschaftlich das Podium betreten. Joachim wendete dir um. Alles ging wunderschön, und die Zuhörerschaft spendete wärmsten Beifall. Im Künstlerzimmer sagte dann Joachim zu dir: »Nun, Fräulein Elise, war es nicht doch schön, mit der Mutter zusammen zu spielen?« Da erhielt er die verblüffende Antwort: »Einmal, und nicht wieder.«

Ein andermal sagtest du zu ihm: »Diese Stelle ist wohl sehr schwer?« – »Warum denn?« fragte Joachim erstaunt. »Nun, weil Sie da immer unrein spielen.« – »Ach was«, erwiderte er aufs freundlichste, »da muß ich doch einmal recht acht geben.«

Immer gingest du schnurgerade aufs Ziel los, nie hast du dem Augenblick etwas abgeschlagen, und wo das Glück dir in den Weg trat, da ergriffst du es mit fester Hand und ließest es nicht wieder los. Du gewannest die Liebe eines edlen Mannes, führtest unsrer Mutter einen Sohn zu, uns einen teuren, gütigen Bruder. Leid blieb dir nicht erspart, aber wenn ich dein Leben überblicke, so muß ich doch sagen, du warest ein Glückskind, und die Worte des Vaters, die du am 13. September 1845 als zweieinhalbjähriges Kind der Mama zum Geburtstag überreichtest:

»Genieße
Ist meine Devise
Elise«

erschienen mir immer von erschöpfender, wahrhaft prophetischer Bedeutung für deinen Lebenslauf.

## *Julie*

Um fünfzig Jahre muß ich zurückgehen, bis ich zu ihr gelange! Und steht dann die teure Gestalt vor mir in unvergeßlichem Zauber, so suche ich vergebens nach Worten, sie zu schildern. Wohl kann ich sagen, wie das Auge blau wie Himmelsblau, schön geschnitten und mit fein geäderten Lidern bedacht gewesen, wie goldglänzendes, seidenweiches Haar die blendend weiße Stirn beschattete; ich könnte die wohlgeformte Nase, den beweglichen, nicht zu kleinen Mund mit den feinen Winkeln malen; ich könnte sagen, daß all diese Züge sich zu einem Antlitz vereinigten, in das jeder nur mit innigem Wohlgefallen blicken konnte.

Wie aber könnte ich einen Begriff geben von dem Seelenadel dieses Antlitzes, von dem Glanz, der Herzensgüte, Lebhaftigkeit der Empfindung, Beweglichkeit des Geistes darüber ergossen?

Ein Sonnenkind war sie, ein Mädchen, an das man, wie Brahms einmal an die Mutter schrieb, »wohl nicht ohne einige Schwärmerei« denken konnte, und, ach, ein Liebling der Götter, denn sie ließen sie jung sterben. War die sanfte Schwermut, die dann und wann die Lebensfreudigkeit, die Heiterkeit ihres Sinnes, nicht trübte, nein, nur leicht verschleierte, war sie Vorahnung dieses Geschicks? Oder war sie Erinnerung an das in der Kindheit Erlebte, den Verlust des Vaters? Oder war sie der Schatten der langen Trennungen von der angebeteten Mutter, den zärtlich geliebten Geschwistern? Das Leben unter Fremden oder die Folge einer immer schwankenden Gesundheit? Vielleicht kam alles zusammen, ihrem Charakter jene Vertiefung, jene Festigkeit und Würde, ihrer Haltung die hingebende Anmut zu verleihen, die der angeborenen Lieblichkeit den Stempel der Bedeutung aufdrückten.

Das Leben in den verschiedensten Kreisen hatte die Entwicklung all ihrer Anlagen begünstigt. Bei glänzender Begabung genoß sie des besten Unterrichts. Alles erlernte sie spielend, und dabei schützte ein eingeborener Drang nach Vervollkommnung, ein Erbteil der Eltern, sie vor Oberflächlichkeit. Alles, was sie tat, bis auf die kleinste häusliche Verrichtung hinab, tat sie mit voller Hingabe ihres Wesens. Leicht und freudig fand sie sich in die einfachen Verhältnisse des mütterlichen Hauses zurück, nachdem sie im Winter an den Tischen der Reichen gesessen, den Glanz und die Vorzüge ihres Lebens geteilt und sie in vollen Zügen genossen hatte. Mit großer Innigkeit, ja Leidenschaftlichkeit schloß sie sich an die Freunde an, denen sie für den Winter anvertraut werden mußte; aber Mutter und Geschwister blieben ihr immer das Höchste.

Im Jahre 1868 lernte sie den Mann kennen, dem sie ihre Neigung schenkte; das Jahr darauf führte er sie hinweg in fremdes Land, in sein Haus, wo zwei mutterlose Mädchen ihrer Liebe entgegenharrten. Dann schenkte sie ihm zwei Knäblein, blond und fein; allen Sonnenschein ihres reichen Gemütes, eines zärtlichen Herzens, ergoß sie über ihn, sein Haus und seine Kinder. Drei glückliche Jahre blieben sie beisammen; das dritte Kind trug sie unter dem Herzen – Chiarina nannte sie es in freudiger Erwartung. Aber ihre Kraft reichte nicht für das neue Leben. Sie wurde abgerufen dahin, von wo es keine Wiederkehr gibt! Unermeßliche Leere ließ sie zurück, die erst die Zeit, lange, geduldige Zeit, mit der Wärme süßer Erinnerung zu füllen vermochte.

### *Ludwig,*

unser Ältester, stand im Sommer 1869 im zweiundzwanzigsten Lebensjahr. Er war nicht wie seine jüngeren Brüder hoch und schlank gewachsen, sondern von breiter, gedrungener Gestalt. Seine Züge waren denen unsrer Mutter sehr ähnlich, edel und ausdrucksvoll, und er hatte auch von ihr die matte und dabei doch belebte Gesichtsfarbe. Eine Fülle schwarzen Haares bedeckte seinen Kopf und fiel ihm eigensinnig über die schöne breite Stirn. Darunter ein Paar herrlicher dunkelbrauner Augen, in denen, wie meine Mutter einmal schreibt, »etwas so unaussprechlich Gutes und Treuherziges« lag; ja, aber auch der Ausdruck erschütternder Schwermut lag darin, wie ich ihn in keinem Menschenauge je wiedergesehen. In jenem Sommer trafen wir uns zum erstenmal wieder nach langer Trennung, ich sah ihn zum erstenmal mit den Augen der Erwachsenen. Das Herz krampfte sich mir zusammen, als ich diesen Blick sah, und so jung ich war, so erfaßte ich doch vorahnend die ganze Tragik seines Geschickes. Sein Körper war auffallend kräftig entwickelt, sein Gemüt warm und innig. Er hing mit ganzer Seele an uns Geschwistern und vor allem an der Mutter. Ihr eine Stütze zu werden, war die Triebfeder aller seiner Handlungen, er war über die Maßen fleißig, um etwas zu erreichen. Aber sein Geist hatte nicht Schritt gehalten; schon seit den Kinderjahren war er in der Entwicklung zurückgeblieben; in der Schule wurde er sehr früh von seinem jüngeren Bruder überholt, und wenn ich jetzt seine Briefe aus den Kinderjahren lese, so begreife ich nicht, daß wir uns je über seinen Zustand täuschen, ihn verantwortlich machen konnten für Eigentümlichkeiten und Verfehlungen, die einzig diesem Zustand entsprangen.

Bei den besten Absichten waren seine Handlungen meist verkehrt. Seine Versunkenheit hinderte ihn, seine Leistungen an denen andrer zu messen, und so war er auch über den Grad seiner Befähigung völlig urteilslos. Nur so ist es zu erklären, daß er sich nach jahrelangem Schwanken für den Musikerberuf entschied, für den ihm, trotz großer Liebe zur Musik, alle Begabung versagt war. Ganz auffallend war eine gewisse Ungeschicklichkeit, die ihm viel Tadel zuzog. Kaum trat er ins Haus, so geschah ihm ein Unglück; er stieß an irgend etwas oder irgend jemanden an; bei Tische ließ er die Schüsseln, die er weiterreichen sollte, fallen und sah bei solchem Ereignis immer so traurig aus, daß er einen im tiefsten Herzen jammerte.

Waren wir Geschwister zusammen, so war Ludwig liebevoll, ja zärtlich; auch konnte er dann sehr lustig sein, sein Mienenspiel belebte sich und sein äußerst beweglicher Mund konnte recht herzlich lachen; dann ging es wie Sonnenlicht über die sonst düsteren Züge und gab ihnen etwas Herzgewinnendes.

Er hatte große Freude an der Natur, und gemeinsame Spaziergänge im Walde waren seine Lust. Einmal lief er uns davon, alles Rufen und Suchen war vergeblich, wir mußten ohne ihn nach Hause zurückkehren, wohin er uns erst nach mehreren Stunden folgte – und so wie bei dieser Gelegenheit geschah es oft, daß mitten in die heiterste Stimmung hinein ein fremder böser Geist sich drängte, sich seiner ganz bemächtigte und den Ärmsten für jede Ermahnung, für den liebevollsten Zuspruch unzugänglich machte. Und das war ja nur der Anfang – wer vermag zu ergründen, was du, teurer, geliebter Bruder gelitten all die Jahre, die diesem Sommer folgten, dem letzten, den du unter uns geweilt, all die Jahre, die du getrennt von deinen Lieben, die schönen Augen erblindet, hinter Mauern vertrauertest, bis zu dem Tage, da dir der Tod Erlösung brachte.

Vor mir liegt Ludwigs letzter Brief an mich aus Colditz vom Jahre 1875, ein Glückwunsch zu meinem vierundzwanzigsten Geburtstag. Da schreibt er: »Wie außerordentlich hat es mich gefreut, Dich nach langer schmerzlicher Trennung einmal, obwohl sehr kurz, wieder zu sehen. Bei meiner großen Kurzsichtigkeit hätte ich Deine liebe und angenehme Gestalt kaum wieder erkannt; in meiner Erinnerung ist Dein Andenken fest eingeprägt und wird durch nichts daraus entrückt werden. – – Hoffentlich blieben die Unsrigen alle gesund, besonders die liebe Mutter, für deren Güte und Liebe wir dem lieben Gott nicht genug danken können; ihr Leben ist ein kostbares und unschätzbares Gut und muß sehr geschont werden.«

Ludwig lebte noch fünfundzwanzig Jahre nach diesem Briefe, aber ich habe ihn nicht wiedergesehen. Sein Geist verfinsterte sich mehr und mehr, und er wurde, wie meine Mutter oft in tiefstem Weh ihn nannte: Ein lebendig Begrabener.

## *Ferdinand*

Leider schließt das »Erinnerungsbüchlein« schon mit dem 5. Juli 1849, und es findet sich über Ferdinand nur die Eintragung seiner Geburt am 16. Juli desselben Jahres. Jedenfalls muß auch er mit seinen dunkelblauen Augen, dem üppigen schwarzen Haare und der schneeweißen Haut ein sehr hübsches Kind gewesen sein. Er kam mit Ludwig, noch zu Lebzeiten des Vaters, in Pension, also als zartes Knäblein. Damals erschien es uns als etwas ganz Natürliches, daß wir alle unter Fremden aufwuchsen, und wir fanden uns hinein als in etwas Unabwendbares – – – wenn wir litten, so war es im Sinne völliger Ergebenheit; wir wußten, bei uns konnte es nicht sein, wie bei andern. Wenn ich aber jetzt auf das Leben unsrer Brüder zurückblicke, so erfaßt mich die Tragik ihres Geschickes mit unendlichem Wehe. Allen war eine seltene Innigkeit und Reinheit des Gemütes eigen; sie hingen mit allen Fasern ihres Daseins an Mutter und Geschwistern, und ein behagliches, trauliches Zusammensein in der Familie ging ihnen über alle Lockungen der Außenwelt.

Und gerade dies eine konnte die Mutter ihnen nicht geben. Wir Mädchen mußten es ja auch entbehren, aber das spätere innige Zusammenleben mit der Mutter entschädigte uns in reichem Maße. Die Brüder hingegen haben nie ein Elternhaus gekannt; Fremde leiteten ihre Schritte, und beim besten Willen konnten sie die Eltern doch nicht ersetzen. Ludwig hatte nicht die Gabe, sich über seine Gefühle zu äußern, aber drückte er einem die Hand, oft so, daß es schmerzte, und sah man dann mit leisem Aufschrei in diese um Liebe geradezu flehenden Augen, so verstand man alles, was in ihm vorging, man fühlte die ungestillte Sehnsucht nach etwas, das er nie besessen.

Ferdinand dagegen war eine mitteilsame Natur, und so finden sich denn auch in seinen Briefen die stets wiederkehrenden Klagen über die Trennung von Mutter und Geschwistern. Aus dieser innigen Zuneigung heraus, und sie vor Verweichlichung schützend, entwickelte sich aber auch das Gefühl der Verantwortlichkeit und der Wunsch, die Mutter nach Kräften zu entlasten, und dieser Wunsch, dies Bestreben, wurde ihm unverrückbarer Leitstern in den Jahren des Heranwachsens. Nachdem erst einmal die Nachteile, welche dreimaliger Aufenthaltswechsel verursacht hatte, überwunden waren, ging er in der Schule stetig voran und wurde einer der besten Schüler des Joachimstalschen Gymnasiums in Berlin. Im Jahre 1863 schrieb er mir, der damals im zwölften Lebensjahr Stehenden:

– – – »Es geht mir ganz gut und ich komme tüchtig vorwärts in der Schule, worüber ich mich sehr freue; ich sitze fast immer auf der ersten Bank. Zur Schlacht bei Leipzig am 18. Oktober habe ich wieder eine Prämie bekommen; ich habe jetzt also schon drei im ganzen. – – – Zum Geburtstag werde ich Dir mehr schreiben. Nun lebewohl, liebes Eugenerle, und denke oft an Deinen Dich furchtbar 100 000 000 000 000 (Mal) liebenden

Bruder Ferdinand.«

*

Und im Jahre 1865. – – – »Ich tischlere jetzt immer sehr viel, so allerlei; ich will mir einen Nähkasten machen, doch weiß ich nicht, wo ich Holz herbekommen soll; die Tante will mir dann alles schenken, was zum Nähen nötig ist. – – – Ich gebe auch Felix noch Klavierstunden, in der er kleine gesammelte Stücke spielt; er lernt aber nicht viel, das heißt er kommt nicht viel weiter, weil er nicht üben kann. – – – Zu Ostern werde ich wohl nach Obersekunda kommen, dort bis Michaelis bleiben, und dann! ja, dann werde ich zu einem Kaufmann kommen, was mir sehr, sehr, sehr lieb ist.« – – –

Obgleich Ferdinand nur zweieinhalb Jahre älter war als ich, nahm er regen Anteil an meiner Erziehung und sparte in seinen Briefen nicht mit Ermahnungen und Zurechtweisungen, so zum Beispiel im Jahre 1866. – – – »Ich war eigentlich recht böse, daß Du mir gar nicht schriebst, denn wenn Geschwister eine Zeitlang zusammengewesen sind, so geziemt es sich, daß der Jüngere zuerst schreibt, wie ich es den Älteren gegenüber auch tue und besonders da ich doch so wenig Zeit habe, mich mit fremden Dingen zu beschäftigen, mir einmal ein paar Worte zukommen zu lassen, hättest Du nicht unterlassen sollen. Ich hoffe, daß Du mir recht bald diesen Brief beantwortest und mir erzählst, wie es Dir geht und alles was interessant für mich sein dürfte. Seitdem wir uns zum letzten Male gesehen, hat sich, was mich betrifft, so manches verändert.« – – –

Ferdinand war als Lehrling in das Bankgeschäft des Herrn H. C. Plaut in Berlin eingetreten und vier Jahre angestrengtester Arbeit, während welcher er Berlin nur bei außerordentlichen Gelegenheiten, und dann nur für kurze Tage, verlassen durfte, lagen vor ihm. In den Jahren bildete er sich zu einem tüchtigen Kaufmann heran und gewann sich durch Fleiß, Pflichttreue, Gewissenhaftigkeit und unbedingte Zuverlässigkeit die Achtung und Zuneigung seines Prinzipals.

Im Jahre 1867 schrieb er mir: – – – »Sonst bin ich immer guter Dinge; im Geschäft gefällt es mir außerordentlich; ich bin neulich auf einen andern Posten gekommen, welcher sehr viel Abwechslung bietet und besonders dadurch, daß ich auf demselben alles, was ankommt, außer Herrn P. zuerst sehe und lese, sehr interessant ist.

– – – Julchen ist jetzt wieder in Baden und ich hoffe unser armes Schwesterlein hat sich recht erholt; könnte ich sie doch einmal wieder sehen. Felix ist auch wieder hier und so vergnügt und lustig, daß es eine wahre Freude ist, wenn man mit ihm Sonntags zusammen sein kann.« – – –

*

*November 1867*

Liebes Eugenchen!

Es hat mich sehr gefreut, mir von Dir Gelegenheit gegeben zu sehen, daß ich verpflichtet bin, Dir zu Deinem Wiegenfeste auch meine Glückwünsche zu senden; wenngleich es nicht meine Schuldigkeit war, so hätte ich Dir dennoch, auch ohne Antwort von Dir zu haben, zu diesem Tage geschrieben, da es nicht in mir liegt, alles nachzutragen, nunmehr aber, da Du mir geantwortet hast, so schreibe ich Dir noch einmal so vergnügt. Vor allem also heute nimm meine Herzenswünsche entgegen; da Du mit Mama zusammen sein wirst und ich Dir kein Amüsement weiter zu wünschen brauche, so beschränke ich mich darauf, Dir nur alles andre an Wünschen zu sagen, daß Du fortan gesund bleibest und mehr und mehr an Geist zunehmest, außerdem recht fleißig bist, um Mama Freude zu machen. Dies wären also *meine* Wünsche; ich möchte aber, daß Du wirklich ein wenig mehr an mich dächtest, und mir dies durch Briefe bewiesest, ich hoffe sehr darauf. – – – Im Geschäft habe ich enorm zu tun, da mir aber dies gerade

Freude macht, so ist es mir auch gesund und ich fühle mich abends immer sehr wohl, wenn ich überlege, was ich alles getan habe. – Ich möchte Dich so gerne einmal sehen; wäre es denn nicht zu ermöglichen, daß Du einmal in Deinen Ferien herüberkämest? – – –

*

*Februar 1868*

Meine liebe Eugenie!

Deinen lieben Brief vom 12. Januar habe ich erhalten und kann Dir nicht oft genug wiederholen, wie sehr es mich freut, daß Du jetzt so viel an uns denkst, was Du durch Dein Briefschreiben zeigst; es ist wirklich nur zu Deinem Vorteil, daß Du Dich so geändert hast, denn alle haben Dich gleich nocheinmal so lieb. – – – Unser liebes Julchen ist jetzt sicherlich in Frankfurt angelangt; vorigen Sonnabend sollte sie kommen; oh, wie froh bin ich, daß sie es soweit gebracht hat, nur traurig für mich, daß ich sie nicht gesehen habe, wo ich sie so unaussprechlich liebe. – – – Daß Mama in London ist, wirst Du wissen, sie hat furchtbar zu tun, weshalb wir ihr alles verheimlichen, worüber sie sich sorgen und betrüben könnte, obgleich hinreichend Grund vorhanden wäre*. – – – Felix gewinne ich wegen seines Fleißes, Verstandes und seiner Liebe zu mir täglich lieber; es ist ein wahrer Trost manchmal für mich, daß ich ihn hier habe. – – –

*

*April 1868, abends*

Meine liebe Eugenie!

Ich hatte Dir versprochen, Dir zum Tage der Konfirmation zu schreiben, und bedaure deshalb umso mehr, daß dieser mein Brief erst einen Tag später in Deinen Besitz ge-

* Bezieht sich auf Ludwig

langt. – – – Der morgende Tag ist der wichtigste in Deinem Leben, und wir können Dir dazu nicht genug Glück wünschen; vor allen Dingen aber hoffe ich, daß Du die Bedeutung dieses Tages recht erkennst und Dir von neuem vornimmst, immer das Rechte zu tun, um nicht nur Deinem Gelübde treu zu bleiben, sondern auch der Mama, die, wie ich von Tag zu Tag mehr erkenne, eine unschätzbare Mutter für uns ist, und Deinen Geschwistern, die Dich alle lieben, Freude zu machen. Meine Sinne, die Dich immer verfolgen, werden es morgen vor allem nicht unterlassen, Dich und die vorgenommenen Handlungen in ihrem Bereich zu halten. Ich muß Dir offen gestehen, daß ich Dich sehr liebe; Du glaubst es vielleicht nicht, aber es ist wahr. Früher allerdings war ich etwas schroff gegen Dich und Du brachtest es auch nicht über Dich, es mir nicht zu vergelten; damals waren wir aber beide noch zu jung, um einzusehen, welch ein Schatz die Geschwister sind und daß deren Liebe über alles geht; nun, denke ich, wirst auch Du das wissen und verstehen und so will ich denn morgen Gott bitten, daß er unsre gegenseitige Liebe von jetzt an enger und enger knüpfe und dazu seinen Segen gebe. – – –

Leider kann ich Dich nur mit diesen Wünschen zu Deiner Einsegnung beglücken; ich sagte Dir schon, daß ich Dir ein Geschenk nicht machen könne, bist Du auch deshalb nicht böse? Meine Liebe, so groß, wie sie nur sein kann, schenke ich Dir und hoffe, Du vergiltst mir dies offene Geständnis dadurch, daß Du mich wiederliebst; nicht wahr, Du schreibst es mir bald, ob ich mich darin getäuscht habe oder nicht? – –

Mir geht es auch gut; aber recht einsam und verlassen fühle ich mich; der gute Lix*, der mir jetzt sehr oft schreibt, war immer meine Freude, und ich sehne mich nach dem Herbst, wo ich ihn wiedersehen werde, so Gott will; durch sein Fortsein habe ich nur den einen Vorteil,

* Felix mußte seiner zarten Gesundheit halber sechs Monate lang die Schule versäumen und war bei der Mutter, erst in Karlsbad, dann in Baden.

daß ich Sonntags, wo wir uns sonst *regelmäßig* auf den ganzen Nachmittag besuchten, frei bin und die Zeit zu allerlei benutzen kann; zum Lernen, Lesen, Klavierspielen und so weiter. Ich gehe auch oft zu Großmama zu Tisch und bleibe dann den Abend dort; wenn ich daselbst auch kein besonderes Vergnügen habe, so bin ich doch recht gerne dort, da es immer etwas zu erzählen gibt und ich wenigstens Verwandte finde. Die Großmutter ist noch merkwürdig rüstig; sie wird am 15. Mai achtundsiebzig Jahre alt; wie wäre es, wenn Du ihr dazu Deine Glückwünsche schicktest? Sie würde sich sehr freuen und Dir sicherlich antworten; sie hat, offen gestanden, von Dir eine nicht besondere Meinung, und würdest Du durch einen Brief beweisen, daß Du es nicht verdienst.

*

*März 1869*

– – – Du hast gewiß Riesenfortschritte im Klavier gemacht – Meine Studien in diesem Fach sind, wie leicht zu denken, sehr zahmer Natur; doch ist mir die Musik ein so wertvolles Erbteil, daß ich in nichts solches Vergnügen finde, wie in ihr, und wenn ich einmal spiele, dann bin ich auch mit ganzer Seele dabei; eine große Annehmlichkeit ist es für mich, daß mir so manchmal Gelegenheit geboten wird, Konzerte zu besuchen. – – Das Geschäft ist augenblicklich sehr rege und ist es erforderlich, daß wir uns zuweilen sehr anspannen; ich persönlich bin zuzeiten ganz kaput, besonders abends, wenn ich von halb zwei oder zwei bis halb sieben oder sieben Uhr ununterbrochen einen Brief hinter dem andern zu Werke gebracht habe; komme ich jedoch dann abends nach Hause, koche mir den Tee und spiele etwas Süßes von Papa oder Beethoven, dann werde ich wieder aufgeheitert und es wird mir Gelegenheit gegeben, auch noch diesen oder jenen Privatliebesbrief zu schreiben, gerade so, wie ich es heute mit Dir, liebe Eugenie, gemacht habe.

*

Im Sommer 1869 sah ich Ferdinand nur, als er zu Juliens Hochzeit für wenige Tage nach Baden kam. Im Winter darauf aber, den ich in Berlin zubrachte, sollte ich ihn, später dann auch Felix sehr genau kennen lernen, und da muß ich denn sagen, daß, je eindringlicher ich beim Niederschreiben dieser Erinnerungen und beim Lesen ihrer Briefe dem Wesen meiner Brüder nachgedacht habe, ich desto mehr an der Überzeugung festhalte, daß keine Mutter sich bessere Söhne hätte wünschen können. Ein namenlos trauriges Geschick suchte beide, Ferdinand in späteren, Felix aber in ganz jungen Jahren, mit unheilbarer Krankheit heim*, und das legte eine kaum zu tragende Last von Kummer und Sorgen auf das Mutterherz, aber dafür konnten ja die armen Brüder nichts. Von Ferdinand hat die Mutter oft in liebevollster Anerkennung geäußert, daß er ihr bis zu seiner Erkrankung, deren erste Spuren sich schon nach den Kriegsjahren 1870/71 zeigten, nie eine sorgenvolle Stunde bereitet habe.

[Und ihr treuer Freund und Berater Franz Mendelssohn, damaliges Haupt des großen Bankhauses, schrieb ihr im Jahre 1870:

»Wenn ich zuvörderst mich darüber freue, daß Sie glücklich und befriedigt von Ihrer Reise wieder zurückgekehrt sind, so muß ich denn doch auch gleich hinzufügen, daß es ein großer Segen ist, einen Sohn wie Ferdinand zu haben. Ich danke Ihnen, daß Sie mir seinen Brief in natura ge-

* Ferdinand kehrte aus dem Deutsch-Französischen Kriege mit einem Rheumatismus heim, der ihn nie wieder ganz frei ließ. Zehn Jahre später wurde er nach einer militärischen Übung von einem heftigen Gelenkrheumatismus befallen. In einem Berliner Hospital, in welches er zur besseren Pflege überführt worden war, gab ihm ein gewissenloser Arzt die Morphiumspritze zu beliebigem Gebrauch, und damit war sein Schicksal besiegelt. Bei immer wiederkehrenden Schmerzanfällen bot ihm das Morphium die einzige Erleichterung. So wurde er morphiumsüchtig und fand nach vielen Jahren unsäglich schwerer Leiden ein trauriges Ende. – Ferdinand hatte jung geheiratet und hinterließ sechs Kinder, eine Tochter und fünf Söhne. – Felix wurde im 19. Jahre schwindsüchtig und starb 24 Jahre alt.

schickt haben; ich konnte es mir nicht versagen, ihn auch meiner Frau zu lesen zu geben, und ich kann wohl sagen, daß er uns beide recht tief bewegt hat, wie jede wahre Freude es tut. Ich habe stets eine große Meinung von seinem Charakter gehabt, fand immer Kopf und Herz bei ihm auf der rechten Stelle, aber dieser kindliche und doch so reife Ausdruck seines Wesens hat meine Erwartungen übertroffen.«]

Der selbstgewählte Beruf entsprach durchaus Ferdinands Anlagen und Neigungen, und schon im neunzehnten Lebensjahre stand er ganz auf eigenen Füßen. In einer Großstadt aufgewachsen und, nachdem er die Knabenschuhe ausgetreten, ganz auf sich selbst angewiesen, führte er einen selten reinen Lebenswandel. Eine ihm innewohnende Reinheit der Gesinnung, verbunden mit einer rührend kindlichen Verehrung für das weibliche Geschlecht, die seinem Verkehr mit Frauen den Stempel aufdrückte, machten ihn, vielleicht ihm selbst unbewußt, schlechten und erniedrigenden Einflüssen unzugänglich.

Und

*Felix!*

Ihn hat der Vater nie gesehen, aber den Namen hat er ihm noch mit auf den Lebensweg gegeben, und wahrlich! Der Knabe schien geschaffen, nicht nur glücklich zu sein, sondern auch andre glücklich zu machen. Wenn glänzende Geistesgaben, bedeutende Charakteranlagen, edle Sinnesart und ein gutes, weiches Herz, dazu freundliches Wesen und ein gewinnendes Äußere, wenn all dies in einem Menschen vereint, das Herz einer Mutter beglücken und mit den schönsten Hoffnungen zu erfüllen vermag, so war es hier der Fall. Mutterliebe ward uns Geschwistern allen in gleichem Maße zuteil, aber das Verhältnis zu ihrem jüngsten Kinde, das die Mutter in der schwersten Zeit ihres Lebens unter dem Herzen getragen, trug den Stempel einer ganz besonderen Innigkeit. Dessen wurde ich mir beim Lesen ihrer Briefe so recht bewußt, und zum erstenmal erfaßte ich auch seiner ganzen Größe nach den ungeheuren Schmerz, diesen Sohn in seinem neunzehnten Lebensjahre von einer schleichenden Lungenkrankheit befallen und langsam dahinsiechen sehen zu müssen!

Innerste Verwandtschaft ihrer Naturen zog beide mächtig zueinander; ungescheut spricht sich Felix über alles aus, was ihn bewegt, und aus den Briefen der Mutter wiederum fühlt man die Achtung vor seiner frühheranreifenden Männlichkeit und das Bewußtsein, in all ihren Empfindungen und Stimmungen von ihm verstanden zu sein. Solche Briefe der Mutter hat Eugenie wohl in späteren Jahren, Eugenie der Backfisch aber, nie erhalten; nie ließ sie sich mir gegenüber, als ich in Felixens Alter war, so frei gehen. Am 11. Mai schrieb sie von Karlsbad aus an den noch nicht Dreizehnjährigen:

*Karlsbad, den 11. Mai 1867*

– – – Über eines, was mir ganz besonders am Herzen liegt, muß ich Dir nun hauptsächlich heute schreiben. Die Großmutter und Ferdinand schreiben mir, daß Du immer mit der Idee umgehest, Geiger zu werden; das wäre aber ein großer Schritt, schwerer, als Du glauben magst. Wirst Du nicht einmal ein eminenter Geiger, so kannst Du sonst noch so tüchtig sein, Du wirst als Sohn Robert Schumanns eine kümmerliche Rolle spielen. Du kannst, wie gesagt, Deinem Namen nur gerecht werden, wenn Du ein ganz bedeutendes Genie als Musiker entwickelst und mit diesem enorm fleißig studierst. So sehr ich nun die Überzeugung habe, daß Du mit Deinem Talente als Amateur Dir und andern Freude machen kannst (dazu bedarf es aber auch schon des Fleißes), so wenig glaube ich an eine solche Begabung bei Dir, wie sie zu hoher Künstlerschaft gehört. Darum überlege Dir das ja recht ordentlich, mein teurer Felix. Du hast so schöne andre Geistesgaben, daß Dir manch andrer Lebensweg offen steht, Du sogar möglicherweise ein bedeutender Mann Deines Faches (welches Du erwählen magst) werden kannst, freilich aber nichts ohne *große angestrengte* Studien. Du wirst dann eine ehrenvollere

Stellung in der Welt einnehmen, als Du es jemals als Künstler erreichen wirst. [– – Ich will Dich aber, Dir und mir zur Beruhigung, von Herrn Joachim prüfen lassen und ihn fragen, ob Du, wenn Du nach Baden kommst, auf zwei Tage zu ihm kommen kannst. Er wird der beste und unparteiischste Richter sein. Was meinst Du dazu? Schreibe mir darüber. – – –]

*

*Baden-Baden, den 13. August 1867*

Mein lieber Felix,

zwar bin ich sehr beschäftigt mit allerlei, aber Deine Briefe haben mich so innig erfreut, daß ich Dir selbst meinen Kuß dafür senden möchte. Gestern kam Dein Glückwunsch*, als wir gerade von einem Spaziergang zurückkehrten, und überraschte mich aufs freudigste – wie lieb, mein Junge, daß Du daran gedacht. – Uns geht es hier, wie Dir in Berlin, wir denken viel an Dich und sprechen oft von Dir; die ganze Reise haben wir Dich verfolgt, auch auf Deinem ersten Gange wieder zur Schule, der wohl hart war. Wie sehr schwer war mir der Abschied von Dir gewesen, ich konnte den ganzen Tag nichts andres denken! – Daß ich Herrn Planer Gutes von Dir schrieb, war wohl natürlich! Die kleinen Zwischenfälle von Übermut oder Unüberlegtheit zählen nicht, wenn sonst ein Mensch einem so viel Freude gemacht, wie Du kleiner Mensch uns, und sollte ich in der Freude über Euch nicht derer dankbar gedenken, denen ich und Ihr so viel zu verdanken habt? – – Julie erwarten wir am siebzehnten zurück und freuen uns sehr, sie hat uns allen so sehr gefehlt – ach, alle fehlt Ihr mir ja, wenn Ihr nicht da seid, Ihr seid ja mein höchstes Glück auf Erden und nur für Euch lebe ich ja gern und möchte noch so lange leben, bis ich Euch zu tüchtigen und glücklichen Menschen geworden sähe.

* Zu der Mutter Namenstag am zwölften

Elise geht nun leider auch bald, Fräulein A. ist längst fort nach Hannover und jetzt Fräulein O. (Mariens Freundin) hier, bald kommt Friedchen Wagner, Fräulein Leser aber reist schon Ende dieses Monats. So wogt das immer auf und ab im Kleinen wie im Großen, Leid und Freud, Wiedersehen und Trennung, und nur die mütterliche Liebe steht fest für alle Ewigkeit, und in dieser umarme ich Dich, mein teurer Felix, als Deine alte Mutter

10 000 000 000 Grüße von allen hier.

Klara

Wegen der Hemden wollte ich Dir noch sagen, da braucht die Näherin nur eine kleine Falte in den Ärmel zu nähen, damit sie kürzer werden. Sprich mit Ferdinand darüber.

*

Im Jahre 1868 hatte Felix seiner Gesundheit wegen sechs Monate die Schule versäumen müssen, und da schrieb er der Mutter am 20. Januar 1869:

– – – Sonst bin ich wohl, muß mich nur sehr in acht nehmen, da sich eine starke Kälte mit einem eisigen Nordostwind verbunden hat. Viel zu arbeiten habe ich auch, und obgleich ich ziemlich viel arbeite, will es doch nicht sehr gut gehen, und meine Angst, Ostern sitzen zu bleiben, was das Bitterste wäre, steigert sich von Woche zu Woche.

Darauf antwortet die Mutter:

*London, 5. Februar 1869*

– – – Gern wüßte ich, wann das Versetzen in Eurer Schule stattfindet? Ich möchte dann doch gern meinen ganz besonderen glückwünschenden Gedanken zu Dir hinübertragen können! Aber eines, mein lieber Lix: gräme Dich nicht, wenn Du nicht versetzt wirst – der Mensch kann nicht über seine Kräfte, und wenn er sich sagen kann, mit all seinen Kräften gearbeitet zu haben, so ist das ja vollkommen beruhigend. Daß Du eine Pause machen mußtest, war nicht Deine Schuld, und bist Du dadurch wirklich zurückgekommen, so ist es bei Deiner Begabung kein so großes Unglück. Du holst mit Fleiß bald wieder nach. Scheinen Dir die Jahre bis zum Ende der Schulzeit lang, so teilst Du darin das Gefühl mit allen strebsamen Leuten – sie möchten am liebsten über die Zeit hinwegfliegen können. Da hilft aber nichts, fleißig seinen Studien obliegen bringt am schnellsten über die Zeit. – – Ich muß nun an die Arbeit, meine Gedanken bleiben aber bei Dir. Ihr liegt mir stets warm am Herzen! Manchmal wohl ist es, wenn die Sorgen gar so schwer auf mir lasten, als hingen die Schwingen der Seele matt hernieder, wenn ich mich dann aber mit all meinen Gedanken zur Hoffnung auf Euch ermanne, dann heben sich die Schwingen auch wieder und die Pulse schlagen wieder lebendiger.

Lebwohl, mein herzlicher Junge. Küsse den Ferdinand von mir und sei an das alte Mutterherz gedrückt

Deiner Klara

*

*Baden, den 18. Juni 1869*

Mein lieber Felix!

Wohl habe ich der Ausgaben ja viele in diesem Sommer, jedoch soll mich dies nicht hindern, Dir die Freude zu machen zu uns zu kommen, bist Du doch ein fleißiger Mensch und bereitest mir Freude dadurch. So komme dann in Gottes Namen, aber dritte Klasse. – – Für Deine lieben Briefe einen Kuß, wobei ich jedoch eine leise Mahnung nicht unterdrücken kann. Du schreibst zuweilen nicht natürlich, gefällst Dich in schwülstigen Vergleichen, so daß es scheint, als beabsichtigest Du, geistreich zu sein; sobald man aber eine solche Absicht empfindet, verliert man den erquickenden Eindruck, den ein Brief von lieber Hand einem machen soll.

*

Die Briefe von Felix, auf welche sich die vorhergehenden Zeilen beziehen, sind nicht vorhanden. Hingegen schreibt er einige Monate später:

*Berlin, den 10. August 1869*

Liebe Mama!

Nun bin ich wieder in Berlin, nachdem ich am Freitag Baden verlassen; wie schnell war diese Zeit verflogen und wie sehr sehne ich mich nach Dir und den andern, wie gern wäre ich mit Euch; es gibt Momente im Leben, wo man mit Recht sagen kann, man ist am unglücklichsten, und dieses überschattet mich jetzt; immer bin ich bei Euch, immer muß ich mich wie der Zeiger eines Kompasses mit meinen Gedanken von den Büchern wieder zu Euch wenden und denken, was Ihr gerade tut und schafft; wenn ich mich nur einmal so recht ausweinen könnte, doch ich muß fürchten, man wird nicht so zart sein, ein Paar verweinte Augensterne nicht zu bemerken; hier ist auch kein Bächlein, das einem zuplätscherte, keine Tanne, deren Gipfel lispelte, keine Rose, die ihren Duft wehte, keine blumige Wiese mit ihrem Perlentau, keine verschleierten Berge, keine blutige Sonne mit ihrem Purpurhauch; nein, der graue Himmel küßt den grauen Hof, gebildet von vier noch graueren Wänden, auch ist hier keine liebende Stimme, die da spräche: Felix, sei guten Muts! Siehe deine Mutter! Tieferes Weh hat sie schon erfahren, und die Zeit hat es gekühlt. – – – Hin und her überlege ich jetzt die bewußte Sache; mein Herz treibt mich immer zur Musik, und bringe ich auch manches vor, kehrt es immer wieder dazu zurück; zwar ist die Bahn, die ich betreten will, schwer – auch weiß ich, wie viel Tausende von Musikern es jetzt gibt, aber was macht es, wenn ich der Tausendundeinste bin? – – Was sollte sein, wenn die Söhne großer Männer immer wieder solche wären? Dann gäbe es ja gar keine mehr; aber schön ist es, wenn die Söhne großer Männer es sich zur Aufgabe machen, die Größe ihrer Väter und deren Kunst zu umfassen. – – Eigentlich möchte ich nun gerne wissen, ob es Dir unangenehm wäre, wenn ich diesen Weg einschlüge. – – –

*Berlin, den 3. September 1869*

Liebe Mama!

Ich schreibe Dir hauptsächlich, um Dir inliegendes Blatt zu übersenden, welches Dir einen kleinen Abriß von der hier neuzugründenden Schule für Musik* geben soll, auf welche Du mich zu tun gedachtest; wenn alles zustande kommt so, wie es bestimmt ist, so muß Berlin bald der Hauptsitz der klassischen Musik und ein Sammelpunkt aller Musiker werden, und alle, die jetzt die Nase rümpfen und spotten, müssen dann beschämt und geduckt abziehen. Es soll ein ungeheurer Zudrang dazu sein, der sich auch daraus erklären läßt, daß noch so viele Vorteile und Annehmlichkeiten für die Schüler mit dem bloßen Unterricht verbunden sind. Ich habe nun doch meine Besorgnis überwunden, laß mich nur meine Straße ziehen, liebe Mutter, was daraus entsteht, überlaß mir und dem Schicksal; ich freue mich, daß ich zu dem Entschluß gekommen bin, und die zwitterhaften Menschen sollen mich nicht mehr anstecken und umstimmen; die Etüden von Kreutzer will ich mir schon bis Ostern hübsch herausputzen, und darum besorge Dich nicht, so wenig wie um meine Versetzung; in die Klavierklasse werde ich wohl kaum kommen können, da ich ja noch so wenig technisch gebildet bin; könnt' ich Dir nur die eine große Sorge ersparen, die Du Dir gewiß wegen meines künftigen Aufenthalts machen wirst! Aber wenn man auch sein Verhalten bei kleinen Sachen nach allgemeinen Prinzipien bestimmen kann, so dürfen doch diese nicht durch kleine Verhältnisse gebildet und entstanden sein; so auch hier, bei der Bestimmung einer Lebensbahn. Ich selbst kann es mir auch noch nicht vorstellen, daß ich das Haus verlassen soll, in welchem ich sechs Jahre lang eines ungetrübten Lebens genossen, die meisten geistigen Anlagen in mir ausgebildet, die ersten Eindrücke selbstbewußt empfangen habe, an welches mich Gewohnheit und Dank festkettet und als dessen Schuldner ich mich zeitlebens werde verpflichtet fühlen, wie die Jugend überhaupt

* Die Königliche Hochschule für Musik

immer Schuldnerin ist und ihrer Schuld nie quitt werden kann. Der Polyp umklammert rauhe Felsenspitzen, und losgerissen bleiben die Enden seiner Fühler an dem Langumarmten hangen, so auch ich.

Wie betrübt Du über den Tod Klementinens* sein magst, kann ich mir denken. Selten hat aber auch das Schicksal einen solchen Riß in ein schönes Verhältnis, selten eine so unausfüllbare Lücke in das Leben lieber Menschen gemacht, selten ein so liebes Herz von der Erde abgerufen; aber dennoch undankbar wäre der, welcher jene Mächte grausam nennen wollte; starb sie doch nicht drüben auf fremdem Boden, sondern in der Heimat, doch nicht fern von den Lieben, sondern in ihren Armen, hat doch ihre Asche der vaterländische Boden aufgenommen und ruht doch ihr Gebein bei den Gräbern des Vaters und ihrer Großmutter! Die arme Großmutter ist furchtbar gebeugt, ebenso die Tante, sie wissen nicht, wie sie es ertragen, wie sie weiterleben sollen. – – –

So wandeln die Schicksalsschläge den freudigsten Kreis bald zum traurigsten um und reißen Lust und Wonne mit sich fort, und während hier der Zypressenkranz auf das tote Haupt gedrückt wird, mag bald dort die Myrthe in das bräutliche Haar geschlungen sein**.

Das Begräbnis fand vorgestern um fünf Uhr statt und, da alles gut vorbereitet und gerichtet worden, war es außerordentlich schön und ergreifend, zumal für mich, der ich zum erstenmal eine so traurige Rolle bei einem solchen Akte spielte; es ging vom Leichenhaus des Dreifaltigkeitskirchhofes aus, in jenem stand der Sarg in wundervollem Holz zierlich und graziös gebaut, mit Girlanden aus Lorbeer und weißen Rosen herrlich geschmückt; zu beiden Seiten ragten Palmen, Zypressen und Myrthenstöcke empor und hinten befand sich erhöht der Platz für den Prediger, mit großen Kerzen besetzt. Dieser sprach sehr schön – es war derselbe, der sie eingesegnet hatte – einfach und

* Klementine Bargiel, Halbschwester unsrer Mutter

** Bezieht sich auf die bevorstehende Hochzeit von Julie

herzlich, ohne viele Phrasen zu machen, und das ist immer das Schönste; wie möchte man da, man läge auch bei der Toten oder könnte sie wieder zum Leben auferwecken! Der Sarg wurde darauf ohne allen Tumult zum Grabe getragen. Viele gaben das Geleit; Du weißt das ja aber alles selbst, ich erzähle es auch nur, weil man gern das von sich gibt, was in einem fortgärt; sehr schön war es, daß plötzlich ein Sonnenstrahl aus dem Gewölk hervorbrach, von welchem geweckt ein herziges Vögelein seine ziehenden Klagetöne erklingen ließ; viele, viele Kränze und Blumen füllten das Grab, und so mögen sie auch zu Staub werden wie das, was sie bedecken; die Tante weinte furchtbar; ich bemühte mich mitzuempfinden, da ja nichts schöner ist, als den Schmerz andrer ganz mitzufühlen, wenn auch sein Stachel nicht unmittelbar uns selbst trifft. – – – Ferdinand ist, wirst Du wohl wissen, jetzt wieder umgezogen; seine Freude, zu Euch zu kommen, ist augenblicklich etwas gedämpft, doch wünsche ich ihm nichts sehnlicher, als daß er endlich einmal in einen so schönen Kreis wie der unsre nach so langer Zeit die liebe Mama an seiner Spitze und als Krone schauen möge; denn das ewige Alleinwohnen wird ihm mit der Zeit unerträglich.

Lebe nun recht wohl und bestelle allen meine herzlichsten Grüße.

Dein Dich liebender Felix

*

*Berlin, den 28. September 1869*

Liebe Mama!

Der wichtige Tag ist nun vorbei. Ferdinand brachte mir am Morgen die Zeichen Deiner Liebe, und ich danke Dir tausend, tausendmal aufs allerherzlichste dafür; der Ring hat mich sehr erfreut und, wie ich ihn ansah, dachte ich unwillkürlich: Den hat Marie mit ausgewählt oder er gefällt ihr wenigstens sehr, und mir auch; das blaß Gold paßt sehr wohl zu dem blauen Stein, kurz, er gefällt mir so wohl, daß mein Finger vor Freude in der Mitte dicker geworden und der Ring gar nicht mehr abgeht. – – –

Um Dir nun von meiner Einsegnung zu erzählen, so war sie sehr schön; Ferdinand, Tante Cäcilie und Frau Planer mit Tochter gingen mit mir; ich war zuerst etwas beklommen; aber es tut einem doch wohl, einmal aus der gewöhnlichen, alltäglichen Stimmung in eine hohe und erhabene gesetzt zu werden und, statt auf die niederen kalten Beschäftigungen der Menschen herunterzusehen, einmal mit lauterer Empfindung zu etwas unbeschreiblich Schönem und Ernstem emporzuschauen; aber es ist auch gut, daß eine solche Stimmung nur zuweilen eintritt, denn die Leute, die mit Flügeln über das Leben hinwegfliegen wollen, von irgend einem idealen Streben geleitet, fallen gewöhnlich bald ermattet zur Erde, und wenn es nicht Amor ist, reißt ihnen ein andrer die Flügel aus. Nach dem Gelübde wurden wir in Abteilungen zu drei, vier oder zwei Personen vorn an den Altar gerufen, vor dessen Stufen wir niederknieten und von dem Prediger, der abwechselnd die Hände auf unsre Häupter legte, einen Spruch empfingen; mir fiel dabei Goethe ein, wie er den Alexis sagen läßt: »Da drückte der wackere Vater würdig die segnende Hand mir auf das lockige Haupt; sorglich reichte die Mutter ein nachbereitetes Bündel. Glücklich kehre zurück! riefen sie, glücklich und reich!« Ja, liebe Mama, ich weiß, mit welcher Liebe Du mir auch diese Worte zurufest, und es liegt ja hauptsächlich an mir, ob sie einst in Erfüllung gehen sollen oder nicht; doch das habe ich einsehen gelernt, was mir bei den Griechen immer so in die Augen fiel, daß die Religion der Hintergrund ist, auf dem Politik, Wissenschaft und Künste ruhen, daß sie diesen Leben und Frucht erteilt und mit ihrem so oft betriebenen Sturz alles zusammenstürzt und die Helligkeit zertrümmert ist; wie die Nerven oder Muskeln im Körper, so zieht sie ihre Fäden verborgen unter dem Bau des gesellschaftlichen Lebens, und nur der Verstand und das Herz kann sie fühlen und ihre Bedeutung würdigen, die sie jetzt so gut hat als im Altertum. Und welches schöne Vorbild, welchen Antrieb zum Guten bietest Du mir nicht dar?! Zwar sehe ich Dich nicht fromme Gespräche führen oder viel in die Kirche gehen oder was der Dinge mehr sind, aber wozu das? In seinen Handlungen malt sich der Mensch, und die Deinen, so weit ich sie mit meinem kleinen Verstande ermessen kann, erregen bei mir nur Bewunderung, Achtung, Liebe und Eifer, mich solcher Mutter würdig zu machen.

Am nächsten Sonntag gehe ich noch zum Abendmahl, welches meine Konfirmation gleichsam besiegeln soll. – – Ich muß Dir noch erzählen, daß ich gestern eine Zensur bekommen, die ich Dir wegen der Dicke des Papiers zu schicken nicht für ratsam erachte; sie enthält, daß meine Leistungen und Fortschritte, Betragen und Aufmerksamkeit im ganzen genügten und heute mit einer unverdienten Prämie belohnt worden sind, die ich gar nicht erwartet hatte und ärgerlich bin, daß man sie mir gegeben, da sie andre Schüler besser verdient hätten! Nun wirst Du sagen, die Lehrer werden doch gerecht sein! bon! Aber diesmal finde ich es doch nicht, und dafür bin ich auch bestraft worden, da nämlich die Prämie in Lessings Werken besteht, die Du mir schon geschenkt hast. Das ist wieder Pech!

Ich wollte Dich nun fragen, ob ich vielleicht einen Lessing, nämlich den, der Dein Geschenk war, Ferdinand übermachen kann! Dies Gute hat aber die Prämie, daß sie mich im nächsten Semester ihrer wert zu zeigen heißt. Ich bin noch so aufgeregt, daß ich gar nicht recht schreiben kann; entschuldige mich deshalb.

Grüß Alle

Dein Felix

*

Die Mutter hatte, wenn auch ungern, Felixens Wunsch, die musikalische Laufbahn zu ergreifen, nachgegeben, aber zur Bedingung gemacht, daß er das Gymnasium bis zum Abiturium durchmachen solle. Es war dies für ihn eine bittere Enttäuschung, und im ersten Anprall der Gefühle ließ er seinen Unmut an seiner Umgebung aus, und es folgte eine Zeit ernster Reibungen mit seinem langjährigen und im Grunde von ihm geliebten und verehrten Lehrer, Professor Planer. Hierauf beziehen sich mehrere Stellen in den nächstfolgenden Briefen.

*Berlin, den 26. Dezember 1869*

Liebe Mama!

Dein Felix, noch eben der unausstehliche Felix, ist heute ein ganz andrer Mensch worden, nicht nur, weil er so gerade geht, daß alle Welt behauptet, er sei während der Anwesenheit seiner Frau Mutter einen halben Schuh in die Höhe geschossen, nicht nur, weil er von allen Seiten von neuen Büchern umgeben ist und, unschlüssig, wo er anfangen soll, noch dümmer zu werden im Begriff steht als ehedem, nicht nur, weil er mit wider Gewohnheit aufgeknöpftem Rock eine goldene Uhrkette in echtem Gentlemanstolze blinken läßt, nicht weil er mit veilchenfarbigem Tuch und glacierten Händen und anmutigen Manschettenknöpfen die Straßen durcheilt oder sein bißchen Raison in Pfefferkuchen und Rosinen anlegt, sondern weil er – die Grenze läßt sich schwer bestimmen – wieder so viele Liebe von allen Seiten erfahren.

Wohl wirst Du sagen, hast Du sie nicht immer erfahren? Aber es ist ja eben, das Auge des Menschen ist oft so blind und stumpf, wenn es etwas erfassen soll, was ihm augenblicklich wehe tut; erst wenn die äußere Schale da ist, glaubt es, traut er wirklich, daß auch der Kern da sei; schlimm genug, wenn man zu spät einsieht, wie sehr man geliebt wurde und wie vergeßlich und undankbar man gewesen. Doch ich will nun nicht undankbar sein, weder gegen die Vorsehung noch Dich; wehe, wenn später dann die Vorwürfe wie Furien das vergeßliche Herz quälen und foltern! Es ist ein wunderliches Ding um das Wort dankbar; ich habe noch keine philosophische Abhandlung darüber gelesen, aber es muß doch so viel sein wie eingedenk. – Doch ich will jetzt auch keine darüber machen, da ich überhaupt kein Freund davon bin, daß jedes Wort zergliedert und zerfleischt wird.

Doch wie dem immer auch sein mag, soviel weiß ich, daß ich Dir von Herzen dankbar bin und bleiben werde. Namentlich der Shakespeare macht mir am meisten Freude, zumal da er mir ganz unverhofft kam. Schon gestern hätte ich Dir geschrieben, hätte mir nicht die Kirche den Vormittag genommen; leider war es sehr kalt und schlecht geheizt, und das ist schlimm, wenn einem die Füße so frieren, daß das Herz nicht warm wird. Ich lasse der lieben Marie für die reizenden Knöpfe vorläufig durch Dich vielmals danken; in diesen Knöpfen spiegelt sich das ganze Minzlein und ihr Geschmack, der sich auch meiner zu sein rühmt. Herr Planer, der mich sehr reich beschenkt hat, läßt Dich sehr grüßen, Fräulein Tochter sich sehr bedanken.

Dies sind die Aufträge

Deines Felix

*

*Wien, den 28. Dezember 1869*

Mein geliebter Felix,

von Herzen erfreut hast Du mich durch Deine Briefe, namentlich aber durch den letzten, aus dem ich sehe, daß Du Dich etwas aus Deiner trüben Stimmung herausgerungen hast. Ich empfinde es ganz mit Dir, wie schwer es ist, einer Lieblingsidee entsagen zu müssen, aber hier gilt es Deine ganze Zukunft, und ist es ja nicht mal ein völliges Entsagen, sondern nur ein Aufschub der Erfüllung. Was Dir jetzt überflüssig erscheint (das Studium der alten Sprachen), wird Dir später sowohl innerlich als auch in Deiner äußeren Stellung zustatten kommen, und Deine innerliche, geistige Durchbildung Dir den Zutritt in jeden Kreis verschaffen; Du giltst dann nicht nur der Künstler, sondern auch der geistig durchbildete Mensch.

*

*London, den 26. Februar 1870*

– – – Ich bin jetzt hier wieder in vollem Zuge, außerordentlich aufgenommen, habe aber viele Anstrengungen und ertrage sie schlechter als früher, daher ich mich im nächsten Jahre, wollte ich wieder hierher gehen, auf weniger beschränken muß. Eine große Freude ist es für mich immer, mit Joachim und Piatti musizieren zu können, das ist es aber auch allein, was mir dieses Kunsttreiben möglich macht; es muß entschädigen für manches, dem man ausgesetzt ist, das man sogar mitmachen muß. Wenn man die Künstler hier sieht, wie sie arbeiten von morgens bis abends, wie ihnen die Kunst nur noch Mittel zum Verdienst ist, da sieht man oft recht betrübt drein und denkt, »wo ist euer Ideal von der Kunst geblieben?« Wie glücklich preise ich mich dann, daß ich immer mit ganzer Geistes- und Herzensfrische an meine Aufgaben gehen kann, und das Glück will ich mir bewahren, bleibe ich auch dabei eine arme Musikantin. – – –

*

*Berlin, 20. Juni 1870*

Liebe Mama!

Meinem Dank für Deinen lieben, langen und langersehnten Brief füge ich eine Bitte hinzu, die ich nicht ohne Angst ausspreche. Doch will ich Dir – denn schweigen kann ich nicht – noch einiges vorerst auf Deine Zeilen antworten, da ich sehe, daß Du in manchen meiner Worte etwas andres gesucht hast, als ich gemeint habe. Vor allem sehe ich nicht ab, wie es bei Dir Anstoß erregen konnte, wenn ich schrieb, daß ich mit dem Leben ernster geworden sei, sage ich denn damit nur irgendwie, daß es mir an etwas abgeht und dergleichen? – – – Ist es denn nicht herbe und ernst genug, einen für immer unglücklichen Bruder zu haben, an welchen zu denken immer wie ein Wermutstropfen ist, der unbemerkt in jeden Freudenkelch sich mischt? Und wenn es auch nicht der Bruder wäre, – – – wäre es nicht für mich traurig genug, Dich immer kummervoll zu wissen oder – zu sehn? Ich finde, wenn man älter wird und ein bißchen zu denken anfängt, dann verlernt man es, nur immer von sich alles ableiten, man schaut freier umher, und die Wolken, die den Horizont bedecken, bleiben nicht verborgen; nur der Himmel mag sie zerstreuen! – – –

Ich habe diesmal so viel Ausgaben und habe Dich auch zuletzt so gereizt, daß ich Dich nicht ohne Bangigkeit und Schüchternheit frage, ob Du mir zu meinen Ferien, die am 9. Juli beginnen, die Heimreise erlauben willst; ich fürchte, Du sagst: er verdient es nicht, aber sage mir recht bald die Antwort, damit es mir nicht zu plötzlich kommt; ich habe mich schon so lange auf die kommende Zeit gefreut und, wenn ich traurig war, so sah ich immer auf diese Zeit und erfrischte Geist und Herz, die schweren, trägen Dinger. – –

*

*Baden, den 22 Juni 1870*

Mein lieber Lix,

Deinen Brief erhielt ich gestern mit dem von Ferdinand, der uns aufs tiefste erschüttert hat. Es ist ein furchtbares Schicksal, was den armen Ludwig getroffen; es gibt keine Worte für solchen Schmerz, das Herz blutet einem. Das meine ertrüge es nicht, fühlte ich nicht, daß ich mich für Euch aufraffen muß. Ach, erlöste der Himmel doch den armen Jungen! Er leidet und ist so jung, hätte so volle Ansprüche noch an das Leben, und ich, beinah fertig mit dem Leben, bin gesund, und kann mich an der Natur, an allem, was ich habe, noch erfreuen!

Ach, mein guter Junge, mache mir doch ja keinen Kummer, der eine ist so groß, daß er allein ja kaum zu tragen ist. Wie ruhen auf Dir meine schönsten Hoffnungen, gewiß wirst Du mal ein tüchtiger Mensch, wenn Du gegen die Fehler ankämpfst, die Dir die Pflichterfüllung erschweren, das ist vor allen die Halsstarrigkeit.

Der Mensch besiegt manches, wenn er will, und Du willst doch gewiß, schon aus Liebe zu mir! – – Du weißt, wie sehr auch wir uns immer auf Deine Ferienzeit freuen, und, Gott sei Dank, kann ich es noch erschwingen, Dich kommen zu lassen, aber, dritte Klasse, lieber Junge! Du mußt Dir ein Kissen oder Plaid mitnehmen. – – –

*Felix an die Mutter*

*Berlin, den 26. Juni 1870*

– – – nachdem ich das Ende Deines Briefes gelesen hatte, so durchströmte mich gleich ein ganz andres Leben; ich hatte gerade eine Arbeit müde und unmutig beiseite gelegt, da streckte ich meine Arme aus, zog meine Sehnen an, ballte die Faust und sagte: »Ich will und es muß.« – – – Und daß es ging, daß Felix sich aufraffte und mit aller Entschlossenheit der Schulbank und den Büchern, denen er im Geiste bereits den Rücken gekehrt, wieder zuwandte, das beweisen die wenigen Worte der Mutter vom 14. Oktober 1870 aus Baden: Liebster Lix – – – hier ist Deine Zensur und ein Kuß dafür und für manches noch! – – –

und ferner der Brief aus:

*London, den 7. April 1871*

Mein vielgeliebter Lix,

meinen und unser aller Glückwünsche zu Deiner Erhöhung und meinen zärtlichen Kuß, den Du Dir trotz Oberprimaner doch wohl noch immer gefallen läßt. Nun wird ja das Jahr auch noch hingehen, und ein neues Leben beginnt dann für Dich! Möchtest Du das Rechte, Dich vollkommen Befriedigende finden – was ich je dafür tun kann, soll Dir nie fehlen. – – – Ich küsse Dich auch für Deine Briefe, mein lieber Junge, sie erfreuen mich immer so innig! – – –

Daß ich während Deiner Ferien fortgehe, hast Du nicht zu besorgen! Ich hoffe zu Gott, daß wir dieselben zusammen verleben, und vielleicht erfüllt sich uns auch noch die schöne Hoffnung mit Ferdinand. – – – Mir schlägt das Herz hoch auf, wenn ich an Deutschland denke, das ich nun, mit Gott, bald wieder betrete. Es ist eine gar eigene Sache, wir werden hier auf Händen getragen, Burnands sehen uns alles an den Augen ab und doch wächst die Sehnsucht nach deutschem Boden, deutscher Sprache, abgesehen von alle dem, was dort dem Herzen Teures lebt, mit jeder Stunde. Es ist mir stets wahres Labsal, alles um mich herum wieder deutsch zu sehen und zu hören. Ich bin aber darum doch nicht undankbar gegen die Engländer, die mich ja so sehr liebevoll immer aufnehmen und empfangen. Jetzt will ich Dir aber adieu sagen. Mein geliebter Lix, sei umarmt von ganzer Seele! Könntest Du fühlen, wie oft meine Gedanken bei Dir sind, wieviel auch meine schönsten Hoffnungen mit auf Dir ruhen! Wie wehmütig ich dann unsres armen Ludwig denke, wie oft mir um ihn das Herz blutet! Wie lange schrieb mir der Arzt nicht!

Deine alte treue Mutter Klara

*

Inzwischen hatte es sich entschieden – und zwar hatte der Ausspruch der Ärzte, daß Felix nicht kräftig genug sei, um sich dem Studium eines Instrumentes zu widmen, den Ausschlag gegeben – daß er seiner Lieblingsidee, Musiker zu werden, entsagen, das Gymnasium ganz durchmachen und dann eine Universitätslaufbahn ergreifen sollte. Im noch nicht vollendeten achtzehnten Lebensjahre bestand er ein glänzendes Abiturium. Das schriftliche Examen hatte er bereits hinter sich, als er der Mutter am 15. März 1872 schrieb: »Ich hätte Dir schon eher geschrieben, hätte ich nicht das (mündliche) Examen abwarten wollen; nun ist es glücklich vorüber und zwar so, daß ich es gar nicht gemacht habe, sondern davon losgesprochen wurde.«

Freudig, voller Hoffnungen bezog er wenige Wochen später als stud. juris die Heidelberger Universität, und kurz darauf sah ich ihn auf der Durchreise zum ersten Male als Erwachsenen. Ein schöner, schlanker Jüngling in vollem

Studentenwichs, mit der Reitpeitsche in der Hand, trat er mir auf dem Bahnsteig entgegen. Er sah aus, als wolle er die Welt erobern. Fort für immer war das Brüderchen, fort der sinnige Knabe, nur die blauen Augen und die dichte blonde Tolle, die ihm unter der Mütze hervor über die Stirne fiel, waren geblieben. Nach neun Jahren strengster Disziplin hatte er sich mit Wonne in die Ungebundenheit des Studentenlebens gestürzt. So wie einst sein Vater las er nun in Heidelberg die Pandekten. Daneben trieb er literarische Studien; schon während der Gymnasiumszeit hatte er sich eine ungefähre Kenntnis der italienischen und spanischen Sprache angeeignet; nun übersetzte er Gedichte von Th. Moore und Robert Burns, machte Verse, spielte Klavier und Geige; ließ sich als zweite Violine in das Museumsorchester einreihen, trieb sich auf den Bergen, in den Wäldern und auf dem Fluß herum, hielt Einkehr ins Wirtshaus und machte auch dumme Streiche, die er aber der Mutter stets unumwunden bekannte.

Wie keck er von der Schulbank aus gleich mitten ins Leben gesprungen war, sahen wir aus folgenden Gedichten, die er mit einer Anzahl andrer am Ende des zweiten Semesters Elisen auf den Geburtstagstisch legte.

## *Studentenlieder*

### Im Wirtshaus

Im Wirtshaus, im Wirtshaus,
Da bin ich zu gern,
Da fühl' ich mich Mann
Und als eigenen Herrn.

Man kocht mir, man bringt mir,
Was ich mir bestellt,
Hab' niemand zu danken,
Bezahle mein Geld.

Kann kommen, kann gehen,
Wann's mir nur behagt,
Bin nicht von Perücken
Und Titeln geplagt. –
Im bläulichen Bierdunst,
Im Tabak und Dampf,
Da ward schon gefochten
Manch riesiger Kampf.

Da sitz' ich beim Glase
Mit Männern von Kraft,
Erbau' mich am Bier
Und der Wissenschaft.

Kann reden, kann schweigen,
So wie mir's gefällt;
Drum ist mir das Wirtshaus
Gar lieb in der Welt.

## Tirolerin

Tirolerin, Tirolerin,
Du hast mir ganz verkehrt den Sinn
Mit deinen Jodelklängen,
Die mir das Herz zersprengen.
Im Röcklein schwarz und goldbestickt
Hast du mir ganz die Brust umstrickt,
Hast du mir ganz verkehrt den Sinn,
Tirolerin, Tirolerin.

Tirolerin, Tirolerin,
Ach könnt' ich mit dir weiterziehn
Durch Dörfer, Städte, Fluren,
Nur folgen deinen Spuren;
Mit Sang und Klang von Ort zu Ort,
Und immer weiter fort und fort,
Ach könnt' ich mit dir weiterziehn
Tirolerin, Tirolerin!

Tirolerin, Tirolerin,
Was kamst du zu uns her vom Inn?
Mit Jodelruf und Leier,
Lockst du zu dir die Freier;
Brichst jedem dann das Herz entzwei,
Das ist dir Spröden einerlei.
Was kamst du zu uns her vom Inn,
Du grausame Tirolerin?

## Zu spät

Da ich von Lieb' nichts wußte,
Ein Knabe schmuck und fein,
Da wollt' mich alles küssen,
Die Mädchen groß und klein.

Das tät mich oft verdrießen,
Das Küssen ringsherum,
Da ich von Lieb' nichts wußte,
Ein Knabe fromm und dumm.

Jetzt, wo ich küssen möchte,
Ein alter Knabe schon,
Da werden rot die Mädchen,
Sprech' ich ein Wort davon.

Ach hätt' ich jetzt die Küsse,
Die damals ich verschmäht
Ach wär' ich Knabe wieder!
Doch jetzt ist es zu spät.

## Wunden

Ein Erdbeerlein sah lüstern
Aus Brennesseln hervor;
Rotwangig tat's mir winken,
Ich pflückte es, ich Tor.

Dein Mündchen gleicht der Beere,
So rosig und gesund,
Dran ich im Liebestaumel
Mich küßte weh und wund.

### Studentenweisheit

Was sprichst du gleich von Heirat,
Was sprichst du gleich von Eh',
Die Heirat bringt nur Sorgen,
Die Ehe bringt nur Weh.

Wie ist's so schön zu minnen,
Wenn noch das Herz so weit,
Einmal zu lieben jene,
Zu lieben diese heut.
So flattert auch der Falter
Von Beet zu Beete hin,
Von Kelch zu Kelch die Biene,
Die Honigsammlerin.

Drum still, mein Mädchen, schweige,
Ganz liebe ich dich heut,
So liebe du mich wieder,
Das andre laß der Zeit.

### Poesie der Ehe

Wenn die Hochzeitsglocken läuten,
Ändert Amor die Toilette,
Rupft die Federn aus den Flügeln,
Stopft damit das Ehebette.

Doch am Morgen nach der Brautnacht
Nimmt er Hobel, Meißel, Hammer,
Und geschickter als Vulkanus
Schmückt er Küche aus und Kammer.

Aus der Binde macht er Windeln,
Eine Rute aus den Pfeilen,
Aus dem Köcher Tassen, Teller
Oder Quirle, Siebe, Keulen.

Seinen Bogen biegt und krümmt er,
Daß er eine Wiege werde,
Mit der Liebesfackel zündet
Er das Feuer auf dem Herde.

Amor, ach, wie siehst du kahl aus,
Struppig, dickes Ungeheuer!
Wirf nur nicht die ganze Fackel
Aus Versehn ins Küchenfeuer!

## Kompensation

Wenn der Magen voll und der Beutel schwer,
Dann ist die Seele sorgenleer.
Wenn der Magen voll und der Beutel leer,
Dann ist die Seele sorgenschwer.

Wenn der Beutel leer und der Magen leer,
Dann fühlt die Seele gar nichts mehr.
Wenn der Beutel voll und der Magen leer –
Das, Freund, kam noch nicht vor bisher.

## Der unheimliche Mieter

Einst kam Amor auf mein Zimmer,
Schalkhaft lächelte sein Mund,
In der Hand den goldnen Bogen,
Und die Wange rot und rund.

In das Studium der Pandekten
Hatt' ich ganz vertieft den Sinn,

Mürrisch rief ich: »Wer da wieder?
Schuster, Schneider, Wäscherin?«

»Weder Schuster, weder Schneider,
Amor hieß mich die Mama,
Bin vom alten Götterstamme,
Jupiter mein Großpapa.«

»Ja, ich kenn' dich, schöner Knabe,
Las von dir schon im Homer,
Ja, so dacht' ich dich mir immer,
Sage an, was dein Begehr!«

Und er seufzte: »Ach schon lange
Irr' ich über Land und Meer,
Eine Wohnung mir zu suchen,
Doch die Welt ist liebeleer.

Und so trat ich denn bescheiden
Jetzt in deine Klause ein,
Ob du mir vermieten tätest
Wohl ein Herzenskämmerlein?«

»Amor, sprach ich, loser Schlingel,
Kenne dich nur allzugut,
Bist ein tückischer Geselle,
Übst nur Scherz und Übermut.

Im Olympus hast du immer
Streit und Eifersucht erregt
Und den Paris zu Helenens
Unglücksel'gem Raub bewegt.

Liebe mir die Seelenruhe,
Liebe die Gemütlichkeit,
Hasse alles Wüste, Laute,
Männerkrieg und Weiberstreit!«

Doch er rief: »Ach, längst vorüber
Ist die Zeit, wo ich so wild,
Katholik bin ich geworden,
Wie ein Lamm so sanft und mild.

Still bescheiden will ich hausen
In des Busens dunklem Schrein,
Küsse, Lieder, Gunst der Frauen
Soll dafür beschert dir sein.«

»Topp, es sei denn, nickt ich freundlich,
Gastlichkeit ist Christenpflicht,
Gib die Hand zum Unterpfande,
Daß man hält, was man verspricht!«

Und er tat's. – Ach, wie betrogen
Hatte mich der arge Wicht,
Gräßlich fing er an zu lärmen,
Hörte all mein Drohen nicht.

Alles warf er durcheinander,
Mit Studieren war es aus,
Ach, vorbei war's mit Pandekten,
Nimmer ließ es mich zu Haus.

Dacht' umsonst ihn auszutreiben,
Las vergebens im Ovid
Die remedia amoris*,
Bis ich endlich mich beschied.

Amor, hast mich zwar betrogen,
Hast mich viel geneckt, geplagt,
Doch auch Frauenhuld und Lieder
Schenktest du, wie du gesagt!

* »Heilmittel gegen die Liebe«, ein Gedicht von Ovid

Ein bestimmtes Ziel hatte Felix, soviel ich weiß, damals noch nicht im Auge.

Vom Ruhm meines Vaters zehren
Steht mir nicht an;
Nicht nur als Sohn soll man mich ehren,
Selbst ist der Mann,

schrieb er einmal. Ganz im allgemeinen erwartete man Schönes, ja Bedeutendes von ihm, und die Freunde alle, nah und fern, verfolgten seinen Entwicklungsgang mit größter Teilnahme. »Ich weiß nicht, was ich vor Glück anfinge, wenn ich einen Sohn hätte wie Felix«, sagte Brahms einst zu unsrer Mutter. Und wir alle hatten ihn so unendlich lieb, waren so stolz auf ihn. Er hatte ein so wahrhaftiges und schwungvolles, allem Kleinlichen abgewandtes Wesen, war so ganz das Kind seiner Eltern. Noch sehe ich ihn, wenn er Sonntags und zu den Ferien zu uns kam! Wie schmuck sah er aus in seinen hellgrauen Gewändern – etwas zum Nachteil des mütterlichen Geldsäckels fiel seine Wahl, trotz bester Vorsätze, immer wieder auf die feinsten und weichsten Tuche – wie war er so froh, bei uns zu sein, nun still und in sich gekehrt, dann wieder scharf beobachtend und witzig, immer aber freundlich im Umgang und für jede Lustigkeit zu haben. Noch sehe ich ihn lachen, als Marie bei einer Aufführung von Körners Nachtwächter, bei welcher uns die Kinder aus dem Nachbarhaus halfen, in den Kleidern des Bruders als Student die Bühne betrat, und bei diesem herzlichen, kindlichen Lachen möchte ich stehen bleiben. So möchte ich sein Bild festhalten, so Abschiednehmen von der geliebten Gestalt, im Morgenglanze ihrer Jugend, ehe noch die rauhe Hand des Geschicks sie berührte, alle seine, all unsre Hoffnungen vernichtend.

Was frommt es, noch einmal den Schleier zu lüften von fünf Jahren schwersten Leidens, es noch einmal in der Erinnerung zu durchleben, wie die unerbittliche Krankheit ihm in grausamer Langsamkeit den Lebensodem abschnitt? Er, der standhafte Dulder hat längst ausgelitten; er hat das Licht gesehen, ihm ist die Antwort worden. Aber wir, die wir noch in der Welt qualvoller Rätsel weilen, fragen vergebens: Warum? Und so wenden wir uns ab von dem Unergründlichen und klammern uns an die Erinnerung des kurzen Beisammenseins, wo der Bruder gesund und freudig, unser Leben verschönend, unter uns wandelte. Ihm ward noch der Trost, den er einst als Knabe einer lieben Verwandten nachrief: »Starb er doch nicht auf fremdem Boden, sondern in der Heimat, nicht fern von den Lieben, sondern in ihren Armen, hat doch seine Asche der vaterländische Boden aufgenommen.«

Wenn ich zum Schlusse noch eine kleine Anzahl Gedichte bringe, eine Auswahl aus denen, welche Felix in den Jahren, die er, Heilung suchend, im Süden verbrachte, niederschrieb, so möchte die Schwester damit dem Bruder, ihm an bescheidenster Stelle einen öfters ausgesprochenen Wunsch erfüllend, eine letzte kleine Liebestat erweisen.

### Zum Geleit

Ihr, meine lieben Gedichtchen
Mit euren Kindergesichtchen
Zieht nur getrost hinaus!
Ihr werdet stille wandeln,
Und wenn sie euch mißhandeln,
So haltet ruhig aus.

Wenn ihr mit ernsten Klängen
Nur *eines* Mannes strengen,
Doch männlich milden Sinn,
Nur *eines* Mädchens Herze
Gewinnt mit leichtem Scherze,
Ist's nicht genug Gewinn?

## Morgen

Von des Zwielichts Dämmerflore
Rosig, träumerisch umflossen,
Naht der Morgen leisen Trittes
Um der Alpen Haupt ergossen.
Von erhabner, wildgetürmter
Felsen heil'gen Brandaltären
Dampfen Nebel weihrauchduftig,
Ihn, den Schöpfer, neu zu ehren.
Und auch ich wie neugeboren
In dem Tau der Morgenröte
Weihe heiße, stummgefühlte,
Unsprechbare Dankgebete.

## Frühlingsgesang

In der Frühlingsnacht,
Da Himmel und Erde
Sich bräutlich umschlangen
Und Lieder erklangen
Der Nachtigallen:
In der Frühlingsnacht
Aus Liebesdämmerung
Bin ich erwacht.
Und wie ich hinaus
Ins Dunkel spähte,
Die Luft zu schlürfen,
Die duftdurchwehte,
Da senkte sich zitternd
Mit Sternengefunkel
Aus heiligem Dunkel
Zu mir auch nieder
Des Himmels Odem
Durch Seele und Glieder.

Am Frühlingsmorgen,
Da an den Blüten,

Den neuerschloßnen,
Die Tropfen sprühten
Und Falter erglühten:
Am Frühlingsmorgen
Aus Schlummers Banden
Bin ich erstanden.
Und wie ich hinaus
In die Sonne blickte,
Die Luft zu schlürfen,
Die tauerquickte,
Da regten auch mir sich
Duftige Träume.
Da drängten sich Keime
Mit fröhlichen Schlägen.
O Frühlingswonne!
O Frühlingssegen!

## Ganymedes

Einsam am Quell auf blumiger Weide
Spielt der Knabe, herrlich und hold;
Locken von Gold,
Locken von Seide,
Wie sie im Winde flattern und ringeln,
Wie in der Sonne sie flammen und züngeln.

Aus den blütenbehangenen Zweigen
Duftet es nieder betäubend und lau,
Augen so blau,
Augen so eigen,
Wie sie noch einmal die Erde begrüßen
Und sich leise zum Schlummer schließen.

Ihn sieht Zeus, der Geber der Gaben,
Seinen Adler schickt er hinab:
Hole mir ab
Den lieblichen Knaben,

Daß er der Schenke der Seligen werde,
Selig er selber und ferne der Erde.

## Hochgemut

Wär' ich ein Ritter, ich höb dich aufs Roß
Und ritte mit dir aufs schimmernde Schloß.

Wär' ich ein Kaufherr, nicht Seide noch Gold
Am Hochzeitskleide dir fehlen sollt!

Wär' ich ein Schiffer, ich führ' dich ins Meer,
Wo sonnig und still ein Eiland wär!

Wär' ich ein Priester, ich schlösse mich ein
Und betet' für dich zur Jungfrau Marein.

Nun bin ich ein Dichter, bin alles zugleich
Und leg' dir zu Füßen das Himmelreich.

## Ein altes Lied

Es sang ein Mädchen am Fenster
Ins Abendrot hinein,
Ein Jüngling hört's, und munter
Summt er im Baß mit drein.

Es stand ein Mädchen am Brunnen,
Der Eimer war gar so schwer,
Da kam ein Jüngling gelaufen:
Gib mir den Eimer her.

Es ging ein Mädchen zur Wiese
Und hat Sternblumen zerpflückt,
Da kam ein Jüngling geschlichen
Und hat sie ans Herz gedrückt.

Es schritt ein Mädchen zu Tanze,
Gar schmuck hat's ausgeschaut,
Da ließ sie der Jüngling nimmer,
Bis er sie erlangt zur Braut.

Nun schreit's halt in der Wiegen,
Sie singet den Schreier in Ruh',
Er summt vergnüglich dazwischen –
Der Herrgott lächelt dazu.

## Todesgrauen

Es steht ein Tannenbaum im Wald;
Geliebtes Weib, wer weiß, wie bald,
Wer weiß, wie bald die Axt ihn fällt
Und uns zum Totenschrein bestellt?
    Wer weiß, wie bald!
Dann sind wir tot und kalt.
Und dann? Und dann? O Nacht und Graus!
O sprich, ist wirklich alles aus?
Ist alles aus, so lust wie Pein
Vernagelt in den Totenschrein?
    Ist alles aus?
    O Nacht und Graus!
    Wer weiß, wie bald!
Dann sind wir tot und kalt.

Laß meinen Arm um deinen Leib
Sich klammern, weiches, warmes Weib!
Preß fest dich an, daß ich den Schlag,
Den heißen Herzschlag fühlen mag!
    Geliebtes Weib!
    Lebend'ger Leib!
    Wer weiß, wie bald!
Dann sind wir tot und kalt.

## Träume, liebreiche Tröster

Danke dir Traumgott, der du des Schlafes
Selten beschiedene Stunden
Mir mit lieblichen Bildern fülltest!
Schöne Gestalten, weich und voll Anmut
Sah ich sich nahen, sich zu mir reihen
Und, küssend die Stirne mir, freundlich flüstern:
»Sei nicht traurig, wir lieben dich!«

Was ich im Traum genoß,
Wär's weniger genossen,
Als was ich empfinde und fühle und denke
Mit wachenden Sinnen?
Ist wen'ger wirklich der Duft der Blume
Als Blätter und Blüten?
Der Schimmer des Auges,
Der Stimme Melodie
Wen'ger wirklich als Busen und Nacken?
Weniger wirklich des Dichters Gesänge
Als Taten der Helden?
Wem es versagt war,
Zu kosten die sonnigen Freuden des Tages,
Der muß sich bescheiden mit Bildern des Traumes.
Durch des Winters Nebelgewölk
Leuchten mir jene Gestalten und lächeln,
In der Minute drohendem Drangsal
Hör' ich sie flüstern:
»Sei nicht traurig, wir lieben dich!«

## An Ch. d. B.

Was siehst du mich, mein Kind, so an
Mit deinen großen hellen Augen,
Da nimmer doch die Rose kann
Mit welkem Laub zusammen taugen?

Du bist noch jung, ich wär' es auch,
Wenn Jugend zählte nach den Jahren.
Mir ist zu früh des Winters Hauch
Durchs wehende Gelock gefahren.

Du bist noch rein, ich bin es nur,
Wenn mich umfriedet deine Nähe,
Mein Herz trägt manche tiefe Spur
Von Hasseslust und Liebeswehe.

Du hoffst noch viel, ich hoff' nichts mehr,
Sieh mich nicht an mit solchen Augen!
Es kann die Rose nimmermehr
Mit welkem Laub zusammen taugen!

## Todesahnung

O Lebenslust,
Du schwellende, wonnige,
O Liebeslust,
Du warme, du sonnige,
Seid ihr entflohen
Aus meiner Brust?
Nicht des Lenzes
Keimen und Blühn,
Nicht des Weines
Schäumen und Sprühn
Weckt mir im Herzen
Heimliches Glühn,
Spendet mir wieder
Freude und Lieder.

Nicht lange mehr dauert's –
Mich friert und schauert's –
Dann schneidet die stumme,
Geschäftige, krumme
Alte den Faden entzwei.

### Verzweiflung

Den Becher des Elends, den übervollen,
Hielt ich zum Himmel empor und flehte:
Nur *einen* Tropfen träufle der Wonne,
Nur einen Tropfen der Seligkeit
Gieße herab in den Kelch, den bittern!
Da fiel, sternschnuppenartig zu schaun,
Ein Tropfen herab, Erfüllung verheißend
All den Wünschen, die je ich gehegt.
Doch wehe, der Becher lief über, mit ihm
Rann nieder der Tropfen des himmlischen Taus.
O armes, betrogenes Menschenherz.

## Zuletzt

*Eugenie!*

Was ist von ihr zu sagen? Sie hatte manche Fehler und mochte sich selbst nie recht leiden, aber da ihr sie alle so lieb hattet, muß wohl etwas Gutes an ihr gewesen sein. Könnte ich euch alle noch einmal wieder haben, wie ganz anders wollte ich euch verstehen, wie anders noch lieben! Alle haben wir viel gelitten, denn das Leid des einen war Leid der andern. Aber schön war es, daß wir einander hatten, miteinander jung waren, und schön, uns in der Liebe zu den teuren Eltern und in dem Streben, uns ihrer würdig zu erweisen, zusammenzufinden.

## Unsre Mutter

Und nun zu ihr, der Krone des Hauses, der Sonne unsres Daseins, der Licht- und Wärmespendenden, zu unsrer Mutter.

Sie stand damals im fünfzigsten Lebensjahr, war etwas über mittelgroß, aber so stark und kräftig gebaut, daß sie groß erschien. Ihre Bewegungen waren, ohne unruhig zu sein, äußerst lebhaft, und kam sie zur Türe herein, so war mir immer, als ob alles an ihr flöge. Wie Leben und Sonnenschein kam es in den vorher düstern Raum.

Die Züge ihres Antlitzes sind aus vielen Bildern bekannt – welcher mechanische Apparat jedoch, welcher Stift vermöchte den Geist, die Seele dieser Züge, ihre Beweglichkeit, die sanfte, stets wechselnde Färbung wiederzugeben? Mußte doch der größte Bildnismaler jener Zeit bekennen, daß es unmöglich sei, das innere Wesen dieser Erscheinung zusammenfassend auf die Leinwand zu bringen; verzweifelnd klagte er, daß sie sich bei jedem Beschauen, oft innerhalb weniger Minuten, völlig verändere. Und von zwei herrlichen Skizzen, die er in wenigen Stunden machte, ist jede ähnlich, und doch sind sie untereinander gänzlich verschieden. – Wunderbarste Ruhe und lebhafteste Beweglichkeit wohnten auf diesem Antlitz dicht beieinander. Auf der schönen, von vollem, dunklem, glattgescheiteltem Haare eingerahmten Stirne las man Klarheit und Reinheit der Gedanken, und doch spiegelte sie jede Gemütsbewegung wider, was ich oft staunend beobachtete. Wie Züge von Wolken war es, leichten und schweren! Sie blieb bis in das höchste Alter hinein ganz glatt; eine kleine, haarfeine Querlinie entdeckte man nur bei scharfem Zusehen. Noch beweglicher war das Oval der Wangen; Ärger oder Kummer ließen die Muskeln sofort erschlaffen, und meine Mutter konnte dann plötzlich alt und leidend aussehen; ebenso aber konnte eine freudige Erregung ihr das Gesicht blitzschnell um Jahre verjüngen.

Wie könnte ich nun die Augen beschreiben! Ein paar Sehsterne waren es, die jeden, der in ihren Bereich kam, unwiderstehlich anzogen. Viele Farben hatte hier der Schöpfungskünstler zu einer von unendlicher Weichheit und Wärme verschmolzen und darüber den Glanz strahlenden Silbers gegossen. Es waren Augen, die viel geweint hatten, aber die Tränen hatten den Glanz nicht getrübt. Nie wurde man müde, in diese Tiefen zu schauen, nie müde, zu verfolgen, wie ständiges Reifen, unausgesetzte Vergeistigung und Veredlung darin immer herrlicher zum Ausdruck kamen. Was sie von unendlicher Herzensgüte, von unbegrenztem Wohlwollen erzählten, das hat wohl niemand vergessen, auf dem diese Augen einmal geruht haben; wen ihr Blick traf, den erfaßte, umfaßte er ganz; »er wickelte einen ein«, wie es eine liebe Freundin einst ausdrückte. Kam man auf die Kunst, auf geliebte und bewunderte Menschen, auf edle Taten, schöne Gegenden zu sprechen, so wurde er feurig und schwärmerisch, als blicke er in überirdische Welten.

Der Mund, der stets so liebevoll und zärtlich zu uns sprach, verriet doch die Energie des Charakters; die Lippen lagen leicht aufeinander, und in den Winkeln lauerte zuweilen eine leise Ironie. Die Stimme war sanft und wohltönend. Ein leises Anstoßen mit der Zunge gefiel uns Kindern außerordentlich, und ein Anflug von sächsischem Dialekt gab Anlaß zu manchen Neckereien, so, wenn die Mama »Gohannes« statt »Johannes« sagte. [Auch erzählte sie uns, wie Mendelssohn sie einmal aufgefordert habe, ihm schnell ein Wort zu sagen, welches mit einem »F« anfange, und wie ihr da in der ersten Verblüffung zu allgemeiner Belustigung nur »Flamme« eingefallen sei.]

Was aber meine Mutter erlebt, gelitten und geleistet hatte, kam doch nirgends so zum Ausdruck wie in ihren Händen. Sie waren schlank und groß – konnten Dezimen mit freiem Gelenk anschlagen – die Finger leicht zugespitzt, der Daumen schön geschwungen und der fünfte Finger, wohl durch frühzeitige Ausbildung, nur um weniges kürzer als der vierte. Das Handgelenk war, wenn auch kräftig, so doch äußerst fein gebaut, und es war schön, das sanfte Anschwellen des vollen Armes zu verfolgen. Tausend feine Linien hatten sich in diese Hände und Finger eingegraben; waren sie doch die Vermittler der Wechselwirkung zwischen Leben und Kunst, trugen das Erlebnis in die Kunst und die Kunst in das Leben. In späterem Alter wurden sie den Händen Goethes so ähnlich, daß Leute, die einen Abguß von Goethes Hand sahen, ausriefen: Das ist ja Frau Schumanns Hand! – Von früh an war meine Mutter gewöhnt gewesen, ihre Hände zu pflegen und zu schonen. Sie durften nie Schweres heben, jeder Beschäftigung, die auch nur die geringste Steifheit befürchten ließ, wurde entsagt, so zum Beispiel dem Häkeln schöner weißer Bettdecken, was lange Zeit eine Lieblingsbeschäftigung meiner Mutter während der Kaffeestunden war. Hielt sie sich im Garten auf, so trug sie Handschuhe, von denen sie die Fingerspitzen abgeschnitten hatte. Mir war das Köpfen der schönsten Schweden immer ein Kummer. Das Umsäumen der abgeschnittenen Finger war eine der wenigen Näharbeiten, die meine Mutter stets selbst ausführte; sie nahm zum Nähen die dicksten Nadeln und lange, lange Fäden.

Soll ich nun die ganze Gestalt in wenig Worten schildern, so würde ich sagen: Sie war ein Bild vollendeter Weiblichkeit, schönster Mütterlichkeit und hoher Menschlichkeit. Goethes Wort: »Nur aus vollendeter Kraft blicket die Anmut hervor« schien sie zu verkörpern. Kam sie mir von weitem entgegen, so war mir immer, als ginge sanft strahlendes Licht von ihr aus, und als ich später die berühmte Theosophin Mrs. Besant einmal sagen hörte, daß jeder Mensch eine Atmosphäre um sich bilde und daß, einen je höheren Grad von Vergeistigung er schon hier auf Erden erlange, desto mehr sich diese Atmosphäre durch Leuchten dem leiblichen Auge sichtbar mache, konnte ich mich im Hinblick auf meine Mutter dieser Ansicht nicht verschließen.

Mit großer Liebe, aber auch mit Scheu blickte ich zu ihr auf. Sie stand so hoch über dem armen, unentwickelten

Pensionsmädel, daß ein Gefühl der Fremdheit und Verzagtheit lange nicht von mir weichen wollte. Ihr eigener Entwicklungsgang war so außergewöhnlich gewesen, daß sie sich von dem Innern eines ganz gewöhnlichen Menschenkindes wohl keinen rechten Begriff machen konnte. Von der Natur gebieterisch auf die Kunst hingewiesen, hatte sie das Glück gehabt, einen Vater zu besitzen, der dies früh erkannte und der mit weiser und fester Hand ihr Leben so einrichtete, daß sie von Kindheit auf den höchsten Idealen nachleben konnte. Sie genoß nur den unerläßlichen Schulunterricht, in einer Pension war sie nie gewesen, von ihrem zehnten Jahre an stand sie in der Welt und wuchs unter den Augen der Welt, im Verkehr mit den bedeutendsten Menschen, auf. Mit dreizehn Jahren war sie erwachsen und liebte unsern Vater bereits schwärmerisch; wenige Jahre später stand sie auf der Höhe des Ruhmes als Klara Wieck und auf der Höhe alles Menschenglücks; denn es ward ihr die Liebe des Freundes ihrer Kindheit. Und nun stand ich in demselben Alter und was hatte ich erlebt? Geleistet? Nichts. Ich hatte guten Schulunterricht genossen, einige Kenntnisse erworben, aber vom Leben wußte ich nichts, gar nichts, nicht einmal von den trauten Fesseln des Familienlebens; denn mehr noch als die andern Geschwister war ich unter Fremden aufgewachsen. Und nun galt es, sich ineinander einzuleben, und ich kann nicht leugnen, daß es mir schwer wurde. Ich vermißte die Gefährtinnen, den Unterricht, die gemeinsamen Spiele; häusliche Arbeiten waren mir lästig, und ungern ordnete ich mich den älteren Schwestern unter. Meine Mutter erschien mir streng, und war es wohl auch in dem Sinne, daß sie die höchsten Anforderungen in bezug auf Fleiß, Pflichttreue, liebevolle Rücksichtnahme und Selbstbeherrschung an uns stellte. Und wie hätte man murren können, wo sie uns selbst mit leuchtendem Beispiel voranging! Sie legte an ihre eigenen Leistungen, im großen wie im kleinen, stets den höchsten Maßstab; das Rechte erkennen und es tun, war bei ihr eins; nie habe ich sie schwanken sehen, auch wo es große, persönliche Opfer galt. Sie fand mich einmal in

»Glück« von Hilty lesend. Sie frug mich, ob es schön sei, und da las ich ihr einige Sätze vor. Da sagte sie: »Davon verstehe ich kein Wort, aber ich meine, es sei eine ganz einfache Sache um das Glück: man muß ja nur unter allen Umständen immer seine Pflicht tun.«

Sie hatte den Kelch des Leidens bis auf die Hefe geleert, aber der ihr innewohnende Genius verlieh ihr die Kraft, alle Bitterkeit in Süßigkeit zu verwandeln und sich zu höchster menschlicher Vollkommenheit durchzuringen. Wie dieser Genius sie zu einer Priesterin der Kunst gemacht hatte, so verlangte er auch gebieterisch Erfassung aller Charakter- und Gemütsanlagen zu künstlerisch harmonischer Ausbildung. Geist, Herz, Gemüt – verschwenderisch hatte hier die Natur vorgesorgt – es galt nur zu bilden, zu feilen, gegeneinander abzuwägen, äußerste Selbstbehauptung mit vollster Erkenntnis der Rechte andrer in Einklang zu bringen.

Ob das schwer war für meine Mutter, ob sie Kämpfe mit fehlerhaften Anlagen zu bestehen hatte, ich weiß es nicht. Sie ermahnte mich einmal, gegen einen bestimmten Fehler anzukämpfen, und als ich ihr zur Antwort gab, ich sei zu alt, mich zu ändern, erwiderte sie lächelnd: »Ich bin doch viel älter als du und arbeite ununterbrochen an mir selbst.« Und als ich sie ungläubig ansah, fuhr sie fort: »Du wirst dich vielleicht erinnern, daß ich früher sehr heftig war. Als nun deine Schwester Julie heranwuchs, sah ich, daß auch sie ein äußerst heftiges Temperament hatte, und da sagte ich mir: Wenn nicht eine von uns die Heftigkeit ablegt, so werden wir zusammen sehr unglücklich werden. Julie ist jung und von zarter Gesundheit; du bist älter und kräftig; du mußt dich ändern. Und«, fügte sie hinzu, »du wirst wohl zugeben, daß es mir gelungen ist, denn du siehst mich gewiß nie mehr heftig.«

Teure, herrliche Mutter! Es wird wohl so gewesen sein, wie du sagtest; aber mir schien immer, als wandeltest du mühelos, innerstem Triebe freudig folgend, auf den steinigen Pfaden des Menschendaseins dahin, ebenso wie du die höchsten Leistungen in der Kunst – wie wir Kinder es ausdrückten – aus dem Ärmel schütteltest. Wo wir andern

Menschenkinder mühsam dahinkrochen, schienst du zu fliegen; es war in deinem Wesen, in allen Handlungen ein Schwung, eine Unmittelbarkeit, die dem täglichen Zusammenleben einen unnennbaren Reiz gaben. Wohl hatte meine Mutter Zeiten, wo Schwermut sie bedrückte, sie konnte manchmal böse werden oder verstimmt sein, aber nie machten sich solche Zustände in Unfreundlichkeit, Launenhaftigkeit oder auch nur Gereiztheit gegen ihre Umgebung Luft; in solchen Zeiten litt sie selbst schwer, aber für andre hatte sie nur Güte und Geduld. Das Geheimnis ihrer Größe lag in dieser wunderbaren Selbstbeherrschung, und ich gehe so weit, zu behaupten, daß sie es war, die meine Mutter zu einer Christin im wahren Sinne des Wortes machte, ohne daß sie sich dessen bewußt war. Unbegrenztes Wohlwollen bestimmte ihren Verkehr mit den Menschen, und es war mir immer unfaßlich, wie sie dies Wohlwollen mit einem starken Hang zu Sympathien und Antipathien, mit scharfer Beobachtungsgabe und unbestechlichem Urteil verband. Es erstreckte sich auf alle Menschen, mit denen sie in Berührung kam; bei ihr galt kein Ansehen der Person.

Es waren uns nicht immer alle Menschen recht, mit denen sie verkehrte. Einmal sagten wir zu ihr: »Mama, wie kannst du nur mit diesen Menschen umgehen und so gut gegen sie sein; sie meinen es nicht gut mit dir und bemühen sich nur um dich, weil du eine berühmte Frau bist.« Und da meinte sie: »Ihr könnt darin wohl recht haben; aber ich schätze an diesen Leuten ihre sonstigen guten Eigenschaften. Er ist tüchtig und strebsam in seinem Beruf, und sie ist eine ausgezeichnete Mutter und Hausfrau und hat es nicht leicht im Leben.«

Von einer sehr talentlosen und unsympathischen Schülerin, von der wir meinten, unsre Mutter sollte sich ihrer entledigen, sagte sie: »Sie kann nichts dafür, daß sie talentlos und nicht einnehmend ist, sie ist aber fleißig und strebsam, steht ganz allein in der Welt und ist auf den Erwerb angewiesen.« Solche und ähnliche Äußerungen tat sie nie im Tone, ja nicht einmal im Sinne der Belehrung oder des

Tadels; sie waren ganz spontan, der Ausdruck von etwas Selbstverständlichem.

Jeder konnte ihrer Teilnahme gewiß sein; sie riet und half, wo sie konnte, und konnte es auch fast immer; sie war nachsichtig gegen Schwächen, großmütig im Verzeihen. Nur wo sie gemeiner Gesinnung begegnete, da wandte sie sich ab, unerbittlich, ein für allemal.

Sie selbst war jeder kleinlichen Regung unfähig. Neid in der Kunst oder im Leben war bei ihr undenkbar. Sie gönnte jedem das Seine, und vorurteilslos stand sie jeder Leistung, jeder Persönlichkeit gegenüber auch da, wo Liebe oder Bewunderung ihr leicht hätte den Blick trüben können. Im Gegenteil, bei ihr sah das Auge der Liebe am schärfsten.

Ein Freund meiner Mutter, Professor Engelmann, sagte einmal zu mir: »Wissen Sie, worauf ich den ungemessenen Einfluß zurückführe, den Ihre Mutter in der Welt ausübt? Auf die Unbestechlichkeit ihres Urteils. Wenn zum Beispiel wir in der Musikgesellschaft Maßgebendes über die Leistungen andrer uns unbekannter Künstler oder über neue Kompositionen wissen wollen, so wenden wir uns an sie; ihr Urteil ist immer absolut unparteiisch; nie würde sie Schlechtes empfehlen, Gutes unterschätzen; während andre sich von äußeren Umständen, persönlichen Beziehungen beeinflussen lassen.«

Und wahrlich, so sehr ich sinne, so kann ich mich nicht eines einzigen Vorurteils meiner Mutter, sei es gegen Menschen, Dinge oder Ideen erinnern. Mit vollkommener Unbefangenheit trat sie jeder Erscheinung in Kunst oder Leben entgegen. Fand sie sie nach eingehender Prüfung verwerflich, so drehte sie ihr ohne Zaudern den Rücken, aber was sie als gut erkannt, gleichviel von welcher Seite es kam, das zog sie zu sich heran, nahm es in ihr Leben auf und hielt es fest.

Dies also war meine Mutter, und mit welch unsäglicher Liebe und Geduld versuchte sie nun mich zu sich heraufzuziehen. Nie wurde sie müde, zu lehren, zu ermahnen, zu verzeihen. Sie war selbst unablässig fleißig und verlangte dasselbe von uns. In dem der Arbeit gewidmeten Teil des

Tages ertrug sie es nicht, uns müßig zu sehen. »Benutzt die Minuten«, sagte sie, »sie sind unwiederbringlich.« Fand sie mich im Eßzimmer auf die Mahlzeit wartend, so meinte sie, ich solle die paar Augenblicke benutzen, mir ein oder das andre Stück auswendig durchzuspielen. Trotz schlafloser Nächte stand sie immer früh auf, und zwischen Frühstück und Mittagessen arbeitete sie fast ohne Unterbrechung. Ihre ausgedehnte Korrespondenz nahm täglich mehrere Stunden in Anspruch, und ungefähr zwei Stunden verbrachte sie am Klavier. Wenn sie nach dem Frühstück in ihr Wohnzimmer kam, so war es immer ihr erstes, den Flügel aufzumachen, eine von uns staubte ihn ab, und dann blieb er den Tag über geöffnet. Meist übte sie eine Stunde bald nach dem Frühstück, dann wieder nachmittags, wenn es anfing zu dunkeln, und da war es, wo sie sich oft in den herrlichsten Phantasien gehen ließ, wo sich ihr ganzes Innere rückhaltlos erschloß. Mama erzählte uns oft aus ihrer Kindheit und aus den Zeiten ihrer frühen Liebe. Von den schweren Jahren jedoch, die dem Tode unsres Vaters vorausgingen und ihm folgten, sprach sie fast nie. In diesen schwermütigen Ergüssen der Dämmerstunden aber, da offenbarte sich, was sie an Menschenleid durchgemacht, aber auch wie sie überwunden hatte. Denn nie gestattete sie sich ein Übermaß des Sichgehenlassens, sie suchte Trost in der Musik und fand ihn, und wenn sie dann zu uns zurückkehrte, so stand sie gleich wieder mitten im Leben, nahm an allem teil und genoß das Gute und Schöne, wo und wie es sich bot.

Ich mußte nun auch einen Teil der leichten häuslichen Arbeiten übernehmen, und mein Tag wurde genau eingeteilt. Meine Mutter hielt darauf, daß ich die in der Schule begonnenen Studien fortsetzte; drei Stunden richtete sie mir ein zum Üben am Klavier, und nun hatte ich den Unterricht nicht mehr bei den Schwestern, sondern von ihr selbst. Zweimal die Woche gab sie mir regelmäßig am Vormittage eine Stunde und hielt die dafür bestimmte Zeit aufs gewissenhafteste ein, was auch sonst für Anforderungen an sie herantreten mochten. Wie lebhaft erinnere ich mich noch der ersten Stunde. Sie fing, wie alle späteren

Stunden auch, mit Tonleitern und Übungen an. Dann folgte die erste Etüde aus Czernys »Kunst der Fingerfertigkeit«. Meine Mutter ließ mich eine Seite spielen, dann sagte sie: »Das ist soweit ganz gut; aber findest du nicht, daß die Akkorde viel schöner klingen, wenn man sie so anschlägt?« Und sie spielte mir mit freiem Handgelenk, die Töne unbedingt zusammen und in gleicher Stärke anschlagend, ohne im Augenblick des Anschlagens das Gelenk zu versteifen, forte und dabei doch herrlich weich, die ersten acht Takte vor, wobei sie die Akkorde rhythmisch so zusammenfaßte, daß sie dem einfachen Stück Leben und Gepräge gaben. Wie Erleuchtung kam es über mich, und Gefühl und Verständnis für schönen Anschlag und Rhythmus erwachten in diesem Augenblick zu lebendigem Bewußtsein.

Nach der Etüde kam eine Fuge von Bach, die in C-moll aus Heft 1 des Wohltemperierten Klaviers als erste. An dem Thema lernte ich streng gebundenes Spiel und feinste rhythmische Schattierung. Meine Mutter gab sich mit diesen wenigen Takten unsägliche Mühe; als ich sie dann aber zu ihrer Zufriedenheit ausführte, war die ganze Fuge gewonnenes Spiel, und ich lernte sie schnell so gut, daß ich sie mir zu eignem Vergnügen oft spielte. Beethoven bildete den Mittelpunkt jeder Stunde. Eine Sonate nach der andern wurde auf das gründlichste durchgenommen, nicht die kleinste Ungenauigkeit wurde geduldet – größte Ehrerbietung vor dem, was da stand, verlangt. »Meinst du, Beethoven hätte sich Mühe gegeben, all diese Bezeichnungen, die Bogen hier, die Punkte dort, hier halbe Noten, dort Viertel, niederzuschreiben, wenn er es hätte anders haben wollen? Und hörst du nicht selbst heraus, daß es so sein muß und nicht anders?« Phrasierung und Schattierung lernte ich an den Sonaten, schönes Anschwellen und das schwere Abnehmen, energische Akzente ohne Härte, Steigerung bis zum Höhepunkt und tausend Feinheiten, die ich wohl verstand, deren Ausführung aber ein langes Studium erforderte.

»Nun müssen wir aber an die Musik von Papa gehen«, hieß es in der ersten Stunde, nachdem der erste Satz der

D-dur-Sonate Opus 10 bis nach der Durchführung durchgenommen war, »und ich meine, wir wollen mit dem Jugendalbum anfangen.« Und da kamen sie denn alle an die Reihe, eine Perle nach der andern, und ich erinnere mich noch jedes Wortes, das mir die geliebte Lehrerin darüber sagte: Rhythmus und Charakteristik könne ich in diesen Stücken lernen; denken könne ich mir dabei, was ich wolle. »Bei eurem Vater übersetzte sich alles, was er sah, las, erlebte, in Musik. Lag er nach Tische auf dem Sofa und las Gedichte, so wurden sie in seinem Kopfe gleich zu Liedern. Wenn er euch spielen sah, so wurden aus den Spielen kleine Musikstücke. Während er an der ›Humoreske‹ schrieb, kamen eines Tages Seiltänzer in die Straße, in der wir wohnten, und die Musik, die sie machten, stahl sich in das Werk hinein. Es war dies aber ein völlig *unbewußter* Vorgang im Komponisten, von irgend einer Absicht konnte da nie die Rede sein. Die Titel zu den Stücken erfand der Papa erst, als sie fertig waren. Sie sind sehr zutreffend und können wohl das Verständnis erleichtern – nötig sind sie nicht.« – Als ich meine Mutter fragte, was wohl die drei kleinen Sternchen über Nummer 21, 26 und 30 zu bedeuten hätten, meinte sie mit einem Blick der Liebe: »Das sind vielleicht die Gedanken der Eltern über die Kinder.«

Das erste Stückchen, welches ich lernte, war: »Armes Waisenkind«, und da sagte mir meine Mutter folgendes:

»Hier hast du ein Thema von acht Takten, welches in zweimal vier Takte zerfällt, von denen die zweiten vier Takte bis auf den Schluß, wo es zur Tonika zurückgeht, eine Wiederholung der vier ersten sind, die auf der Dominante schließen. In solchem Fall mußt du die zweiten vier Takte anders schattieren als die ersten, entweder alle Schattierungen sanfter, oder sie stärker machen, die Takte aber jedenfalls in der gleichen Tonstärke schließen, in welcher du das Stück angefangen hast. Ist eine Wiederholung der ganzen acht Takte, so mußt du sie bei dieser Wiederholung genau so spielen wie das erstemal. Kommen sie dann im Verlauf des Stückes zum drittenmal, so mußt du sie etwas anders schattieren. Hier im ›Waisenkind‹ würde ich sie zum

Beispiel das drittemal leiser und die vier letzten Takte pianissimo, aber doch mit Schattierung spielen.«

Mit größter Geduld studierte sie mir das kleine Stück nach dieser Regel ein, und sie wurde mir ein sicherer Wegweiser zu richtiger und fester Gestaltung jedes Musikstükkes.

Beim »Jägerliedchen« Nummer 7 sagte meine Mutter: »Da sehe ich die ganze Jagd leibhaftig vor mir. Die Hörner blasen, die Pferde tänzeln, alles eilt herbei!« Im zweiten Teile meinte sie bei der Pianostelle: »Da huscht das aufgescheuchte Wild in die Büsche.« Und im vierten Takt vor dem Schluß, da, wo das F ganz unerwartet zu G wird, sagte sie: »Da kiekst ein Horn, wie du es im Orchester gewiß schon gehört hast.«

Im »Fröhlichen Landmann« singe erst der Vater allein, im zweiten Teil falle das Söhnchen mit ein. Dieses Stück sowie das »Schnitterlied« dürfe ich nicht zu schnell spielen. »Gib einmal acht, dann wirst du sehen, daß Landleute alles langsam und bedächtig tun, sogar das Tanzen.«

Im »Knecht Ruprecht« höre man, wie er schwerbeladen und mit dem Stocke aufklopfend die Treppe heraufkomme. In dem F-dur-Zwischensatz sehe sie die zitternden Kinder sich verstecken und wie der Alte dann freundlich zu ihnen spricht, seinen Sack leert und wieder die Treppe hinunterpoltert.

Ganz unermeßliche Mühe gab sich meine Mutter bei dem »Lustig« im Volksliedchen Nummer 9 und bei Nummer 13: »Mai, lieber Mai«. Es dauerte lange, bis ich da jeden Bogen, jedes Portamento, jede Bindung so spielte, wie es vorgeschrieben war, aber meine Mutter ruhte nicht, und ich danke es ihr noch heute, denn nur so ausgeführt, machen einem diese Stücke wahre Freude.

Beim »Kleinen Morgenwanderer« lehrte sie mich die Akkorde so spielen, wie man die Füße beim Gehen hebt, also nicht ganz gebunden, und ich empfand sofort, wie das dem Stück den richtigen Charakter gab. Beim Anfang des zweiten Teiles meinte sie, der kleine Wanderer sei beim Abschied von der Heimat doch etwas wehmütig gestimmt, dann aber schicke er einen Jodler in die Luft und schreite mutig weiter, bis schließlich das Dorf seinen Blicken entschwindet und nur der Abschiedsgruß der Kirchenglocken hörbar ist. Das Verklingen derselben mußte ich lange üben, bis es mir zu Mamas Zufriedenheit gelang – ebenso das Verklingen der Pferdehufe im »Reiterstück« Nummer 23, was noch viel schwerer war, weil das sehr lange Abnehmen schon mit einem Piano anfängt.

Im »Ländlichen Lied« Nummer 20 sei es klar, daß erst nur einige Mädchen singen, dann der Chor von Buben und Mädchen einfällt; am Anfang des zweiten Teiles singe eine ein Solo, und wenn dann das erste Thema wiederkommt, »bläst einer der Burschen dazu auf einer Pfeife, die er sich aus Rohr geschnitzt hat«.

Einer ihrer Lieblinge war »Mignon«, und sie studierte es mir mit solcher Liebe ein, daß es auch mein Liebling wurde; besonders freute ich mich immer auf den vierten und dritten Takt vor dem Schluß, wo durch genaue Ausführung der kleinen Schattierung die Dissonanz wie von selbst die ihr zukommende Bedeutung erhält. –

Als letztes von den Stücken lernte ich das »Matrosenlied« Nummer 37. Ob ich schon damals alles darin sah, wie es meiner Mutter vorschwebte, weiß ich nicht, aber heute steht es genau so vor meiner Seele, und ich kann es nie spielen, ohne darin die unendliche Einsamkeit und Schwermut des Meeres, den Ruf der Wache, den schwerfälligen Gang der Matrosen, und wie sie sich an einer Stelle in langsamem Tanzschritt drehen, wie auf einem Gemälde vor mir zu sehen. All diese Erläuterungen halfen mir wesentlich beim Studium; so erinnere ich mich zum Beispiel, daß ich die Sforzati im »Wilden Reiter« Nummer 8 ohne jedes Verständnis und nach der Mutter Ausspruch »bleichsüchtig« spielte. »Wenn so ein wilder Reiter in der Stube herumreitet, so stößt er doch mit seinem Steckenpferd hier an einen Tisch, dort an einen andern Gegenstand an«, meinte sie. Da konnte ich auf einmal die Sforzati spielen, und es wurde mir der Begriff des Plötzlichen eines Sforzato, und wie es überhaupt nur zwischen zwei weniger starken Noten zum Sforzato wird, ein für allemal klar und dadurch leicht ausführbar. Aber meine Mutter war mit solchen Erläuterungen keineswegs verschwenderisch; nur wo sie zum Verständnis beitragen konnten, bediente sie sich derselben, ja, oft vielleicht ohne Absichtlichkeit, aus reinem Vergnügen an diesem inneren Schauen. Später frug ich sie einmal, ob sie bei jedem Stück solche Bilder sehe, und da sagte sie: »Ja, fast bei jedem, und je älter ich werde, desto mehr.«

Aber, wie gesagt, sie bestand beim Unterricht nie auf gewissen Vorstellungen, wiederholte sie auch niemals, sondern überließ es dem Schüler, nach eigener Empfindung davon aufzunehmen.

Was den Fingersatz anbelangt, so schrieb mir meine Mutter nur die notwendigsten, meistens Bindefinger, über die Noten. Sie war ganz gegen befingerte Ausgaben, meinte, man müsse sich den richtigen Fingersatz durch Studium der Tonleitern, Arpeggien und so weiter erworben haben – ebenso gegen besonders bezeichnete, und nach einer Erörterung, die sie einmal meinetwegen mit Brahms hatte, ließ sie nur sehr ungern die Bachschen Fugen in der Czernyschen Ausgabe kommen. Brahms befürwortete dieselbe für mich zur Erleichterung, weil darin der sehr genaue und reichliche Fingersatz die Verteilung der Stimmen in beide Hände, die man sich sonst mühsam herausstudieren muß, vorsieht. Er meinte, die sonstigen Bezeichnungen, die auch er mißbillige, brauche ich nicht zu beachten. Als ich später selbständiger im Denken wurde und auch Erfahrung im Unterrichten gewann, bekannte ich mich zu meiner Mutter Anschauung. Ich fand, daß die Schüler ohnehin geneigt waren, Bezeichnungen, selbst wenn sie vom Komponisten herrührten, sehr obenhin zu behandeln, und scheute mich, sie in der Richtung noch irgendwie zu ermutigen.

Die Anforderungen, die meine Mutter an mich stellte, waren ziemlich groß. Eigentlich erwartete sie für jede Stunde oder mindestens einmal die Woche eine neue Etüde, eine Fuge von Bach samt Präludium, einen Satz einer Beethovenschen Sonate und ein Stück von Schumann oder

Chopin. Sie mußte aber wohl ihre Ansprüche sehr bald hinabschrauben; denn da ich in der Pension nie mehr als eine Stunde geübt hatte und diese wahrscheinlich nicht einmal in der richtigen Weise, hatte ich gar keine Fingerfertigkeit. Von Wolfenbüttel aus hatte ich einmal gebeten, ob ich nicht zwei Stunden täglich spielen dürfe. Das hatte mir aber meine Mutter abgeschlagen; sie wolle vor allen Dingen, daß ich eine gute Schulbildung erwerbe. Sie hatte, wie ich schon früher erwähnte, selbst nur sehr mittelmäßigen Schulunterricht gehabt und wollte das nun an uns gutmachen. Wie stolz und erfreut sah sie aus, wenn wir etwas wußten, was sie nicht wußte, und wir, ach, wie freudig hätten wir alles hingegeben für einen Hauch jenes Genius, der dem Leben unsrer Eltern Inhalt und Weihe verliehen hatte.

Aber waren auch meine Leistungen noch so bescheiden, Mamas Geduld war unerschöpflich, und bei dem kleinsten Fortschritt kargte sie nicht mit dem Lobe. Nach der Stunde gab es jedesmal einen Kuß, und erleichterten Herzens zog ich ab mit den Noten unter dem Arm.

## Die Freunde

Im großen und ganzen war unsre Lebensweise so, wie ich sie in den Erzählungen aus den Kinderjahren bereits geschildert habe. Im Anfang des Sommers waren außer Marie und mir nur Julie und Ludwig zu Hause. Julie kehrte als Braut zu uns zurück. Sie hatte mir schon in ihren Briefen geheimnisvolle Andeutungen gemacht, und kurz nach ihrer Ankunft, als wir einige Augenblicke allein waren, teilte sie ihrer nun erwachsenen »Petite confidente« das große Ereignis mit. Noch konnte es nicht veröffentlicht werden, da ihr Verlobter, Viktor Graf Radicati di Marmorito, Sprößling einer alten piemontesischen Adelsfamilie, Witwer und Vater zweier kleiner Mädchen, der katholischen Kirche angehörend, Schwierigkeiten aller Art zu überwinden hatte. Es war für Julie eine schwere Zeit, die sie mit großer Selbstbeherrschung ertrug, nach wie vor das Haus mit dem Sonnenschein ihres Wesens erhellend. Meine Mutter erwähnte im Tagebuch vom Sommer 1869 öfters Juliens reizendes Wesen und ihre liebende Fürsorge. Schon als Kind hing sie mit schwärmerischer Liebe an der Mutter. Ein Jahr vor ihrem Tode sagte sie mir einst in trauter Stunde, nie wieder habe sie in ihrem Leben ein solches Glücksgefühl gehabt, als da sie einmal als elfjähriges Mädchen ganz unvermutet die Mama, von deren Anwesenheit in Berlin sie nichts wußte, in der Straße habe auf sich zukommen sehen. – Ruhten auf Mariens Schultern die schweren Pflichten, die Verantwortung für das ganze Hauswesen, so war es Julie, die mit tausend kleinen Liebesdiensten, wie sie nur das zärtlichste Gemüt ersinnen konnte, der Mutter das Leben zu verschönern trachtete. Sie war es, die jeden Morgen mit größter Lust und Sorgfalt die Schokolade für sie kochte und sie ihr hinauftrug, die ihr jeden Wunsch an den Augen ablas, die an Gedenk- und Festtagen die Bilder der Eltern schmückte. Diesen Sommer hatte sie noch eine Pflicht übernommen. Eine Stunde vor dem Essen fand sie sich regelmäßig in der Laube an der Oos ein, um mit der Mutter, die nie müde wurde, sich weiterzubilden, französisch zu lesen. Le conscrit de 1813 von Erckmann-Chatrian wurde in Angriff genommen, übersetzt und die Wörter aufgeschrieben, die die Schülerin zum nächsten Tage auswendig lernte.

Julie konnte so recht von Herzen lustig sein, auch das Gesichterschneiden hatte sie nicht verlernt, wovon mir ein Stücklein aus jenem Sommer in der Erinnerung geblieben ist. Es wohnte uns gegenüber als Sommergast ein bekannter italienischer Sänger, der nachmals eine gefeierte Sängerin heiratete. Unsre Mutter pflegte nach dem Mittagessen an das Fenster zu gehen und es zu öffnen, und wir traten dann neben und hinter sie und sahen auf die Dorfstraße hinaus. Da stand denn jedesmal auf dem Balkon im ersten Stock drüben der Sänger mit seinen Hausgenossen und starrte auf eine Art zu uns herüber, die uns ärgerte und der gegenüber wir uns ganz hilflos fühlten. Als nun Julie kam und zum ersten Male der Neugierigen da drüben ansichtig wurde, machte sie ihnen eine tiefe Verbeugung, dazu aber, o Entsetzen, eine der schönsten und anmutigsten Langenasen, wobei auch die Zungenspitze zierlich mittat. Wirksame Selbsthilfe! Erst stand man drüben wie erstarrt, dann stürzte man ins Zimmer und ward nie mehr gesehen.

Baden-Baden war damals noch der Sammelpunkt der vornehmen Welt und bedeutender, interessanter Menschen aus aller Herren Ländern. Wir machten nicht eigentlich ein Haus, denn erstens bedurfte unsre Mutter im Sommer der Ruhe, und dann gestatteten ihr die Verhältnisse nicht die damit verbundenen Kosten; noch immer waren drei von uns Kindern unversorgt, Felix noch in der Schule. Alles mußte erworben werden, und was sich erübrigen ließ, wurde für spätere Jahre beiseite gelegt. Aber es war doch ein lebhaftes, angeregtes Treiben in dem kleinen Häuschen, ein ständiges Kommen und Gehen. Zu dem Wohnzimmer der Mutter führten in einem ziemlich dunkeln Gang drei Stufen hinunter, an die sich sogar die Hausfreunde schwer gewöhnten und die sie öfters hinunterpurzelten, wobei dann jedesmal mit großem Hallo das ganze Haus zusammenlief. Trat dann der Besucher durch die Türe, so fand er sich in einem hellen, anmutigen Raume. Durch drei nebeneinanderliegende Fenster sah er auf die rebenumrankte Veranda, das grüne Gärtchen, die eilig dahinfließende Oos und die hohen Platanen der Lichtentaler Allee am jenseitigen Ufer. An der Längswand gegenüber stand der Flügel. Die Tapete, grau mit wenig Gold darin, war von Marie und der Mutter mit großer Sorgfalt ausgewählt worden, und die schönen Kupferstiche nahmen sich sehr gut darauf aus.

In den Ecken standen Gipsabgüsse des Apollo von Belvedere und der Venus von Milo. An der schmalen Wand des Zimmers befand sich das Sofa, und der Daraufsitzende blickte durch die geöffnete Flügeltüre an der Wand des anstoßenden kleinen Zimmers geradeswegs auf das lebensgroße von Sohn gemalte Bild der Hausfrau.

In diesen Räumen fand sich ein, was an bedeutenden Musikern, Virtuosen, Gesangskünstlern nach Baden kam, das Florentiner Quartett, [Rubinstein,] Jaëll, Ernst, Sivori, [Joachim,] Stockhausen, Brahms, [Levi] und viele andre. Es wurde nach Herzenslust musiziert, Freunde und Bekannte wurden zum Mitgenießen geladen. Unter letzteren waren auch manch bedeutende Persönlichkeiten andrer Berufe, [zum Beispiel *Ludwig Bamberger*, der bekannte Reichstagsabgeordnete Bismarckscher Zeit, welcher mit seiner liebenswürdigen Frau öfters in Baden weilte. Seine sehr lange, sehr hagere Gestalt in vornübergebeugter Haltung, der kleine Kopf mit den häßlichen, kränklichen Gesichtszügen waren uns von seinen häufigen Spaziergängen in der Allee bereits bekannt; nun aber lernten wir einen Weltmann kennen von feinsten, angenehmsten Formen, mit hervorragender Unterhaltungsgabe und beweglichstem Geiste, der auf alles, auch Alltägliches, einzugehen verstand und dabei von einer herzlichen Liebenswürdigkeit war, die es nicht verschmähte, auch junge und unbedeutende Menschenkinder an den Schätzen seines Wissens, seiner reifen Welterfahrung teilnehmen zu lassen. Wir sollten ihm später in Interlaken, wo er als Witwer lebte, noch öfters begegnen, und schließlich wurden Marie und ich im Jahre 1897 nach unsrer Mutter Tode seine nahen Nachbarn daselbst. Er kam uns auf das hilfreichste entgegen und gab uns bei Gelegenheit unsres Hausbaues unschätzbaren praktischen Rat. Leider ward uns nur *ein* Sommer dieser angenehmen Nachbarschaft vergönnt, im Winter darauf verstarb er.

Dann war da *Fanny Lewald*, von welcher mir leider nur erinnerlich ist, daß sie kleine schwarze Augen hatte, die wie Stecknadelköpfe auf einem Nadelkissen aussahen, die aber ausnehmend klug und scharf blickten, daß ihr Mann, Adolf Stahr, ihr oft die Hand küßte und daß sie einmal zu meiner Mutter sagte, sie könne nicht begreifen, wie sie ohne Kammerjungfer leben könne.]

*Anselm Feuerbach*, der Maler, kam einige Male, auch mit seiner Mutter, Henriette Feuerbach, in unser Haus. Zu letzterer konnte ich, kindischerweise, kein Herz fassen, da ich fand, daß sie Ähnlichkeit mit meiner früheren Peinigerin, Fräulein Hillebrand, hatte. Feuerbach stand damals mitten im Ringen um sein Dasein. Ein heißer Kampf über seine Bedeutung in der Kunst war in der Öffentlichkeit entbrannt; eine kleine Schar leidenschaftlicher Verehrer stand der ablehnenden, ja feindlichen Kunstwelt gegenüber. Auch in unsrem Hause wurde die Frage von den Hausfreunden, die alle für Feuerbach schwärmten, fast täglich aufgerollt, und wir waren daher sehr gespannt, den Künstler persönlich kennen zu lernen. Er kam, war mit seinen schönen, ausdrucksvollen Zügen, den feurigen blauen Augen und dem schwungvoll über die Stirne fallenden schwarzen Haar sehr angenehm anzusehen, aber alle Annäherungsversuche prallten an seiner Schweigsamkeit ab.

Eines Tages, als ich gerade bei meiner Mutter war, wurde Madame *Viardot Garcia* gemeldet. Ich hatte sie wohl als Kind öfters gesehen, aber an diesem Tage sah ich sie zum ersten Male als Erwachsene und empfing von ihrem Wesen den bleibenden Eindruck. Herein trat eine hochgewachsene, elegante Dame, nach der neuesten Mode, aber dunkel, gekleidet. Sie lief auf meine Mutter zu, umarmte sie stürmisch und küßte sie auf beide Wangen, das heißt, sie lehnte Wange an Wange und schickte den Kuß in die Luft, wobei sie ausrief: »Mein Klärchen! Mein Klärchen!« Das war mir etwas Neues; mit gespannter Aufmerksamkeit betrachtete ich sie; ich sah ein längliches Gesicht, ein Paar dunkler, fast chinesisch geschlitzter, kurzsichtiger Augen, eine wohlgeformte gerade Nase mit auffallend großen Nasenlöchern, einen sehr beweglichen Mund, der sich während der Unterhaltung und beim Lächeln oft zuspitzte und der rechts und links grübchenartige Vertiefungen zeigte. Unter dem Hute sah schwarzes krauses Haar hervor, an den Ohren hingen große goldene Reifen. Schön war das Gesicht nicht, ich fand es sogar häßlich, aber es hatte einen fremdartigen, prickelnden Reiz, der den Blick nicht wieder losließ. Selbstsicher und weltgewandt trat sie auf, lebhaft und energisch in jeder Bewegung, geistvoll und eigentümlich ihre Ausdrucksweise! Unverwüstlicher Lebensdrang, Lust am Leben, an Tätigkeit und Bewegung sprach aus der ganzen Erscheinung.

Meine Mutter stellte mich ihr vor; mit weit zurückgeworfenem, etwas zur Seite geneigtem Kopfe sah sie mich, meine ganze Gestalt messend, einen Augenblick an, wobei sich die Augenschlitze noch verengten, die Nasenflügel noch erweiterten. Dann reichte sie mir mit freundlichen Worten die Hand. Die beiden Freundinnen setzten sich, herzliche Freude des Wiedersehens sprach aus beider Mienen. Aber sonst, wie verschieden beide! Meine Mutter so schlicht und urdeutsch, so fremdländisch die andre! Und doch verband beide von den Mädchenjahren an herzliche Freundschaft, die lange Jahre der Trennung und sogar den Deutsch-Französischen Krieg überdauerte.

Herr Viardot war unter Napoleon III. aus Frankreich verbannt worden und hatte sich im Jahre 1862 mit seiner Familie in Baden-Baden niedergelassen. An der Fremersberger Straße bewohnten sie ein hübsches Châlet, welches bald ein Mittelpunkt regsten geselligen Verkehrs wurde; zwei reizende, anmutige und begabte Töchter, Klaudia und Marianne, eben herangewachsen, zierten das Haus. Gesangsschüler aller Nationalitäten strömten herbei, und es entfaltete sich ein heiteres musikalisches Leben, an dem die ganze Fremdenwelt Badens teilnahm. – Die älteste Tochter, Louise, die eine ganz hervorragende Musikerin war, habe ich damals kaum gesehen. Sie muß sich etwa in der Zeit verlobt haben, denn ich erinnere mich noch, daß unsre Mutter uns eines Tages erzählte, Madame Viardot sei bei ihr gewesen, um ihr Louisens Verlobung mitzuteilen. Die jungen Leute hätten sich nur kurz gekannt, aber sie paßten zueinander, und alle Umstände seien so günstig, wie man sie nur wünschen könne. Als dann meine Mutter ganz ernsthaft frug: »Ja, aber lieben sie sich denn auch?« Da habe Madame Viardot sie lachend umarmt und gesagt: »Ach, du gutes, deutsches Klärchen, du.«

Gegenüber dem Châlet Viardot hatte sich *Iwan Turgenjew*, Hausfreund der Familie Viardot, angebaut. Dort lebte er viele Jahre, ein freiwillig Verbannter. Er war damals noch nicht fünfzig Jahre alt, aber schon umrahmte schneeweißes Haar das edle, sympathische, von innerem Leben durchgeistigte Antlitz, dessen Züge sowohl wie die ganze Gestalt den slawischen Ursprung verrieten. Ich sah ihn im Laufe des Sommers öfters und, da sich zwischen uns jungen Mädchen ein Verkehr zu entspinnen begann, sogar im engsten Familienkreise; aber ich kann mich nicht eines einzigen Wortes aus seinem Munde erinnern. So leid mir das jetzt ist, damals genügte es mir vollkommen, ihn ansehen zu dürfen. Eine große innere Ruhe lag über seinem Wesen ausgebreitet und kam auch wie ein wohltätiges Licht in den mattblauen Augen zum Ausdruck.

Ein großes Ereignis war der Bau eines hübschen kleinen Theaters im Garten der Villa. Vermutlich sollten die zahlreichen Schüler dort die ersten Bühnenstudien machen, oder aber veranlaßte stets reger Tatendrang den Bau; jedenfalls verlebten Mitwirkende und Zuhörer in demselben reizende, unvergeßliche Stunden. Madame Viardot schrieb selbst die Musik zu mehreren Operetten mit Texten von Turgenjew, wobei sie die verschiedenen Rollen den Mitwirkenden auf den Leib zuschnitt. Ich erinnere mich reizender

Duette für die zarten Stimmen der beiden Mädchen, einer komischen Arie für den achtjährigen Knaben Paul, einzigen Sohn des Hauses, die er mit solcher Virtuosität und Keckheit vortrug, daß er die Zuhörerschaft elektrisierte. In der Operette »L'Ogre« spielte Turgenjew den Menschenfresser, die Schüler wirkten teils als Solisten, teils den Chor bildend mit. Seitwärts, am Klavier, saß Madame Viardot und leitete von dort die ganze Vorstellung. Der Zuschauerraum war stets gedrängt voll. Alles riß sich um eine Einladung zu diesen Aufführungen. König und Königin von Preußen samt Gefolge waren öfters unter den Gästen. Stürmischer Beifall von allen Seiten belohnte die Künstler groß und klein; aber die dankbarste Zuhörerin war gewiß unsre Mutter. Mit innigster Freude verfolgte sie die Aufführungen, und zu Hause sprach sie noch tagelang in herzlicher Bewunderung von der vielseitigen Begabung der genialen Freundin, die von ihrer eigenen so grundverschieden war. Und es war ja auch erstaunlich, was diese Frau leistete; sie war eine der ersten Bühnensängerinnen, dazu gewandte Klavierspielerin; denn sie war, ehe sie als sechzehnjähriges Mädchen ihre Gesangsstudien begann, Schülerin Liszts gewesen; sie improvisierte, komponierte, sprach fließend sechs Sprachen, hatte ausgesprochenes Talent zum Zeichnen, und was sie anfaßte, gelang ihr.

Sie sang in den achtzehnhundertsechziger Jahren noch öfters in Konzerten in Baden-Baden. Die Stimme war nicht eigentlich schön, sondern mehr stark und etwas spröde, von bedeutendem Umfang; sie war glänzend geschult und ausgeglichen und die Koloratur tadellos. Dazu das energische rassige Temperament, das jede Leistung zu einem Erlebnis für den Zuhörer machte. Ihr Vortrag der Gluckschen Arie: »J'ai perdu mon Eurydice« ging mir monatelang nicht aus dem Sinn. – Einmal sang sie in einem Konzert ein Duett mit einem Tenor, wo ihr am Schlusse ein Triller zufiel. Sie trillerte und trillerte, alles hielt den Atem an, der Partner betrachtete sie staunend von der Seite, dann schob er ihr einen Stuhl hin. Lächelnd trillerte sie weiter. Er zog die Uhr und hielt sie ihr hin – da, unter donnerndem Applaus kam der Triller mit vollendetem Nachschlag zum Schluß. Stürmisch wurde eine Zugabe verlangt; sie setzte sich ans Klavier und begann eine Mazurka von Chopin, der sie französische Worte untergelegt hatte; sie wandte sich zum Publikum, und nun kam eine Vorstellung, wie ich sie ähnlich nie wieder gehört noch gesehen habe. Sie sang, sprach, spielte, lächelte die Zuhörer an, so daß ein jeder meinte, sie singe, spreche, spiele und lächle nur für ihn. Kein Muskel des Gesichtes blieb untätig; es sprühte von Leben, Feuer und Liebenswürdigkeit. Hätte den Untensitzenden wohl das Wörtchen »grotesk« einfallen können? Bei einer weniger genialen Frau, der der Effekt Zweck und Ziel gewesen wäre, jawohl! Bei Pauline Viardot, nein! Wohl machte sie, wie bekannt, zu ihren Vorführungen in der Öffentlichkeit die eingehendsten Studien nach allen Richtungen hin, aber ist es nicht eben der Beweis großer Künstlerschaft, daß das Werk, das den Künstler schlaflose Nächte und Stunden angestrengter Arbeit gekostet hat, schließlich den Eindruck völliger Unmittelbarkeit, augenblicklicher Eingebung erweckt? Und so war es bei Pauline Viardot! Sie sang sich selbst, brachte ihre eigene Persönlichkeit zu vollkommenem Ausdruck. Sie war Südländerin vom Scheitel bis zur Sohle; deutsche Kultur hatte ihren Entwicklungsgang wohl beeinflußt, aber die Eigenart ihres Wesens war dabei nicht verloren gegangen. Und nun, da ich viele Worte über diese große Künstlerin geschrieben habe, lese ich im dritten Band Litzmann ihren Brief vom 11. Juni 1892, und da frage ich mich, vermögen alle meine Worte ein annähernd so lebendiges Bild ihres Wesens zu geben als dieser einzige Brief? So war sie, so lebt sie in meiner Erinnerung.

[Mit zu unseren nächsten Freunden gehörten Herr und Frau *Rosenhain*. Wie gerne erinnern wir uns des liebenswürdigen und herzensguten Ehepaares mit den freundlichen Gesichtern und den lockigen Härchen. Die »liliputs« nannte sie Julie, da sie von so unglaublich kleinem Wuchse waren. Im Volksmund hießen sie »die Ebräer vom Falkensteg«, denn dort am Fuße des Merkur hatten sie ihr reizendes Sommerheim, während sie den Winter in Paris lebten.

Jeden Nachmittag sah man sie in der Lichtentaler Allee spazieren fahren, das heißt man sah die Viktoria, und erst bei genauerem Hinschauen entdeckte man in den Ecken das kleine Paar. Als Vorreiter amtierte ein herrlicher Neufundländer, der während der Fahrten unaufhörlich bellend an den Pferden, bald am rechten, bald am linken, in die Höhe sprang, wobei er natürlich immer rückwärts laufen mußte. Jahrelang übte er ungestraft das Kunststück aus, das, so lärmend es war, auf die Insassen die Wirkung eines Schlummergesanges hatte, denn oftmals habe ich sie bei der Gelegenheit sanft schlafen gesehen. Aber eines Tages erreichte den armen Vierfüßler das Geschick. Er geriet unter Pferd und Wagen und erlag den dabei erlittenen Verletzungen.

Meine Mutter schätzte Herrn Rosenhain sehr hoch, weil er, unbeachtet der scharfen, ja vernichtenden Kritik, die mein Vater an seinen späteren Kompositionen geübt, ihr selbst ein lebenslang treuergebener Freund blieb. Trotz der Enttäuschungen, die das Leben ihm brachte – denn der Anfang seiner Laufbahn als Klavierspieler und Komponist war vielversprechend gewesen – trat in seinem Wesen keine Spur von Erbitterung zutage. Wohl schüttete er meiner Mutter manchmal sein Herz aus über diese oder jene fehlgeschlagene Hoffnung, aber sonst sah man ihn nur liebenswürdig und heiter; seiner feinen und witzigen Unterhaltung merkte man seine langen Aufenthalte in Paris auf das angenehmste an. Das Ehepaar kabbelte sich unaufhörlich, dabei aber hatten sie sich sehr lieb, und war eines von ihnen krank, so war das andre in Verzweiflung. Mit mir stand Herr Rosenhain, stets als Angreifer, auf dem Neckfuß. Wenn er anfing: »Nun, meine reizende Feindin«, dann wußte ich, daß ich mich zu einem Wortgefecht rüsten mußte, wo ich dann meine ganze Schlagfertigkeit aufzubieten hatte, um meinem Gegner standzuhalten, sehr zu meiner Mutter und Frau Rosenhains Belustigung.]

[Eine der lebensvollsten Erscheinungen, die in den Badener Jahren in unsern Kreis traten, war *Hermann Levi*. Er war Sohn eines Rabbiners und liebte seinen Vater so sehr, daß er, um ihn nicht zu betrüben, der Versuchung, zur christlichen Kirche überzutreten, widerstand. Und das war gut. Ein solcher Übertritt hätte einen schreienden Mißton in das Leben einer sonst so einheitlichen Persönlichkeit gebracht. Hermann Levi war der Typus eines edlen Juden; sowohl seinem Äußern als auch seinen Charakter- und Geistesanlagen nach hätte er nie etwas andres sein können. Seine Gesichtszüge waren von klassischer Schönheit, von orientalischer Färbung, die Stirne hoch und kühn, das Auge in ungewissen Farben schimmernd, auffallend klug, lebhaft und glänzend. Leider saß der prächtige Kopf auf einem kleinen, äußerst beweglichen Körper. Er war damals dreißig Jahre alt und seit mehreren Jahren Kapellmeister in Karlsruhe, von wo aus er gleich die Bekanntschaft meiner Mutter machte. Die Karlsruher Oper sowohl als auch das Schauspiel gaben regelmäßige Vorstellungen in Baden-Baden. Das waren jedesmal Festtage für uns; mit unsrer Mutter ins Theater zu gehen, war geradezu eine Wonne, weil sie sich mit jugendlicher Frische und Genußfähigkeit den Eindrükken, die die Bühne ihr vermittelte, hingab. Wir sahen in dem reizenden kleinen Theater vollendete Aufführungen von Figaros Hochzeit, Barbier von Sevilla, Zauberflöte, Sommernachtstraum und andern Opern. Levi war ein meisterhafter Dirigent, der aus den ihm zu Gebote stehenden Kräften die denkbar höchsten Leistungen herausholte. Er hatte ganz hervorragend die Gabe des Verkehrs mit dem Orchester und den Sängern, setzte letzteren gegenüber immer seine Absichten durch, und doch waren ihm alle mit Leib und Seele ergeben. Schließlich – und darin lag wohl das Geheimnis seiner Erfolge – verstand er es, allen Mitwirkenden ein gut Teil von dem Feuer der Begeisterung abzugeben, die der eigentliche Kern seines Wesens als Musiker war. Es war wirklich schön, den kleinen Mann auf seinem Thron sitzen zu sehen in vollkommener Beherrschung seiner Aufgabe, die sich auch in der ruhigen Körperhaltung äußerte, schön, die Freude am Werk, das immer frische Empfinden, das Entzücken über seine Lieblingsstellen in der Wiedergabe herauszufühlen. Daß er sich dabei öfters nach meiner im Parkett, also gerade hinter ihm sitzenden

Mutter umwandte, gehörte eigentlich nicht dazu, und doch gehörte es zu seinem ganzen Wesen. Er bedurfte bei allem Erleben der Aussprache und des Verständnisses, und dessen war er bei meiner Mutter stets sicher. Ihre lebhafte Teilnahme an jedem Streben war Levi sowohl als auch vielen andern Musikern der schönste Sporn – ihre innige Freude am Gelingen der schönste Lohn. Es entspann sich infolge der Bekanntschaft mit Levi ein überaus lebhafter Verkehr in unsrem Hause, der durch seine Zugehörigkeit zum Theater besondern Reiz erhielt. Es kamen die Sänger und Schauspieler zu uns, dann *Eduard Devrient*, der damalige großherzogliche Intendant, schließlich, beständige und nachhaltige Anregung bringend, Levi selbst. In erster Linie natürlich für unsre Mutter, aber auch für uns Kinder fiel manch heitre Stunde ab; selten war er lang im Hause, ohne bei uns anzuklopfen:

ertönte es an der Türe*, dann sah zuerst der Kopf herein mit den schönen, etwas verschmitzten und – ich finde kein besseres Wort als »aufstöbernden« Augen, die alles in ihren Bereich zu ziehen suchten. Meist lief er an unsern Flügel, spielte, was ihm gerade einfiel, auch oft Unsinn; so zum Beispiel erinnere ich mich des Straußschen Walzers »An der schönen blauen Donau«, den er jede Hand in einer anderen Tonart spielte, was natürlich schauderhaft falsch, aber auch sehr lustig klang. Dabei schaute er uns der Reihe nach an, um zu sehen, was für eine Wirkung sein Scherz hervorrief. – Oft forderte er uns auf, vierhändig mit ihm zu spielen, wozu sich aber nur Elise entschloß. So umfassend Levis allgemeine Bildung war, so saß ihm doch die Musik so im Blute, daß er nie davon loszukommen schien, während zum Beispiel meine Mutter wie auch Brahms und Joachim sich sehr wohl Stunden gänzlicher Entspannung gönnen konnten. – Jungenhaft lustig konnte Levi sein, und

* Scherzo aus dem Sommernachtstraum

sein Lachen war so herzlich, daß man mitlachen mußte; es war eher ein Meckern, wobei nicht nur jeder Gesichtsmuskel, sondern der ganze Körper mittat. Einmal war er bei uns Kindern, da schellte es. »Brahms kommt«, sagte er, »verstecken Sie mich, schnell!« und ehe wir es uns versahen, sprang er in unsrer Mutter großen Konzertkoffer, der zufällig im Zimmer stand, und wir klappten schleunigst den Deckel zu. Da klopfte es auch schon, und Brahms tritt herein. »Wo ist er?« – »Wer denn?« frugen wir. »Nun, er, Levi, er ist doch hier.« – »Nein, Levi ist nicht hier.« – »Ach, dann habe ich mich wohl geirrt«, sagt Brahms halb verlegen und will zur Tür hinaus. Da tönt es aus dem Koffer*:

und der Vogel springt aus seinem Käfig.

Ein andermal brachte er seinen »Schufterle«, einen großen Bernhardiner, mit. Es war bei einer festlichen Gelegenheit, und wir tranken Champagner, den alle Schumanns sehr liebten. Levi war in ausgelassenster Stimmung und hielt plötzlich dem Hund das gefüllte Glas hin, wohl in der Meinung, er werde sich entrüstet abwenden, aber oha! Mein Schufterle wußte es besser; begierig schlürfte er das prikkelnde Naß, und trotz des wiederholten »Aber Levi! Aber Levi!« der Mutter ließ dieser den Hund das Glas austrinken. Es dauerte denn auch nicht lange, da fing er an, sich im Kreise zu drehen, die drolligsten Bewegungen zu machen, und endlich wurde er so toll, daß wir uns entsetzten und sein nahes Ende prophezeiten. Aber schneller als der Mensch in solchem Falle erholte sich das Tier und hatte wahrscheinlich, wenn auch zum ersten, doch nicht zum letzten Male Champagner getrunken.

Levi, Allgeyer und Brahms waren damals entweder in Karlsruhe oder in Baden beständig zusammen. Ein selt-

* Neunte Symphonie

sames Menschentrio! Levi, der Orientale, lebhaft, nimmerrastend. Brahms, der Urgermane, der Norddeutsche mit warmem Herzen und tiefinnerlicher Leidenschaftlichkeit, die sich meist hinter schroffem und herbem Wesen verschanzten. Und zwischen diesen beiden Feuerteufeln der lange, hagere Schwabe mit den guten braunen Augen, von unbeschreiblicher Langsamkeit und Bedächtigkeit in Worten und Bewegung. Er war so recht das Sorgenkind der beiden andern, konnte trotz reicher Kenntnisse auf den verschiedensten Gebieten auf keinen grünen Zweig kommen, und es war rührend zu sehen, wie die beiden Energischen Pläne schmiedeten, Hilfe leisteten, damit er seinen Platz in der Welt finde. Brahms war mit Allgeyer bereits von der Düsseldorfer Zeit her befreundet; nun fanden sie sich im badischen Ländchen wieder zusammen, wo sich Levi als Dritter dem Bunde gesellte. Bei seiner hervorragenden Bedeutung als Musiker war die Annäherung an Brahms gegeben, und seine feurige Begeisterung für dessen Schöpfungen gab den Beziehungen bald große Wärme. Von dem Augenblick an, wo in späteren Jahren diese Begeisterung erkaltete – und die Erkaltung äußerte sich in schroffer Weise; Brahms erzählte damals unsrer Mutter, er sei mit einem Koffer voll neuer Kompositionen nach München gefahren und Levi habe mit keinem Worte danach gefragt – von dem Augenblick an zerrann die Freundschaft in nichts.

Es fehlten wohl die menschlichen Berührungspunkte, ohne die keine Freundschaft von Dauer sein kann. Ein kleiner Vorfall, der, wenn auch nicht von erschöpfender Charakteristik, so doch ein helles Streiflicht auf ihre verschiedene Anschauungsweise wirft, ist mir, so wie ich ihn aus Brahms Munde gehört, so lebhaft in der Erinnerung geblieben, daß ich ihn in seinen ungefähren Worten wiedererzählen will. »Sie wissen«, sagte er, »daß Levi zu seiner Bedienung ein Ehepaar bei sich wohnen hatte. Der Mann war brav und versorgte ihn gut. Eines Tages bemerkte Levi, daß ihm aus einem auf dem Tisch stehenden, unverschlossenen Kasten Zigarren abhanden gekommen sind. Er legt in den Kasten einen Zettel mit den Worten: ›Ist Zigarrendiebstahl kein Diebstahl?‹ Tags darauf kommt der Mann zu Levi und sagt: ›Herr Kapellmeister, ich bekenne mich zu dem Diebstahl und bitte um meine Entlassung.‹ Sehen Sie«, fuhr Brahms in großer Leidenschaftlichkeit und mit hellem Zorn in den stahlblauen Augen fort, »das furchtbare Unrecht, was Levi dem Manne getan hat? Wenn man Zigarren nicht mit seinem Diener teilen will, so soll man sie verschließen, nicht aber ihn in Versuchung führen und dann ruinieren.«

Wenige Worte von Brahms haben mir so tiefen Eindruck gemacht, nicht nur um ihrer selbst willen, sondern weil sie so kennzeichnend für den Menschen sind, der sie sprach. Er war aus dem Volke hervorgegangen und – welch schönes Zeugnis für ihn – er hatte nie die Fühlung mit demselben verloren. Er wußte, was die Versuchung im Leben des Menschen bedeuten kann. Er fühlte mit den Bedürftigen und erleichterte ihr Los, wo er konnte, ohne viele Worte darüber zu machen. Während der Zeit seiner Dirigententätigkeit in Wien war er unausgesetzt bemüht, die Lebenslage der Orchestermusiker zu verbessern, und ich erinnere mich häufiger Äußerungen über die Sache, welche zeigten, wie sehr sie ihm am Herzen lag.

Unsre Gefühle den drei Hausfreunden gegenüber waren gemischter Art. Levi war uns immer willkommen, aber Allgeyer fanden wir so langweilig, daß wir ihn entschieden ablehnten. Levi versuchte, uns zu bekehren. Seine Worte: »Fräulein Marie, wenn Sie nur einmal zwei Stunden mit Allgeyer allein wären, so würden Sie sehen, was das für ein Mann ist«, trugen der, an die sie gerichtet waren, viel Nekkerei ein.]

Über *Brahms* dachten wir nicht viel nach; er war eben da, war immer dagewesen, solange wir denken konnten, und würde immer dasein, er gehörte eben dazu. Das Pensionsmädel nahm Anstoß an seiner äußeren Erscheinung; die bunten Hemden ohne jeglichen Kragen, die schwarzen Alpakaröckchen und die stets zu kurzen Beinkleider waren ihr ein Greuel, wohingegen sie den leicht federnden Gang, wenn er so mit dem Hut in der Hand daherkam, immer mit den Hacken zuerst auftretend, mit Wohlgefallen betrachtete. Gesellige Formen achtete er gering, aber da ihm seine Ungewandtheit im Verkehr gelegentlich doch zu drückendem Bewußtsein kam, lag in jüngeren Jahren meist eine leichte Verlegenheit über sein Wesen ausgebreitet, die sich hinter Derbheit zu verstecken suchte. Er kam und ging, wie es ihm gefiel, der Tisch war stets für ihn gedeckt; er kam in jeder Stimmung, in guter und in böser, brachte gute und böse Stunden. Auch er kam oft zu uns Kindern herüber, setzte sich an den Flügel und spielte uns Schubertsche Ländler, auch seine eigenen Walzer Opus 39 und herrliche, schwermütige ungarische Weisen, die ich später vergebens in seinen Werken suchte, die er vielleicht nie aufgeschrieben hat.

Das Bild des Badener Sommers wäre unvollständig, fehlten darin die Gestalten der lieben alten Freundinnen meiner Mutter, *Fräulein Rosalie Leser* und deren Lebensgefährtin und unermüdlichen Pflegerin *Fräulein Elise Jungé*. Die Freundschaft stammte von den Düsseldorfer Jahren her und hatte in der Zeit schwerster Bedrängnis die Taufe fürs Leben erhalten. Fräulein Leser hatte die glücklichen Jahre miterlebt, in denen unser Vater noch unter uns weilte, und als dann das furchtbare Geschick über ihn hereinbrach, wurde sie in aufopferndster Teilnahme, mit unablässigem Zuspruch unsrer Mutter Trost und Stütze.

Die Gute war blind, nicht von Geburt an, sondern erst seit ihrem neunten Jahre. Sie wußte also, was sie verloren hatte, litt außerdem ihr ganzes Leben lang an Augenschmerzen. Trotzdem hörte man nie eine Klage aus ihrem Munde. Mit wunderbarer Seelenstärke hatte sie ihr Leben in die Hand genommen und es ganz dem Wohle und den Interessen andrer geweiht. Ihr Wohnzimmer wurde der Sammelpunkt für zahlreiche Verwandte, Freunde und Bekannte, welche sicher waren, bei »Tante Rosalchen« Verständnis und Teilnahme für alle großen und kleinen Nöte des Lebens zu finden. Sie hatte einen klaren Verstand, ein warmes Herz, feinsten Takt und war verschwiegen wie das Grab. Seitdem das Lichtentaler Häuschen unser eigen wurde, kam sie jeden Sommer nach Baden, mietete sich bei Frau Pfarrerin im Nachbarhause ein und teilte unser Leben. Fräulein Jungé hatte uns Kinder ungemein lieb, und wir wußten ihre seltene Herzensgüte, ihr rührend kindliches Gemüt wohl zu schätzen. Jeden Morgen gleich nach dem Frühstück kamen sie durch eine Lücke in der Gartenhecke zu uns herüber und saßen bei unsrer Mutter in der Laube, Fräulein Leser häkelnd oder auch, was sie sehr gerne tat, für unsre große Familie Bohnen schneidend. Unsre Mutter besprach alles und jedes mit ihr, nicht nur, weil es ihr selbst Bedürfnis war, sondern auch in dem Wunsche, der Blinden die lichtlose Einsamkeit zu erhellen. So sehr sie auch von Geschäften überhäuft sein mochte, Fräulein Leser durfte nie darunter leiden. Regelmäßig erhielt sie ihre Briefe, so daß sie ganz mit uns fortleben konnte. Zweimal im Jahre besuchte Mama sie in Düsseldorf, wohnte dann meist bei ihr, spielte ihr vor und ließ es sich nicht nehmen, sie spazieren zu führen, wo es denn wie Glückes Glanz über das blinde Antlitz zog.

Durch dieselbe Lücke in der Gartenhecke schlüpfte ich noch genau so wie in der Kindheit mehrmals des Tages hinüber zu meiner Freundin Elisabeth. Sie war zu einer reizenden Jungfrau erblüht. Lieblich und unbefangen strahlten ihre himmelblauen Augen die Welt an, und dabei konnte sie doch auch wieder so klug und ernst sein. So dachte ich mir Friederike von Sesenheim. Elisabeths Vater war protestantischer Pfarrer gewesen, hatte sich, als wir ihn kennen lernten, bereits ins Privatleben zurückgezogen. Seine zweite Frau, Elisabeths Mutter, war eine schöne, große, schlanke Frau mit feingeschnittenen Gesichtszügen, aus denen viel Verstand und Herzensgüte sprach. Sie war die Schwester eines katholischen Geistlichen und selbst strenggläubige Katholikin, und nach des Vaters Tod traten Elisabeth und ihre jüngeren Geschwister – der Stiefsohn hatte schon früher den Schritt getan – zum Katholizismus über. Es war für Elisabeth eine Zeit freudiger Erregung, und alle meine Zweifel konnten sie nicht irre machen. – Viel lustige und traute Stunden verlebten wir in der Laube des Nachbargärtchens oder in der kleinen, altmodisch eingerichteten Wohnstube. Da hing an der Wand ein Bildnis von Jung-Stilling, und die Kinder erzählten mir, das sei ihr Urgroßvater gewesen. Elisabeth heiratete früh und starb ganz jung, nachdem sie zwei Söhnen das Leben gegeben hatte. Ich habe dieser Freundin meiner Kindheit ein treues Andenken bewahrt und kann mir den Badener Sommer nicht ohne ihre liebe und lichte Gestalt denken. Ja, das war ein Sommer, von Sonne, Leben und Liebe durchglüht. Als wäre es gestern gewesen, so steht alles vor mir: das kleine Häuschen, unser eigenes, das doch groß genug war, jeder von uns ein Kämmerlein zu spenden, die traulichen Mansardenfenster, durch die man hinausschaute auf die schöne Welt ringsum – das große Garderobezimmer, in dem unzählige luftige Sommerkleider hingen, alle frisch gewaschen und gestärkt – meine drei Schwestern, so reizend anzusehen, in zarten weiß und blauen Musselin gleich gekleidet – ein Wunsch der Frau Prinzessin Anna von Hessen*, den sie sich in wahrhaft fürstlicher Weise selbst erfüllt hatte – ich, trotz meiner siebzehn Jahre noch ein rechter Backfisch, etwas vereinsamt, halb Erziehung, ganz Verwöhnung genießend; der liebe Felix zu den Ferien, Ferdinand zu Juliens Hochzeit kommend – der herrliche Sonnenschein, die Ausflüge nach dem Alten Schloß, der Yburg, Ebersteinschloß und Gernsbach, meist in Gesellschaft der Freunde, die Rückfahrt im Mondlicht, die unbeschreibliche Empfindung, wenn man aus dem dunklen Wald in die mondbeschienenen Lichtungen kam – die Anregung aller Art, immer edelster Natur – und über allem die Wogen herrlicher Musik, die sich Tag für Tag über uns ergossen. Wenn ich dann an gewisse Augenblicke denke, so zum Beispiel wenn wir Kinder zu zweien oder dreien in die Stadt gingen, wo uns stets die geliebte Mutter bis an die Türe begleitete, wo wir nach zärtlichem Abschiedskuß, als gälte es eine lange Trennung, abzogen, wo sie uns dann jedesmal nachrief: »Kinder, haltet euch gerade.« Dann drehten wir uns noch

* Spätere Landgräfin

einmal um, und da stand sie oben an den Treppenstufen, unaussprechliche Liebe im Blick. – Ja, so oft ich an solchen Augenblick zurückdenke, möchte mir das Herz vor Sehnsucht zerspringen.

Aber schon in diesem Sommer senkten sich wieder schwere Schatten auf unser Leben herab. Ludwig wandelte, ein Trübsinniger, sich mehr und mehr von uns absondernd, noch unter uns, aber schon im August mußte er den Händen eines Arztes anvertraut werden! Was Wunder, daß unsre Mutter, die außerdem schwer in dem Gedanken an die Trennung von Julie litt, in gedrücktester Stimmung war. Nur unsrer Jugend war es zuzuschreiben, daß trotzdem Lebenslust und Heiterkeit die Oberhand behielten.

Am 14. September kam Juliens Verlobter, den wir alle schnell lieb gewannen, am 22. war die Hochzeit in der Klosterkirche – dann Abschied und tiefe, tiefe Stille. Regenwetter setzte ein; Marie und ich saßen abends im Eßzimmer in trauriger Stimmung. Da schellte es, und wir hörten Brahms zu unsrer Mutter hinübergehen, und bald ertönten wunderbare, tiefernste, erschütternde Klänge. Wir lauschten – dann hörten wir Brahms fortgehen, und gleich darauf kam unsre Mutter zu uns herüber in tiefer Erregung. Brahms hatte ihr die Rhapsodie vorgespielt. Das war meine letzte Erinnerung an den Sommer 1869. Bald darauf wurden die Koffer gepackt, das Häuschen, das uns nie wieder alle unter seinem Dache vereinigen sollte, wurde abgeschlossen, der Schlüssel in die Hände der lieben Nachbarin gelegt, und wir stoben nach allen Richtungen auseinander. Meine Mutter trat in Begleitung von Marie die Winterfahrt an, und ich wurde zum Besuch der eben eröffneten Hochschule für Musik nach Berlin geschickt.

# Heiteres und Ernstes

1869 bis 1871

Nun war ich wieder in der Fremde, aber nicht unter Fremden. [War doch Joseph Joachim, der Leiter der Hochschule, einer der teuersten Freunde unsrer Eltern, und als ich ihm nun zum erstenmal als Erwachsene, als Schülerin gegenüberstand, da fühlte ich, wie eng er mit unsrem Leben verflochten war. Aus seinem Auge blickte so viel Treue, aus jedem Wort sprach herzliches Wohlwollen. Er war ein vornehmer, gütiger Mensch, oft zutraulich und von kindlicher Heiterkeit. Man mußte ihn lieb haben.]

Mein Klavierlehrer war Ernst Rudorff, erst Schüler, bald trotz seiner jungen Jahre Freund meiner Mutter, mir also auch kein Fremder. Damals sah ich in ihm nur einen hochgewachsenen jungen Mann mit rötlichem Haar und blauen Augen, von heftigen, etwas linkischen Bewegungen, der uns mit großem Eifer unterrichtete und dem wir anfühlten, daß ihm unsre Fortschritte am Herzen lagen. Heute weiß ich, daß er zu den Menschen gehörte, deren Bild man festgehalten sehen möchte, einmal um seiner Eigenart willen, dann in dankbarer Erinnerung an das, was er geleistet. Keine unsterblichen Schöpfungen überliefern Ernst Rudorffs Namen der Nachwelt, aber wohl kann man auf ihn Schillers Worte: »Wer den Besten seiner Zeit genug getan, der hat gelebt für alle Zeiten« anwenden. Ja, wahrlich, die Besten nannten ihn Freund. Ihre Ideale waren auch die seinen, und er setzte seinen hohen sittlichen Ernst, seine ganze Begeisterungsfähigkeit an die Aufgabe, die heranwachsende Jugend dafür zu erziehen, ihr die Erhabenheit der Kunst, die Werke der großen Meister nahezubringen. Kämpfend schritt er seine Bahn. Ein stürmisches Temperament, Lust sich mitzuteilen, zu verstehen und verstanden zu werden, unverwüstliche Jugendfrische und als letztes, aber darum nicht geringstes: ein gutes, freundliches Herz, das waren seine Waffen. Nie ist er um eines Haares Breite von dem Wege gewichen, den ihm die Erkenntnis des Wahren, Guten und Schönen in der Kunst vorgezeichnet hatte.

Wir waren im Anfang nur drei Schülerinnen, und es ging in den Stunden sehr ruhig und ordnungsmäßig zu. Da, als ich eines Tages in das Klassenzimmer trat, sagte Professor Rudorff zu mir: »Ich stelle Ihnen hier eine neue Schülerin vor, an der Sie Freude haben werden: Fräulein Natalie Janotha.« Ein eben erwachsenes junges Mädchen, dem die dicht am Kopfe gedrehten aschblonden Löckchen, die weiße Kittelschürze über dem kurzen Kleide, der breite, mit unzähligen Kinkerlitzchen behängte Gurt, dazu ein Paar stramme Beine in weißen Strümpfen ein noch kindliches Aussehen gaben, kommt auf mich zu. Wir begrüßen uns, ich setze mich, sie drückt sich neben mich auf denselben Stuhl, mustert mich mit zärtlichen Blicken und scheint Gefallen an mir zu finden, denn sie legt ihren Arm um meine Taille. Später spielt sie mir vor, ein reizendes Bravourstück mit einer Spieluhr am Schluß, die sie mit großem Geschick nachmachte. Ja, das war wirklich ein Talent, als reines Klaviertalent sogar außerordentlich. Dazu rassiges, polnisches Temperament in jeder Fingerspitze.

Unsere Stunden wurden von nun an sehr lustig, denn Natalie hatte den Kopf voller Possen, und der junge Professor hatte oft Mühe, den nötigen Ernst zu bewahren. Von schuldigem Respekt war bei ihr keine Rede. Einmal setzte er etwas an ihrer Handhaltung aus und versuchte, durch eine leichte Drehung der Hand die gewünschte Richtung zu geben. Flugs zog die kleine Person sie unter der Hand des Lehrers hervor und versetzte dieser einen schallenden Klaps. Ein andermal schlug Rudorff ihr vor, sie sollte das G-moll-Konzert von Moscheles studieren. Da sagte sie nur: »Schade Zeit.« Ich und die andern Schülerinnen konnten bei solchen Anlässen nie das Lachen unterdrücken, und es war wirklich reizend von Rudorff, daß er, nach einem ratlosen Seitenblick auf mich, zuletzt immer mitlachte. Ja, einmal trieb der Racker es so arg, daß Rudorff sich nicht anders zu helfen wußte, als mit dem Taschentuch vor dem Mund bis an das entfernteste Ende des geräumigen Zimmers zu laufen. Er hatte nämlich einer andern Schülerin ihre Stunde gegeben, wobei selbstverständlich von uns erwartet wurde, daß wir aufmerksam zuhören sollten. Natalie und ich saßen hinter dem stehenden Lehrer, erstere auf einem Drehstuhl, den sie fortwährend hin und her bewegte. »Gib mal acht«, flüsterte sie mir zu, »jetzt werde ich mich einmal ganz herumdrehen.« Sie stieß mit einem Ruck von mir ab, dann lautes Gepolter. Professor Rudorff sieht sich um, und da liegt die arme Natalie samt dem Stuhl auf dem Boden, Kopf unten, Beine oben. Dabei war ihr die lange Halskette zerrissen, und die roten Granaten rollten lustig im Zimmer herum. Nun krochen Lehrer und Schüler in alle Winkel, und erst nachdem auch der letzte Ausreißer wieder eingesammelt war, kehrte Ruhe und Ordnung in den geweihten Raum zurück.

Sehr drollig waren Rudorffs Versuche, das ungezügelte Polenkind zu erziehen. Dieses war nie dazu zu bewegen, uns ihr Alter zu verraten, und in ihren Antworten auf unsre Fragen widersprach sie sich öfters. Da wollte nun Rudorff Wandel schaffen. Er unterzog Natalie einem strengen Examen, wollte wissen, wo und wann sie geboren, wann getauft und so weiter. Genaueres erfuhr auch er nicht, kam aber, ob mit Recht oder Unrecht, zu der Überzeugung, daß sie nicht fünfzehn, sondern siebzehn Jahre alt sei, und befahl ihr, diese Tatsache bei Gelegenheit offen vor aller Welt zu bekennen, was Natalie auch versprach. Nicht lange nachher wurde sie einmal in unsrer Gegenwart von einem Herrn gefragt:

»Quel âge avez-vous, Mademoiselle?«

»Je crois, que j'ai 17 ans.«

»Mais comment, Mademoiselle, vous ne le savez donc pas?«

Nun sah uns Natalie verzweifelt an, dann stammelte sie: »Monsieur Rudorff l'a dit.«

Natalie und ich wurden sehr bald gute Freunde, und als solche zankten wir uns auch manchmal und einmal so ernstlich, daß wir in unsern Klavierstunden nicht miteinander sprachen. Da war unser Lehrer ganz unglücklich; er nahm mich beiseite und sagte händeringend: »Aber was *soll* denn daraus werden, wenn Sie zwei nie, nie wieder zusammenkommen?« Halb trotzig, halb ergriffen machte ich mich auf den Heimweg am Tiergarten entlang; es war heller Mondschein; da auf einmal war Natalie neben mir, und wir fielen uns um den Hals. In der nächsten Stunde saßen die zwei wieder auf *einem* Stuhle, und aus den Mienen des guten Lehrers leuchtete helle Zufriedenheit.

Nun muß man aber nicht glauben, daß der Unterricht unter diesen Intermezzi zu leiden hatte. Nein, Professor Rudorff nahm es sehr ernst, und wir arbeiteten fleißig. Natalie machte glänzende Fortschritte; bei mir haperte es immer mit der Technik, und Rudorff gab sich die größte Mühe, mich in der Richtung zu fördern. Das viele, oft tagelange Schreiben in Rödelheim, später das eifrige Krokketspielen mit der linken Hand hatten vermutlich das Wachstum meiner Hände ungünstig beeinflußt.

[Joachim kam öfters in die Stunden und hörte zu. Einmal erschien er, der herrliche Künstler, mit der Geige unterm Arm, sagte, Professor Rudorff sei krank, er wolle, um uns für die ausfallende Stunde zu entschädigen, mit jeder von uns eine Sonate spielen. Mir legte er die kleine von Mozart in E-Moll vor und spendete mir freundliches Lob für das Vomblattlesen. Ich hörte öfters in den Orchesterstunden zu, und Joachim erinnerte mich in der Art, wie er mit den jungen Streichenden studierte, in der Unermüdlichkeit, mit welcher er schwere Stellen mit ihnen übte, nie ruhend, bis sie gelangen, lebhaft an meine Mutter.]

Ich war in einer Familie untergebracht und ganz deren Obhut anvertraut. Die Sonntage verlebte ich mit den Brüdern. Vormittags machte ich mit Ferdinand Besuche; wir hatten zahlreiche Bekannte und wurden viel eingeladen. Wir trafen uns meist auf der Straße, und nachdem wir uns froh und zärtlich begrüßt hatten, sah er mich von oben bis unten an, und geschah es, daß ich ein neues Kleid trug, sagte er besorgt: »Bist du auch nicht zu auffallend angezogen?« Dann führte er mich zu Kranzler unter den Linden, und während er mich mit Windbeuteln bewirtete, gab er mir genaue Anweisung, wie ich mich bei den Besuchen zu benehmen hätte: »Wir dürfen nicht länger als sieben Minuten bleiben, und du mußt aufbrechen, weil du die Dame bist.« – Zum Mittagessen waren wir alle drei abwechselnd bei Adolf Schwabes und Kapellmeister Eckerts, wo wir bald wie Kinder des Hauses verkehrten. Beide Familien waren auf das reizendste bemüht, uns das fehlende Elternhaus zu ersetzen, und mit herzlicher Dankbarkeit gedenke ich der beiden Frauen, die mir, jede auf ihre Art, viel Liebe erwiesen. Ferdinand war ein hübscher junger Mann von angenehmem Wesen geworden und überall gern gesehen. Felix, fünfzehn Jahre alt, blickte meist still vor sich hin, aber sein sinniger Blick verriet, daß allerlei in ihm vorging, und auf dem Nachhauseweg überraschte er uns oft durch Äußerungen, die von feiner Beobachtungsgabe zeugten. Nachmittags begaben wir uns in Ferdinands Wohnung, spielten vierhändig, was seine größte Liebhaberei war, verzehrten froh das bescheidene Nachtmahl und trennten uns so spät wie möglich. In der Woche gingen wir oft abends zusammen aus. Wir besuchten viele Konzerte. [Wir hörten Tausig; er ließ uns kalt. Aber eine ungeheure Rubinsteinwelle schlug uns über den Köpfen zusammen, so daß wir ganz darin untergingen. Rubinstein gab im Laufe des Winters eine Reihe von Konzerten und ließ uns Geschwistern immer Eintrittskarten schicken. Unsre Plätze waren auf dem Podium ganz nahe dem Spielenden, so daß wir jeden Zug des von Leidenschaft durchwehten Gesichtes, jede Bewegung der großen Hand, die auffallend stumpfen Fingerspitzen, ja das Blut auf den Tasten sehen konnten. Ganz Berlin stand auf dem Kopfe, und wir drei standen mit. Ich schwärmte so, daß ich Tag und Nacht nichts dachte als: Rubinstein. Da hatte dann Natalie leichtes Spiel, mich zu überreden, sie auf einem Besuche bei ihm zu begleiten. Rubinstein hatte ihr immer ein freundliches Interesse gezeigt, ihr Rat gegeben in bezug auf ihr Studium, und Natalie hatte ihn auch bei seinem diesmaligen Aufenthalt um eine Besprechung gebeten. Ich hatte Rubinstein als Kind oft in Baden gesehen. Vergnügt machten wir uns nach der gemeinschaftlichen Klavierstunde auf den Weg. Wenn Rubinstein von meinem Besuche überrascht war, so zeigte er es nicht. Er war von bezaubernder Liebenswürdigkeit, erkundigte sich nach Mama und Marie, unterhielt sich mit Natalie über den Gang ihres Studiums und verabschiedete uns nach einem halben Stündchen, um sich zum Konzert umzukleiden. Natalie küßte ihm nach polnischer Sitte die Hände, die Arme und was weiß ich! Halb verlegen sah ich zu, halb beneidete ich sie, daß sie das tun konnte; ganz aber nach ihrem Werte empfand ich die vornehme Feinheit, mit der der Künstler die jungen Schwärmerinnen entließ.

Glückstrahlend kam ich in der Pension an: »Denken Sie, ich habe Rubinstein gesehen!« »Rubinstein! Wo denn?« »Ja, im Hotel.« »Unerhört! Entsetzlich!« Das war eine kalte Dusche, und ein fürchterliches Gewitter folgte. Man könne mich nicht behalten, ein junges Mädchen, die so etwas tue! Man müsse es meiner Mutter schreiben und so weiter. Das sei nicht nötig, erklärte ich, das würde ich ohnehin tun. Ach, die guten Menschen hatten ja eigentlich ganz recht, aber es war doch zu ernüchternd. Nach und nach beruhigten sie sich etwas. Ich berichtete am nächsten Tage Mama die ganze Begebenheit, und sie verlor kein Wörtchen des Vorwurfes, erinnerte sich wohl, wie es war, wenn man schwärmte. Und ich, ich freue mich noch heute, daß ich bei Rubinstein war, selbst in einem Hotel unter den Linden!]

Im Frühjahr kehrte ich zu den Meinigen in das Häuschen an der Oos zurück. Froh und ahnungslos sahen wir dem Sommer entgegen. Da traf uns wie ein Blitz die Nachricht von der Kriegserklärung. Die Aufregung war unbeschreiblich. Abgesehen von der Ungeheuerlichkeit der Tatsache selbst, war der Umstand, daß wir so nahe der Grenze waren, wohl geeignet, uns mit der größten Bestürzung zu erfüllen. Alles stob auseinander; die Fremden verließen Baden, und die Stadt war wie ausgestorben. Unsre Mutter war natürlich sehr erregt, und ihre Phantasie malte sich die Greuel eines feindlichen Einfalls, alle Schrecken der Verwüstung aus. Trostlos war sie bei dem Gedanken, daß ihr die Turkos den Apoll und die Venus zerschlagen könnten.

»Was machen wir nur, wenn die Franzosen kommen?« sagte sie zu Herrn R[osenhain]. »Oh, Frau Schumann, seien Sie ganz ruhig, die sind so liebenswürdig, die tun uns nichts.« »Pauline, was machen wir, wenn die Franzosen kommen?« »Da bringen wir vor allem unsre Töchter in Sicherheit!« erwiderte Madame Viardot.

Monsieur Viardot war gleich bei Kriegsausbruch nach Frankreich geeilt, seine Frau aber und die Kinder blieben in Baden. Und das konnten sie, sowie alle Franzosen, unbehelligt. Nichts wußte man damals von Konzentrationslagern, von Internierung, von Beschlagnahme fremden Eigentums. Der traurige Ruhm solcher Neuerung gebührt nicht meinem Vaterland; nicht deutsches Gehirn ersann so Ungeheuerliches. Also Madame Viardot blieb und arbeitete mit ihren Töchtern fleißig im Frauenverein, wo sie durch fabelhafte Geschicklichkeit im Zuschneiden der Kleidungsstücke für unsre Soldaten allgemeine Bewunderung erregte. Nun kamen die Siegesnachrichten, blitzartig folgten sie sich. Mit großer Selbstbeherrschung wurden sie von Madame Viardot aufgenommen. Als aber eines Nachmittags das Telegramm von der Übergabe Sedans, der Gefangennahme Napoleons den Weg in den Frauenverein fand, da stand sie auf, legte Schere und Zeug hin, sagte zu den Töchtern: »Venez, mes enfants« und ging hinaus. Wenige Tage darauf reiste sie nach Paris ab und kehrte nie wieder nach Baden zurück. Das Haus, das so viel freudiges Leben gesehen, das Theater, in welchem man so schöne Stunden zugebracht hatte, auch das Heim des Dichterfreundes gegenüber, alles blieb jahrelang geschlossen, die Gärten verwilderten. Oft noch gingen wir dort vorbei und dachten betrübten Herzens der lieben und interessanten Menschen, die uns für immer verlassen hatten. Das Auge des Gesetzes wachte auch über diesen Heimatstätten mit derselben Sorgfalt wie über denen der eigenen Landeskinder, und wären die Besitzer zurückgekehrt, so hätten sie alles unversehrt wiedergefunden. Daß sie nicht wiederkamen, es nicht über sich vermochten, wer wollte das nicht begreifen?

Unsre Mutter hatte auch zuerst an Flucht gedacht, aber die Freunde überredeten sie zu bleiben, und die günstigen Nachrichten vom Kriegsschauplatz gaben uns bald das Gefühl der Sicherheit wieder. So sahen wir denn einen Teil des Krieges aus nächster Nähe mit an. Vom Alten Schloß, von der Yburg und der Ruine Windeck ließen wir unsre Blicke über die weite Rheinebene schweifen, und die Feuer der ersten Gefechte machten unsre Herzen erzittern. An klaren Tagen sahen wir den Turm des Straßburger Münsters, ohne zu ahnen, daß die Zeit nahe war, wo der Verrat vom Jahre 1681 gerächt werden, Straßburg zum deutschen Vaterland zurückkehren sollte. Ende August begann die Beschießung der Festung. Unser Häuschen erbebte unter jeder Entladung der verderbenbringenden Geschütze, und Mama weinte manche Träne über das Schicksal der Eingeschlossenen. Am 27. September erfolgte die Übergabe der Stadt, und zwei Tage nachher kam L[evi] und beredete uns, mit ihm hinüberzufahren und uns das deutsche Straßburg anzusehen. Es war ein herrlicher Herbsttag, von Sommersonnenglanz durchglüht, und unsere Herzen schlugen ihm entgegen. Tausende zogen den gleichen Weg. In Kehl mußten wir den Zug verlassen, denn die Eisenbahnbrücke war gesprengt und nur eine Schiffsbrücke vermittelte den Verkehr zwischen den beiden Rheinufern. – Wir gingen zuerst auf die Wälle, wo unsre Kugeln die furchtbarsten Verwüstungen angerichtet hatten; überall lagen Granaten und Granatsplitter herum, und wir wurden von den Wachen zur Vorsicht gemahnt. Wir wanderten zum Münster, das, soviel ich mich erinnere, unversehrt geblieben war. In der Stadt sah es traurig aus; die wenigen Menschen auf den Straßen gingen scheu und gedrückt umher. In einem kleinen Gasthaus aßen wir zu Mittag, und unsre Gemüter waren so erregt, daß, als L[evi] sich bald nachher unwohl fühlte, wir eine Vergiftung durch die genossenen Speisen vermuteten. Glücklicherweise erholte er sich aber bald. Mit dem letzten Zug fuhren wir zurück; das Gedränge war unbeschreiblich. Die Leute kletterten auf die Dächer der Wagen, wurden von den Schaffnern heruntergeholt, kletterten wieder hinauf, bis dem diensttuenden Beamten nichts übrigblieb, als das Zeichen zur Abfahrt zu geben, und so, mit unzähligen singenden, trampelnden, jubelnden Menschen über unsern Köpfen, traten wir die Rückfahrt an.

Obgleich unsre Eltern beide Sachsen vom reinsten Blut, wir Kinder alle sächsische Staatsangehörige waren, fühlten wir uns doch schon damals nur als Deutsche, und als Deutsche erlebten wir den Krieg. Daß es aber keineswegs im ganzen Ländchen Baden so war, das erfuhren wir zu meinem großen Erstaunen an meiner Freundin Elisabeth. Marie und ich gingen eines Tages in die Stadt, um uns die neuesten Nachrichten vom Kriegsschauplatz zu holen. Als wir am Hause der Nachbarn vorüberkamen, guckte Elisabeth zum Fenster heraus und rief uns mit froher Miene zu: »Wißt ihr schon, die Preußen haben bei Bar-le-Duc eine Schlappe gekriegt!« – Einige vierzig Jahre später starb ihr Sohn den Heldentod fürs Vaterland. *Der* wußte nur noch von Deutschen.

Ich hatte damals trotz meiner achtzehn Jahre außer dem übrigens sehr gut geführten Badeblättchen noch nie eine Zeitung in der Hand gehabt. Obgleich sich unsre Mutter für alle wichtigen Ereignisse der Politik, insoweit diese Deutschland anging, interessierte, so hatte sie doch nie eine Zeitung gehalten, weil ihr tatsächlich die Muße, sie zu lesen, fehlte. Nun stellte sich aber bei Marie und mir das Bedürfnis nach eingehenden Berichten aus Frankreich ein, und es wurde die Augsburger Allgemeine verschrieben. Vom Tage Sedan an waren wir des siegreichen Ausganges des Krieges sicher, und das machte uns unbeschreiblich glücklich. Schon als Kind hatte ich es gerade in der bunt zusammengewürfelten Welt Baden-Badens oft mit ohnmächtigem Zorn empfunden, daß die Deutschen in ihrem eigenen Lande von den Fremden mit Geringschätzung, im besten Falle mit einer Art mitleidigen Wohlwollens behandelt wurden. Und doch waren wir uns unsres Wertes bewußt, fühlten, daß unser Platz an der Seite der großen Nationen der Erde war. Noch konnten wir nicht die ganze Bedeutung des großartigen Sieges erfassen; erst im Laufe der nächsten Jahre sollte sie uns ganz klar werden. Aber wir ahnten doch die Größe der Zeit für unser Vaterland, ahnten, daß es nun endlich zum erstenmal seit Jahrhunderten wieder zu seinem Recht kommen sollte.

Im Laufe dieses Sommers spielte uns die kleine harmlose Oos, deren sanftes Murmeln unser Tun des Tages, die Träume unsrer Nächte begleitete, einen bösen Streich, und eine noch kleinere, harmlosere Schwester half ihr dabei. Kaum daß wir deren Dasein ahnten, denn in einer engen Schlucht vom Merkur herunterkommend, verschwand sie gegenüber unsrem Häuschen auf der andern Seite der Dorfstraße und gelangte auf unterirdischem Wege in die Arme der älteren Schwester. Es hatte mehrere Tage geregnet, und wir beobachteten eines Abends mit Staunen, doch ohne Besorgnis das Steigen der Oos. Am nächsten Morgen wurde Marie durch ein sonderbares Rauschen, welches aus den Tiefen des Hauses zu kommen schien, geweckt. Sie sprang aus dem Bett, lief hinunter, und da sah sie von den obersten Stufen der Treppe, die ins Kellergeschoß führte, unten in der Küche eine wogende Flut; die Wasser stürzten von allen Seiten herein, drangen von der Tiefe herauf und füllten nicht nur die Küche, sondern alle Räume des Geschosses. Entsetzt starrte Marie hinunter, dann stürzte sie davon, weckte uns und sagte, wir möchten uns schnell fertig machen, um das Haus zu verlassen, denn die Mauern würden dem Anprall des Wassers nicht standhalten. Ich zog mich an und lief hinunter, um mir das grausige Bild anzusehen. Das ganze Dorf war auf den Beinen, und auf der nahen Brücke, über die die Wasser schon hinwegspülten, standen Männer mit langen Stangen, um den Holzstämmen und andern herabgeschwemmten Gegenständen den Anprall an die Brückenpfeiler zu verwehren. Ich lief wieder hinauf, und da stand oben auf der Treppe meine Mutter in Hut und Mantel, und unter dem Arme trug sie drei schwere in Leder gebundene Notenbände, die sie retten wollte. Es war die erste Gesamtausgabe der Klavierwerke unsres Vaters, die ihr ein russischer Verleger, der an die den Nachdruck betreffenden Gesetze* nicht gebunden war, vor kurzem gesandt hatte. Damit haben wir sie später noch oft geneckt. – Zum Glück wurden wir des Wassers bald Herr. Es befand sich nämlich unter der zusammengelaufenen Menge der Maurer, der seinerzeit den Keller gebaut hatte. Er sah unsre Aufregung und bot seine Hilfe an. In Wasserstiefeln stieg er durch die Küche bis in den Kellerraum; dort suchte und fand er eine runde Steinplatte; die hob er heraus, und da mittlerweile die Oos etwas gesunken war, flossen die Wasser allmählich ab. Es war also der Fall einer Überschwemmung schon bei dem Bau des Kellers vorgesehen gewesen.

»Ein Glück, daß die Kinder immer so lustig sind«, schrieb unsre Mutter damals in ihr Tagebuch. Ja, wir waren lustig, trotz des Schattens, den Ludwigs nun als unheilbar erklärte Krankheit auf unser Leben warf, lustig trotz des furchtbaren Krieges. Wir waren eben jung, das Leben war so schön und wir hatten ein so glückliches Heim. Mir wurde immer wohler zumute, mehr und mehr schloß ich mich an Marie an, nur vor der Mutter hatte ich noch immer eine unbezwingliche Scheu, nie näherte ich mich ihr unaufgefordert. Da, eines Tages – wie es kam, könnte ich es sagen? – fühlte ich mich plötzlich unwiderstehlich zu ihr hingezogen. Gleich einer Offenbarung kam es mir zum Bewußtsein, daß diese königliche Frau meine Mutter war, daß sie mir gehörte, daß ich und die Geschwister ihr das Teuerste auf der Welt waren. Und da legte ich ihr von hinten die Arme um den Hals und sagte nur ganz leise: »Mütterchen«. Und da war der Bann gebrochen; es war der Anfang einer Freundschaft, die mich beglückte wie nichts andres im Leben, die ihm Inhalt und Weihe gab und die sich, je älter ich wurde, mehr und mehr vertiefte.

* In Deutschland konnte eine Gesamtausgabe der Klavierwerke meines Vaters, die bei verschiedenen Verlegern herausgekommen waren, erst dreißig Jahre nach seinem Tode erscheinen.*

Ich hatte den ganzen Sommer wieder zweimal die Woche Klavierstunde; es ging an die schweren Beethovenschen Sonaten und an die Phantasiestücke Opus 12 und Novelletten meines Vaters. Im Herbst ging ich wieder für einige Monate nach Berlin. An der Hochschule fand ich alles beim alten. Wir zwei saßen wieder zusammen auf einem Stuhle, der Lehrer war reizend, und wir arbeiteten mit Lust und Liebe.

Unser Ferdinand hatte auch einrücken müssen, stand in Frankreich, da er aber noch nicht gedient hatte, kam er nicht ins Gefecht. Wir hatten also seinetwegen nicht allzu große Sorge, ahnten nicht, daß die Strapazen, die er im Felde durchzumachen hatte, den Grund legten zu einem rheumatischen Leiden, welches ihn nie wieder ganz verließ und dem er nach Jahren erlag.

Im November kamen meine Mutter und Marie und blieben mehrere Wochen in Berlin. Bei dieser Gelegenheit spielte Natalie meiner Mutter vor, und diese versprach, sie im nächsten Sommer zu unterrichten. Im Winter sollte sie dann wieder bei Rudorff studieren.

Am 2. Januar reiste meine Mutter nach Breslau, und an diesen Tag knüpft sich für mich eine furchtbare Erinnerung. Ich war am Abend vorher bei ihr im Hotel gewesen, und sie hatte mich wegen irgend etwas getadelt. Was es war, weiß ich nicht mehr, aber ich war empfindlich und stürzte im Zorn davon und nach Hause. Früh am andern Morgen, es war noch fast Nacht, wachte ich auf. Mein erster Gedanke war: »In einer Stunde reist Mama ab und sie ist dir böse.« Verzweiflung erfaßte mich. Ich sprang aus dem Bett, zog mich an und lief auf die Straße. Noch war es dunkel, die Kälte grimmig. »Die kälteste Reise, die ich je gehabt«, schrieb Mama ins Tagebuch. Die Omnibusse fuhren noch nicht; ich fing an zu laufen, wußte die ungefähre Richtung, in welcher der Bahnhof lag, war aber nie dort gewesen. Ich lief dreiviertel Stunden; ich komme auf den Bahnhof, stürze auf den Bahnsteig, gottlob, der Zug ist noch da. Aber die Türen alle geschlossen und kein Schaffner weit und breit; die waren wohl schon oben in ihrem

Clara Schumann (40jährig) von Eduard Bendemann, 1859

Robert Schumann von Eduard Bendemann 1859 gezeichnet nach einer Daguerreotypie, Hamburg 1850

Marie Schumann, geb. 1.9.1841 in Leipzig

Elise Schumann, geb. 1.9.1843 in Leipzig

Julie Schumann, geb. 11.3.1845 in Dresden

Ludwig Schumann, geb. 20.1.1848 in Dresden

Ferdinand Schumann, geb. 16.7.1849 in Dresden

Eugenie Schumann, geb. 1.12.1851 in Düsseldorf, und Felix Schumann, geb. 11.6.1854

Häuschen auf den Dächern der Wagen. Ich erreiche den ersten Wagen, springe auf das Trittbrett, um hineinzusehen. Da, die Fenster sind geschlossen und mit dichtem Eis bedeckt. Ich laufe weiter an den nächsten Wagen – dasselbe Bild – den ganzen langen, langen Zug suche ich ab, überall nichts als starre, leblose Scheiben und hinter einer derselben, nichts ahnend, die teure Mutter. Und nun, ein greller Pfiff und der Zug fährt ab. So, wie er da gestanden hatte, habe ich ihn tausendmal im Geiste wiedergesehen, sehe ihn so noch heute und fühle denselben unendlichen Schmerz. Wie ein Gottesgericht waren diese vereisten, augenlosen Fenster. Noch selbigen Tages schrieb ich an meine Mutter, und nach zwei Tagen kehrte sie zurück, und alles war gut.

Ende Januar reisten wir nach England, wo ich drei herrliche Monate verlebte. Im Hause in Hyde Park Gate, wo wir von dem Geschwisterpaar Mister und Miß Burnand auf das herzlichste aufgenommen waren, herrschte wahrhaft vornehme englische Behaglichkeit – nach deutschen Begriffen müßte ich sie Luxus nennen, doch machte sie mir hier nicht den Eindruck, weil sie nicht dem Protzentum, ebensowenig dem Reichtum oder dem Geschmack des einzelnen, sondern einfach der Gewohnheit, der Landessitte entsprang und sich durch die genaue, sowohl von der Herrschaft als viel mehr noch von der Dienerschaft unerbittlich eingehaltene Arbeitsverteilung in allen Häusern gleichen Ranges gleichsah.

Mister Burnand schien keine größere Freude zu kennen, als Marien und mir die Sehenswürdigkeiten Londons zu zeigen. Wagen und Diener standen immer zur Verfügung, und wir sahen den Tower, die Docks, die Münze, die Hauptpost, das Britische Museum, herrliche Ausstellungen alter Meister, die Regatten von Oxford und Cambridge und vieles andere mit größter Bequemlichkeit und ohne Ermüdung. Wir wurden in jedes Theater geführt, sahen Sheridans Lustspiele in höchster Vollendung, auch manch neueres Stück, aber in keinem Theater war Shakespeare vertreten.

Nachmittags fuhren wir oft in den Park, um die anmutige Prinzessin von Wales zu sehen. Der Diener hatte den Auftrag, von seinem Sitz aus zu melden, sobald sie in Sicht war, und erhaschten wir dann einen Blick der hohen Dame, so strahlten die Gesichter unsrer Freunde vor Vergnügen. Im Anfang glaubte ich bei solcher Begegnung grüßen zu müssen, erhielt auch einen freundlichen Gegengruß; Miß Burnand erklärte mir aber, es sei nicht Sitte, die Mitglieder der königlichen Familie zu grüßen, da ihnen durch den Zwang beständigen Gegengrußes der Genuß der Spazierfahrt verkümmert werde. Das gefiel mir sehr wohl, beruhte, soviel ich weiß, auf stillschweigendem Übereinkommen. Mama ging, wenn sie nur irgend die Zeit fand, in dem einzig schönen Park spazieren und suchte sich mit Vorliebe die Wege aus, wo der Wind recht heftig blies, was er um diese Jahreszeit fast immer tat. Wir gingen dann an der Serpentine entlang und über die Brücke, wo man fast umgeweht wurde. Ich war auf diesen Spaziergängen meist sehr unglücklich, denn der Wind war mir schrecklich. Später lernte auch ich ihn lieben und liebe ihn noch.

Englisches Wesen war mir schon vor diesem ersten Besuch in England nicht fremd. Eine große Anzahl der Neu-Watzumer Kameradinnen kam aus England und Schottland. Ich hatte ihr einfaches natürliches Wesen gerne und kam gut mit ihnen aus. Ich lernte im Umgang mit ihnen ziemlich geläufig englisch sprechen, und es machte ihnen Spaß, mich in etwas »slang« einzuweihen. Als ich nun dem Engländer auf seinem Heimatboden begegnete, fiel mir vor allem die Sicherheit seines Auftretens auf. Angefangen bei den Bahnbeamten mit ihrer kaltblütigen Höflichkeit, der sich im Verkehr mit Ausländern leicht etwas hochmütiges Mitleid beigesellte, bis zum kleinsten Stubenmädchen im Burnandschen Hause, hatten sie eine Haltung, um die man sie hätte beneiden können. Auch die Leichtigkeit, mit der sie sich über kleine Dinge hinwegsetzten und andern darüber hinweghalfen, und eine gewisse Naivität, die allerdings öfters der Unwissenheit entsprang, darum aber nicht weniger anmutete, waren mir sympathisch. Eine endgültige

Meinung konnte ich mir natürlich damals nicht bilden. Erstens war ich zu jung, und dann befand ich mich als Gast sowohl als auch als Kind meiner Eltern in einer Ausnahmestellung. Das überaus herzliche Entgegenkommen von allen Seiten verdankte ich der Verehrung, die man meinen Eltern zollte. Darüber war ich mir ganz klar, ohne daß es meiner Freude über den Anteil, der mir davon zufiel, Eintrag getan hätte. Ich gewann mir aber damals doch eine liebe Freundin, die mich um meiner selbst willen gern hatte und mit der ich bis zu ihrem Tode in innigster Beziehung blieb. Sie war Mutter dreier Kinder, von zarter Gesundheit, klein und zerbrechlich, hatte aber einen lebhaften Geist und vielseitige Interessen. Sie sprach gut Deutsch, liebte, was deutsch war, sie liebte auch Paul Heyses Werke und faßte plötzlich den Entschluß, seinen Roman »Kinder der Welt« ins Englische zu übersetzen, und obgleich ich ihren Geschmack gerade in bezug auf dieses Werk des Dichters nicht ganz teilte, willigte ich doch mit Freuden ein, ihr bei der Übersetzung zu helfen, und bei dem dadurch bedingten Briefwechsel lernte ich sehr viel. – An der Geselligkeit im allgemeinen fand ich wenig Gefallen; sie erschien mir langweilig, schablonenhaft. Man war oft mit interessanten Menschen in demselben Raume zusammen, aber sie wurden nicht vorgestellt oder waren unzugänglich. Madame Viardot sahen wir hier auch wieder. Sie war mit den Kindern aus Paris geflohen und verbrachte den Winter in London. Die Töchter fanden in den Londoner Drawing-rooms großen Beifall mit dem reizenden Vortrag französischer Duette, welche die Mutter ihnen am Klavier begleitete.

Sehr glücklich machte mich die Bekanntschaft von *Jenny Lind.* Sie lebte [mit ihrem Manne Otto Goldschmidt] in Wimbledon und lud Mama und Marie zu einem Tagesbesuch ein. Ich war nicht mitgeladen, worüber ich sehr unglücklich war. Jenny Lind hatte meine Geschwister auf den Knien geschaukelt; ich, der Spätling, hatte sie nie gesehen und nie gehört, aber Liebe und Verehrung für sie hatte ich geradezu mit der Muttermilch eingesogen. »Mama«, sagte ich, »zur Jenny Lind mußt du mich mitnehmen.« Sie lächelte und sagte nicht nein. Als sie mich dann, mein Mitkommen entschuldigend, vorstellte, sah mich Jenny Lind sehr ernsthaft an und sagte: »So, Sie waren nicht geladen und sind doch mitgekommen!« Da erschrak ich wohl ein wenig, denn in London munkelte man viel über ihre Unnahbarkeit; aber ich sah einen kleinen Schelm in ihrem Auge oder glaubte ihn zu sehen, und da legte ich ihr mutig meine ganze Schwärmerei zu Füßen. Wir verlebten einen reizenden Tag. Ich wurde noch viel mit meiner »Uneingeladenheit« geneckt, aber ich schien der großen Künstlerin nicht ganz zu mißfallen; denn als ich nachmittags im Garten an ihrer Seite ging, blieb sie plötzlich an einem Busche stehen, brach ein rotblühendes Zweiglein ab und reichte es mir. Ob ich dies Zweiglein wohl preßte und mein Leben lang bewahrte?

[Herr Goldschmidt hatte als Mann einer so berühmten Frau unleugbar eine schwere Stellung, und der unfehlbare Takt, mit dem er sich über alle Schwierigkeiten hinwegsetzte, konnte nur tiefer Neigung und Verehrung entspringen. Leider vermochten meiner Mutter Bitten nicht, Frau Goldschmidt zum Singen zu bewegen, doch hörte ich sie kurze Zeit darauf bei Freunden einige Lieder von Mendelssohn und Schumann vortragen. Ein gewisser Liebreiz sprach noch aus der ganzen Erscheinung, und seelenvoll war jeder Ton, aber die Stimme war fort, und so kann ich nicht sagen, daß ich Jenny Lind je gehört hätte. Und sie und die Schröder-Devrient nicht gehört zu haben, betrachtete ich geradezu als eine Ungerechtigkeit des Himmels.]

Von dem, was ich vorher über die Londoner Gesellschaft sagte, gab es jedenfalls viele Ausnahmen, und ich selbst möchte das Burnandsche Haus davon ausgenommen wissen. Beide, Bruder und Schwester, hatten neben heiterem Temperament viel geselliges Talent und besaßen die Gabe, es allen Gästen behaglich zu machen. Während unseres Aufenthaltes wurden die eigenen Freunde und Verwandten, deren sie eine große Menge besaßen, fast ganz ausgeschaltet und nur Künstler und Persönlichkeiten, die in irgendwelcher Beziehung zu unsrer Mutter standen, eingeladen. Damals galt es noch als Verstoß gegen das Gebot der Sonntagsruhe, an Sonntagen der Geselligkeit zu pflegen. Da aber die Künstler, besonders die Musiker, die ganze Woche entweder in London oder in den Provinzen beschäftigt waren, so setzten sich Burnands über die Sitte hinweg, und die Sonntagabende in ihrem Hause gehörten zu den schönsten, die wir in England verlebten. Es wurde aus Rücksicht für unsre Mutter früh gegessen, denn Montag war Konzerttag, und am Vorabend eines solchen ging sie stets früh zu Bett. Die Unterhaltung während des Essens war meist sehr lebhaft und angeregt; man kannte sich gut und hatte sich immer etwas zu sagen. Die Herren gaben öfters Erlebnisse von den Reisen in die Provinzen zum besten, und Mama erzählte wohl mal von kleinen, komischen Begebenheiten mit den Schülerinnen, deren sie immer einige wenige annahm. Da war einmal eine gekommen und hatte ihr die »Arabeske« von Schumann vorgespielt, darin aber den Mittelsatz in E-moll ausgelassen. Als Mama höchst verwundert sie darüber zur Rede stellte, erwiderte sie: »Oh, Papa doesn't like minor.«*

Ein anderes Mal, als Mama gerade im Drawing-room eine Stunde gab, kam eine andre Schülerin und verlangte sie zu sprechen.

»Madame Schumann is engaged«,** hieß es. Nun denn »Miß Schumann«, Miß Schumann war ebenfalls »engaged«, und da schickte die junge Dame ihr einen Zettel hinauf, auf den sie mit Bleistift die Worte gekritzelt hatte: »If the piece which is just being played in the drawing-room is by Schumann, I should like to play it also.«*** Das Stück war aber von Mendelssohn.

Da unsre Wirte nur Englisch sprachen, wurde die allgemeine Unterhaltung natürlich in Englisch geführt, und das wurde für die aufwartende Dienerschaft zu einer schweren

* »Oh, Papa kann Moll nicht leiden.«
** »Frau Schumann ist beschäftigt.«
*** »Wenn das Stück, das gerade im Salon gespielt wird, von Schumann ist, möchte ich es auch spielen.«

Prüfung. Das Englische war nämlich oft etwas mangelhaft, manchmal in der Ausdrucksweise, manchmal in der Aussprache, oft auch in beidem. Man bewahrte noch so ziemlich die Fassung, wenn einer der deutschen Musiker, noch etwas Lachs wünschend, zum Diener sagte: »Gif me anozzer liddle fish, please«* – als aber eines Tages Ernst Pauer mit seiner drolligen Physiognomie im schönsten Wiener Englisch eine Anekdote zum besten gab, in welcher eine Nachtmütze die Hauptrolle spielte, da erfolgte ein katastrophaler Zusammenbruch. Die Diener räumten gerade den Tisch ab, um dann das Dessert aufzutragen; der jüngste machte die Runde mit einem riesigen Brett, das er fest gegen den Leib gedrückt und mit nach hinten gebogenem Oberkörper trug, auf welches ein andrer Diener die leeren Gläser setzte. Da fingen diese plötzlich an zu klirren und zu klappern, der ganze kleine Kerl wackelte und schnitt dazu die komischsten Gesichter, um sich das Lachen zu verbeißen. Schließlich ging es nicht mehr; glücklicherweise stand gerade hinter ihm eine Anrichte; auf die bumste er sein Brett und stürzte prustend zur Türe hinaus, sein etwas älterer Kollege ihm nach. Das war selbst für den »butler« zuviel; auch er, den wir noch nie eine Miene hatten verziehen sehen, verlor die Fassung und lief hinaus.

Stehende Gäste an diesen Abenden waren Mr. Theophilus Burnand, Bruder unsrer Wirte, ein reizender alter Junggeselle, der Mr. Pickwick, so wie man ihn in London auf der Bühne darstellte, ähnlich sah und der, nebenbei gesagt, die liebenswürdige Gewohnheit hatte, jeder Dame, die bei ihm zum Essen geladen war, ein Dutzend Paar Handschuhe auf ihren Platz zu legen; dann [Joseph Joachim, dessen Bruder Henry mit seiner reizenden Frau,] die Mitglieder des Quartetts Piatti und Straus, der Maler Horsley und der Bildhauer Westmacott, zu denen dann andre, die in den Kreis paßten, zugezogen wurden.

Nach dem Essen wurde manchmal die Probe für den nächsten Tag gehalten, oder man unterhielt sich auch nur;

* »Geben Sie mir, bitte, noch einen kleinen Fisch.«

wir waren immer sehr lustig, und einmal wurde sogar zur Überraschung Burnands unter der Mitwirkung sämtlicher Musiker die Kindersymphonie von Haydn aufgeführt. Die Spielenden stellten sich neben dem Klavier hintereinander auf, und die Noten wurden dem Vordermann auf den Rükken gesteckt. Joachim liebäugelte mit allen Instrumenten und hätte sie gerne alle gespielt; da das aber doch nicht gut anging, entschied er sich schließlich für den Kuckuck. Nun ging es los, aber – vierundzwanzig Takt Pause sind gar nicht so leicht zu zählen – der Kuckuck setzte immer falsch ein und manch vorwurfsvoller Blick der Mutter, die mit ernster Miene am Flügel saß, traf den launigen Vogel.

Es gibt wohl keine harmloseren, kindlicheren Menschen als wirklich große Künstler, besonders Musiker. Auch Piatti, der unvergleichliche Cellospieler, über dessen Phlegma Mama oft außer sich geriet, war so ein einfacher, heiterer, urgemütlicher Mensch, und woher er das hatte, das wußte ich auch, nachdem ich ihn später einmal eine lustige Geschichte, deren Held sein Vater war, erzählen hörte. Alfred Piatti, der Sohn, war zum Besuch bei seinem Vater, der in einer kleinen Stadt Norditaliens lebte; beim Abschied bat er diesen dringend, ihn einmal in London zu besuchen. Das versprach der Vater. »Du mußt mir dann vorher schreiben, damit ich dich in Dover oder wenigstens am Bahnhof in London abhole.« »Oh, das ist gar nicht nötig; ich überrasche dich einmal! Ich werde dich schon finden.« »Unmöglich«, sagt der Sohn, »du kannst ja kein Wort Englisch, lieber Vater! Versprich mir, daß du mir vorher schreibst.« »Laß mich nur machen«, sagt der seelenvergnügt, und alles weitere Zureden war vergeblich. – Nun, eines Tages macht sich der Vater auf, die Adresse des Sohnes läßt er natürlich zu Hause. Er kommt auch wohlbehalten in London an, steigt aus, folgt dem Strome der Menge und befindet sich bald auf Westminster Bridge. Da muß er wohl etwas ratlos gewesen sein; denn er hält einen Herrn an und spricht das einzige Wort: »Piatti«. Und, o Wunder, der Angeredete nickt mit dem Kopfe, macht ihm ein Zeichen, ihm zu folgen, und führt ihn nach Covent Garden, wo Alfred Piatti zufällig an dem Tage beschäftigt war. Wer beschreibt sein Erstaunen, als plötzlich der Vater vor ihm steht! Er bestürmt ihn mit Fragen, aber der alte Herr sagt ruhig und ahnungslos: »Siehst du, ich sagte dir ja, daß ich dich gleich finden würde.« Daß es ein geradezu unglaublicher Zufall war, daß er in der Millionenstadt in dem ersten Menschen, den er ansprach, einen Bekannten seines Sohnes finden sollte, das hat er nie begriffen. Er blieb bei seinem: Ich sagte es dir ja.

Es war nicht zu verwundern, daß wir, Marie und ich, bei allem, was uns Gutes widerfuhr, unsern Aufenthalt sehr genossen, daß wir England, die Engländer und alles Englische liebten. Unser höchstes Glück aber fanden wir in der Aufnahme, die man unsrer Mutter bereitete. Wo sie erschien, flogen ihr die Herzen zu, man trug sie auf Händen, und das Konzertpublikum konnte sich in Äußerungen der Liebe und Begeisterung nie genug tun. Wie glücklich war ich, die ich unten im Saale saß, wenn sie unter lautem Jubel sich durch das dichtgedrängte Schillingpublikum hindurch den Weg zum Flügel bahnte, dann die seelenvollen Augen freundlich über den Saal schweifen ließ, sich dankend verneigte, wobei sie die hinter ihr auf dem Podium sitzenden Enthusiasten, die sich ihre Plätze durch stundenlanges Warten hatten erkämpfen müssen, nie vergaß. Wenn sie sich dann an den Flügel setzte und ich sah, wie sich schon bei den ersten Tönen alle Mienen verklärten, und wenn man sie am Schlusse durchaus nicht fortlassen wollte, sie wieder und wieder rief, wie hätte da mein Herz nicht froh bewegt, wie hätte ich nicht stolz sein müssen, ihr Kind zu sein?

Nicht so leicht hatte es Marie. Tausend kleine Pflichten lagen ihr an den Konzerttagen ob; sie half der Mutter beim Anziehen, sie schmückte ihr das seidenweiche, glattgescheitelte Haar mit schwarzen Spitzen und schönen Samtblumen. Sie blieb bei ihr bis zum letzten Augenblick, und dann war sie oft so erregt, daß sie sich nicht entschließen konnte, mit uns im Saal zu sitzen. Sie blieb in dem kleinen Raum neben der Podiumtreppe und hörte von da zu, oder sie ging mit einem Passepartout, den ihr der Konzertunternehmer Mr. Chappell gegeben, an das Ende des Saales, auch wohl hinauf auf die Galerie, um von da die Klangwirkung des Instrumentes zu beurteilen. Unsere Mutter spielte damals mit Rücksicht auf Erards, deren Firma durch den Krieg schwer litt, abwechselnd einmal auf einem Erardflügel, das andere Mal auf Broadwood. Was das heißen will, kann wohl nur der verstehen, der die ungeheure Verschiedenheit in der Spielart beider Instrumente kennt.

Wenn dann alles gut gegangen war und wir uns – wir fuhren gewöhnlich in zwei Wagen – zu Hause zusammenfanden, war es rührend, die Freude der Geschwister zu sehen. Miß Burnands Gesicht strahlte; sie liebte ja meine Mutter über alles, und ihr Bruder erzählte von den Beobachtungen, die er während des Konzertes gemacht, wie Miß H. ihren Fächer auf dem Programmbuch zerklopft, wie »the Old Lady«, eine Unbekannte, die sich immer den gleichen Schillingplatz auf der ersten Reihe eroberte, Mama mit dem Taschentuch zugewinkt, wie eine andere unentwegt gestrickt habe, wie George Lewes, der Goethebiograph, und seine Lebensgefährtin, George Eliot, wieder ganz vorne gesessen hätten; er berechnete, was Chappell eingenommen, wie viele er hätte abweisen müssen, weil der Saal ausverkauft gewesen, kurzum er führte uns durch sein angenehmes Geplauder, aus dem doch so viel Teilnahme sprach, wieder in das tägliche Leben zurück. – Noch viel zu wenig habe ich von diesen guten und liebenswerten Menschen gesagt, welche die so anstrengenden, früher in »lodgings« verbrachten Aufenthalte unsrer Mutter mit dem ganzen Zauber häuslicher Behaglichkeit und Sorglosigkeit, mit allem, was Zuneigung an Liebesbeweisen ersinnen kann, umgaben. Jeder Gewohnheit, den mancherlei Bedürfnissen, die ihr anstrengender Beruf mit sich brachte, trugen sie auf das liebevollste Rechnung. Sie überließen ihr das Haus, die Dienerschaft, sich selbst, drängten ihr eigenes Leben in den kleinstmöglichen Raum zusammen und verlangten dafür nichts, als daß wir uns bei ihnen glücklich fühlen sollten. Das war Freundschaft, wie man sie so leicht nicht wiederfindet, die unvergessen in unsern Herzen fortlebt.

Viele Jahre später siedelte ich ganz nach England über, und während eines zwanzigjährigen Aufenthaltes, fast ausschließlich mit Engländern verkehrend, lernte ich Land und Leute genau kennen, um so mehr, als ich ein gewaltiges Stück Geschichte: den Burenkrieg, die »Isolation of Germany«-Politik und die großartige Frauenbewegung, miterlebte. Das Volk, welches wir drei in meiner Jugend geliebt und bewundert hatten, fand ich nicht mehr. Die früher so vornehme und gerade uns Deutschen imponierende Sicherheit des Auftretens, war argwöhnischem Wesen gewichen, das »Leben und Lebenlassen« feindseliger Besorgnis gegenüber den Errungenschaften des deutschen Volkes. Wohl hatten wir schon im Jahre 1871 bei den Nachrichten unsrer Erfolge in Frankreich Schatten des Mißmuts über die Züge manches Engländers gleiten sehen; eine Tagebucheintragung meiner Mutter vom 27. Januar und ein Brief an Brahms vom 5. Februar 1871 sprechen von antideutscher Gesinnung der Engländer. Aber diese Eindrücke, vorüberziehenden Nebelwölkchen gleich, blieben nicht in unserm Gemüt haften. Doch – die Wölkchen fanden sich zusammen, wurden zu Wolken, ballten sich, und ich sah sie im Laufe der Jahre anwachsen zu einem Ungetüme, das unser Dasein bedrohte und, sich paarend mit dem Hasse Frankreichs, es zu vernichten trachtete. Ich sah das Unglück kommen, aber es ist über uns hereingebrochen furchtbarer, als ich je geahnt. –

Noch ist die Zeit nicht gekommen zu endgültiger Aussprache; zu stark bluten die Wunden, und immer noch hält man sie offen. Eines aber möchte ich hier sagen: So schmerzlich mir die Erkenntnis der ungeheuren Kluft auch war, die sich zwischen unsern beiden Völkern aufgetan hatte und deren Vertiefung ich tagtäglich verfolgen konnte, so brachte sie mir doch *einen* Gewinn, den ich nie hoch genug veranschlagen kann – Deutsche von Herkunft und Erziehung, wurde ich hier in England noch einmal Deutsche, Deutsche aus freier Wahl, aus innerster Überzeugung, aus Liebe zum Deutschtum, und dies Gefühl der Zugehörigkeit zum Vaterlande, auf fremdem Boden mir erst voll zum Bewußtsein gekommen, wurde mir zum kostbarsten Besitz. – – –

Wenn ich in der Erinnerung so lange bei meinem ersten Besuch in England verweilte, so geschah es, weil es mir gerade in dem tiefen Wehe unsrer Tage eine Wohltat war, mich noch einmal in jene schöne Zeiten zu versetzen, in welchen die Gegensätze noch nicht so schroff sich gegenüberstanden, wo die Kunst noch die Macht hatte, die Völker einander nahezubringen, wo man das Gute genoß, ohne zu fragen: Kommt es aus England? Kommt es aus Deutschland? Es war mir Bedürfnis, noch einmal zu reden von den Edlen, Dahingegangenen, welche, gleichviel ob deutsch oder englisch, in Liebe ihr Bestes gaben, in Liebe, dankend, nahmen.

## Brahms

### I

Im Frühling 1872 sagte mir meine Mutter, sie wolle Brahms bitten, mich den Sommer über zu unterrichten, es werde mich eine Anregung von andrer Seite vielleicht zu eifrigerem Studium ermuntern. Ich war sehr betrübt. Mama war also mit meinen Fortschritten nicht zufrieden, und ich meinte doch, mein Bestes getan zu haben; arbeitete ich doch für niemanden lieber als für sie. Und nun kam Brahms wirklich zweimal die Woche, und auf die Minute trat er ins Zimmer, war immer freundlich, immer geduldig und paßte den Unterricht wunderbar dem Grade meiner Begabung und meines Könnens an. Auch gab er sich viel Mühe mit der Ausbildung meiner Finger. Er hatte darüber, wie über Technik im allgemeinen, mehr nachgedacht als meine Mutter, die alle technischen Schwierigkeiten in einem Alter überwunden hatte, in welchem man sich noch nicht Rechenschaft gibt. Er ließ mich viele technische Übungen spielen; Tonleitern und Arpeggien verstanden sich von selbst. Besondere Aufmerksamkeit widmete er der Ausbildung des Daumens, welchem er, wie sich noch mancher erinnern wird, in seinem eigenen Spiel eine wichtige Rolle zuerteilte. Hatte der Daumen einzusetzen, so warf er ihn schlenkernd, die andern Finger ballend, auf die Taste, und dadurch, daß er dabei das Handgelenk lockerte, blieb der Anschlag auch im stärksten Forte weich und voll.

Folgenden Untersetzübungen mußte ich täglich geraume Zeit widmen:

Dasselbe in Triolen

Ich mußte die Taste, auf die der Daumen kam, wie im Fluge nehmen und die erste von je vier Noten scharf akzentuieren. Dann übte ich dasselbe in Triolen mit scharfen Akzenten auf der ersten Note jeder Triole. Sobald ich die Übungen in den Tonarten ohne Obertaste gut konnte, spielte ich sie, immer mit dem Daumen anfangend, in Cis und Fis, in As, Es und Des-dur.

Danach kam der Dreiklang und die Versetzungen durch drei und vier Oktaven ebenfalls in Quartolen und Triolen mit dem Akzent zuerst auf der ersten, hatte ich das etwa zehnmal gespielt, mit dem Akzent auf der zweiten, dann auf der dritten Note jeder Figur, damit die Finger möglichst gleichmäßig gekräftigt würden. Auch übte ich diese Arpeggien abwechselnd in Triolen und Sextolen, wobei ich den Unterschied zwischen den zweimal drei Noten, und den dreimal zwei Noten scharf betonen mußte.

Triller ließ mich Brahms ebenfalls in Triolen üben. In allen Übungen mußte ich die nicht akzentuierten Noten sehr leicht spielen. Die chromatische Tonleiter übte ich mit erstem und drittem, erstem und viertem und erstem und fünftem Finger und wiederholte dabei zur Übung des Untersetzens öfters zwei nebeneinanderliegende Töne.

Man sieht, es waren sehr einfache Übungen, doch fand ich sie bei genauer Ausübung erst in langsamem, dann in schnellem und schnellstem Tempo für die Kräftigung, Lokkerung und Beherrschung der Finger äußerst nützlich. Ich spielte auch von den schweren Übungen, die sich unter den »einundfünfzig Übungen für das Pianoforte von Brahms« befinden, während er die einfachen, musikalisch unbedeutenden darin nicht aufgenommen hat.

Was Etüden anbelange, so solle man leichte spielen, meinte Brahms, diese aber so schnell wie möglich. Er hielt sehr viel auf den Gradus ad Parnassum von Clementi, und daraus spielte ich eine große Anzahl.

In Bachschen Sachen legte Brahms das größte Gewicht auf den Rhythmus und gab mir in bezug darauf Lehren, die in mir lebendig wurden und meine Empfindung für die Feinheiten rhythmischer Bewegung steigerten. Die stete Wiederkehr der gleichen Akzente bei den gleichen Figuren machte Brahms mir zur Hauptregel, und die Akzente mußte ich weniger durch stärkeres Anschlagen als durch schwereren Druck der zu akzentuierenden und durch leichteres Spielen der unakzentuierten Noten hervorbringen.

Die melodischen Noten der Figuren ließ er mich streng gebunden (legatissimo), harmonische, also die Noten zerlegter Akkorde, jedoch ganz leicht spielen. Rhythmische Akzente, als in dem Wesen der Figur liegend, schrieb er, im Gegensatz zu beabsichtigten, zufälligen, nie über die Note, wohingegen er mir die Phrasierung durch Bogen anschaulich zu machen suchte. Ich durfte jedoch solche durch Bogen zusammengefaßte Teile einer Phrase nie durch Aufheben und Wiederaufsetzen der Hand, sondern nur durch rhythmischen Druck und Schattierung bezeichnen.

Sehr eingehend behandelte Brahms Synkopen. Sie mußten genau nach ihrem Werte durchklingen, und entstanden im Zusammenklang mit den Noten der andern Stimme Dissonanzen, so ließ mich Brahms hinhorchen, wie die synkopierte Note mit jeder einzelnen dissonierenden klang. Ebenso interessant machte er mir das Wesen der Vorhalte, die ich ihm nie schwer genug spielen konnte. – Von allen Stücken, die ich bei Brahms spielte, wurden mir die französischen Suiten die liebsten; es war geradezu ein Genuß, sie auf diese Art zu studieren, und ich lernte darin Dinge sehen, an denen ich bisher achtlos vorübergegangen war und die mir nie wieder verloren gingen.

Brahms erlaubte mir in Bachschen Stücken gelegentlich ein schweres Abheben der Noten (Portamento), nie aber ein Stakkato. »Sie müssen Bach nicht stakkato spielen«, sagte er mir. »Aber Mama bedient sich doch manchmal des Stakkato in Bach«, erwiderte ich. Und da meinte er: »Die Kindheit Ihrer Mutter fällt noch in die Zeit, wo es Mode war, Bach stakkato zu spielen, und da hat sie es an einzelnen Stellen beibehalten.«

Über den Vortrag der Suiten sagte mir Brahms nicht viel, ließ es bei rhythmischen Erläuterungen und den einfachsten Regeln der Schattierung bewenden. »Spielen Sie schlank, recht schlank«, rief er oft bei den bewegten Sätzen. Ich studierte im Laufe des Sommers drei französische Suiten, mehrere Präludien und Fugen aus dem zweiten Heft des Wohltemperierten Klaviers, einige Stücke von Scarlatti, eine ganz unbekannte Sonate von Mozart in F-dur, Variationen, jede in einer andern Tonart, über ein Thema in F-dur von Beethoven, dessen zweiunddreißig Variationen in C-moll; Variationen in B-dur (Impromptu) von Schubert, ein oder zwei Nocturnes von Chopin, und, wenn ich mich recht erinnere, nichts von meinem Vater. Zu meiner Schande muß ich bekennen, daß ich von all diesen Stücken nur die Suiten von Bach, die C-moll-Variationen und die Lieder ohne Worte mit Lust spielte; die andern konnte ich geradezu nicht leiden. Im vorhergehenden Winter hatte ich in der G-moll-Sonate meines Vaters geschwelgt und nun sollte ich lauter so kuriose, zahme Stücke spielen. Oft habe ich darüber nachgedacht, warum Brahms gerade diese Wahl getroffen hatte – vielleicht sollte ich an Stücken, die ich nie von meiner Mutter hörte, für die ich kein Vorbild hatte, mein eigenes Auffassungsvermögen bilden; ich sollte selbständiger, freier werden, und das wurde ich bis zu einem gewissen Grade, wenn auch vielleicht damals nicht viel davon zu merken war. Eine geradezu fatalistische Hoffnungslosigkeit in bezug auf meine musikalischen Leistungen hemmte von allem Anfang an meine Fortschritte, lähmte die zarten Schwingen, die mich vielleicht doch etwas höher hätten tragen können. An unsern Schülern sah ich später, wieviel man bei einiger Begabung durch Fleiß erreichen kann. Aber genügt hätte mir das auch nicht. Ich spreche die volle Wahrheit, wenn ich sage, daß ich mir nie, aber auch nie, ein Stück zu Dank gespielt habe: so spielen wie meine Mutter konnte ich nicht, aber anders konnte ich auch nicht spielen; denn ihr Spiel schwebte mir als höchstes Ideal unverrückbar vor. Tadelte sie mich, so war ich verzweifelt; lobte sie mich, brach ich in Tränen aus, sagte, sie lege an meine Leistungen einen geringeren Maßstab als an die ihrigen, sonst könne sie mich nicht loben. Und da erwiderte sie mir einmal: »Du vergißt ganz, daß ich von frühester Kindheit an mein Leben für die Kunst eingesetzt habe.« Da mußte ich lächeln ob solch rührender Bescheidenheit und sagte: »Ach, wenn ich zehn Leben hätte und sie alle zehn einsetzte, so könnte ich doch nicht zehn Takte spielen so wie du.«

Daß meine Mutter mir Zeit und Kräfte widmete, fand ich natürlich, und es beglückte mich. Daß ich aber Brahms einen ganzen Sommer lang vorgeklimpert habe, darüber bin ich nie hinweggekommen, habe mich auch nie entschließen können, trotz freundlichster Aufforderung von seiner Seite ihm je wieder etwas vorzuspielen. Aber die Saat, die er gestreut, war doch auf gutes Erdreich gefallen und trug im Laufe der Jahre ihre Früchte, und als ich später selbst zu unterrichten anfing, da erkannte ich, wieviel Dank ich ihm schuldete, und möchte nur, ich hätte es ihm noch einmal ausgesprochen. – Soll ich nun einen Vergleich wagen zwischen dem Unterricht meiner Mutter und dem von Brahms, so würde ich sagen: Meine Mutter regte vor allem Phantasie und Gemüt, Brahms vor allem die Denktätigkeit an. Beide zu Lehrern gehabt zu haben, ist wohl das Vollkommenste, was man sich wünschen kann.

Eines Tages – es war kurz ehe ich Brahms zur Stunde erwartete – sagte Mama zu Marie und mir: »Kinder, was habt ihr eigentlich mit Brahms? Er beklagt sich, ihr wäret nicht nett gegen ihn.« Wir waren entrüstet, wir seien immer sehr nett, und wüßten nicht, was er wolle. »Nun, da fragt ihn doch selbst, er kommt ja heute zur Stunde.« »Ach«, meinten wir, »wenn er böse ist, wird er gewiß nicht kommen.« Aber pünktlich um elf Uhr erschien er. Nun drängten wir ihn in eine Ecke, stellten uns vor ihn hin und sagten: »So, Herr Brahms, nun lassen wir Sie nicht heraus, bis Sie uns sagen, was Sie gegen uns haben; Sie haben sich bei Mama über uns beschwert.« Da machte er ein Gesicht wie ein lieber, gescholtener Schuljunge; er steckte beide Hände in die Taschen, trat verlegen von einem Bein auf das andre, suchte nach Worten und stammelte endlich: »Ach, ach, es ist ja nur, weil ich so ein Esel bin.« Mehr konnten wir doch wirklich nicht erwarten, es wurde uns ganz weich ums Herz, und versöhnt ließen wir ihn aus seiner Ecke heraus. Was er uns eigentlich übel genommen hatte, das erfuhren wir nie und dachten auch nicht mehr darüber nach.

Wir Kinder hatten Brahms alle sehr gern, aber wir behandelten ihn wie einen, der eben da ist, und das war vielleicht manchmal etwas obenhin. Wir ließen ihn mit uns leben, ohne ihn gerade viel zu beachten. Als Komponisten stellten wir ihn sehr hoch, und in der Liebe zu seinen Werken konnten wir es wohl mit seinen wärmsten Verehrern aufnehmen. Die Serenaden und Sextette entzückten uns, und wir wurden nie müde, sie vierhändig zu spielen. Nie aber wäre es uns, oder ich will sagen, mir, in früherer Zeit eingefallen, ihm gegenüber meine Gefühle zu äußern. Ich war in bezug auf die Musiker, die bei uns verkehrten, ebenso fatalistisch wie in bezug auf mein Spiel. Nie wäre mir in den Sinn gekommen, daß einer von ihnen auch nur das geringste Interesse an mir nehmen könne, oder daß ihm an meinem Beifall, an meinem Verständnis, meiner Freude an seinen Werken etwas liegen könne. Daß sie Menschen waren wie wir auch, daß sie neben den künstlerischen menschliche Interessen hatten und solche bei andern voraussetzten, das fiel mir nie ein. Die Musiker gehörten samt und sonders, mit Haut und Haaren, der Mama, und wir waren eben auch nur da! Einmal keimte eine Freundschaft zwischen mir und einer jungen Musikerin; dann lernte sie meine Mutter kennen, und sofort trat ich, als sei es ganz natürlich, zurück. Das war die liebe Liesl von Herzogenberg. Später erkannte ich auch diesen Irrtum, und ich erinnere mich auch noch genau des Augenblickes. Es war in Leipzig. Brahms hatte im Gewandhaus sein G-moll-Quartett gespielt, und bei dem Souper nach dem Konzert erhielt ich einen Platz an seiner Seite. Das Herz war mir so voll der herrlichen Musik, daß mir der Mund überfloß und ich ausrief: »Wie glücklich müssen Sie gewesen sein, als Sie das Stück geschrieben hatten.« Und da bekam ich einen Blick, der mir die Augen öffnete, so schön, wie ich ihn nicht oft von ihm erhalten habe.

Aus dem Tagebuch weiß ich, daß Brahms sich, schon als sie noch Kinder waren, mit Marie und Elise musikalisch beschäftigte. So studierte er ihnen einmal die »Bilder aus Osten« ein. Sie wollten die Mutter, die auf Reisen war, bei ihrer Rückkehr damit überraschen, da sie aber allein mit den Stücken nicht fertig werden konnten, so schrieb Marie ein Briefchen an Brahms und bat ihn um seine Hilfe, worauf er sofort kam. Auch sonst scheint er sich mit ihnen abgegeben und an ihren kleinen Interessen teilgenommen zu haben. So erzählt Marie, daß er einmal, nachdem sie ihm auf einem langen Spaziergang unaufhörlich vorgeplappert hatte, nach der Rückkehr in die Stadt ein reizendes Osterei kaufte. Ein andres Mal brachte er ihr ein in Leder gebundenes mit einem Schloß versehenes Büchlein. Da hatte er auf das Titelblatt geschrieben:

Gedichte von Marie Schumann
Joh. Brahms.

Ddorf – März 54.

Und auf der andern Seite:

Singe, wem Gesang gegeben
In dem deutschen Dichterwald!
Das ist Freude, das ist Leben,
Wenn's von allen Zweigen schallt.

Daß es wünschenswert sei, daß sie besser schreiben lerne, sagte er bei dieser Gelegenheit nicht der kleinen Dichterin, wohl aber der Mutter, die die Kritik weitergab.

*Marie Schumann*

*Zum 1. September 1854*
*von*
*Joh. Brahms*

im »Taugenichts« von Eichendorff,

*Zum 1. September 1855*
*von*
*Joh. Brahms*

in »Paul und Virginie« von Bernardin de St. Pierre, das sind Eintragungen, die nicht nur die freundliche Gesinnung des Gebers für das Kind, sondern etwas von dem verraten, was ihn selbst beschäftigte. So spiegeln auch die Einzeichnungen von Brahms Hand in den Büchern, die er im Laufe der Jahre unsrer Mutter schenkte, ein ganzes Stück Leben wider, und mir ist es immer herzbewegend, darin zu blättern.

Das Kind Marie wuchs heran und wurde zur jungen Hausmutter, welche sorgte, daß es den Freunden, wenn sie zu uns kamen, an nichts fehlte und daß sie immer ein lekker bereitetes Mahl fanden. Und da steht denn in einem mit reizendem Bilderschmuck versehenen »Koch-Notiz-Buch für gute Hausfrauen« von Brahms' Hand:

Zu freundlichem Gebrauch
für Marie Schumann

in dankbarer Erinnerung an den Sommer 1864
und in froher Hoffnung des kommenden
J. B.

Dies Buch war das Entzücken meiner Kinderjahre und die hübschen Verse darin bürgerten sich so bei uns ein, daß sie bei jeder Gelegenheit vorgebracht wurden. Kam ein Gericht nicht warm genug auf den Tisch, hieß es:

Daß Gott erbarm,
Sieben Suppen und keine warm.

Wenn es etwas gab, was wir nicht gerne aßen:

Es kommt alles auf die Bereitung an,
Sprach Hans und spickte eine Kröte.

Für: Geduld, Vernunft und Hafergrütze
Sind zu allen Dingen nütze

gab es Gelegenheiten genug.

Linsen, unser Lieblingsessen, wurden mit den Worten begrüßt:

Linse, wo sin se?
Se hüppe im Düppe.
Se koche drei Woche,
Bleiben hart wie die Knoche!
Deck se zu,
Dann han se Ruh.

Wenn einer Rüben nicht gerne ißt, so heißt es noch heute bei uns:

Rüben, Rüben, Rüben
Haben mich vertrieben,
Hätt' meine Mutter Fleisch gekocht,
Wär' ich heim geblieben.

Doch, ich muß Einhalt tun.

Viele gute Kochrezepte wurden in das Buch eingetragen, gelegentlich auch solche von fremder Hand geschriebene eingeklebt, so eines von Joachim für Maitrank und, man wird staunen, eines von der Hand Jean Paul Fr. Richters für ein Gericht, welches, wenn die Bereitung noch so gut ist, nie gut schmeckt, nämlich ein Tintenrezept. Da es ja Käuze aller Art gibt und vielleicht noch heute solche, die sich ihre Tinte selbst machen, will ich das Rezept in seiner Ganzheit hersetzen:

| | | | |
|---|---|---|---|
| 8 | Lot | türkische Galläpfel | 32 x |
| 2 | " | Vitriol | 1 x |
| 4 | " | arabischen Gummi | 20 x |
| 1/2 | " | Alaun | 1 x |
| 1/4 | " | Grünspan | 11 x |

Richter.

*Wie* man nun aus diesen Bestandteilen Tinte macht, das ist in dem Rezept nicht gesagt, aber der Eingeweihte wird es wohl wissen. – Brahms hatte das kleine Autograph geschenkt bekommen und in seiner Freude davon erzählt, und da hatte Marie im Scherz geäußert: »Das wäre ja etwas für das schöne Kochbuch, welches Sie mir einmal geschenkt haben.« Brahms erwiderte nichts, aber einige Tage nachher schickte er ihr das Blättchen, welches er von Wien hatte kommen lassen, mit folgenden Zeilen nach Frankfurt am Main, wohin sie unterdes mit Mama abgereist war.

*13.10.1876 (Baden-Baden)*

Liebes Fräulein Marie!

Hier kommt das Rezept für Ihr Kochbuch und meine herzlichsten Grüße an Sie beide dazu. Seit Ihrem Weggehen ist der Himmel grau, nicht soviel Blau läßt sich sehen, daß man eine Weste daraus machen könnte. So kann man denn nur an die schönen heiteren Tage zurückdenken – und auch keine Briefe schreiben.

Recht viel Grüße aber verteilen Sie und die besten zu Haus. Ihr herzlich ergebener

J. Brahms

Man merkte Brahms' Geschenken immer an, daß er nicht schenkte, um zu schenken, sondern um den andern eine Freude zu machen, wobei er natürlich deren Neigung und Geschmack in Betracht ziehen mußte. Was aber soll man von dem Geburtstagsgeschenk halten, das er mir viele Jahre später einmal verehrte? Er war bei uns in Frankfurt und hatte am Morgen gehört, daß mein Geburtstag sei. Als ich mittags zum Essen komme, finde ich an meinem Platz einen reizenden, feinmodellierten Esel in Silberbronze und auf seinem Rücken trug er – man höre und staune – ein Fäßchen Likör, zu beiden Seiten hingen die nötigen Gläschen. Hatte er da nun auch meine Neigungen in Betracht gezogen? Nun, wer weiß! Natürlich wurde viel darüber gelacht, ich tüchtig geneckt, war aber doch ganz zufrieden; denn jedenfalls hatte mir Brahms etwas ausgesucht, was ihm selbst gut gefallen hatte.

Brahms neckte sehr gern, und da fand er an Marie, die gar nicht empfindlich war, sondern immer herzlich mitlachte, eine gute Zielscheibe. Einmal sagte er bei Tisch: »Nun, Fräulein Marie, heute war Ihnen wieder einmal keine Sonate von Beethoven gut genug.« Und als wir erstaunt aufsahen, erzählte er, daß er aus Angst, bei uns zwischen zwei Klaviere zu geraten, immer bis zum Augenblicke des Essens auf der Straße vor dem Häuschen auf und ab gehe, und da habe er denn gehört, wie Marie einen Sonatenanfang nach dem andern durchklimperte. Ein andermal war unsre Köchin krank – eine liebe, gute Josephine, von mir unvergessen, weil Mama und Marie ganz untröstlich über ihren Verlust waren. Da sich nicht gleich ein Ersatz fand, mußte Marie kochen, und Brahms ließ es sich angelegen sein, sie recht zu loben. Als ihm einmal ein Gericht besonders gemundet hatte, rief er plötzlich aus: »Jetzt muß ich doch einmal nachsehen, ob Sie sich auch genau an das Rezept gehalten haben«, sprang auf, lief an den Ständer, auf dem gerade das Kochbuch lag, schlug auf und fing an zu lesen: »Man nehme – und so weiter. Ha, da steht: ›Eine Zwiebel‹. Die habe ich nicht gesehen, die war nicht darin.« Mit Mariens Armenrittern war er nicht zufrieden. »Die kann man besser machen«, war sein Kommentar. Man sieht, das erziehliche Element spielte auch seine Rolle, und zwar durchaus nicht nur einseitig; so wurde zum Beispiel Brahms von den Schwestern angehalten nach dem Essen seine Serviette zusammenzulegen. Das Falten begriff er schnell, hingegen wollte ihm das Rollen nie gelingen; immer wieder kamen die Säume nach außen, anstatt, wie es sich gehört, der Bruch.

Ja, mit Marie fühlte sich Brahms entschieden am behaglichsten von uns »Fräuleins«, wie er uns nannte. Ihr freundlich gleichmäßiges Wesen, das Wohlwollen, welches sie jedem Gast entgegenbrachte, schufen eine Atmosphäre, in der alle sich wohl fühlen mußten. Und nun gar für Brahms, den geliebten Freund der Mutter, sorgte sie von der Zeit der Badener Sommer her bis zu seinem letzten Besuch in Frankfurt im Jahre 1895 mit nie erlahmender Aufmerksamkeit, ihm jedes Bedürfnis an den Augen ablesend. Er sei in bescheidenen Haushaltungen der einfachste und anspruchsloseste Gast gewesen, den man sich denken könne, sagte sie mir noch kürzlich.

Mit Elisen stand Brahms auf gut kameradschaftlichem Fuß, wie es beider Wesen angemessen war. Aber sie war ja selten zu Hause.

Für Julie schwärmte er schon seit der Zeit, wo sie als sechzehnjähriges Mädchen die Mutter auf einer Konzertreise nach Hamburg begleitete. Seine Bewunderung steigerte sich in dem Maße, als Julie sich immer reizender entwickelte, und gerade in dem Sommer 1869, wo sie verlobt war und von hinreißender Fröhlichkeit übersprudelte, sah ich Brahms' Augen oft in hellem Leuchten an ihr hangen. Wie nahe seine Gefühle der tiefen Leidenschaft einer wahren Liebe kamen, das wage ich nicht zu entscheiden. Vielleicht schloß die anmutig liebenswürdige Gelassenheit, mit der Julie ihm stets begegnete, von vorne herein eine ernste Annäherung aus. –

Auch für unsre Brüder hatte Brahms das wärmste Interesse, aber da sie so früh aus dem Haus kamen und nach und nach unserm Kreise ganz entschwanden, ward ihm selten Gelegenheit, es zu betätigen. Sehr nahe ging es ihm, unsre Mutter unter der Söhne traurigem Geschick so tief leiden zu sehen und nicht helfen zu können. Als sie ihm einmal klagte, es sei doch zu furchtbar, welches Unglück sie mit ihren Söhnen habe, sagte er: »Um so mehr Glück hast du mit deinen Töchtern.« Obgleich ich darin keinen genügenden Trost für Mutter erblicken konnte, freute ich mich doch Brahms' guter Meinung von uns und hoffte, er habe auch mich darin eingeschlossen.

## II

Was Brahms' Freundschaft meiner Mutter in der schwersten Zeit ihres Lebens gewesen war, wußte ich damals nicht, erst mehrere Jahre nach meiner Mutter Tod las ich die Worte, die sie gleich einem Vermächtnis uns Kindern in ihr Tagebuch geschrieben hatte, Worte, in denen sie uns zur lebenslangen Dankbarkeit gegen den verpflichtet, der ihr einst Jahre seines jungen Daseins geopfert habe. Was aber sein Dasein überhaupt im Leben unsrer Mutter bedeutete, alles, was er ihr gab, was nur er ihr geben konnte, das verstand ich schon damals. Nach unsres Vaters Ausscheiden aus dem Leben war es Brahms, dem sie die höchste Freude verdankte, die ihr als Musikerin noch werden konnte, die, den schaffenden Künstler auf Schritt und Tritt zu begleiten. Schon als Kind war solche Freude ihr täglich Brot gewesen; an den Schöpfungen Chopins und Schumanns war sie groß geworden, an der Hand des Einzigen in die Werkstätten Bachs und Beethovens eingedrungen. Und nun war es Brahms, mit dem sie weiterwandelte, an dessen Werken sich die Schwingen ihrer Seele immer und immer wieder Kraft zum Weiterfliegen holten. Sie fragte mich einmal, ob ich wohl begreifen könne, was es heiße, von Kindheit an einen Freund gehabt zu haben, der ihr im täglichen, stündlichen Verkehr künstlerische Anregung höchster, edelster Art gleich kostbaren Perlen auf den Weg gestreut habe, ob ich begreifen könne, daß sie ohne solche

Anregung nicht hätte weiterleben können, daß sie sich an *die* Menschen anklammere, die ihr wie Brahms [und Joachim] gewissermaßen Ersatz bieten konnten für das, was sie als Künstlerin verloren, ohne deren liebevollste Bemühungen, sie durch die Musik ihrem Schmerz zu entreißen, sie die furchtbare Leidenszeit nicht hätte überstehen können.

Ja, wohl begriffen wir es tief in unsern Herzen. Wir hatten volles Verständnis für das Wesen unsrer Mutter; wir wußten, daß es da keine Grenze gab zwischen der Künstlerin und der Frau, daß beide unauflöslich verschmolzen waren, so daß man nicht sagen konnte: Hier hört die eine auf, und die andre fängt an. Gar manchmal sagten wir zueinander: Was könnte Mama wohl am ehesten aus ihrem Leben missen: Uns oder die Kunst? und fanden die Antwort nicht, waren dem Himmel dankbar, der ihr Brahms als Weggefährten geschickt hatte. Auch wußten wir, daß er trotz aller Schroffheit mit ganzer Seele an unsrer Mutter hing, daß er sie liebte und verehrte wie niemand sonst in der Welt. Über alle Verstimmungen hinüber reichten sie sich immer wieder die Hände, konnten es, weil ihre Freundschaft auf dem felsenfesten Grunde der Seelengemeinschaft, des innigsten Verständnisses in allen wichtigen Fragen der Kunst und des Lebens ruhte.

Die Verstimmungen hatten ihren Grund meistens in Brahms' schroffem Wesen und führten bei der vielleicht übergroßen Empfindsamkeit meiner Mutter manchmal zu Mißverständnissen. Sie war ihr ganzes Leben hindurch von Liebe verwöhnt worden und hatte ein so weiches, zärtliches Herz, daß sie Unfreundlichkeit und Schroffheit von denen, die sie liebte, nicht ertrug. Wohl verstand sie gerade in bezug auf den Künstler die Stimmungen, denen sie entsprangen, sie wußte davon aus jahrelanger Erfahrung; »sie hatte das Eisen brennen sehen«, wie Brahms ihr einmal schrieb. Sie war auch stets bereit gewesen, den Preis zu zahlen, den der Schaffende als geringen Dank für seine Gaben von der Welt zu fordern berechtigt ist, nämlich Nachsicht in den Stunden des Schaffens. Sie verstand größeres Insichgekehrtsein, Schweigsamkeit, Gereiztheit, nicht aber verstand sie, weil es ihrem eigenen Wesen so fremd war, wenn solche Stimmungen sich in persönlich kränkender Weise äußerten.

Inwieweit Brahms' Schroffheit ihm angeboren gewesen, wie sie das Leben in ihm entwickelt haben mag, das ist schwer zu ergründen. Sicher ist, daß unsre Mutter und die Freunde schon in der allerersten Zeit in Düsseldorf sie gelegentlich empfanden, auch schimmert sie hie und da in den frühesten Briefen an meine Mutter durch. Aber anderseits zeugen letztere von so viel Herzenswärme und zarter Empfindung, daß man geneigt ist, die oft so verletzende Herbheit seines Wesens als ein Ergebnis äußerer Einwirkungen anzusehen. Das Wesen seines Genius, seine seelische Veranlagung standen in schreiendem Mißverhältnis zu der Umgebung, in der er das Licht der Welt erblickt hatte und in der er aufwuchs. Er hat es einst selbst meiner Mutter gesagt, daß er, noch in den Knabenjahren stehend, Eindrücke empfangen, Dinge gesehen habe, die einen düstern Schatten auf seinem Gemüte hinterlassen hätten. Dann kam wohl eine schöne Zeit für ihn; er gewann die Freundschaft unsrer Eltern, und nach der Erkrankung unsres Vaters erfüllte ihn die schwärmerische Hingabe an unsre Mutter, die sein ganzes Sein beherrschte und der er mehrere Jahre seines Lebens nicht – opferte, denn er folgte einem innersten Herzensbedürfnis – sondern weihte. Die Erkenntnis aber, daß seiner eine Aufgabe harrte, die den ganzen Menschen erforderte, die mit ausschließlicher Hingabe an eine Freundschaft nicht zu vereinen war, konnte nicht ausbleiben. Und dies erkennen und sofort den Ausweg suchen, war seiner stark ausgeprägten Männlichkeit angemessen; auch daß es gewaltsam geschah, lag in seiner Natur, und vielleicht in der Natur der Sache. Sicher aber ist, daß er, um seinem Lebensschiff eine andre Richtung zu geben, einen schweren Kampf kämpfte, und daß das Bewußtsein, meiner Mutter damals wehe getan zu haben, ihn noch oft bedrückt hat und sich, da das Unrecht nicht wieder gutzumachen war, in schroffem Wesen äußerte. So wenigstens glaubten wir Kinder immer. Die Freundschaft hatte eine harte Probe zu bestehen; daß sie sie aber bestand, zeugt von ihrer Tiefe und Unvergänglichkeit. Für meine Mutter war die Zeit insofern schwerer, als sie die Veränderung nicht begriff. Ihr Denken und Fühlen bewegte sich in so graden, einfachen und klaren Linien, daß sie für verwickeltere Vorgänge in der menschlichen Seele kein Verständnis hatte. Sie war und blieb Brahms immer dieselbe. Sie liebte ihn wahrhaftig und innig mit der ganzen Wärme ihres Herzens. Man hätte – wie es auch geschehen ist – ihre Gefühle mit der Liebe einer Mutter zu ihrem Sohne vergleichen können, wäre nicht das Element der Verehrung so stark darin zum Ausdruck gekommen. Die Verehrung, die sie für den Künstler empfand, übertrug sie auch auf den Menschen. So wenig sie in sich selbst die Frau von der Künstlerin zu trennen vermochte, so konnte sie auch Brahms, den Mann, nicht von Brahms, dem Künstler, trennen und hatte damit gewiß recht, hätte sie den Mann nur immer so gut verstanden wie den Künstler. In seiner Musik fand sie besonders in den früheren Werken oft Herbheiten, ohne daß es ihrer Bewunderung, ihrer Liebe für das Werk Eintrag getan hätte. Begegnete ihr aber der Mensch in schroffer Art, so kränkte es sie tief. Ja, sie empfand auch manchmal eine Kränkung, wo, wie ich sicher glaube, keine gemeint war. Ich nahm, schon um sie zu trösten und zu beruhigen, bei Gelegenheit Brahms in Schutz, und da erwiderte sie mir jedesmal: »Du weißt nicht, wie er früher war, so zart und liebevoll, ein idealer Mensch.« Ob er nun wirklich so viel anders gewesen war, oder ob meine Mutter ihn nur anders gesehen hatte, das vermochte ich nicht zu beurteilen. Ein Mensch von fünfunddreißig Jahren wird immer ein andrer sein, als er mit fünfundzwanzig war; das Leben ist ein Erhärtungsvorgang, es erhärten sich mit den guten auch die weniger guten Eigenschaften, je nachdem Erfahrungen und Bestrebungen darauf einwirken. Und wer es vermag, sich in die Seele eines schaffenden Künstlers zu versetzen, der wird ihm viel verzeihen können. Ein Leben ewigen Hangens und Bangens ist es, ein Abhängigsein von der launenhaften Göttin der Inspiration; nie wird ihm Ruhe; so Herrliches er der Welt schenkt, selten darf er frei aufatmen. Kaum hat sich ein Werk dem Aufruhr seines Innern entrungen, so regen sich neue Gedanken und verlangen gebieterisch nach Luft und Licht. Und kommen dann gar Stunden des Zweifels an dem eigenen Genius, wie sie Brahms so wenig wie andern erspart geblieben sind, dann ist das Leben des Künstlers eine wahre Höllenpein.

Sicherlich litt Brahms unter seinen Fehlern mehr, als er andere dadurch kränkte. Wohl mag es ihm manchmal eine augenblickliche Erleichterung gewährt haben, seine Stimmungen in Schroffheit gegen seine Umgebung auszutoben, aber beglückt hat ihn solche Schroffheit nicht; denn sie tat seinem eigenen Herzen wehe. Sie hielt ihn dauernd im Zustand der Abwehr gegen vermeintliche Eingriffe in sein Dasein und seine Unabhängigkeit. Setzte man eine Ansicht, ein Urteil bei ihm voraus, so behauptete er stets das Gegenteil; fragte man ihn geradezu um seine Meinung, so konnte er, wenn er ein ernstes Interesse, den Wunsch nach Belehrung herausfühlte, freundlich einladend antworten. So erinnere ich mich, daß ich ihm eines Tages sagte, es liege mir so viel daran, mir ein eigenes Urteil über Wagners Opern zu bilden. Er hörte mir so ernsthaft und geduldig zu, daß ich mich ganz offen über die Eindrücke, die ich von der Trilogie, von Tristan und Isolde und so weiter empfangen hatte, aussprach. Dann sagte er: »Haben Sie den ›Fliegenden Holländer‹ gehört? Nein? Nun, den sehen Sie sich an, das ist das Beste, was Wagner gemacht hat.« – Ein andermal bat ich ihn schriftlich um Rat, wie ich mit den Schülern am besten das Transponieren üben solle. Auch da antwortete er mir freundlich eingehend in einem Briefe an meine Mutter vom August 1894: »Frl. Eugenie hat mir hoffentlich zugetraut, daß ich ihr gleich und ausführlich geschrieben hätte, wenn ich über das Transponieren-Lernen was zu sagen wüßte. Ich halte es aber vor allem für Übungs- und Gewohnheitssache. Wer alle Tag Sänger zu begleiten hat, wird es bald lernen. Dies möchte ich dann auch vor allem empfehlen. Dann Walzer, leichte Haydnsche vierhändige Symphonien und derlei. Es scheint mir die Hauptsache, daß man die Sache mit Leichtigkeit und Gewandtheit traktieren lernt. Es versteht sich, daß gründliche Harmoniekenntnis auch hierfür sehr nützlich ist. Wie man aber jahrelang Unterricht in der Harmonielehre treiben kann, habe ich nie begriffen.« – Gegen oberflächliche Neugier jedoch war Brahms unnachsichtig; vermutete er solche bei dem Frager, so speiste er ihn mit zweideutiger Antwort, oder mit einem Witz, oft in kränkender Weise, ab.

Trotzdem er Menschen liebte, ja suchte, wehrte er sich gegen sie, wenn sie *ihn* suchten. Er gab gerne, aber Ansprüche, Erwartungen stieß er zurück. Er war wählerisch im Umgang, und wenige genügten ihm. Ja, in den letzten Jahren seines Lebens sagte er einmal sehr heftig: »Ich habe keine Freunde! Wenn irgend jemand sagt, er sei mit mir befreundet, so glauben Sie es nicht.« Wir waren sprachlos. Endlich sagte ich: »Aber, Herr Brahms, Freunde sind doch das Beste, was wir auf der Welt haben; warum wehren Sie sich denn gegen solche?« Da sah er mich stumm mit großen Augen an. Ja, Brahms hat viel gelitten, er war eben Mensch und der menschlichsten einer unter den Menschen, aber deshalb hatten ihn auch wiederum die Menschen so lieb.

Daß wir ihm zürnten, wenn er in bösen Stunden unsre Mutter kränkte, ist begreiflich. Er war gelegentlich gegen *alle* Menschen schroff, und ich kenne keinen, der darin eine Ausnahme von ihm erfuhr. Das ging uns nichts an; sie konnten sehen, wie sie damit fertig wurden. Aber unsre Mutter! Das konnten wir nicht ertragen, und wir Schwestern alle sagten ihm öfters tüchtig unsre Meinung. »In diesem Tone dürfen Sie durchaus nicht zu Mama reden, Herr Brahms«, rief ich einmal und kniete tröstend neben sie hin, deren Augen in Tränen schwammen. Da sah er mich halb erstaunt, halb erschrocken, aber wieder stumm an. Wie brachte er es nur über sein eigenes gutes Herz, unsrer Mutter wehe zu tun? Es war wohl ein kleiner Teufel in ihm, und wir wissen es vielleicht von uns selbst, wie man solchen leider oft gegen die losläßt, von denen man weiß, daß sie uns trotz allem immer lieb haben werden. Und so war es auch hier. Was Brahms an unsrer Mutter über alles liebte, was ihm mehr wert war als ihr künstlerisches Verständnis, das war ihr großes Herz, von dem er wußte, daß es ihn immer lieb haben, ihm immer verzeihen werde, und wenn er auch eine Legion Teufel dagegen losließe. Bezeichnend für das Verhältnis war auch, daß Brahms sich wohl selbst Unfreundlichkeiten gegen unsre Mutter gestattete, es aber nie zuließ, sogar nicht von uns, wenn man sie angriff. Einmal waren wir alle zusammen im Eßzimmer. Mama war durch einen Besuch abgerufen worden. Da sagte eine von uns: »Mama hat doch nicht einen einzigen Fehler.« »Doch«, erwiderte eine andre, »sie hat einen Fehler: wenn ich ihr etwas vorstelle, so gibt sie mir recht; stellt ihr dann eine von euch dieselbe Sache vor, so gibt sie der recht.« Da wandte sich Brahms zu der, die zuletzt gesprochen hatte, mit den Worten: »Sie übersehen dabei ganz, daß dieser Fehler auch nur wieder eine größere Tugend ist; Ihre Mutter ist so bescheiden, daß sie sogar Ihnen gegenüber nicht unbedingt auf ihrer Meinung beharrt.« Ich sah Brahms so gerne an, wenn er: »Ihre Mutter« sagte. Sein Auge leuchtete dann so blau, so rein und innig. – Wir Kinder liebten an Brahms seine jugendfrische Männlichkeit, sein urdeutsches Wesen, seine Wahrhaftigkeit und Zuverlässigkeit, die Klarheit seines Geistes, der die Dinge so hell sah und sehen ließ, vor allem aber liebten wir an ihm seine Liebe zu unsrer Mutter. An was ich auch im Leben zu zweifeln gelernt habe, nie hätte ich an Brahms' unverbrüchlicher Treue gezweifelt. Und liebte er an ihr das große Herz, so wußte auch sie, daß der Freund ein Herz hatte, welches das ihrige bis in die zartesten Feinheiten jeder Regung verstand und auf welches sie sich allezeit, bis an das Ende der Tage, verlassen konnte.

## III

Mit dem Verkauf des lieben Häuschens an der Oos hörten die schönen Badener Sommer und die langen Monate des Zusammenseins mit Brahms auf. Wir zogen nach Berlin, das Brahms nicht liebte und wohin er, um Mama zu sehen, wohl öfters für einige Tage, nie aber zu längerem Aufenthalt kam. Im Sommer trafen wir uns wohl noch in Baden, wo es uns alle wieder und wieder hinzog, und später an verschiedenen Orten der Sommerfrische. Zweimal besuchten wir Brahms im Sommer, einmal in Ziegelhausen am Neckar, das andere Mal im Nidlbad bei Zürich. An beiden Orten bewohnte er zwei bis drei schöne Bauernstuben mit vielen Fenstern und wenig Möbeln. Da sah man, wie bedürfnislos er war in bezug auf Bequemlichkeiten, aber um Luft und Licht und Platz zum Hin- und Herlaufen zu haben, konnte er verschwenderisch sein.

Im Januar 1877, wo uns neue Umzugspläne beschäftigten, schrieb Brahms: »Überlegt doch ernsthaft mit L(eipzig). Wenn Du hinzögst, ginge ich doch wohl auch andre Winter – ganz entschieden hin! Es sind doch viel, gar viel prächtige Leute da.« Und am Schlusse des Briefes: »Grüße die Kinder schönstens und sprecht beim Frühstück fleißig von Leipzig.« Die prächtigen Leute waren vor allem Heinrich und Liesl von Herzogenberg, mit denen an einem Ort zu leben schön gewesen wäre. Auch sonst hatte Mama noch viele freundschaftliche Beziehungen in Leipzig, konnte sich aber trotzdem nicht entschließen, noch einmal in ihre Vaterstadt zu ziehen, sondern folgte einem Rufe nach Frankfurt, wo sich ihr an dem neu zu gründenden Doktor Hochschen Konservatorium eine schöne Lehrtätigkeit bot. Zur Zeit unsres Umzuges dorthin im Sommer 1878 erhielt ich eines Tages zu meinem großen Erstaunen einen Brief von Brahms. Was konnte er mir zu schreiben haben!

*Pörtschach am See, Kärnten*

Darf ich mir, verehrteste Freundin, wohl die Bitte erlauben, Sie möchten mit mir gemeinsam einen Witz verüben?

Ich besitze ein paar Musikblätter, die den Namen Ihrer Frau Mutter tragen und augenscheinlich Bruchstücke von Kompositionen aus ihrer früheren Zeit enthalten! Ich hätte nun gern Ihre Mutter ein wenig oder viel damit aufgeregt, ob die Stücke gedruckt, ob sie sie sonst habe oder ob sie nicht hier den fehlenden Anfang, dort den fehlenden Schluß noch erinnere und ergänzen kann! Zu dem Zweck fände ich am hübschesten, wenn Sie erlaubten, daß ich Ihnen die Blätter sende, und wenn Sie etwa sagten oder schrieben, Sie hätten dieselben gelegentlich des Umzuges gefunden. Nun wäre allerdings zu wünschen, daß Ihre Mutter die Blätter nicht gar zu verächtlich und einfach beiseite würfe; gingen Sie etwa nach Baden, so könnten Sie helfen, das Interesse zu steigern. Für heute bitte ich mir nur zu sagen, ob dieses Sie denn überhaupt gefunden und wohin ich die Blätter schicken darf? Hernach freilich hoffe ich recht ausführlich zu hören, wie die Sache gelingt und verläuft.

In herzlichster Ergebenheit

Ihr

Juni 1878 J. Brahms

Zum besseren Verständnis des kleinen Vorgangs setze ich auch meine Antworten hierher.

*Frankfurt, den 23. Juni 1878*

Lieber Herr Brahms!

Wie schade, daß Sie uns nicht einige Tage früher geschrieben haben, jetzt ist es unmöglich, die Blätter einzuschmuggeln. Mama ist nämlich seit gestern hier, und übermorgen verlassen wir Frankfurt für den ganzen Sommer. Vielleicht aber könnten Sie uns die Blätter im Herbst schicken, wir haben noch viele Notenkisten auszupacken und hätten also Gelegenheit, einen hübschen Fund zu machen. Wenn wir dann nur Mama bewegen können, das Fehlende zu ergänzen! Es wird schwer halten, aber wir wollen es versuchen.

Mama reist Dienstag mit Marie nach München, bleibt dort ein bis zwei Tage und geht dann nach Gastein. Ich treffe mit meinem zweiten und bessern Teil in Wien zusammen, von wo aus wir uns, vereint, zur Sommerfrische ins österreichische Gebirge begeben.

Noch möchte ich Ihnen sagen, mit welch neuem Entzücken ich Ihre herrliche Symphonie in Düsseldorf gehört habe! Es war der einzig wahre und ungetrübte Genuß, den das Fest bot; der Faust ging zu mittelmäßig, als daß man sich daran hätte freuen können, und der Orpheus war zu langweilig, obgleich Marie sagt, ich dürfe so etwas nicht aussprechen.

Nun leben Sie wohl, lieber Herr Brahms. Werden wir Sie in diesem Sommer gar nicht sehen? In Düsseldorf war allgemeine Trauer über Ihr Ausbleiben. Wäre man der Einsamkeit, in die Sie sich zurückziehen, nicht so viel Dank schuldig, so müßte man ihr grollen.

Mit herzlichem Gruße

Ihre sehr ergebene

Eugenie Schumann

Damit hielt ich die Sache für abgetan. Anfang Juli folgte ich mit meinem zweiten und bessern Teil, meiner Freundin, Marie Fillunger, einer Einladung von Herrn und Frau von Gomperz nach Schloß Habrowan bei Brünn. Unvergeßliche Wochen verlebten wir dort, und es knüpften sich die freundschaftlichsten Beziehungen zu unsrer Wirtin, der vor ihrer Verheiratung berühmten Opernsängerin Bettelheim, an. Es war ein reizendes, geselliges Leben; ungezwungen konnte jeder Gast seiner Neigung leben, und nur die Mahlzeiten und die Stunden des Musizierens, in denen oft der dunkle, mächtige Alt der Hausfrau mit dem hellen und hohen Sopran meiner Freundin zusammen erklang, vereinigten uns alle in den weiten, lichten Räumen des Schlosses. Mir waren die liebsten Stunden die des behaglichen Wanderns in den Feldern. Zum erstenmal in meinem Leben sah ich Kornfelder, wirkliche Kornfelder, und gar die der Hanna. Wohin und wie weit das Auge schweifte, wogende Ähren, unbegrenzt wie das Meer. Und gerade wie beim Meer wurde ich des Schauens nie müde, und der

Gedanke, daß menschlicher Fleiß alljährlich solches hervorzauberte, hatte mir etwas tief Ergreifendes. Trotz der langen Aufenthalte in Baden und andern ländlichen Orten war ich doch eigentlich Stadtkind, welches jetzt an der Hand der liebenswürdigen Wirtin lernte, wie Weizen und Roggen, Hafer und Gerste im lebendigen Leben aussehen.

In diese Ährenpracht hinein wehte nun ein freundlicher Wind eines Tages Brahms' zweiten Brief.

Liebes Fräulein Eugenie!

Da kann ich nun nicht helfen, bis zum Herbst hat es nicht Zeit, und wenn Sie gleich höchst schnöde jede diplomatische Beziehung gleich abzubrechen scheinen und sich auf ein höchstes Gebirge zurückziehen – ich versuche Sie zu finden und Ihnen die wertvollen Dokumente mütterlichen Fleißes in die Hände zu schmuggeln.

Nun bitte, tun Sie mir den Gefallen und schicken Sie sie Ihrer Mutter. *Wenn* Sie sie in Berlin gefunden hätten, wäre es ja auch Unrecht, sie so in der Wildnis mit herum zu schleppen. Dann lassen Sie sich schreiben und schreiben gar mir, was Ihre Mutter in Briefen für ein Gesicht macht.

Jedenfalls hätten Sie mir aber doch überhaupt schreiben können, wo Sie sommerfrischen! Ich denke doch, bisweilen spazieren zu gehen im österreichischen Gebirge, und da wäre es schade, wenn ich so an Ihnen und Ihren zweiten und übrigen Teilen vorüberginge.

Für Ihr freundliches Lob meinen besten Dank. So was hört unsereiner gar gern und läßt sogar dafür einen sonst geschätzten Kollegen (diesmal Ritter Gluck) etwas herunterputzen.

Da ich hoffen muß und möchte, nächstens weiter schreiben zu dürfen, so empfehle ich mich für heute Ihnen und gedachten weiteren Teilen herzlichst als

Ihr ergebener

J. Brahms

*Pörtschach am See, Kärnten*
*Anfang Juli 1878*

*Habrowan, den 15. Juli 1878*

Lieber Herr Brahms!

Endlich sind wir einen Schritt weitergekommen; ob Sie aber damit zufrieden sein werden, weiß ich nicht. Ich sandte die Blätter mit einer wohlausgesonnenen Lüge, die ich Sie auf Ihr Gewissen zu nehmen bitte, an Mama, und schreibt sie mir nun wörtlich folgendes:

»Die Anlage war mir, bis auf eine Stelle, die mir etwas ungarisch Brahms'sch vorkam, gänzlich unbekannt, ich glaube aber, Brahms, der jedes Schnippchen Papier, was ich habe, kennt, und alles durchgestöbert hat, wird vielleicht wissen, wohin es gehört. Manches darin klingt Schumannsch, manches Brahms'sch, einiges aber auch, als könnte ich es gemacht haben – nun, ich denke, es wird sich wohl noch aufklären.«

Soweit Mama; was Marie darüber schreibt, liegt bei. Ich fürchte, Sie sind mit diesem Resultat nicht zufrieden, obgleich ich ja gar nicht weiß, wohin Sie zielen. Können Sie mich noch gebrauchen, so bin ich zu allen Schandtaten bereit.

Ich bin schon seit vierzehn Tagen mit Fillu bei Herrn und Frau von Gomperz; eine Bekanntschaft, über die ich mich sehr freue, da sie außerordentlich liebenswürdige Menschen sind. Morgen geht es aber fort in die Prein bei Payerbach, Niederösterreich, ins Gebirge, wo wir hoffentlich mehrere Wochen bleiben werden. Wie hübsch wäre es, wenn Sie uns wirklich eines Tages überraschten; aber eine so große Fußwanderung werden Sie wohl kaum unternehmen.

Hoffentlich machen Sie es möglich, im Herbst einen Monat mit Mama zusammen zu sein; es wäre uns, abgesehen von allem andern, eine große Beruhigung wegen der Revisionsarbeit, über die sich Mama mehr als gut aufregt. – Nun leben Sie wohl, lieber Herr Brahms, und seien Sie von Fillu und mir bestens gegrüßt.

Ihre sehr ergebene

Eugenie Schumann

Aus einem Brief von Marie an Eugenie

*Wildbad Gastein, den 12. Juli 1878*

– – – Du wirst auf den Bericht über den Empfang der M. S. gewartet haben. – Ja, da ist nicht viel zu erzählen. Mama sah das Blatt kaum an, als sie schon sagte: »Das ist nicht von mir, – da muß jemand mein Papier gebraucht haben, um etwas aufzuschreiben.«

Als wir nun zu Deiner Lüge kamen, wurde sie etwas stutzig – natürlich spielte sie andern Tags die Stücke auf mein Anregen durch und sagte: »Das ist gar nicht gewöhnlich, aber von mir ist es nicht; es könnte von Papa sein, stellenweise auch von Brahms. – Ich muß ihn einmal darum fragen, er kennt jedes Schnippchen Papier, was wir besitzen.« –

Nun wollte ich sie animieren, um ihm diesen Spaß zu machen, ihm die Blätter gleich zu schicken. Da sagte sie: »Er würde mich nur auslachen, wenn ich ihm wegen einer solchen Bagatelle schriebe, ich zeig es ihm gelegentlich.« –

Wie gesagt, was Brahms eigentlich vor hatte, wußte ich nicht. Kurze Zeit nachher besuchte er Mama in Gastein und da stellte sich dann heraus, daß er sie in eine kleine Falle hatte locken wollen. Mama hatte noch aus der Jugendzeit her reizend verziertes, mit ihrem Namen versehenes Notenpapier. Davon hatte Brahms einige Bogen benutzt und von fremder Hand einzelne Teile seiner neuesten Klavierstücke darauf abschreiben lassen. Nun wollte er, daß unsre Mutter diese für in früheren Jahren aufgeschriebene eigene Kompositionen halten sollte, was ihm, wie man sieht, nicht gelang. – Am 25. Juli schrieb mir meine Mutter aus Gastein: »Brahms hat die zwei Stücke sehr schön fertig gemacht und noch drei andre dazu.« Aller Wahrscheinlichkeit nach sind es die, welche mit noch drei weiteren im Jahre 1879 als Klavierstücke Opus 76 erschienen.

Im täglichen Leben unsre Mutter aufs Eis zu führen, war leicht und gelang Brahms auch immer, aber mit der Musik war es halt etwas andres. Einmal sagte er ihr, er habe ein neues Klavierkonzert geschrieben und wolle ihr den ersten Satz vorspielen. Gesagt, getan! Er setzt sich hin und spielt. Als er fertig ist, sieht ihn Mama lächelnd an und sagt: »Du wirst mir doch nicht weismachen wollen, daß das ein Klavierkonzert ist, das ist ja eine Symphonie.« Und so war es auch.

Im September 1882 waren wir mit Mama in Bellagio, und Brahms kam mit Billroth, um den Geburtstag am dreizehnten mit uns zu feiern. Am fünfzehnten wollten wir alle zusammen nach Venedig reisen, wo wir auch Herzogenbergs zu treffen dachten. Da setzte ein Regenwetter ein, wie man es in solcher Heftigkeit nicht oft erlebt! Die Wolken stürzten geradezu hernieder, und der See ging in hohen Wellen. Die Herren erklärten, bei dem Wetter könne man nicht reisen. Wir aber hatten alles gepackt, in Mailand und Venedig waren die Zimmer bestellt, kurz, wir entschlossen uns, aufs Schiff zu gehen. Die Freunde sagten uns Valet und versprachen am nächsten Tage nachzukommen. Die Fahrt nach Como war entsetzlich, noch schlimmer der Weg vom Schiff an den Zug, und ich bewunderte einmal wieder unsre Mutter, welche, obgleich ängstlicher Natur, sich im gegebenen Augenblick oft wahrhaft heldenmütig zeigte. Wohlbehalten langten wir in Mailand an. Nächsten Tages fuhren wir, wieder in strömendem Regen, der aber gegen Mittag aufhörte, weiter. Als wir vor Verona in die Nähe der Etsch kamen und auf die Brücke zurasten, sahen wir an den Ufern des unheimlich gelben, in reißenden Wogen daherstürzenden Flusses eine ungeheure Menschenmenge. Alle starrten mit entsetzten Mienen bald auf das Wasser, bald auf die Brücke und den heranbrausenden Zug. Unbewußt der Gefahr, in der wir schwebten, langten wir am jenseitigen Ufer an, und erst bei der Ankunft in Venedig hörten wir, daß unser Zug der letzte gewesen war, den die Brücke getragen hatte, daß sie kurz nachher von dem wütenden Element fortgeschwemmt worden sei.

Nun konnten die Freunde am nächsten Tage nicht zu uns stoßen. In unser Bedauern mischte sich ein wenig Schadenfreude über die Regenscheuen. Auf welchem Wege sie Venedig doch erreichten – denn die Verbindung über Verona war viele Wochen lang unterbrochen – ist mir nicht erinnerlich, aber vier Tage später tauchten sie plötzlich, als wir kaffeetrinkend auf dem Markusplatz saßen, vor unsern Augen auf, und zwar, trotzdem sie im Trockenen gereist waren, etwas begossen. Sie setzten sich zu uns, und wir tauschten unsre Erlebnisse aus. Brahms war sehr verstimmt, und Billroth hatte wohl etwas davon zu kosten gekriegt; denn als wir aufstanden, nahm er Marie an den einen Arm, mich an den andern und klagte zutraulich leise über den Freund, dem er nichts recht machen könne. Beim Abschied lud er Mama und uns, die wir in der Pension Anglaise wohnten, für den nächsten Tag zum Mittagessen ins Hotel ein. Da nahm uns nun Brahms, der, wie er alles bemerkte, wohl auch unsre Heimlichkeiten mit Billroth bemerkt hatte, beiseite und sagte, es würde uns gewiß lieb sein zu wissen, daß am nächsten Tag Billroths Geburtstag sei. Gewiß war uns das lieb; denn wir hatten den feinen und liebenswürdigen Menschen mit den schwermütigen blauen Augen, den Sohn unsrer herrlichen Insel Rügen, ganz besonders gern und sannen sofort nach, womit wir ihm eine Aufmerksamkeit erweisen könnten. Wir hatten bemerkt, daß er leidenschaftlich gern Nüsse aß. Da verfertigte denn Marie mit den gewandten Fingern einen hübschen kleinen Sack, er wurde mit Nüssen gefüllt und am nächsten Morgen mit einem Glückwunsch in Versen ins Hotel geschickt. Als wir zum Mittagessen dort erschienen, bedankte sich Billroth sehr freundlich, setzte aber in leichter Verlegenheit hinzu, er müsse uns doch sagen, daß es gar nicht sein Geburtstag sei, sondern daß Freund Brahms uns gefoppt habe. Nun, das war harmlos und störte uns nicht die reizenden Stunden des Beisammenseins. Nicht ganz so friedlich waren die Folgen einer andern Fopperei, die Brahms, wenn auch in guter Absicht, uns auf den Weg von Venedig nach Udine mitgab. Herzogenbergs waren unsre Reisegefährten, wir hatten zu fünf unsre Plätze in einem Abteil genommen, Brahms und Billroth standen auf dem Bahnsteig. Da kamen drei Herren und wollten zu uns einsteigen. »In dem Wagen ist nur noch ein Platz, sonst ist alles besetzt«, rief ihnen Brahms zu. »Aber«, entgegnete einer der Herren, »da sind ja noch drei Plätze, gerade so viele, als wir brauchen.« »Nein, nein«, sagte Brahms, »wir fahren ja mit.« Wir waren höchst erstaunt, aber die Zeit drängte, der Zug war sehr voll und die Herren mußten sich bequemen, sich zu trennen. Einer von ihnen stieg bei uns ein, die andern mußten sehen, wo sie Platz fanden. Nun kam der Schaffner, um die Türe zu schließen, natürlich erwarteten wir, Brahms und Billroth einsteigen zu sehen, aber das Signal ertönte, und wir dampften ab. Mit verdutzten Gesichtern saßen wir da. Wer aber nicht verdutzt war, das war unser Mitreisender, dessen Zorn sich in einem unglaublichen Wortschwall, den wir hilflos über uns ergehen lassen mußten, Luft machte. Vergebens waren alle Versuche, ihn über unsre Schuldlosigkeit aufzuklären; er schenkte unsern Worten keinen Glauben, weil er sie gar nicht anhörte, und in ungemütlichster Stimmung fuhren wir bis zur nächsten Station, wo der mit Recht Erzürnte ausstieg und seine Gefährten aufsuchte.

Seitdem wir in Frankfurt lebten, besuchte uns Brahms so ziemlich jedes Jahr einmal dort, und das waren immer anregende Tage. Es war erstaunlich, wie viel Leben Brahms mit ins Haus brachte. Zuerst durch seine Persönlichkeit, die, was ihr Bedeutendes in den Weg trat, so lebendig erfaßte und gerne davon mitteilte. Meist kam das Erlebnis, welches ihn gerade besonders beschäftigte, schon in den ersten Stunden des Beisammenseins zur Aussprache; es sprudelte förmlich aus ihm heraus und gab seinem Wesen etwas knabenhaft Sonniges, sogar noch in späteren Jahren. Einmal war es eine Operation Billroths, die ihn ganz erfüllte, die er sich von ihm hatte erklären lassen und uns nun auch zu veranschaulichen suchte. Ein andermal war es die merkwürdige Laufbahn des jungen Wüllner, die ihn beschäftigte. Oder Dvorak, für den er sich warm interessierte, ja, den er eigentlich ans Licht gezogen hatte und dessen Musik er unsrer Mutter nahezubringen suchte, was ihm jedoch nicht gelang. So wie sie einst als junges Mädchen, der Ansicht unsres Vaters entgegen, warm für Bellini eintrat, Sterndale Bennett ablehnte, so bewahrte sie sich auch Brahms gegenüber volle Unabhängigkeit des Urteils. Ganze Stöße Dvorakscher Musik ließ er ihr vom Verleger zuschicken, spielte die vierhändigen Stücke mit ihr, andre sah sich meine Mutter gewissenhaft an. Wie freute sie sich, wenn sie an einzelnen Stellen dem Freunde beistimmen konnte; im großen und ganzen aber konnte sie es nicht und sprach es ihm unumwunden aus. Übrigens sagte mir Brahms später einmal selbst, es sei schade und habe ihm leid getan, daß Dvorak so viel Unbedeutendes habe drucken lassen.

Wieder ein andermal war es fast sein erstes Wort: »Es wird jetzt hier ein neues Stück gegeben, ›Ehre‹ von Sudermann. Das müssen wir sehen.« Und abends ging ich wirklich mit den beiden großen Kindern, Mama und Brahms, ins Theater. Mama verstand ja leider kaum ein Wort von dem, was auf der Bühne gesprochen wurde, aber sie folgte den sichtbaren Vorgängen mit der größten Spannung, und der Freund neben ihr wandte ebenfalls kein Auge von den Brettern. Ebenso war es mit der »Hexe« von Fitger. Von seinen italienischen Reisen erzählte uns Brahms, von Bülow, Max Klinger und so weiter. Wenn er von Meiningen aus zu uns kam, konnte er nicht genug von all dem Herrlichen dort sagen, von dem schönen Orchester, den stundenlangen Übungen mit demselben, von dem überaus herzlichen Empfang, dem zwanglosen Verkehr mit dem fürstlichen Gastgeber und seiner Gemahlin. Er versuchte, unsre Mutter zur Annahme einer Einladung nach Meiningen zu überreden, doch kam die Reise, so oft sie auch geplant war, nie zur Ausführung.

Ein ebenso warmes Interesse, wie wir Brahms' Erlebnissen entgegenbrachten, zeigte er wiederum für alles, was bei uns im Hause vor sich ging. Den Anteil, den er an der kritischen Durchsicht der Gesamtausgabe der Werke unsres Vaters nahm, ist bekannt; aber nur wir wissen, welche Mühen er der Mutter, die im Auftrage der Verleger der Herausgabe vorstand, durch seine nie versagende Hilfsbereitschaft ersparte.

Mit größter Aufmerksamkeit hörte er zu, als Marie und ich ihm erzählten, daß wir eine Vorbildungsklasse für unsre Mutter übernommen hätten. »Da sehen Sie sich vor allen Dingen eine gute Schule an«, meinte er, und kurz darauf beschenkte er uns mit der vierbändigen, ursprünglich bei Diabelli in Wien erschienenen Klavierschule von Czerny. Wir machten uns sofort an die Arbeit und fanden besonders im zweiten Band so viele der nützlichsten Übungen, daß wir auf das lebhafteste wünschten, sie unsern Schülern in einem Auszug zugänglich zu machen. Unsre Mutter schrieb sofort an den nunmehrigen Verleger des Werks mit der Anfrage, ob es einen solchen gebe. Herr Cranz in Hamburg antwortete verneinend, fügte aber hinzu, daß er sich freuen würde, wollte unsre Mutter sich der Arbeit unterziehen, und bot sogleich eine namhafte Summe dafür. Sie hatte aber weder Lust noch Zeit dazu. Als wir nun bei nächster Gelegenheit Brahms davon erzählten, sagte er zu unsrer Mutter: »Wenn nun Marie die Auswahl träfe und ich ihr dabei hülfe, so könntest du doch wohl deinen Namen dazu hergeben?« Darauf ging sie ein, und die Sache wurde gleich ins Werk gesetzt. Wie ernst Brahms sie nahm, das sehe ich in dem betreffenden zweiten Band der Schule an den vielen Anmerkungen und Ratschlägen von seiner Hand und muß wieder einmal die Treue im Kleinen bewundern, die meiner Erfahrung nach alle wahrhaft bedeutenden Menschen auszeichnet.

Als die Arbeit fertig war, wurde sie der Mutter zur Begutachtung vorgelegt und erschien unter dem Titel »Fingerübungen und Studien aus Carl Czernys großer Pianoforteschule Opus 500. Ausgewählt und herausgegeben von Clara Schumann. Erschienen bei Aug. Cranz.«

Brahms sowohl als auch meine Mutter waren der Ansicht, daß man Fingerfertigkeit und vor allem einen festen Fingersatz an Übungen lernen müsse, damit man beim Studium der Stücke das Augenmerk sofort auf die musikalische Erfassung richten könne, und ich glaube, ich kann ohne Übertreibung sagen, daß nach Bewältigung dieser Czernyschen Übungen, worunter ich vollkommene und schnellste Ausführung derselben verstehe, die schwersten Beethovenschen Sonaten und Konzerte keine großen technischen Schwierigkeiten mehr bieten. Was der moderne Spieler an dem Fingersatz vielleicht aussetzen könnte, wäre die möglichst weitgehende Vermeidung des Daumens auf schwarzen Tasten. Anderseits wird gerade dadurch der Daumen so gelenkig gemacht, daß man ihn später mit großer Leichtigkeit auch auf den schwarzen Tasten anzuwenden vermag. – Angeregt durch die Beschäftigung mit diesen Studien gab Brahms bald nachher seine 51 Übungen, die er, wie es scheint, zum Teil schon früher aufgeschrieben hatte, heraus.

Am gemütlichsten war es immer am Frühstückstisch. Wenn ich ins Eßzimmer trat, kam ich gewöhnlich in eine dicke Tabakwolke, aus der nur Mamas liebevoller Gutenmorgenblick hervorleuchtete. Mit Mühe entdeckte ich dann Brahms und sah in seinen Mienen etwas leise Mißbilligung über mein spätes Erscheinen. Er selbst war Frühaufsteher, und in Baden sagte er uns oft: »Sie wissen gar nicht, was Sie versäumen, wenn Sie nicht früh um fünf Uhr in den Wald gehen.«

Es war ja auch wirklich eine abscheuliche Gewohnheit, dieses Zuspätkommen. Jetzt freue ich mich, wenn das erste Tageslicht durch den Vorhang dringt und ich aufstehen kann; aber damals wurde es mir entsetzlich schwer. Nun, auch der Augenblick wurde überstanden, die liebe Marie gab mir meinen Tee, und ich erhaschte doch noch etwas von der gemütlichen Unterhaltung. Von allem wurde gesprochen, vom Größten und Kleinsten, ja selbst ein wenig Stadtklatsch wurde nicht abgelehnt.

Wie alle einsamen Menschen bildete sich Brahms seine Ansichten im stillen und ohne wesentliche Beeinflussung von außen. In Erörterungen ließ er sich ungern ein, wich ihnen aus, soviel es ging; konnte er ihnen aber nicht entgehen, so wurde er im Streit sehr heftig. Das kam aber nicht oft vor, da die meisten Menschen sich ihm von vornherein unterordneten. Mit meiner Mutter stimmte er, wie ich bereits sagte, in allen wichtigen Dingen überein. »Natürlich«, äußerte er einmal nach einer Aussprache über eine die damalige Welt bewegende Tagesfrage, »natürlich bin ich ganz deiner Ansicht«; »aber«, fuhr er zu uns gewandt fort, Ihre Mutter ist die einzige, die sich eine solche Stellungnahme in der Öffentlichkeit erlauben kann. Unsereins kann das nicht. Wenn ich mich so unumwunden über Wagner ausspräche, so gäbe es einen fürchterlichen Zeitungsstreit, und in solchen würde ich mich nie einlassen. Wenn mich heute jemand in der Zeitung beschuldigte, ich hätte meinen Vater ermordet, so würde ich nichts darauf erwidern.« Das erklärt auch, warum er die selbstverständlich häufig an ihn in der erwähnten Sache gerichteten Fragen ausweichend, ja völlig irreführend beantwortete. Ob er damit recht hatte, das will ich dahingestellt sein lassen.

Unsere Mutter bekämpfte die Wagnersche Musik, bekämpfte sie leidenschaftlich und mit bewußtem Vorsatz – nicht weil sie durch ihre persönlichen Beziehungen zu anderen Tonsetzern beeinflußt war, sondern weil sie in ihr einen Fortschritt in der über alles geliebten Kunst nicht zu erblicken vermochte. Die Musik war ihrer Seele ureigenste Heimat, Versinnbildlichung alles Göttlichen; sie war ihr Religion und Tempel, das Heiligtum, in welchem es keine anderen Götter gab. Über Wagners sonstige Bedeutung maße sie sich kein Urteil an, so sagte sie, aber ein Musiker in ihrem Sinne des Wortes, dem die Musik Selbstzweck sein müsse, sei er nicht. Er betrachte sie als Mittel zum Zweck, zur Erreichung besonderer, oft rein äußerlicher Wirkungen und gebe ihr dadurch eine untergeordnete Stellung, die schließlich ihren Verfall herbeiführen müsse. –

Doch, ich kehre zu unserem Frühstückstische zurück.

Plaudernd blieben wir oft lange sitzen. Da mahnte denn Marie gelegentlich: »Aber, Herr Brahms, Sie müssen wirklich etwas üben, sonst können Sie im Konzert nicht ordentlich spielen.« Da stand er immer ganz gehorsam auf, ging mit seiner geliebten Zigarre ins Nebenzimmer, und gleich darauf hörten wir seine beiden fünften Finger, den einen hoch oben im Diskant, den andern im tiefsten Baß mit ungeheurer Energie einsetzen, und nun ging es ununterbrochen in Gegenbewegung durch gebrochene Akkorde aller Art. Interessant war dies Üben durch die Modulationen, aber es hatte etwas Widerhaariges, Feindseliges an sich! Und wirklich glaube ich auch, daß Brahms nicht wie meine Mutter im Klavier einen trauten Freund sah, dem man alles anvertrauen konnte, sondern lediglich ein notwendiges Übel, mit welchem man sich abzufinden hatte.

Es knüpften sich Brahms' Besuche bei uns meist an Aufführungen seiner Werke in den Museumskonzerten. Einmal war es eine neue Symphonie, dann seine Ouvertüren, auch die Haydn-Variationen, die Brahms dirigierte, oder aber ein Kammermusikstück, in welchem er am Klavier saß. Da wurden denn im Beisein der namhaftesten Frankfurter Musiker die Proben bei uns gehalten, so daß wir die Sachen gleich öfter hörten und sie besser verstanden. Wie herrlich war es, wenn man so ein Werk nach dem andern entstehen sah, sich freute, daß man es bis zu gewissem Grade in sich aufnehmen konnte, wenn man es dann von den Musikern besprechen hörte und dabei lernte. Und welche Wonne war es für unsre Mutter, die gleich den inneren Zusammenhang erfaßte und meist nach einmaligem Hören einen Überblick über das ganze Werk gewann.

Brahms seine eigenen Sachen spielen zu hören, war, wenn auch nicht immer befriedigend, so doch stets im höchsten Grade interessant. »Eine geistreiche Skizze« nannte einmal Marie treffend sein Spiel des B-dur-Konzerts. Die Themen spielte er sehr eindringlich mit eigentümlich verschobenem Rhythmus; alles Begleitende warf er nur so hin, so daß merkwürdige Licht- und Schattenwirkungen entstanden. Spielte er leidenschaftliche Stücke, so war es, als führe ein Sturmwind durch Wolken, mit kühner Unbekümmertheit herrliche Verheerung anrichtend. Bei solcher Gelegenheit empfand man, wie wenig ihm das Instrument genügte. Vom klavierkünstlerischen Standpunkt aus konnte sein Spiel nie befriedigen, ja, ich habe ihn einmal das Es-dur-Quartett meines Vaters völlig ungenießbar spielen hören. Aber das war ein Ausnahmefall; im allgemeinen beschränkte er sich in späteren Jahren auf das Spiel seiner eigenen Sachen, und dabei kam es ihm nicht auf technische Vollendung an. Einmal spielte er bei uns seine D-moll-Sonate für Klavier und Violine. Da ist am Ende des dritten Satzes ein »Tranquillo«, und unsre Mutter sagte immer, da gehe man am Schlusse wie auf Eiern. Marie und ich waren nun sehr gespannt, wie Brahms über die Stelle hinwegkommen würde, ohne sich zu verheddern. Aber siehe da, es ging ganz leidlich, denn er nahm das »Tranquillo« so unglaublich langsam, daß ihm nichts passieren konnte. Vergnügt lächelten wir uns zu: Der geht auch auf Eiern, dachten wir.

In die ersten Oktobertage des Jahres 1895 fiel Brahms' letzter Besuch bei uns. Er kam mittags von Meiningen und blieb nur vierundzwanzig Stunden. Er war in glücklichster Stimmung; denn er hatte schöne Tage der Anerkennung erlebt, und der Abend, zu dem sich der liebe alte Freund, Herr Kufferath aus Brüssel, seine Kinder Eduard und Antonie Speyer und einige andre bei uns zusammenfanden, gestaltete sich zu einem sehr schönen, harmonischen. Aus den Gesprächen, die bei Tisch geführt wurden, ist mir eine Äußerung von Brahms erinnerlich. Man sprach von einem früheren Schüler meiner Mutter, der vor kurzem die öffentliche Laufbahn betreten hatte und demnächst zum ersten Male in Berlin, und zwar in einem Orchesterkonzert, auftreten sollte. Auf die Frage, welches Konzert er zum Vortrag gewählt habe, nannte man den Namen eines noch gänzlich unbekannten Komponisten. Sämtliche Tischgenossen erklärten die Wahl als unklug. Brahms faßte seine Ansicht in die knappen Worte: »Wer sich selbst einführt, muß nicht noch einen andern einführen.«

Nach dem Essen baten wir Antonie, etwas zu singen. Sie zu hören war uns immer eine große Freude – ihr Gesang hatte etwas unendlich Weiches und Seelenvolles, und angeborene musikalische Begabung gab ihr eine Sicherheit, die selbst den höchsten Anforderungen genügen mußte. Sie sang uns mehrere Volkslieder – Brahms saß am Flügel. Zum Schluß erbaten wir uns noch unser aller Liebling: »In stiller Nacht«; dieser leisen, erschütternden Klage, todwundem Herzen entsprungen, hat Brahms in einer herrlichen

Begleitung durch eigentümliche Verschiebung des Rhythmus – die Begleitung eilt stellenweise der Singstimme um ein Achtel voraus – zu denkbar höchstem Ausdruck verholfen, zugleich aber damit dem Spieler sowohl als auch dem Singenden eine heikle Aufgabe zugemutet.

»Können Sie das denn im Takt singen?« fragte Brahms die Sängerin. »O ja«, erwidert sie mit schelmischem Lächeln, »wenn *Sie* es nur im Takt spielen können.«

Am andern Morgen hörte ich Mama spielen: Präludium und Fuge sowie Pastorale (beides für die Orgel) von Bach, dann: Romanze in F-dur und Intermezzo Es-moll Opus 118 von Brahms. Eine Weile nachdem sie aufgehört hatte, ging ich in das Musikzimmer. Mama saß seitwärts an ihrem Schreibtisch; ihre Wangen waren sanft gerötet, und das Auge strahlte wie von innerem Licht. Brahms saß ihr gegenüber und sah weich und ergriffen aus. »Ihre Mutter hat mir ganz herrlich vorgespielt«, sagte er. Ich setzte mich zu ihnen. Nach einer Weile bat mich Brahms, ich möchte ihm doch den dritten Band der Beethovenschen Sonaten geben, er wolle etwas nachsehen. Ich ging an Mamas Notengestell und brachte ihm das Verlangte. Er schlug eine bestimmte Seite auf, dann rief er: »Nein, es ist doch zu wunderbar, was für ein inneres Ohr Ihre Mutter hat. Sehen Sie, diese Note steht in allen Ausgaben der Beethovenschen Sonaten; ich habe sie immer für falsch gehalten. Da hatte ich kürzlich Gelegenheit, das Manuskript der Sonate zu sehen, und da fand ich, daß ich recht mit meiner Ansicht gehabt hatte. Und jetzt sehe ich hier, daß Ihre Mutter die Note schon korrigiert hat. Ihr Ohr ist untrügerisch wie das keines andern Musikers.« Da war ich wieder einmal recht stolz auf unser Mütterchen.

Wenige Stunden nachher schied Brahms. Die Freunde umarmten und küßten sich, wie sie es seit Jahren bei jedem Abschied, jedem Wiedersehen getan hatten, aber diesmal war ihnen kein Wiedersehen beschieden. Kurze Zeit nachher erkrankte unsre Mutter, und im Mai des darauffolgenden Jahres wurde sie uns genommen. An ihrem Grabe sah ich Brahms zum letztenmal.

Ich mußte, während ich das Kapitel niederschrieb, immer denken: Was würde Brahms dazu sagen, er, der es haßte, wenn man über ihn sprach oder schrieb? Wiederum aber dachte ich: Ob lebend oder tot, geschrieben wird über große Männer doch, und da mir ein unwiderstehlicher Drang nun einmal die Feder in die Hand gedrückt hatte, da ich nicht mühsam den Stoff zusammentragen mußte, sondern aus dem Quell lebendiger Erinnerung schöpfen konnte, sollte ich da nicht versuchen, den Freund zu schildern, so wie wir ihn in Jahren des ungezwungensten Verkehrs, in den verschiedensten Lebenslagen gekannt hatten? Und so habe ich denn nach bestem Wissen und Gewissen erzählt, und vielleicht trägt das, was ich gesagt, mit dazu bei, das Bild des Mannes Brahms zu vervollständigen.

Für uns war er das Urbild eines aufrechten, deutschen Mannes, der nie etwas andres scheinen wollte, als er war. Seine wenigen Fehler lagen an der Oberfläche. Unbekümmert trug er sie zur Schau, es der Welt überlassend, den leichten Schleier zu heben und darunter das Herz von lauterem Gold zu entdecken.

## Berlin – Frankfurt

### I

Die Jahre kamen und gingen. – Noch einmal lebten wir, so wie in meiner Kindheit, fünf Jahre in Berlin (1873–78). Wir hatten eine schöne sonnige Wohnung Unter den Zelten, und die Bäume des Tiergartens schauten uns in die Fenster. [Wir wiederum sahen von unserm zweiten Stock geradewegs hinab in die Fenster von Joachims, die da drüben mit vier prächtigen Kindern ein eigenes einstöckiges Haus bewohnten.] Stockhausens lebten damals ebenfalls in Berlin, aber in einem uns fernen Stadtteil, so daß wir nicht leicht zusammen verkehren konnten. Zu unsrer Freude wurde auch bald nach unserm Einzug der Musikdirektor aus Rotterdam, Woldemar Bargiel, ein Halbbruder unsrer Mutter, an die Berliner Akademie berufen. Er war der feinsinnigsten einer unter den Musikern, dazu ein Mensch von umfassender Bildung, und der Verkehr mit ihm und seiner guten, ausnehmend musikalischen Frau, einer Holländerin, wurde uns sehr lieb. Sie hatten damals nur ein Kind, ein reizendes Töchterchen, welches im zweiten Lebensjahre das Unglück gehabt hatte, durch einen Eisenbahnunfall ein Beinchen zu verlieren. Die Art, wie die Eltern diese Prüfung ertrugen und wie besonders die Mutter sie das Kind ertragen lehrte, hatte etwas unendlich Rührendes und Bewunderungswürdiges. Die kleine Clementine wuchs zu einem tapferen Menschenkind heran, die ihren zehn und zwölf Jahre jüngeren Geschwistern eine liebende, fürsorgende Schwester wurde und die ihren Platz im Leben ausfüllt.

Selbstverständlich hatten wir von früher her viele persönliche Beziehungen in Berlin. Zu den alten Freunden kamen neue, und an Geselligkeit im großen und kleinen Kreise fehlte es nicht. Was an bedeutenden Musikern in

Berlin lebte oder von auswärts einkehrte, traf sich bei Joachims, Stockhausens oder bei uns. Dazu gesellte sich die große Anzahl von Musikliebhabern aus den verschiedensten Kreisen der Stadt. Zu ihnen gehörte, wohl als weltberühmtester, Generalfeldmarschall Moltke, und eines Tages wurde uns die große Freude, ihn bei Joachims zur Abendmusik zu treffen und ihm von dem Hausherrn vorgestellt zu werden. Er unterhielt sich sehr freundlich mit uns, und wir hatten Muße, ihn genau zu betrachten. Unvergeßlich ist mir das feine Gesicht mit den scharf ausgeprägten Zügen und dem Ausdruck vornehmer Güte. Auf der Straße sahen wir ihn, da wir ganz nahe dem Generalstabsgebäude wohnten, sehr oft von der Stadt her heimkommend oder nach dem Tiergarten zu, meistens allein, spazieren wandernd. Zu unserm Kummer hatten wir nicht dasselbe Glück mit Bismarck, dessen Anblick uns nie wurde, da er gerade in den Jahren sich selten in der Öffentlichkeit zeigte.

Ich für mich fand zwei liebe Freundinnen in Marion Schwabe, die sich später mit dem Enkel Carl Maria von Webers verheiratete, und in Mary Meyer, Tochter des Galeriedirektors Julius Meyer. Letztere heiratete den bekannten Privatkunstgelehrten Doktor Konrad Fiedler [, und nach dessen Tode wurde sie die Frau unseres alten Freundes und ihrer Jugendliebe Hermann Levi].

Unsre Mutter war auch jetzt ernstlich darauf bedacht, uns musikalisch zu fördern. Jederzeit war sie bereit, uns Stunde zu geben; auch veranlaßte sie regelmäßige Zusammenspielübungen mit Violin- und Cellospielern, und ganz besonders regte sie uns zum Studium der Harmonielehre und des Kontrapunktes an, wofür wir in unserm Onkel Bargiel den besten Lehrer fanden. Da erging es mir nun genau wie bei meinen früheren musikalischen Unternehmungen. Es geschah eines Tages, daß ich mich mit Marie über eine Harmonie – ich glaube, es war ein übermäßiger Sextakkord – nicht einigen konnte. Wie immer in solchen Fällen ging es zur Mama: »Auf welcher Stufe der Tonleiter steht dieser Akkord?« fragten wir. »Auf welcher Stufe?« sagte sie, »das weiß ich nicht; aber mit diesem Akkord könnt ihr so modulieren, oder so, oder so und so«, und da modulierte sie himmlisch schön nach vier verschiedenen Tonarten. Stumm sahen wir uns an, Marie und ich. Was für arme Kinder waren wir, bei allem Streben und unserm bißchen Wissen traurige Stümper solcher Gottbegnadetheit gegenüber. Marie arbeitete tapfer weiter, ich aber erklärte dem Onkel rund heraus, er solle sich mit mir keine Mühe geben, es sei doch alles nutzlos.

Ich hatte eine kleine, wie Stockhausen sagte, sympathische Stimme und große Lust zum Singen. Sofort war Mama bereit, mir Gesangstunden geben zu lassen. Nachdem ich eine Zeitlang bei einer Lehrerin der Hochschule gelernt hatte, kam ich in Stockhausens Hände. Er gab sich viel Mühe mit mir, doch konnte ich ihm, da ich sehr oft leidend war, nicht viel Ehre machen. Ich habe es ihm aber mein Leben lang gedankt, daß er mir einen sehr klaren Einblick in die Technik der Gesangskunst vermittelte, was mir späterhin von großem Nutzen wurde.

So hatten wir es eigentlich in Berlin recht gut und hätten uns dort wohl glücklich fühlen sollen. Und doch war dies, ohne daß ich dafür zureichende Gründe anzugeben wüßte, nicht der Fall. Wir waren alle drei nicht gerne in Berlin. Der Umstand, daß unsre Mutter schon im ersten Jahre unsres Aufenthaltes von einem schweren Armleiden heimgesucht wurde, mag bei unsrer Abneigung gegen die Stadt, obwohl sie an dem Unglück gänzlich unschuldig war, mit im Spiele gewesen sein. Es war namenlos traurig, die Mutter, die stets Tätige, trotz manch kleiner Beschwerden immer Gesunde, nicht nur zu völliger Untätigkeit verdammt, sondern sie auch unausgesetzt heftige Schmerzen leiden zu sehen, und das nicht nur Wochen und Monate, sondern volle anderthalb Jahre. Wie immer im Leid bot sie ihre ganze seelische Kraft auf, um das über sie Verhängte in Geduld zu tragen und uns nicht zu schwer damit zu belasten. Sie suchte Trost und Ablenkung in der Teilnahme an dem Leben und den Geschicken andrer. Und wie vielen konnte sie da helfen! Unzählige junge Musiker aller Art wandten sich an sie um Rat und Hilfe. Da waren Klavierspieler und -spielerinnen, Musiklehrer und Komponisten, die um ihr Urteil baten. Manchem Erstlingswerke, das ihr zur Durchsicht unterbreitet wurde, konnte sie zu einem Verleger verhelfen. Oder aber sie verschaffte einem talentvollen jungen Musiker eine Stelle! Und welche Freude jedesmal, wenn sie ihre Bemühungen von Erfolg gekrönt sah. Schwer wurde es ihr, wenn sie sich offenbarer Talentlosigkeit gegenüber gezwungen sah, dem Betreffenden zur Ergreifung einer andern Laufbahn zuzureden, aber auch vor dieser Pflicht schreckte sie nie zurück. – Obwohl sie eine eigentliche Lehrtätigkeit damals noch nicht ausübte, so nahm sie doch ab und zu besonders strebsame Schülerinnen an. Eine von ihnen, Fräulein Mathilde Wendt, trat ihr bald näher und wurde im Laufe der Jahre auch uns eine liebe Freundin. Die Liebe und Verehrung, die sie für unsre Mutter im Herzen trug, führte sie und ihre treue Lebensgefährtin, Fräulein Malwine Jungius, auch nach der Berliner Zeit, oft in unsre Nähe. Nun gehört sie zu der mehr und mehr zusammenschmelzenden Schar derer, die die Erinnerungen an vergangene schöne Zeiten noch mit uns teilen und festhalten an den Idealen, welche sie uns hinterlassen haben.

Selbstverständlich blieb unsre Mutter mit ihrer Anteilnahme nicht bei den Musikern stehen – nein, jeder, der mit ihr in Berührung kam, nahm er auch den bescheidensten Platz in der Welt ein, wurde in den Bannkreis ihres Wohlwollens gezogen. Manch zartes Verhältnis entspann sich da, wo die kleinen Neckereien von seiten der Töchter nicht ausblieben. Da war zum Beispiel die Frau von drallem Wuchs, mit rundem rosigem Gesicht und festen bis über die Ellenbogen entblößten Armen, die jeden Morgen antrat, um die Arme der Mutter zu kneten! Daß sie eine reichlich hoch bemessene Entschädigung in klingender Münze und eine ausgiebige Bewirtung in Form von belegten Brötchen und einer Flasche Bier forderte, dagegen war nichts zu sagen. Auch nicht gegen das unaufhörliche Schwatzen bei der Arbeit, denn ihre Patientin hörte ihr stets mit größter Aufmerksamkeit zu. Daß die Frau sich aber alle Tage bitter beklagte, wie sehr sie sich bei der Behandlung anstrengen müsse, daß sie nicht nur die kranken Arme, sondern auch das weiche Herz unsrer Mutter dergestalt bearbeitete, daß wir dieselbe eines Tages in Mitleidstränen zerfließend antrafen, das war uns doch zu arg, und wir waren nicht mehr gut auf die Frau zu sprechen. Der Höhepunkt des Verhältnisses wurde erreicht, als sie eines Tages erklärte, auch sie gehöre den Künstlerkreisen an, denn ihr Sohn sei an der kaiserlich-königlichen Hofoper angestellt. Noch ganz erfüllt von dieser Neuigkeit kam Mama zum Essen. Ungläubig hörten wir ihr zu. »Steffen«, sagten wir, »Steffen, den Namen haben wir auf dem Theaterzettel nie gesehen.« Mama soll doch die Frau fragen, in welchen Rollen ihr Sohn auftrete. Halb verlegen, halb ergötzt, erzählte sie uns dann am nächsten Tage, er spiele den dritten Krebs in Flick und Flock*.

Im Anfang des Jahres 1874 ging Mama mit Marie nach Kiel, wo sie bei Professor Esmarch Heilung suchte und fand. Ich blieb in Berlin zurück, und es war in diesen Monaten der Trennung, daß meinem Leben eine große Bereicherung durch die nähere Bekanntschaft mit einer jungen Konzertsängerin erwuchs. Wienerin von Geburt, war sie am dortigen Konservatorium von der Marchesi ausgebildet worden, kam nun auf Brahms' Anraten und mit einer großen Anzahl Empfehlungsbriefen in der Tasche nach Deutschland, um noch weiter zu lernen und sich den Weg in die Öffentlichkeit anzubahnen. Sie klopfte zuerst bei Herzogenbergs in Leipzig an, wo sie mit der diesen seltenen Menschen eigenen Herzlichkeit aufgenommen, erst als Besuch, dann als Hausgenossin gehegt und gepflegt wurde. Dann kam sie nach Berlin, besuchte meine Mutter, die sie gleichfalls auf das gütigste bewillkommnete. Wir kamen uns schnell näher, und sie wurde mir eine lebenslang geliebte Freundin. Sie war ein Wesen ganz andrer Art, als sie bisher in mein Bereich gekommen waren. Gesunder Humor, ein Mutterwitz, der stets die größte Heiterkeit um sich verbreitete, echt österreichische Gutmütigkeit, dito et-

* Ein damals sehr beliebtes Ballett

was Leichtsinn, immer mit beiden Füßen im Leben stehend, sich überall heimisch machend, dabei sich stets selbst treu, unbekümmert um die Meinung der Welt, jedem Einfluß unzugänglich, alles, was norddeutsche Kultur war, energisch ablehnend, das war Marie Fillunger, oder wie ich sie bald, um Zusammenstöße zwischen den zwei Marien zu vermeiden, nannte: Fillu, und Fillu wurde und blieb sie für die ganze Welt. Einst wurde Mama von einer Bekannten gebeten, sie möchte sie beim Vornamen nennen. Mama lehnte es ab, und da sagte die Bittende: »Sie nennen doch andre beim Vornamen.« »Nun ja«, erwiderte Mama, »die Fillu, die nenne ich allerdings beim Vornamen.« Ein andres Mal ging die Fillu Unter den Linden. Da fuhr eine Droschke an ihr vorbei, der Insasse ließ anhalten, und Joachims Stimme rief über die breite Straße hinweg: »Fillu, Fillu, wollen Sie mitfahren?« Das war selbst der gutmütigen Fillu zu stark, denn mit dem französischen »filou« wurden damals noch die deutschen Spitzbuben benannt. Fillu war klein, hatte braune Haare, ein paar kluge, gute braune Augen, etwas schmerzlich trotzige Lippen, winzig kleine Hände und Füße, sprach im tiefsten Alt, sang aber den herrlichsten Sopran, den ich je gehört. Joachim sagte einmal, ihre Stimme gehöre zu den seltenen, die einen sinnlichen Reiz hätten. Das fand ich sehr zutreffend; nie wieder habe ich eine Stimme von solchem Klangreiz gehört; auch war sie immer da; selbst wenn Fillu wochenlang nicht gesungen hatte, kam sie weich und voll, mit freiem Ansatz aus ihrer Kehle. Die Leichtigkeit, mit der sie die Sopranpartie in der Neunten Symphonie und im Schlußchor der Peri sang, war unvergleichlich; bis in die höchste Höhe hinauf blieb der Ton rund und seelenvoll. Vor kurzem noch schrieb man mir aus Deutschland, Fräulein Fillunger sei weder in der Neunten noch in der Peri je ersetzt worden.

Trotzdem aber wurde ihr das Leben nicht leicht, und wir haben viel sorgenvolle Zeiten zusammen durchgemacht. Aber sie ließ sich nicht unterkriegen und bewahrte sich einen so heitern Sinn, daß sie sogar mich aus schwermütigen Stimmungen, wie sie mich ab und zu überfielen, mit herausriß. Innig dankbar war ich meiner Mutter für die Güte, mit welcher sie die Freundin in den Kreis der Familie aufnahm, für die Teilnahme, die sie ihr zuwandte, als sei sie eine von uns. Wie oft ließ sie sich von den Sorgen erzählen, die uns bedrückten, half, wenn sie konnte, bot ihren Einfluß in der Konzertwelt auf, um Fillu vorwärts zu bringen, freute sich mit uns über jedes Engagement, und vor allem ließ sie es sich angelegen sein, Fillu musikalisch und künstlerisch zu fördern. Sie studierte mit ihr die Peri, Lieder unsres Vaters und andre Sachen, wie es die Gelegenheit gerade mit sich brachte, wobei sie besonderes Gewicht auf deutliche Aussprache und Deklamation legte. Mir selbst wurde es zur größten Freude, mit Fillu zu studieren, und ich lernte viel durch das tägliche Begleiten.

Durch die neue Freundin kam ich damals in nähere Beziehung zu dem Ehepaar von Herzogenberg. Heinrich und Liesl! Wie warm schlägt mir das Herz, denke ich an diese beiden Menschen! Welch ideales Paar! Beide jung, vornehm, feingebildet und hohe Ziele anstrebend. Als ich Liesl zum ersten Male sah, trug sie ein rotes Sammetkleid; eine Fülle sanftgewellten Goldhaares umstrahlte die feinen Gesichtszüge; von blendender Weiße war die Haut, gar freundlich der Blick des grün-goldfarbigen Auges. Ich glaubte ein Bild von altitalienischer Hand zu sehen. Herzgewinnend die knabenhaft kindliche Einfachheit und Lebhaftigkeit ihres Wesens. Heinrich, schlank, aristokratisch, zurückhaltend, mit näselnder, eintöniger Stimme, schien ein merkwürdiger Gegensatz; lernte man ihn aber auch nur ein wenig kennen, so sah man, daß diese beiden Menschen wie für einander geschaffen waren, jedes in dem andern sein höchstes Glück, seine Ergänzung finden mußte. Die Musik stand im Mittelpunkt ihres Daseins; Heinrich schaffte unermüdlich, und Liesl, deren hervorragende musikalische Begabung früh erkannt und ausgebildet worden war, stand ihm, wenn auch nicht schöpferisch, so doch als Verstehende ebenbürtig zur Seite. Sie hatte einen feinen, beweglichen Geist und besaß in seltenem Maße die Fähigkeit des in sich Aufnehmens. Und diese selbe Liesl, die einst einen Satz einer neuen Symphonie von Brahms nach einmaligem Hören niederschrieb, die in allen Künsten bewandert, auf keinem geistigen Gebiet Fremde war, brachte es fertig, zu allem übrigen eine ausgezeichnete Hausfrau und »perfekte« Köchin zu sein. Wie alle jungen Wienerinnen aus gutem Hause hatte die hannoveranische Gesandtentochter in einer fürstlichen Küche zu Wien das Kochen erlernt, und ich erinnere mich, daß sie mir im Anfange unsrer Bekanntschaft einmal in weißer Küchenschürze, die ihrer hellen und feinen Lieblichkeit gar wohl anstand, und mit Schüssel und Rührlöffel in der Hand die Türe aufmachte.

In ihrem Heim lebten sie wie zwei Kinder, die, durch keine Schranken der Gewohnheit oder des Herkömmlichen gebunden, sich ganz dem Augenblick hingeben. War man bei angeregtem Musizieren, so wurde des Essens gänzlich vergessen, wie denn beide überhaupt in seltenem Maße bedürfnislos waren. Eines Abends kamen wir aus einem Konzert nach Hause; wir fanden den Tisch zum Abendessen gedeckt, aber nichts Eßbares stand darauf. Nun bestellte die silberhelle Stimme der Hausfrau durch lauten Zuruf in die Küche *ein* Spiegelei nach dem andern, so lange, bis wir alle gesättigt waren.

Auch die Zimmereinrichtung trug den Charakter des Augenblicklichen, Persönlichen. Wanderte das Auge im Raume umher, so fiel es auf lauter hübsche, kunstgewerblich oder künstlerisch eigentümliche Gegenstände, und man fühlte, ein jeder war mit Liebe, ganz ohne Rücksicht auf Zusammengehörigkeit, erworben worden, einzig weil man Gefallen daran gefunden hatte. Beider Geschmack neigte ein wenig, ganz wenig, zum Absonderlichen hin, weshalb ein Künstlerfreund sie einst scherzend »die Japanesen« nannte.

Herzogenbergs besaßen die Mittel, ein sehr behagliches Leben zu führen, waren aber beide von einer so seltenen, rührend schönen Herzensgüte, daß sie viel, sehr viel für andre brauchten. Und da wurde es manchmal knapp für die eigenen Bedürfnisse. So wie sie einst Fillu aus einer schlechten Pension zu sich genommen hatten, so taten sie

Johannes Brahms (20jährig), 1853 gemalt von J. J. B. Laurens

Claras Kinder

Marie und Julie Schumann

Felix Schumann

Johannes Brahms, 1862

Eugenie Schumann

Marie Fillunger

Eugenie Schumann an ihrem 85. Geburtstag 1936

Ähnliches in noch weit ausgedehnterem Maße an vielen andern. Es war ihnen geradezu unmöglich, einen Hilfsbedürftigen oder gar einen Hilfesuchenden abzuweisen. Einmal hatten sie von einer Tante eine kleine Erbschaft gemacht. Und nun hieß es jedesmal, wenn die Gelegenheit zu helfen an sie herantrat: »Da knabbern wir die Tante an.« Und schließlich knabberten sie noch an ihr herum, als sie längst aufgezehrt war. – Meine Mutter war Liesl von ganzem Herzen zugetan und hatte stets die größte Freude an ihrem musikalischen Talent und feinen Kunstverständnis. Und wie Liesl die ganze Persönlichkeit meiner Mutter erfaßte, finde ich in folgenden Worten, die sie mir im Jahre 1887 schrieb, aufs schönste ausgedrückt: »Ihre Mutter, wenn auch viel zu flüchtig, aber doch ein paarmal zu sehen, war mir eine Herzenserquickung; ich mag nicht gerne Worte machen, gerade wo ich am meisten empfinde, aber manchmal war mir's ein Bedürfnis, ihr sagen zu können, so daß sie's spürte, *wie* mein Herz an ihr hängt, wie sehr ich es als Lebensbereicherung, als unschätzbares Glück betrachte, sie zu kennen, ein wenig von ihr lieb gehabt zu werden. Denk ich nur an das sonnenüberstrahlte Gesicht, so wird mir ganz eigen zu Mut – weiß nicht, wie mir geschehen. Dabei wird sie immer schöner, die liebe Mutter, ihre Künstlerseele, ihre Kindeslauterkeit, ihre mütterliche Güte strahlt immer leuchtender aus den herrlichen Augen – es ist eine Lust, sie anzuschauen.« – Liesl hatte keine Kinder. Gott sei's geklagt! Wie reizend wäre es gewesen, eine Schar kleiner Heinis und Liesls aufwachsen zu sehen! Es war ihr ein Kummer, über welchen ihr nur ihr sonniges Gemüt, die Liebe zu ihrem Heinrich und die rege Anteilnahme an den Dingen des Lebens hinweg halfen. Und wahrlich erschien im übrigen das Dasein dieser beiden Menschen so von des Himmels Gunst erhellt, daß man es doppelt grausam empfand, als trübe Erfahrungen und Krankheit ihr Leben verdüsterten und vorzeitig zum Abschluß brachten. Die »Lieselei«, das reizende Heim im Berchtesgadener Land, ein Schrein, in welchem sie ihre ganze schöne Eigenart liebevoll versenkt und zum Ausdruck gebracht hatten, mußte verlassen werden. Liesl, so hoffte man, sollte in der leichteren Luft der Appenzeller Berge freier atmen. Aber sie zog nicht mit ein in das neue Heim; Heinrich mußte sie in fremdem Lande begraben und, selbst schwer krank, alleine wohnen in der Stätte, die für beide bereitet war. »Abendrot« nannte er sie, und dort lebte er noch einige Jahre – dem Morgenrot des Wiedersehens entgegen. Das Geschick der Freunde bereitete uns und dem ganzen Kreise, der sich um unsre Mutter, Brahms [und Joachim] geschart hatte und dessen Zierde sie gewesen waren, tiefen und nachhaltigen Schmerz. Heinrich und Liesl gehörten zu den Menschen, die, wenn sie uns verlassen, ein gut Teil vom Glanze und von der Freudigkeit des Erdenlebens mit sich hinwegnehmen.

Als wir im Jahre 1878 nach Frankfurt zogen, zog auch Fillu mit. Mama und Marie hatten Berlin bereits verlassen, während wir beide, der Singvogel und ich, das Einpacken daselbst überwachten, und so kam es, daß wir den aufregenden Tag des Nobilingschen Attentates auf den Kaiser (2. Juni) miterlebten. In dem Schrecken, der Empörung über die Tat, in dem Mitleid für den ehrwürdigen Monarchen fanden sich alle Gemüter zusammen. Man dachte nichts andres, niemanden litt es in seinen vier Wänden, man lebte auf der Straße, mit atemloser Spannung jeder Kunde entgegeneilend. Auch Fillu und mich zog es hinaus. Ehe wir es uns versahen, befanden wir uns inmitten einer ungeheuren Menschenmenge, die sich dicht gedrängt langsam die Linden entlang nach dem kaiserlichen Palais zu fortbewegte. Plötzlich stockte der Zug; man war angekommen! Wir schauten uns um, so gut es ging. Kopf an Kopf standen wir, kein leeres Fleckchen, so weit das Auge reichte; nicht nur der große Platz, sondern alle angrenzenden Straßen waren dicht besetzt. In lautloser Stille verharrten wir, einig in dem Wunsche, den hohen Kranken nicht zu stören. Alle Augen waren auf das Fenster gerichtet, an welchem man den Kaiser seit Jahren zu sehen gewohnt war. Ab und zu erschien dort eine Gestalt und blickte ernst auf die Menge herab, die angstvoll, stumm da unten wartete. Plötzlich ging es wie ein Aufatmen durch die vordersten

Reihen – wer die Kunde übermittelt hatte, in welchen Worten, wem sie zuerst zuteil wurde, wer wußte das? Aber wir wußten es plötzlich alle: Die Ärzte hatten Hoffnung! Der Kaiser würde leben. Gleich einem Lauffeuer, fast lautlos, ging es durch die Massen. Wie von einem Alpdruck befreit geriet der Menschenstrom in Bewegung; er wogte zurück, von wo er gekommen, langsam, sanft schiebend, sich verteilend, auflösend, bis wir, Fillu und ich, im Innersten erregt, fast ohne es zu wissen, uns in der stillen Abgeschiedenheit der Zeltenstraße befanden.

Von Kindheit an war mir die Gestalt des Kaisers, auf dem jenseitigen Ufer der kleinen Oos wandelnd, während wir in der heimeligen Laube beim Frühstück saßen, im Tiergarten reitend, Unter den Linden fahrend, lieb und vertraut gewesen. Aber seit dem Jahre 1876 hatte sich in meinem Mädchenherzen ein ganz besonderes, zartes Verhältnis zu ihm entsponnen. Ich lebte des festen Glaubens und habe ihn noch, ich sei einst während der Spanne von zwei bis drei Sekunden der Mittelpunkt des Daseins für ihn gewesen. Ich war in Ems zur Kur, hatte eines Morgens meinen Brunnen getrunken und machte den pflichtschuldigen Spaziergang in den Anlagen. Auf einen ganz einsamen Weg geraten, sehe ich plötzlich von weitem den Kaiser mit einigen Herren gerade auf mich zukommen. Der Schrecken fuhr mir in alle Glieder, ein Ausweichen war unmöglich, ich mußte voran, an ihm vorbei. Er kam näher, ich trat zur Seite, und es kam der Augenblick gebührender Verneigung. Wie gebannt hing mein Auge an seinen Zügen. Er grüßte – grüßte ritterlich, gütig, landesväterlich – wahrhaft königlich. Mit einem einzigen eindringlichen Blick schien er meine ganze Persönlichkeit in sich aufzunehmen. Ja, ich fühlte es, in diesem kurzen Augenblick dachte er an nichts als an das eine kleine Landeskind; er gehörte mir ganz und gar an. Nie habe ich diesen Blick vergessen und ihn nur bei bedeutenden Menschen, die sich im Vollbesitz ihrer Kraft der Anforderung jedes Augenblickes ganz hinzugeben vermögen, wiedergefunden.

## II

In Frankfurt begann für uns ein ganz neues Leben. Die Lehrtätigkeit unsrer Mutter trat in den Vordergrund unsrer Interessen, umso mehr als Marie und ich ihr bald helfend zur Seite gestellt wurden.

Wie schön war es, mit ihr und für sie zu arbeiten, verwerten zu können, was wir bei ihr und durch sie gelernt hatten, sich bei ihr Rat holen, sie immer als letzte und höchste Instanz ansprechen zu können. Und wie freute es sie, wenn wir Erfolg hatten, und wie ungern nahm sie uns die guten Schüler ab, wenn wir diese so weit gebracht hatten, daß sie in ihre Klasse eintreten konnten, was doch wiederum unser Streben und unser Stolz war.

Der Ernst und die Hingabe, mit denen unsre Mutter an jede Arbeit ging, machte sich auch jetzt wieder geltend. Es genügte ihr nicht, den Schülern die ihnen zukommende Zeit zu widmen, sie rein beruflich auszubilden, sondern sie erfaßte in jedem einzelnen den ganzen Menschen mit seinen besonderen Anlagen und Bedürfnissen und wußte, daß man ihnen Rechnung tragen müsse, wollte man ihn zu einem tüchtigen Musiker und Künstler erziehen. Der arbeitende junge Mensch müsse gut genährt werden, bedürfe der Pflege, der heranwachsende der Leitung und Stütze, und allgemeine Bildung sei für alle unerläßlich. Und für all diese Dinge sorgte nun unsre Mutter im Verein mit Marie in allen Fällen, wo es den Eltern der Schüler aus diesen oder jenen Gründen unmöglich war. Die Mittel dazu wurden ihr von einer Reihe großherziger Frankfurter, deren Teilnahme die Bemühungen unsrer Mutter geweckt hatten, in jährlichen Beiträgen zur Verfügung gestellt, und sie konnte sie nach freiem Ermessen den jungen Talenten zugute kommen lassen. Das brachte eine Last von Arbeit und Mühe, aber die Freude des Helfenkönnens entschädigte sie reichlich. In Berlin wäre es schwer gewesen, eine derartige allgemeine Teilnahme für Schüler anzuregen und zum Ausdruck gebracht zu sehen, und so wie in dieser Sache empfanden wir auch in andrer Hinsicht die Wohltaten einer kleineren Stadt, denn eine solche war Frankfurt, vielleicht nicht der Größe, doch dem Charakter nach damals noch. Das nach dem Jahre 1866 hinzugetretene norddeutsche Element stand ganz abseits; manch alteingesessene Frankfurter Familie grollte noch mit Preußen, andre standen in der Mitte zwischen der alten und neuen Zeit, und so teilte sich die Gesellschaft in mehrere ganz in sich abgeschlossene Kreise, in welche fremd Hinzukommende sozusagen nur mit Bewilligung sämtlicher Mitglieder aufgenommen wurden. Das hatte zur Folge, daß man immer wieder dieselben Personen traf, sich wirklich kennen lernte, Anteil nahm und fand und sich enger aneinander anschloß, als es in den weiteren und loseren Kreisen einer Großstadt möglich ist. Das Leben war heiterer und harmloser, weil der allgemeine Wohlstand viel größer war. Jeder hatte genug und gönnte dem andern das Seine. Mit Stolz und mit vollem Recht sagten die Frankfurter, in ihrer Stadt gebe es keine Armen. Und bei alledem war die Lebenshaltung eigentlich einfacher als in Berlin, wo das Protzentum oft unangenehm berührte.

Wir wurden äußerst entgegenkommend, ja herzlich aufgenommen und fühlten uns bald heimisch. Auch fanden wir das engere gesellige Leben durchaus nicht uninteressant. Der einzelne Mensch hatte mehr Spielraum, sich zu bewegen und seine Eigenart zu entwickeln, und ganz besonders waren die tonangebenden weiblichen Persönlichkeiten unsres Kreises – die man scherzweise »die großen Weiber«* nannte – Wesen von so ausgesprochener Eigentümlichkeit und so verschieden voneinander, daß Langeweile in ihrer Umgebung nicht aufkommen konnte. Immer passierte irgend etwas, was uns in Spannung hielt, was unsre Teilnahme erregte oder zur Unterhaltung und Belustigung diente.

Eine große Freude war es für uns, daß auch Sommerhoffs** nach Frankfurt zogen und daß wir an dem häusli-

* Nach der Heiterethei von Otto Ludwig

** Unsere Schwester Elise hatte Louis Sommerhoff geheiratet

chen Glücke der Schwester und dem Gedeihen ihrer reizenden, begabten Kinder aus nächster Nähe teilnehmen konnten. – In geringer Entfernung von der Stadt lebte auf ihrem Gute Büdesheim die liebe alte Freundin Marie Berna, nun Gräfin Oriola, in deren schönem, künstlerisch eingerichtetem und behaglichem Heim wir viele traute, angeregte Stunden verbrachten.

Auch Stockhausens trafen wir hier in Frankfurt wieder an, und sie wohnten uns nun so nahe, daß der Verkehr sehr lebhaft wurde. Hier erfaßte ich ihn auch zum ersten Male seiner ganzen Persönlichkeit und seinem Wirken nach, während ich ihn bis dahin sozusagen »unbesehen« als herrlichen Sänger, Freund der Mutter und ihrem Kreise zugehörig hingenommen hatte. Ich sah, wie er ganz und gar in der Musik lebte und webte, ja eigentlich nur in ihr lebte und ohne sie gar nicht denkbar war. Seine Begeisterung für die Musik war zündend und konnte gelegentlich alle Schranken des Konventionellen niederreißen. So erinnere ich mich eines Konzertes in Berlin, in welchem er als Leiter des Sternschen Gesangvereins das Schicksalslied von Brahms dem Berliner Publikum zum ersten Male vorführte. Mit ganzer Hingabe seines Wesens hatte er dirigiert, die letzten Töne waren verklungen, und die Zuhörerschaft gab ihrem Beifall Ausdruck. Da wandte sich Stockhausen um, seine Gesichtzüge waren von innerer Bewegung durchglüht. »Verehrte Anwesende«, sagte er, »ich glaube in Ihrer aller Sinn zu handeln, wenn ich Ihnen dies herrliche Werk gleich noch einmal vorführe.«

Wunderbar schien es mir, daß gerade Stockhausen, von mütterlicher Seite her fremdländischer Abstammung, mit dem feurigen, bis zur Unruhe beweglichen Temperament, berufen war, dem deutschen Volke die ganze Herrlichkeit und Tiefe der deutschen Lieder in höchster künstlerischer Vollendung zu offenbaren. Nie wieder sind die »Müllerlieder« und »Die Winterreise«, nie »Dichterliebe« und »Faust« so gesungen worden.

Kurz nach uns ließ sich auch Ihre Königliche Hoheit die Frau Landgräfin von Hessen in Frankfurt nieder. Wie bekannt, war sie durch langjährige freundschaftliche Beziehungen mit unserer Mutter verbunden. Schon in den ersten Badener Jahren hatte die hohe, vornehme Gestalt der Hohenzollernfürstin, einer Nichte Kaiser Wilhelms I., meine kindliche Bewunderung erregt, und nun, in hohem Alter, erinnern wir uns noch dankbar der herzlichen Güte, die sie uns Kindern im Laufe vieler Jahre bei jeder Gelegenheit erwies. Wie es so manchmal geht, daß sich scheinbar unbedeutende Worte tief in unser Gemüt senken, dort uns unbewußt lebendig bleiben und zu rechter Zeit wieder auferstehen, so ist es mir mit einigen Worten der Fürstin ergangen. »Eugenie«, sagte sie mir eines Tages, »warum schreiben Sie eigentlich immer mit lateinischen Buchstaben? Als Deutsche sollten Sie sich nur unserer deutschen Schrift bedienen.« Ich legte der Ermahnung wenig Wichtigkeit bei; ich schrieb die Rundschrift, weil sie mir einer Art Schreibkrampfes halber bequemer war. Es kam aber die Zeit, wo ich erkannte, daß damals eine deutsche Frau zu mir gesprochen hatte, und ihre Worte wurden mir ein Symbol ihrer Gesinnung. – Viele freundliche Stunden verlebte ich in Gesellschaft ihrer ältesten Tochter, der liebenswürdigen Prinzessin Elisabeth, späterer Erbprinzessin von Anhalt. Trotzdem sie eine Reihe von Jahren jünger war als ich, hatten wir viele gemeinschaftliche Interessen, und besonders für Musik zeigte die Prinzessin ein warmes und ernstes Verständnis.

Wenn ich in der Erinnerung die Frankfurter Zeiten noch einmal durchlebe, so ziehen unzählige Gestalten an meinem Geiste vorüber. Wie könnte ich sie alle mit Namen nennen, in Worten ihrer gedenken? Alle alten Freunde kamen: Brahms aus Wien, [Levi aus München,] Herzogenbergs aus Leipzig, Volklands aus Basel, die liebe Frau Kufferath aus Brüssel, die nach langem und nicht leichtem Leben noch so jugendfrisch und heiter war, so gerne neckte und sich necken ließ; in ihrer Begleitung die jüngste Tochter, die reizende, hochbegabte Antonia mit den Sphinxaugen und der sympathischen Stimme, musikalisch durch und durch, die sich in unserm Hause verlobte. Aus Hamburg kam die alte Freundin Friedchen Sauermann, unter ihrem Mädchennamen Friedchen Wagner in der ganzen damaligen Musikwelt bekannt, Schülerin von Brahms aus seiner frühen Hamburger Zeit, Hauptstütze seines Damenchors, von ihm an unsere Mutter empfohlen; klein und unscheinbar von Gestalt, besaß sie ein leidenschaftliches, sprudelndes Naturell, konnte so glühend lieben, so wonnig hassen, und war dabei wahrhaft fromm. An unsrer Mutter hing sie mit schwärmerischer Liebe und pflegte nach ihrem Tode mit uns ihr Andenken als teuersten Besitz. Es kamen auch die Jugend-Duzfreundinnen der Mutter, obenan *Emilie List* aus München, Tochter des berühmten Nationalökonomen Friedrich List, das »Mädchen mit dem Feuergeist«, dem scharfen, weitausblickenden Verstand, eine leidenschaftliche Politikerin mit deutscher Seele. Noch immer sprühte Feuergeist aus den großen, etwas hervorstehenden Augen, und Jugendfreundin war sie geblieben im vollen Umfange des Wortes, nach oft jahrelanger Trennung immer wieder die Fäden aufnehmend, alle Erlebnisse, jede Empfindung mit unsrer Mutter teilend. Wir freuten uns, so oft sie kam, denn ihre Gegenwart wirkte stets anregend und erheiternd auf unsre Mutter ein. Von allen Freundinnen war sie ihr die vertrauteste. Sie konnten gelegentlich lustig zusammen sein; so erinnere ich mich eines Tages, als die beiden, von einem Abendspaziergang heimkehrend, uns unter vielem Lachen erzählten, sie hätten sich in den Feldern hinter der Grüneburg verirrt und sich nicht anders zu helfen gewußt, als über ein Gitter hinüberzusteigen, um wieder auf den rechten Weg zu gelangen. Emilie lachte über Klara, Klara über Emilie! Und es muß auch wirklich drollig ausgesehen haben; und wie sie, beide groß und schwer gebaut, beide im siebzigsten Jahre stehend, das Kunststück fertig gebracht hatten, das war uns ein Rätsel.

Ab und zu kam *Frau Emma Preußer* mit den silberweißen Löckchen unter schwarzem Spitzenschleier, dem feinen Gesicht, der zierlichen Gestalt, die ein von wahrer christlicher Frömmigkeit und Sanftmut erfülltes Gemüt in sich barg. Sie hatte Schweres im Leben durchgemacht und ertrug es mit bewunderungswürdiger Ergebung, ja, Heiterkeit. So wie Emilie List der Mutter Jugendroman, gelegentlich in denselben eingreifend, miterlebt hatte, so wurde Emma Preußer ihre Freundin in der etwas späteren Zeit, wo unsre Eltern vereint in Dresden lebten.

Dann war da *Livia Frege*, die stattliche, etwas kühle und gemessene Frau des Leipziger Kaufherrnsohnes, durch gemeinsam verlebte Jugendjahre, gleiche musikalische Interessen und feinstes Kunstverständnis unsrer Mutter nahestehend. Sie war vor ihrer Verheiratung Sängerin von Beruf gewesen, und in der Erstaufführung der Peri sang sie unter unsres Vaters Leitung die Hauptpartie.

Auch Pauline Viardot kam noch einmal, ganz unverändert schien sie, jugendlich und lebenstapfer, durchaus originell, noch immer in die Luft küssend, »mein Klärchen« sagend, immer unverbrüchlich treu und anhänglich. Von neuen Erscheinungen aus den achtziger Jahren gingen viele nur durch unser Leben hindurch, andre behaupteten einen dauernden Platz darin, und unter ihnen stehen obenan die Freunde, die nun auch dahingegangen sind, *Karl und Loucky Von der Mühll Burckhardt* in Basel, deren nähere Bekanntschaft ich wiederum Fillu zu danken hatte. Loucky wurde mir eine schwesterliche Freundin, Karl ein lebenslang treuer Freund, und beide liebten und verehrten sie meine Mutter und wurden von ihr herzlich wiedergeliebt. In ihnen lernte ich eine mir ganz neue Art Menschen kennen, aus ihrem Hause wehte mir eine Luft entgegen, wie ich sie noch nie geatmet hatte. Nie hatte ich in unsrem Leben Ruhepausen gekannt, keine noch so kurze Zeiten ruhiger Beschaulichkeit sind mir erinnerlich. Der Beruf unsrer Mutter, ihre Stellung in der Welt brachten unausgesetzte Anforderungen der Außenwelt mit sich. Sie selbst verlor nie das innere Gleichgewicht, nie die innere Ruhe, so sehr die Wellen des Lebens sie auch umwogten; sie war eben eine wunderbar kraftvolle Natur, die an Freuden und Schmerzen, in schwerster Pflichterfüllung erstarkt war und die noch obendrein in der Kunst einen nie versagenden Ruhehafen fand. Ich hingegen, die ich nicht nur das Leben der Mutter teilte, sondern auch mein eigenes Sehnen und Streben hatte, hielt dem unausgesetzten Andrang von außen schwer stand. So erinnere ich mich, wie sehr ich litt, als mir nach dem Tode unsrer Schwester Julie keine kurze Zeit der Ruhe vergönnt war, in der ich meinem Schmerz hätte nachhängen können. Ähnlich empfand ich den grellen Gegensatz zwischen innerem und äußerem Erleben bei andern Gelegenheiten, und so war mir das Dasein oft ein Kampf. Und nun kam ich in ein Haus, in welchem stete Ruhe und steter Frieden herrschten, und dies Haus öffnete mir gastlich weit Tor und Tür, seine Bewohner mir die Herzen. Ach, wäre ich ein Maler in Worten und könnte sie andern zur Freude malen, diese beiden schönen Menschen! Die anmutige Gestalt der sonnigen, lebensfreudigen Loucky mit dem warmen, liebevollen Gemüt, und Karl, der, scheu und verschlossen, sich seines guten weichen Herzens schämend, es erfolglos hinter Bärbeißigkeit zu verschanzen suchte!

Vor langer Zeit sah ich einmal ein zwölfjähriges Mädchen, gesund und kräftig anzuschauen, mit roten Wangen und lieblich geschweiften Lippen in einem Kindergesicht. Sie saß auf dem Fensterbrett, hatte der Stube den Rücken gewandt, die Beine hingen draußen. Scheinbar gedankenlos schaute sie in die Luft. Drinnen war große Geschäftigkeit; der eine tat dies, der andre jenes. Da reizte es mich, das Kind zu necken. »Elsa«, sagte ich, »sieh einmal, wie die andern arbeiten; jeder schafft etwas, und du, so jung und stark, bist so faul, tust gar nichts.« Da warf sie stolz den Kopf zurück und sagte laut und fest: »Ich? Ich *lebe.*« Und dieses mir so wunderbare Sichgenügenlassen mit dem einfachen Leben, wie es mir hier aus Kindermund zum ersten Male ans Ohr schlug und mein Inneres seltsam ergriff, trat mir, in vollendeter Form zum Ausdruck gebracht, in den Bewohnern des Hauses auf dem Gellert entgegen. Auch Karl und Loucky genügte es, zu »leben«. Unbewußt, absichtslos, im behaglichsten Sichgehenlassen, lebten sie das, was sie waren: »hilfreich, edel und gut«. Da war kein Kampf, kein Streben nach außen. Meinungsverschiedenheiten, wenn sie auftraten, wurden friedlich und, was bei dem eher hitzigen Temperament der beiden oft meine Bewunderung erregte, fast wortlos ausgetragen. Still schweigend gab eines dem andern nach. Frei folgte jeder seinen Neigungen, liebevoll darin von dem andern unterstützt. Wie freute sich Karl, wenn Loucky, die keine Kinder hatte, in den Freundinnen einen kleinen Ersatz fand, und wie selbstverständlich nahm er dieselben mit in sein Leben auf. In den fünfunddreißig Jahren unsrer Beziehungen, in welchen ich unzählige Male, oft für Monate, bei den Freunden einkehrte, fand ich bei jeder Wiederkehr denselben Frieden, dieselbe Harmonie; ja, selbst als das Unglück in Gestalt von Karls langjähriger Krankheit beide schwer heimsuchte, wich doch der Frieden nie aus diesem Hause. War ich in der Ferne, so dachte ich daran als eines Hauses der Sonne, und in schweren Stunden fand ich Trost in dem Gedanken, daß es überhaupt da war, daß, mochte es auch draußen stürmen und tosen, in seinen Mauern das Leben ruhig und friedlich seinen Gang ging, daß Karl zu gewohnter Stunde die Zeitung lesend am Fenster saß, dann wieder am Tische Zigaretten drehte oder Patiencen legte, oder in strammer Uniform mit dem Helm bedeckt seiner Pflicht als Feuerwehrmann nachging; daß er, seiner Ehrenämter waltend, heute in die Sparkasse, morgen auf den Silberberg, übermorgen in das Waisenhaus ging; ich sah Loucky, welche, obgleich sie immer unbeschäftigt erschien, doch nie müßig war, wie sie in Haus und Garten nach dem Rechten sah, wie sie die Hühner fütterte, ihren treuen Begleiter Kikerle, den kampflustigen King Charles, zur Jagd auf die Katze reizte, wenn das Jammergeschrei der Vögel deren Nähe verriet; ich sah sie jedes gemordete Vögelchen, jedes leidende Geschöpf, das ihr über den Weg kam – und sie kamen immer – mit sanfter Hand liebkosend, Wunden verbindend, wo es ging. – Kehrte ich dann bei den Freunden ein, so fand ich freundlichste Aufnahme auch in dem größeren Familienkreise von Louckys Geschwistern. Zu viert waren sie da auf dem Gellert, ein jedes in eigenem Heim auf väterlichem Grund und Boden, dabei ein Zusammenleben von selten schöner geschwisterlicher Einigkeit und Innigkeit führend. Grundverschieden von Temperament, waren sie sich ähnlich in vornehmer Gesinnung, wie sie teils in alter Familienüberlieferung wurzelte, teils sich in zeitgemäßer Entwicklung ausgebildet hatte; ähnlich auch in hervorragend künstlerischer Begabung und in der Art, wie sie diese, ohne jeden Ehrgeiz nach außen hin, nur zur Verschönerung des Daseins benutzten.

Unser häusliches Leben war wie immer, so auch nun in Frankfurt, streng geregelt. Beim Frühstück blieben wir meist gemütlich sitzen. Mama las ihre Briefe oder vielmehr sie las sie uns vor. So lange ich denken kann, erhielt sie nie einen Brief, den sie uns nicht mitteilte, ohne hingegen dasselbe von uns zu verlangen. Sie freute sich aber immer, wenn wir es freiwillig taten. Nach dem Frühstück erledigte sie die nötigen Schreibereien, dann übte sie ein wenig, und um halb elf Uhr kamen die Schüler. Nach den Stunden ging oder fuhr sie spazieren, wobei meist die Fähigkeiten und Leistungen der Schüler besprochen wurden. Nach dem Essen ruhte sie und überließ sich in späteren Jahren dabei einem harmlosen Vergnügen, was sie früher nicht gekannt hatte. Sie las nämlich die Zeitungsromane in den täglichen kurzen Abschnitten, und sie hielten sie oft in solcher Spannung, daß sie uns im Laufe des Tages daraus erzählte. Verreiste sie, so hoben wir ihr sorgsam alle Nummern auf, was sie uns immer mit liebevollem Lächeln lohnte. Von vier bis fünf Uhr spielte sie, und danach empfing sie beim Tee Besuche, die sich alle Tage zahlreich einfanden. Waren wir dann wieder allein, so setzte sich Mama an den Schreibtisch; dann kniete ich wohl ein Weilchen neben sie hin, und da schüttete sie mir oft ihr Herz aus, sprach über ihre Kümmernisse, denn ohne solche war sie ja nie. Viel dachte sie an den Tod und die Trennung von uns. Ich tröstete sie, so wie es mir das Herz eingab, versprach ihr bald nachzukommen. Da sah sie mich dann wortlos mit unaussprechlich zärtlichem Blick an, strich mir sanft die Wange, und ich verließ sie mit dem Gefühl, ihr das Herz etwas erleichtert zu haben.

In früheren Jahren las Mama uns abends vor – Stifters Studien, Otto Ludwigs Erzählungen, die Kronenwächter von Arnim, historische Romane, Aufsätze von Treitschke, biographische Werke und Memoiren, Gottfried Keller, Konrad Ferdinand Meyer und so weiter.

Später wurde sie zur Erlernung des Whistspiels angeregt, und das kleine Spielstündchen abends nach arbeitsreichem Tage wurde ihr zur angenehmen Gewohnheit. Wie bewunderte ich sie, als sie diese von dem Augenblick an, wo ihr Enkel Ferdinand zu uns ins Haus kam, ganz aufgab. Sie hielt es für wichtig, daß er neben dem Studium der Musik noch anderweitig seinen Geist bilde, und nun wurde abends der »Wilhelm Meister« gelesen, und zwar mußte Ferdinand vorlesen, damit er sich auch darin übe. Wie schwer wäre mir solch ein kleines tägliches Opfer gewesen, und wie selbstverständlich brachte es die Mutter.

Oft baten wir abends Mama, uns aus ihrer Jugendzeit zu erzählen. Da fing sie dann beim Großvater an, wie er ihr mit Hintansetzung ihrer Geschwister seine ganze Kraft gewidmet, wie er sie bei aller Strenge doch auch wieder verwöhnt, ihr immer die besten Bissen auf den Teller gelegt habe, wie sie seiner weisen Tageseinteilung ihre vortreffliche Gesundheit verdanke. Vom Vater sei ihr die Liebe zur Arbeit und strengen Pflichterfüllung, von der Mutter die zur Ordnung in kleinen Dingen anerzogen worden.

Schrecklich sei es ihr gewesen, wenn der Vater sie andern gegenüber angepriesen habe – auch habe sie es schon als Kind empfunden, daß es unkünstlerisch sei, öffentlich zu phantasieren oder eine Chopinsche Etüde transponiert zu spielen, ja, sie sogar dem Komponisten so vorzutragen, was der Vater von ihr verlangte. – Nie genug konnten wir von der Zeit hören, wo sie als dreizehnjähriges Mädchen schon für unsern Vater schwärmte, dann wie unglücklich sie war, als er sich mit Ernestine von Fricken verlobte. Da sagten wir immer: »Ach, hätten wir dich doch damals gekannt!« Dann behauptete sie, sie sei da sehr häßlich gewesen, was wir ihr nicht glauben wollten. – Dann kamen die Kunstgenossen ihrer Jugendjahre, alle die berühmten

Klavierspieler, mit denen sie in Berührung gekommen war, an die Reihe. Liszts Genialität, Kühnheit und Schwung habe sie aufs höchste bewundert, seine Richtung aber in der Musik und sein Einfluß auf junge Musiker erschien ihr verhängnisvoll. Persönlich sei er stets von größter Liebenswürdigkeit und von geradezu ritterlicher Zuvorkommenheit gegen sie gewesen. Während ihres gemeinschaftlichen Aufenthaltes in Wien im Jahre 1838 sei sie nach einer Gesellschaft, in welcher sie gespielt hatte, in Begleitung von Liszt nach Hause gefahren. Sie sei sehr verstimmt gewesen, weil die Anwesenden während ihres Spieles fortwährend gesprochen hätten, und habe ihren Mißmut gegen Liszt geäußert. Da habe Liszt gesagt: »Ja, sehen Sie, warum spielen Sie bei solchen Gelegenheiten nicht so einen Schmarr'n von Liszt!« – – [Von Mendelssohns Spiel sprach unsre Mutter stets mit dem größten Entzücken – er habe wundervoll gebunden und in jeder Beziehung vollendet gespielt.] Entmutigt aber habe sie einzig und allein Adolf Henselt – sein Anschlag sei ihr unerreichbar herrlich erschienen, und nachdem sie ihn gehört, habe sie tagelang geweint, weil sie gemeint habe, Ähnliches nie erreichen zu können.

Von den weiblichen Kunstgenossinnen war es Wilhelmine Schröder-Devrient, die den größten Platz im Herzen meiner Mutter einnahm. So oft sie dieser herrlichen Künstlerin mit dem glühenden Temperament, dem leidenschaftlichen, zum Lieben und Leiden geradezu verhängnisvoll beanlagten Herzen und ihrer Geschicke gedachte, bemächtigte sich ihrer die tiefste Ergriffenheit.

Manchmal erzählte sie von unserm Vater, wie unbeschreiblich schön es gewesen sei, wenn er am Flügel phantasiert habe, und dann wurde ich unbeschreiblich traurig, daß ich ihn nie gehört hatte. »Er phantasierte ebenso, wie er komponierte, so abgerundet in der Form, daß man es gleich hätte aufschreiben und drucken lassen können.« – Auch, wie bescheiden er gewesen, wie unbekümmert um den äußeren Erfolg, und dabei so sicher in dem Bewußtsein des eigenen Wertes. Oft sei sie traurig gewesen, wenn es mit der Anerkennung seiner Werke nicht so schnell gegangen wäre, wie sie es wünschte; dann habe er immer gesagt: »Sei nur ruhig, in zehn Jahren ist das alles ganz anders.« Und wenn dann alle diese Gestalten, dazu die Anzahl derer, die ich selbst noch gekannt, vor den Augen meiner Seele vorüberzogen, so ergriff es mich oft wundersam. Wie groß und vornehm schritten sie einher, wie sicher in sich selbst ruhend, wie die Sterne am Himmel ihre Kreise ziehend, keiner die Bahn des andern störend. Menschen waren sie alle, hatten ihre Fehler und Schwächen, aber groß waren sie auch alle darin, daß sie die Sache stets über die Person stellten. [Man denke zum Beispiel des jungen Joachim! Auf ihn hatte man als schaffenden Künstler hohe Hoffnungen gesetzt, seine Begabung über die von Brahms gestellt, und wie schön und selbstverständlich trat er dann hinter diesen, als er selbst dessen größere Bedeutung erkannt hatte, zurück und setzte seine ganze Kraft ein, um den Werken des Freundes den Eingang in die Herzen der Menschheit zu verschaffen. Ohne inneren Kampf war es da wohl kaum abgegangen, und andre mögen Ähnliches durchgemacht haben, ja, ich könnte sogar noch manch Beispiel anführen; aber alle] diese Kunstjünger waren sich einig in dem Streben nach den höchsten Zielen, und so vermochten sie es, sich freudig ein- und unterzuordnen. Es war eben eine große Zeit.

# Ein Versuch

Das Wunder unsres Lebens, so alt wie wir selbst und doch täglich neu, blieb uns immer die Kunst, wie sie unsre Mutter ausübte. Immer stand sie leuchtend im Vordergrund, überragte an Bedeutung alles, was das Leben sonst brachte. So wie mir meine Mutter als Mensch täglich neu erschien, so war es auch in der Kunst, und das kam wohl daher, daß nicht nur mein Verständnis stetig reifte, sondern daß sie, die ich schon als Kind nur als vollendete Künstlerin gekannt hatte, nie stehen blieb, sondern immer wieder ein höheres Ziel vor Augen sah. So erinnere ich mich zum Beispiel, daß sie mir einmal das Intermezzo in E-dur aus den vor kurzem erschienenen Fantasien Opus 116 und das Intermezzo in Cis-moll aus Opus 117 von Brahms vorspielte – wunderschön, so schön, daß ich die Stücke gar nicht aus dem Sinn kriegen konnte. Ich ging dann nach England, und als ich nach drei Monaten zurückkam, bat ich Mama, mir dieselben wieder zu spielen. Und da spielte sie sie mir, aber wie! Ich wußte nicht, wie mir geschah! »Mama«, rief ich aus, »was für Fortschritte hast du gemacht! Wie ist das möglich!« Aber worin bestand der Unterschied? Wie könnte ich ihn erklären? Früher waren es herrliche Musikstücke gewesen, jetzt Geist, Seele, Verklärung! Man hörte nicht mehr einzelne Schönheiten; wie plastische Gebilde standen sie da, in Marmor gehauen, von Leben und Innigkeit durchglüht.

Ein anderes Mal bat ich sie, mir die ersten Takte von »Schöne Fremde« aus dem Eichendorffschen Liederkreis zu spielen, den ich damals Fillu oft begleitete. Ich hatte gerade in der Zeit wieder einmal fleißig studiert und hatte das Gefühl, Fortschritte gemacht zu haben und ihr etwas näher gekommen zu sein. Mama setzte sich hin und spielte – die Tränen stürzten mir aus den Augen, und in dem Augenblick begrub ich endgültig alle Hoffnungen. Wie die Melodie aufs vollkommenste gebunden über dem ebenso streng gebundenen Baß schwebte, wie die Sechzehntel in rhythmischer Strenge sich völlig unterordneten und dabei so schön ausfüllten und wie sich alle drei: Melodie, Baß, Sechzehntel, verschmolzen zu Poesie; Poesie, ebenbürtig der des Dichters und des Komponisten! Unnachahmlich, unerreichbar dieser Anschlag!

*Frau Klara Schumann*
*der besten Sängerin*

schrieb der junge Brahms in das Exemplar seines zweiten Liederheftes, welches er ihr im November 1854 von Hamburg aus zusandte. Schöneres und Treffenderes konnte man wohl nicht über unsrer Mutter Anschlag sagen, so herrlich brachte er jede Empfindung zum Ausdruck, wie es sonst nur die menschliche Stimme vermag. Seine lückenlose Gebundenheit gab den Melodien den seelenvollen Schmelz, dem Piano die Tragweite, gab aber auch den Passagen den Glanz, dem Spiele die außerordentliche Kraft, welche schon Goethe im Jahre 1831 zu den Worten veranlaßte: »Das Mädchen hat mehr Kraft als sechs Knaben zusammen.«

Mama selbst sagte oft, sie spüre beim Spielen ihre Finger gar nicht mehr. Und mir scheint, in diesen wenigen Worten habe sie ihr Spiel charakterisiert. Nie wäre es mir eingefallen, wenn ich ihr zuhörte, an Finger zu denken; auch habe ich nie jemanden von ihrer Technik sprechen hören, sie in Rezensionen erwähnt gesehen. Wer dachte wohl bei den ungeheuren Steigerungen im »Marche des Davidsbündler contre les Philistins«, im zweiten Satz der Fantasie Opus 17, im letzten Satz der Fis-moll-Sonate, wer dachte da an technische Schwierigkeiten? Und doch sind diese Stücke, wenn man sie den Absichten des Komponisten gemäß so spielte wie meine Mutter, mit der Steigerung in der Tonstärke sowohl als auch im Zeitmaß, fast unüberwindlich schwer. Warum aber dachte man bei meiner Mutter Spiel nicht daran? Weil bei ihr die Technik nur der Diener des musikalischen Gedankens, nur Mittel zum

Ausdruck seelischen Empfindens, und weil sie als solche absolut vollkommen und unfehlbar war. Es klingt fast unglaublich und doch ist es die reine Wahrheit, daß ich sie gerade an den schwersten Stellen, so zum Beispiel in den Sprüngen am Schluß des zweiten Satzes der Fantasie Opus 17, die, will man die Sechzehntel genau nach ihrem Wert spielen, dabei gewaltiger Leidenschaft die Zügel schießen lassen, wahrhaft ungeheuerliche Zumutungen an den Spieler stellen, daß ich da meine Mutter nie habe fehlen hören. Wir Kinder wußten, daß sie da oft ihre ganze physische Kraft einsetzen mußte, aber der unbefangene Zuhörer ahnte davon nichts, und selbst ich vergaß es unter dem überwältigenden Eindruck der seelischen Kraft ihres Spieles.

Einst bewunderte ich ihren Triller, und da erzählte sie mir, daß sie denselben so vervollkommnet habe, verdanke sie einem Kritiker, der sich in seiner Beurteilung eines Konzertes von ihrem Triller nicht völlig befriedigt erklärte. »Du weißt«, sagte sie, »ich gebe im allgemeinen wenig auf Rezensionen; aber diese Bemerkung gab mir zu denken, und ich fand, daß der Mann recht hatte. Der Vater hatte mich den Triller nie besonders üben lassen, nun machte ich mich aber ganz energisch dahinter und studierte ihn, bis nichts mehr daran auszusetzen war.«

Aber auch diesen nun so wunderbaren Triller ordnete sie ganz dem geistigen Gedanken unter; er blieb immer nur Mittel zum Zweck und veränderte den Charakter je nach dem Charakter des Stückes. Wer hätte bei dem Kettentriller im H-dur-Nocturne von Chopin, in den von meiner Mutter rein instrumental empfundenen Trillern und Läufen der Romanze in F-dur Opus 118 von Brahms, in dem kleinen einleitenden Triller der von Brahms »für Frau Klara Schumann« gesetzten Gavotte von Gluck – in dem Orgelpunkttriller der sechsten Variation der E-dur-Sonate Opus 109 von Beethoven – wer hätte bei all diesen und andern Trillern an ihre technische Schönheit und Vollendung gedacht? Wen durchschauerten nicht alle Wonnen der Wehmut, lauschte er der langgezogenen sanften Klage des Trillers in dem Notturno? Wem zauberte in der Brahmsschen

Romanze die Künstlerin nicht reizende Bilder von Hirtenknaben, auf selbstgeschnitzten Rohren blasend, vom Bache, wie er über Kiesel dahinrollt, von heiterem Sommerfrieden vor die Seele? Wer konnte dem Gluckschen Triller ein Lächeln des Willkomms versagen, wenn er sich wie ein kecker Eindringling in den knappen Rhythmus der Melodie hineinzwängte? Ich und einige wenige wußten es wohl, warum er diese Wirkung hervorbrachte, wußten auch, wie schwer er war, denn meine Mutter spielte da nicht einen einfachen Pralltriller, sondern einen Triller von mehreren Schlägen, und dadurch, daß sie nicht der ersten Note des Trillers, sondern der Hauptnote, über welcher er steht, den Akzent gab, wahrte sie den strengen Rhythmus der Melodie. Woher sie aber die Zeit zu dem Triller nahm, ohne scheinbar weder die vorhergehende noch die Hauptnote zu beeinträchtigen, das konnte selbst ich nie ergründen. Und nun, wer wurde nicht im Innersten erschüttert durch die wahrhaft titanische Steigerung, wie meine Mutter sie vermittelst des Orgelpunkttrillers im Beethoven hervorbrachte? Wie ein Sturm schwoll er an, alles mit sich hinwegzureißen drohend, und kehrte dann doch durch ein wunderbares Diminuendo hindurch zu der himmlischen Ruhe des Themas zurück. – Auch hier wußte es der Eingeweihte, welch technischer Meisterschaft es bedurfte, um dem musikalischen Gedanken zum vollen Siege zu verhelfen, aber auch hier vergaß er es. Ich habe es miterlebt, daß ein Berliner Publikum im Jahre 1878 am Schluß der Sonate in nicht endenwollenden Jubel ausbrach und nicht ruhte, bis meine Mutter dem Verlangen nach einer Wiederholung des letzten Satzes nachgab.

So wie ein Denkmal gotischer Baukunst – haben wir es auch tausendmal gesehen – in seiner strengen Symmetrie, in dem gleichmäßigen, nie rastenden Aufstieg bis zum höchsten Punkt uns in seiner Erhabenheit immer wieder neu erscheint, so ging es mir mit dem Spiele meiner Mutter. Der großartige, leidenschaftliche, dabei stets logische Aufbau der Musikstücke bereitete mir wieder und wieder den höchsten Genuß; da war kein Hasten, kein Vorwegnehmen; wie nach unumstößlichen, bildnerischen Gesetzen und dabei wie unmittelbar empfunden wuchs das Werk hervor unter den Händen der Künstlerin, den Zuhörer in atemloser Spannung haltend, bis das Ziel erreicht war.

Wer die Beethovenschen Konzerte, das A-moll unsres Vaters, das F-moll von Chopin, das D-moll-Konzert von Mozart von ihr gehört hat, der wird mir recht geben, wenn ich sage, daß sie sich unauslöschlich in die Seele des Hörenden eingruben und nie wieder daraus verdrängt werden konnten. Es gibt Stücke, wie zum Beispiel die Eroica-Variationen von Beethoven, die ich nur einmal von meiner Mutter gehört habe und die genau so, wie sie sie spielte, unumstößlich in meiner Erinnerung haften geblieben sind.

Man kann sich denken, welch kostbare Lehren ich im Laufe vieler Jahre aus dem geliebten Munde vernommen und wie ich sie bewahrt habe. Als ich zum ersten Male die Cis-moll-Sonate von Beethoven studierte, nahm ich das Allegretto sehr schnell. »So kannst du das nicht spielen«, sagte meine Mutter, »das ist viel zu schnell, verliert ganz den Charakter eines Allegretto.« »Ich empfinde es aber schnell«, sagte ich, und da erwiderte sie: »Du mußt diesen Satz im Zusammenhang mit den beiden andern empfinden; er soll vermitteln zwischen dem Adagio sostenuto und dem Presto agitato; wenn du ihn aber so schnell spielst, so bildet er wieder einen zu starken Kontrast zum ersten Satz.« Nun versuchte ich ihn langsam, da wurde er aber ganz steif. Da meinte meine Mutter, ich solle die Sonate liegen lassen, bis ich reifer sei, dann werde ich anders empfinden können; und so geschah es – einige Jahre später nahm ich wie von selbst das gemäßigtere Tempo.

Als meine Mutter die C-dur-Sonate Opus 53 von Beethoven mit mir durchnahm, sagte sie mir in ungefähren Worten folgendes: »Die Schüler bringen mir jetzt öfters Ausgaben, mit eigenmächtigen Tempobezeichnungen des Herausgebers versehen. So hat er zum Beispiel über dem zweiten Thema des ersten Satzes eine langsamere Metronombezeichnung angebracht. Ich halte das für ganz falsch. Wenn ich diesen Satz spiele und du säßest mit dem Metronom dabei, so würdest du wahrscheinlich finden, daß ich in dem zweiten Thema etwas langsamer geworden bin. Das liegt in dem Charakter der beiden Themen, darf aber nie wie eine Tempoveränderung klingen und als solche vom Spieler oder Zuhörer empfunden werden; sie muß durch allmählich ruhiger werdendes Spielen der vorhergehenden Takte so vorbereitet werden, daß sie selbstverständlich wird und den Lauf des Stückes nicht aufhält. Dieselbe Regel gilt für die Rückkehr zu der lebhafteren Bewegung des ersten Themas. Man muß immer vermitteln, nie zerstükkeln; zusammenfassen, nicht zerreißen. Wo Beethoven eine Tempoveränderung wünscht, hat er sie stets vorgeschrieben.«

Nicht genug konnte sie mir einprägen, wie vorsichtig man mit den Tempowechseln in unsres Vaters Musik sein müsse; immer solle sie dem Charakter des Stückes gemäß sein; nie dürfe man ein Ritardando spielen, wo keines vorgeschrieben, nie eines über die Noten hinaus, über welchen es stehe, ausdehnen. Die ganz kurzen Ritardandi bedeuten immer nur ein leichtes Hervorheben der wenigen Noten, seien etwa so gemeint wie das kurze Sostenuto bei Chopin. – Wie sehr meine Mutter recht hatte, das empfand ich oft, wenn ich andre die Musik meines Vaters spielen hörte. Da wird zum Beispiel im letzten Satz der G-moll-Sonate das zweite Thema, wo es »etwas langsamer« heißt, manchmal halb so schnell gespielt wie das Presto. Abgesehen davon, daß es entgegen der ausgesprochenen Absicht des Komponisten ist, schlägt eine solche Tempoveränderung den ganzen Satz einfach tot, was ich nicht nur an mir selbst empfunden habe, sondern auch in der Wirkung auf das Publikum spürte. Gerade bei den phantastischen Stimmungswechseln in meines Vaters Werken ist das Zusammenfassen vermittelst der Temponahme von einschneidender Bedeutung, erfordert allerdings ein hohes Maß künstlerisch durchbildeter Gestaltungskraft. Und diese empfand man stets so lebhaft im Spiele unsrer Mutter. Als ein Beispiel aus ihren letzten Lebensjahren kommt mir die Romanze in H-dur Opus 28 unsres Vaters in den Sinn. Viele Male haben wir und die Freunde dies Stück von ihr gehört, und jedesmal entzückte und fesselte, ja, überraschte es aufs neue. Die Schönheit der Musik an und für sich, die Anmut des reizenden Fangspiels im ersten Intermezzo, die schwermütig innige Melodie des zweiten, könnten dies vielleicht zur Genüge erklären; und doch glaube ich, daß es der knappe Rhythmus der ersten Periode ist, die der Romanze die Einheitlichkeit gibt, welche sie zu einem Kunstwerk macht. Meine Mutter spielte diese erste Periode, welche im Verlaufe der Romanze viermal wiederkehrt, bei jeder Wiederkehr haarscharf in demselben Tempo und schaffte dadurch dem Stücke ein festes Fundament, auf welchem sich die Phantasie, ohne dem Ganzen zu schaden, frei tummeln konnte. Aber welch wunderbar entwickeltes Gefühl für Rhythmus gehört dazu, bei siebenmaligem zum Teil jähem Tempowechsel, wie ihn der Komponist vorschreibt, viermal mit fester Hand, haarscharf vom ersten Sechzehntel an, das gleiche Tempo zu ergreifen!

Wohl mit Recht nennt man den Rhythmus die Seele der Musik und hat auch das Wesen des Spieles unsrer Mutter aus ihm heraus zu ergründen versucht. Und was war es auch andres als der Rhythmus, der eine kleine Schülerin beim Anhören der Etüde in Ges-dur Opus 10 von Chopin in hellem Entzücken ausrufen ließ: »Oh, das sind ja lauter Schmetterlinge.« Weckte schon der Glanz der Passagen etwas wie Sommerstimmung, so konnte der Rhythmus, der mit dem siebzehnten Takte beginnenden Pianostelle, so wie ihn meine Mutter genau nach Vorschrift des Komponisten zum Ausdruck brachte, dem Zuhörer wohl bunte Sommervögel vorzaubern, wie sie in kürzerem oder längerem Fluge von einer Blume zur andern flattern, sich heben, sich senken, bald hier, bald dort in kürzester Rast sich wiegen. Und worin sonst lag die unvergleichliche Anmut des As-dur-Walzers Opus 42 von Chopin, als in der vollkommensten Verschmelzung zweier Rhythmen? Und lauschte ich der Etüde in F-moll von Chopin (Nummer 1 der drei nachgelassenen) – wie ein zarter Traum entfloß sie den Fingern der Künstlerin und nahm meine ganze Seele gefangen. Mir war, als liege ich im wogenden Grase und herrliche Blütenzweige, vom Winde leise bewegt, neigten sich zu mir und berührten mir sanft die Stirne! Und sann ich dem Zauber nach, so fand ich, daß es der wunderbaren Kunst entsprang, mit welcher meine Mutter die beiden Rhythmen: vier Achtel in der linken Hand gegen drei Viertel der rechten, zu verschmelzen wußte. Wunderbarste Freiheit des Empfindens innerhalb der Schranken des strengsten Rhythmus! In vollkommener Unabhängigkeit ging jede Hand ihren Weg und vereinigten sich doch beide zu himmlischer Poesie. Aber auch mit dem Begriff des Rhythmus allein läßt sich die Wirkung des Spieles unsrer Mutter, der Zauber, den es bis in ihr höchstes Alter ausübte, nicht erklären. »Das Unbewußte, Unbegreifliche: Klara« schrieb im Jahre 1831 gelegentlich einer Betrachtung über die Kunst Robert Schumann von der Zwölfjährigen. Ein ewig unergründliches Geheimnis, das ist das Wesen jeder Kunst, auch der wiederschaffenden, ein Geheimnis für den Künstler selbst.

Mit Zagen habe ich diesen Abschnitt begonnen, ihn einen Versuch genannt, und nun, da er zu Ende geht, muß ich mir sagen, daß er eine Vermessenheit war. Ich habe versucht, das Unaussprechliche in Worte zu fassen, Vergängliches festzuhalten. »Wenn ich einmal nicht mehr bin, dann ist alles vergessen, was ich in der Kunst geleistet habe, all mein Streben war umsonst«, so kam es in trüben Stunden über die Lippen der teuren Mutter. Jawohl, sie ist dahingegangen wie alles Sterbliche dahingehen muß, und die Form, in welche sie ihre gottbegnadete Seele goß, ist zerbrochen. Aber umsonst hat sie nicht gelebt, ihr Geist ist noch lebendig, lebt in veränderter Gestalt in der Wirkung, die er auf Tausende ausgeübt, in Kind und Kindeskindern fort. Und an die, welche er berührt hat, dachte ich, als ich schrieb. Vielleicht wecken meine Worte ein Ahnen in denen, die die Herrlichkeit nicht mitgeschaut haben, und einen Widerhall in den Herzen der wenigen, welche die Erinnerung noch mit uns teilen.

Ihnen sende ich den »Versuch« als letzten Gruß.

## Zum Schlusse

ziehe ich die Summe meiner Lebenserfahrungen, wäge Licht und Schatten, so wie sie mir auf den Weg fielen, gegeneinander ab. Viel gute Geister umstanden unsre Wiege, und dennoch ward uns Kindern das Leben nicht leicht. Ich denke dabei nicht in erster Linie an die schweren Schicksalsschläge, die, einer sich dem andern anreihend, uns von Kindheit an verfolgten, sondern mehr an unsern Entwicklungsgang, wie er unauflöslich mit dem Dasein eines überragend hochstehenden und genialen Elternpaares verknüpft, von allem Anfang an fest bestimmten Bedingungen und Beschränkungen unterworfen war. Keines von uns vorzugsweise für die Musik begabt, wurden wir Töchter doch, wie von selbst verständlich, in die musikalische Laufbahn gedrängt. Wenn mir einerseits daraus, insoweit meine eigenen Leistungen in Betracht kamen, ein lebenslanges Martyrium erwuchs, so verdanke ich anderseits der eingehenden Beschäftigung mit der Musik eine Bereicherung und Vertiefung meines Daseins, wie sie durch nichts andres hätte aufgewogen werden können. Nur eigenes Studium konnte mich in den Stand setzen, in das Wesen der Kunst meiner Eltern einzudringen und es, verstehend, zu erfassen. – Entwicklungsmöglichkeiten auf andern Gebieten wären sicherlich berücksichtigt worden, hätte sich der Drang danach unabweisbar geltend gemacht. Die überwiegende Bedeutung aber unsrer Eltern und der meisten Persönlichkeiten, mit denen wir verkehrten, wiesen uns von vornherein unsern Platz an. Als ich aus der Pension kam, fand ich sozusagen die Welt fix und fertig vor, und es fiel mir nicht ein, mich dagegen aufzulehnen; es genügte mir, zu lieben und zu bewundern, und daß ich das immer konnte, daß wir stets mit nicht nur geistig bedeutenden, sondern auch wahrhaft guten Menschen in naher und nächster Beziehung standen, betrachte ich als einen der größten Vorzüge, deren ich in meinem Leben teilhaftig geworden bin.

Die Welt beging an uns das Unrecht, uns menschlich sowohl als auch musikalisch immer nur vergleichend zu beurteilen, aber sie entschädigte uns, indem sie uns reichen Anteil gewährte an der Liebe, die sie unsern Eltern weihte, eine Liebe, die beider Hingang weit überdauerte und die sich uns noch heute in oft herzbewegender Weise offenbart.

So könnte Schatten und Licht als ziemlich gleichmäßig über unsern Lebensweg verbreitet erscheinen, wäre da nicht ein Licht gewesen, welches mit seiner Helligkeit sogar allen Schatten überflutete, und dies Licht ging aus von der Persönlichkeit unsrer Mutter, von dem innigen Zusammenleben mit ihr. Wen Tag für Tag die Liebessonnen ihres Augenpaares bestrahlt haben, wer ein Leben lang eingehüllt war in die Wärme ihres Herzens, der hat nicht im Schatten gelebt; der ist erfüllt von tiefster Dankbarkeit gegen das Geschick, welches ihm, sich des Mittels himmlischer Mutterliebe bedienend, den Glauben an ewige, unvergängliche Liebe ins Herz gesenkt hat.

# Erinnerungsbüchlein für unsere Kinder

*Angefangen von Robert Schumann in Dresden den 23. Februar 1846*
*Genaue Abschrift*

*Marie*, geboren zu Leipzig den 1. September 1841, vormittags elf Uhr, getauft den 13. darauf. Paten: die Großmutter in Berlin (Bargiel, geborene Trommlitz), Onkel Karl Sch. in Schneeberg (für ihn Buchhändler J. A. Barth), Madame Johanna Devrient in Leipzig.

*Elise*, geboren in Leipzig den 25. April 1843, vormittags neun Uhr, getauft den 6. Mai. Paten: Tante Karl, geborene Trommlitz, Frau Therese Fleischer, geborene Semmel, Herr Kaufmann Karl Voigt, Herr Buchhändler R. Friese, sämtlich in Leipzig.

*Julie*, geboren in Dresden den 11. März 1845, früh sieben Uhr, getauft den 6. April. Paten: die Stief-Großmutter Wieck, geborene Fechner, Frau Majorin Serre, Herr Geheimer Medizinalrat Carus, Herr Karl Krägen, sämtlich von hier.

*Emil*, geboren in Dresden den 8. Februar 1846, nachmittags ein Uhr, getauft den 6. April. Paten: Frau Doktor Livia Frege, geborene Gerhard aus Leipzig, Professor Eduard Bendemann und Musikdirektor Ferdinand Hiller.
Er starb am 22. Juni 1847.

*Ludwig*, geboren in Dresden den 20. Januar 1848, früh eindreiviertel Uhr, getauft den 14. März. Paten: Frau Gräfin Sophie Baudissin, Professor J. Hübner und Maler R. Reinick.

*Marie:* Heiterer, lebhafter Charakter, wenig eigensinnig, durch Güte leicht zu lenken, anschmiegend, gemütlich, liebevoll. Vortreffliches Gedächtnis für die kleinsten Begebenheiten aus ihrem kleinen Leben. Gegen Fopperei sehr empfindlich.

Zeigt zur Musik Lust; außergewöhnliche Begabung noch nicht zu gewahren. Fängt im Februar 46 zu stricken an, zeigt überhaupt Sinn für das Häusliche, Wirtschaftliche.

Spricht viel, oft unaufhörlich. Erster Schwabenstreich: leckt ein Miniaturporträt der Mutter, das ich ihr, als die Mutter in Kopenhagen war, zum Ansehen gab, rein auf und ab.

*Elise:* In vielem das Gegenteil von Marie; starrköpfisch, sehr unartig, mußte oft die Rute fühlen, ißt und trinkt außerordentlich gern; kann aber auch ausgelassen lustig sein; zeigt sich humoristischer als Marie, oft auch sinnend, wie über etwas nachdenkend. Durch eine zu nachgiebige Amme frühzeitig verwöhnt. Stampft mit Füßen und Händen, wenn etwas nicht nach ihrem Willen geht.

Dem kleinen Veilchen gleich,
Das im Verborgnen blüht,
Sei immer fromm und gut,
Auch wenn dich niemand sieht.

---

Alle Menschen groß und klein
Spinnen sich ein Gewebe fein,
Wo sie mit ihren Scherenspitzen –
Gar zierlich in der Mitte sitzen;
Wenn nun darin ein Besen fährt,
Sagen sie, es wär' unerhört,
Man habe den größten Palast zerstört.

Diese Verschen habt ihr oft auswendig hergesagt, Marie und Elise!

Marie auf einem Spaziergang abends auf den Abendstern zeigend: »Nicht wahr, Papa, der Stern steht dort neben dem Mond, damit der nicht so allein ist.«

Marie, den 22. Februar 1846 abends in die Höhe blikkend: »Lieber Gott, wirf mir ein paar Sternchen herunter.«

Fast tägliche Spaziergänge Mariens mit mir in Dresden, auch bei schlechtem Wetter.

Zählen und Reime suchen lassen, eine häufige Beschäftigung mit Marie.

Marie und Elise singen gern und viel, haben helle, klare Stimmen, namentlich Elise eine starke.

Pisch, pisch, pisch, Soldatenkind,
Wenn dein Vater mit der Mütze kimmt,
Schlägt er dich auf deine Mütze,
Geht es immer bumm, bumm, bumm.
Kinderlied

Bauer, Bauer, Kessel,
Wer sitzt drinnen?
Die hübsche Katherine!
Was macht sie?
Sie schleißt Federn –
Morgen tragen wir Wasser ein,
Fällt der ganze Kessel ein!
Kinderlied

»Die Frau Magistern« in Leipzig. »Christiane« (Amme) Figuren aus euren ersten Lebensjahren!

### Ammenuhr

Der Mond, der scheint,
Das Kindlein weint,
Die Glock schlägt *Zwölf*:
Daß Gott doch allen Kranken helf!

Gott alles weiß,
Das Mäuslein beißt,
Die Glock schlägt *Ein*:
Der Traum spielt auf dem Kissen dein!

Das Nönnchen läut'
Zur Mettenzeit,
Die Glock schlägt *Zwei*:
Sie gehn ins Chor in einer Reih!

Der Wind, der weht,
Der Hahn, der kräht,
Die Glock schlägt *Drei*:
Der Fuhrmann hebt sich von der Streu.

Der Gaul, der scharrt,
Die Stalltür knarrt,
Die Glock schlägt Vier:
Der Kutscher siebt den Haber schier.

Die Schwalbe lacht.
Die Sonn erwacht,
Die Glock schlägt *Fünf*:
Der Wandrer macht sich auf die Strümpf!

Das Huhn gagackt,
Die Ente quackt,
Die Glock schlägt *Sechs*:
Steh auf, steh auf, du faule Hex!

Zum Bäcker lauf,
Ein Wecklein kauf,
Die Glock schlägt Sieben:
Die Milch tu an das Feuer schieben!

Tu Butter 'nein
Und Zucker fein.
Die Glock schlägt *Acht*:
Geschwind dem Kind die Supp gebracht!

Aus des Knaben Wunderhorn

Die Geschichte von der Blutwurst, die die Leberwurst zu Tische bittet, erzählte Lieschen auf sehr drollige Weise.

Den 26. März macht Marie ihren ersten Weg allein zum Großpapa; sie kam sehr glücklich zurück. Ich fange jetzt an, ihr die Tasten auf dem Klavier zu lehren.

Für Naturschönheiten (Sonnenuntergang, Gewitter und so weiter) zeigen Kinder noch wenig Sinn, wie ich oft bemerkt.

Julie entwickelt sich langsamer, vielleicht infolge weil sie zu spät eine Amme bekommen, dreizehn Monate alt kann sie weder gehen, noch viel mehr als »Papa« sagen. Dagegen macht Musik großen Eindruck auf sie, und sie fängt gleich hellauf mitzusingen an. Ein zartes, sensibles Pflänzchen überhaupt.

Dienstfertigkeit und Gern-Geschäftigkeit der Kinder.

Vom 10. bis 13. Mai Besuch in Maxen mit der Mutter und Marie.

Schöne Gartenanlagen, viele Hunde, gute Mahlzeiten. Der Schafstall. Der Kegelschub. Die Bienenkörbe.

Mariens erstes Freundschaftsbündnis mit Helmchen (Hentschel) –

Mai 1846.

Herr Bendemann, Herr Hiller, Herr Gade, Madame Hiller und der schöne Ball.

Namen zur Erinnerung für Marie; desgleichen Herr Mendelssohn und Frau Doktor Frege aus Leipzig.

Den 25. Mai mit Marie und Elise für einige Wochen aufs Land nach Maxen gezogen.

Vergnügen der Kinder. Die Frau Majorin. Herr Kohl. Die amerikanische Schaukel. Kleine Ausflüge auf die Buschschenke, in den Schlottwitzer Grund. Die Schmetterlingkappe. Herr Krägen. Frau von Berge. Miß Margaret.

Marie erzählend: Lieschen habe sie mit Kreide neulich so beschmiert, daß sie ausgesehen hätte wie ein *weißer Mohr.*

Den 7. Juni hat Papa (das erste Mal in seinem Leben) ein Vogelnest gefunden, Geduld also immer, liebe Kinder! Was sechsunddreißig Jahre lang nicht gelungen, es gelingt einem oft noch am ersten Tag vor dem siebenunddreißigsten, wie mir heute zu meiner Freude.

Später kamen auch Julchen und Emil mit der Amme nach Maxen nach; allen bekommt die Landluft vortrefflich, namentlich auch Julchen, die seither immer kränkelte und sich überhaupt nur sehr langsam entwickelt.

Den 28. Juni fuhren die Kinder wieder in die Stadt; sie gingen sehr ungern fort.

Den 6. Juli reisten wir in das Seebad nach Norderney und ließen die Kinder unter Elwinens Aufsicht in Dresden zurück. Marie und Elise ließen wir während unsrer Abwesenheit die Kinderspielschule des Dr. Frankenberg besuchen, wo sie sich sehr vergnügen.

Den 26. August kamen wir vom Seebad zurück und trafen die Kinder zu unsrer Freude ganz wohl und munter an.

Marie fängt an, die Buchstaben zu lernen.

*Dresden, den 29. März 1847*

Große Reisen, wichtige Begebenheiten für euch, namentlich Marie und Lieschen, liegen zwischen obigen und diesen Zeilen.

September und Oktober wurden ziemlich still und im alten Gleis in Dresden zugebracht. Mit Marie machte ich oft Spaziergänge, auch weitere, sie klagt mir oft, »daß sie nichts zu arbeiten habe«. Die Kinderschule scheint ihr nicht mehr zu genügen. Den 17. September zogen wir von der Seegasse auf die Reitbahngasse Nummer 20, in ein helleres, auch der Sonne zugängiges Logis. Solche Umzüge sind auch für die Kinder immer Begebenheiten, sie helfen und packen gern mit.

Aber im November erst bereiteten sich große Dinge vor; Anstalten zur Reise nach Wien wurden getroffen, Marie und Lieschen sollten mitgenommen werden, und endlich den 23. November früh sechs Uhr ging es fort, zur Freude der Kinder. Julchen und der Kleine bleiben unter Elwinens Aufsicht in Dresden zurück.

Die Reise amüsierte die Kinder sehr; sie hielten sich tapfer und erfreuten uns durch ihre Willigkeit, fanden sich auch artig in Unangenehmeres, wie es alles Reisen mit sich bringt. Von Prag ging es durch Dampfwagen weiter. Das war erst eine Lust, und kurz vor Wien ließ Lieschen mit heller Stimme ihr »Kommt ein Vogel geflogen« erschallen mit humoristischen Varianten. Den 27. kamen wir in Wien an. Da ließen sich nun ganze Seiten voll schreiben.

So ruft euch in späterer Zeit namentlich in Erinnerung: Der Stephansturm, die Bastei, das Pachersche Haus mit Elise und ihrer Schwester Emilie, wo ihr es euch oft köstlich munden ließet – Fanny, euer Dienstmädchen – Ignaz, unsern Bedienten – Herrn Fischhof, Herrn Likl, Herrn Hanslick, die euch öfter beschenkten – zuletzt die Lind, die euch oft liebevoll auf den Knien wiegte. Die letztere ist eine große Sängerin, deren Namen euch noch oft genannt werden wird. Auch loben muß ich euch, daß ihr euch fast durchgängig artig und bescheiden aufführtet, so daß wir euch mitgenommen zu haben uns immer freuten. Auch die Rückreise von Wien, die wir bei ziemlicher Kälte den 21. Januar 1847 antraten, bestandet ihr tapfer, und es fehlte nicht an allerhand Amüsantem. So besuchte Marie in Brünn zum erstenmal das Theater, so auch dasselbe in Prag. Namentlich in Prag schmeckte euch die vortreffliche Küche im Gasthof »Zum schwarzen Roß«. Aber so herrlich und in Freuden soll man nicht das ganze Jahr leben. Darum war es gut, daß ihr bald wieder in eure alte Gewohnheit zurückkamet in Dresden, wo wir den 4. Februar anlangten.*

* Die Herausgeberin kann es sich nicht versagen, hier eine ihrer Lieblingsgeschichten, die sie unzähligemal aus Mariens Munde gehört hat, einzuflechten. Des Papas kleine Mädchen, die sechsjährige Marie und Elise, viereinhalb Jahr, wären ihm ja in der großen Stadt eines Tages beinahe verloren gegangen. »Die Mama war ausgegangen«, so erzählte Marie, »und da frug uns der Papa, ob wir wohl den Weg zu Doktor Fischhof wüßten. Ganz zuversichtlich antworteten wir: ›Ja!‹, und da gab er uns einen Brief, den wir bei dem Herren abgeben sollten. Nun wohnte derselbe zwar in demselben großen Häuserblock wie wir, dem Gundelhof, aber ganz einfach war der Weg doch nicht, und wir befanden uns plötzlich auf dem Stephansplatz und blickten ratlos umher. Den Heimweg wußten wir nicht, ja nicht einmal den Namen der Straße, in der wir wohnten. Wir fin-

Julchen fanden wir, obgleich noch immer sehr zart und schwächlich, doch vorwärts gekommen. Emil dagegen elend und kränklich. Er nimmt noch an nichts teil, klagt und nörgelt den ganzen Tag; kein Lächeln ist ihm abzugewinnen und keine stärkende Arznei will anschlagen.

Julchen gleicht im Äußeren etwas Marien, ist aber viel stiller und eigensinniger und geistig um ein Jahr im Verhältnis zu Marien, wie diese zwei Jahre alt war, zurück. Lieschen erinnert mich sehr an meine verstorbene Mutter, eure Großmutter. Sie zeigt sich noch immer humoristisch, oft ausgelassen lustig, oft in sich gekehrt und ohne allen Grund ungezogen und eigensinnig. Doch machte sie uns viel Freude durch ihre spaßhaften Einfälle, ihren erfinderischen Witz und auch durch ihr originelles Äußere.

Dick und fett waren beide auf der Reise geworden.

Ein Versprechen der Eltern, nach Berlin zu kommen, wo Papa eine Komposition von sich (die Peri) aufführen sollte, entführte sie den Kleinen auf sechs Wochen wieder. Marie war in der Zeit nicht müßig gewesen und hatte bei ihrer Tante, Marie Wieck, Klavierunterricht angefangen. Wir freuten uns, fünf bis sechs kleine Übungsstücke gut eingelernt von ihr zu hören, noch mehr, daß sie Lust und Fleiß zeigt, wie sie denn immer gleich ans Klavier rennt, wenn es offen steht.

Lieschen fängt nun an zu stricken.

Den 25. März kamen die Eltern wieder von Berlin zurück.

Graf Baudissin und Frau hatten die Kinder oft zu sich gebeten und namentlich Lieschen recht liebgewonnen.

Schmerz über ein gutes Kind, das zum erstenmal eine Unwahrheit sagt.

gen an, uns zu fürchten, denn man hatte uns erzählt, daß die überall herumstehenden Rattenfänger aus Böhmen gerne kleine Kinder einfingen. Da, in unserer höchsten Not sahen wir plötzlich wie einen Engel des Himmels die Mama auf uns zukommen. Sie war entsetzt, uns allein mitten in der großen Stadt zu finden, nahm uns nach Hause und machte dem Papa Vorstellungen. Der aber blieb ganz ruhig und sagte, die Kinder hätten ihm ja versichert, sie wüßten den Weg.«

*Dresden, den 30. Juni*

In der Nacht vom 21. zum 22., früh zweieinhalb Uhr, starb unser kleiner Emil. Er war fast immer kränklich – hat wenig Freuden auf der Welt gehabt. Nur einmal habe ich ihn lächeln gesehen, den Morgen früh, als ich Abschied von ihm nahm, wie wir nach Wien abreisten. Mittwoch den 23., abends sechs Uhr, wurde er begraben.

Ihr Kleinen fühltet noch nicht, was ihr verloren habt.

Seit dem 1. Juni war Emil mit Julchen auf dem Land, in Schärtnitz, eine halbe Stunde von hier. Julchen, auch noch schwächlich, bekömmt die Luft und die frische Milch gut. Emil sollte aber nicht genesen.

Julchen ist mit Elwine noch immer in Schärtnitz geblieben und soll es den ganzen Sommer.

Marie und Lieschen – ihr wart immer wohl und oft recht vergnügt. Marie kann nun zweiundzwanzig Übungen auf dem Klavier; am 8. Juni, dem siebenunddreißigsten Geburtstag des Papa, hat sie ihm sogar ein Stückchen von Papa selbst vorgespielt, das hieß so:

Lieschen denkt aber noch an kein Lernen; manches lernt sie spielend durch Marie, so die Zahlen und Buchstaben.

Dich, Marie, wollte die gute Mama, die dich schon das Klavier lehrt, auch Lesen und Schreiben lehren und hat dir auch viel beigebracht. So fleißig aber, wie du hättest sein sollen, warst du doch nicht. Das wird aber in Zukunft besser, denn du tust immer gern, was die Eltern wünschen.

Eine Erkältung, die sich Marie in der letzten Zeit zugezogen, hat sich auf ihr Gehör geworfen, so daß sie gar nicht gut hört. Wir hoffen aber, daß es bald wieder vorübergehen wird.

Eine Gespielin auf einige Tage für euch war die kleine Louise Viardot, das Kind der berühmten Sängerin; aber es kann kaum verschiedenere Kinder geben, da ging denn auch nicht alles zum Guten ab; aber Eindruck machte die kleine Französin doch bedeutenden, namentlich auf Marie.

Spaziergänge haben wir mit euch sehr viel gemacht, fast täglich. Einmal waren wir auch mit Marie in Maxen.

Marie sagte einmal: »Gott hat alles gemacht, Menschen und Tiere und die ganze Welt – und wenn Gott nicht wäre, so gäb's auch keinen Gott.«

Seit dem 1. Juni gingt ihr nicht mehr in die Kinderspielschule, da sie im ganzen zu wenig Nutzen brachte, auch die Kinder selbst nicht mehr amüsierte.

*Dresden, den 21. September*

Seit dem 1. September ist Julchen wieder von Schärtnitz herein und bereits der Eltern großer Liebling. Der Landaufenthalt hat sie sehr vorwärts gebracht, sie ist kaum wiederzuerkennen und namentlich verständiger und klüger geworden, dabei sehr lustig und lieblich. Sonst hat sie das Ansehen eines anderthalbjährigen Kindes, so klein und zart ist sie.

Marie feierte ihren sechsten Geburtstag sehr vergnügt. Gade aus Leipzig kam gerade zur Bescherung.

Lieschen strickt jetzt alle Tage; vor der Schule zeigt sie große Furcht, während Marie sich darauf freute. Gestern (Montag) war der große Tag, wo sie (Marie), die Schiefertafel unter dem Arm, zum erstenmal in die Lese- und Schreibschule wanderte, Waisenhausstraße 2, vier Treppen hoch bei Madame (Name fehlt). Sie kam sehr glücklich nach Haus wieder und meinte: sie möchte den ganzen Tag in die Schule gehen. In vier Wochen, sagte ich ihr, wolle ich sie wieder daran erinnern.

Eine sehr einfache Schaukel in der Gartenlaube war der Kinder Hauptpläsir. »Domino« und »Glocke und Hammer« spielt namentlich Marie mit wahrer Leidenschaft.

Im Klavierspiel rückt Marie langsam vorwärts, da sich leider so wenig Zeit findet, wo sie Papa durch ihr Spielen nicht stört. Von den Tonleitern kann sie fünf (bis E-dur), außerdem gegen zwanzig Übungen.

*Dresden, den 28. Januar*

Euer Leben, liebe Kinder, wurde in der Zeit vom September bis heute durch keinen Unfall, kein Leid getrübt. Ihr gedeiht recht lieblich und macht euren Eltern Freude.

Einen großen, unwiederbringlichen Verlust hat in dieser Zeit die Welt erlitten, den auch du, Mariechen, in späteren Jahren einmal ermessen wirst. Felix Mendelssohn starb am 4. November. Er war Mariens Pate, und du besitzest einen schönen silbernen Becher mit seinem Namen von ihm. Den halte wert!

Weihnachten wurde mit viel Jubel begangen.

Vom 1. Januar an gingt ihr wieder in Doktor Frankenbergs Schule, da die andre, in die wir Marie geschickt, nicht sonderlich geleitet schien und dem kindlichen Fassungsvermögen unmögliche Dinge zumutete.

Am 20. Januar früh eindreiviertel Uhr bekamet ihr ein Brüderchen, ein starkes, gesundes Kind. Vergiß nicht, Mariechen, wie ich dich in der Nacht aus dem Bett holte und dir den Ankömmling zeigte.

Das Klavierspiel ruht jetzt. Dagegen zeigt Marie Sinn und Lust für das Zeichnen. Auch ihr Gehör ist jetzt feiner und musikalischer, wie ich mit Vergnügen an den Liederchen merke, die sie manchmal singt.

Julchen ist ein zierliches Püppchen; ein so nettes, manierliches Kind ist mir noch nie vorgekommen.

Lieschen wird stark und dick, ein Kind, wie es sein muß. Marie bleibt schlank.

Behüt euch Gott ferner so gnädig.

*Dresden, den 13. Oktober 1848*

Ludwig gedeiht zu unsrer Freude auf das herrlichste. Mama sagt, »er könne uns allen gefährlich werden.« Er hat eine sehr gute Amme. Mit Julchen will es nicht vorwärts; sie bleibt klein und mager; doch zeigt sich oft, daß ihr Verstand nicht so zurück ist, wie man nach dem kleinen Körper glauben sollte. Auch eigensinnig ist sie und beinahe teilnahmlos bei den Spielen der älteren Geschwister.

Marie und Elise gehen seit dem 1. Oktober in die ordentliche Schule (eines Herrn Mühl). Sie haben Lust am Lernen, namentlich zeigt sich Marie eifrig, und, wie immer außerdem, gut und folgsam. Auch Lieschen hat gute Anlagen und bleibt sich sonst ihrem Wesen treu. – Außerdem besuchen sie seit einem halben Jahr die Klavierschule von Fräulein Malinska und spielen alle Tonleitern bereits und auch Stückchen. Papa hatte zu Mariens Geburtstag ein ganzes Heft Kinderstückchen beschert, die ihm selbst die größte Freude gemacht.

Im übrigen waret ihr alle von Krankheit frei – und wir müssen wohl dankbar gegen den Himmel sein, daß er euch immer so gnädig bewahrte.

*Dresden, den 22. Juni 1849*

Lange hat der Papa geschwiegen, weil er in der Zeit sehr viele Noten geschrieben und sonst auch die Zeit eine sehr unruhige war, die bewegteste, die die Welt seit Jahrhunderten gesehen, davon später. Ihr seid uns, lieben Kinder, alle wohl und gesund erhalten geblieben. Nur Marie war in den letzten Wochen des März so sehr krank, daß oft Mama und Papa so traurig, wie sie nur sein konnten, an ihrem Bette saßen. Es war, wie der Doktor Helbig vermutete, eine Krankheit in der Herzgegend. Sehr langsam erholtest du dich, liebe Marie – und als du ganz wohl warest, waren wir unsäglich vergnügt.

Das allerwichtigste Ereignis war unsre Flucht in den Revolutionstagen, den 5. Mai – Sonnabend, wo wir in der ersten Hast nur Marie an der Hand mit fortrissen. Mit dir, Marie, ging es mit dem Dampfwagen über Dohna nach Maxen zu Major Serres. Montag darauf holte Mama, da es für Männer gefährlich war, die Stadt zu besuchen, die andern alle nach. Bis Donnerstag blieben wir in Maxen. Aber Freitag zogen wir nach *Kreischa,* und des hübschen Aufenthaltes während beinahe fünf Wochen, der schönen Bäume und Felder, der schönen Brunnen und Quellen, des Kuckucks, der Maiblümchen, der Kinder des »Herrn Baron« werdet ihr euch wohl noch lange erinnern. Namentlich hat die Landluft Julchen sehr gekräftigt, ob sie gleich nicht wachsen will.

Damit ihr in Kreischa nicht gar zu müßig waret, schickten wir euch in die dortige Dorfschule, und es freut mich sehr, euch älteren, Marie und Elise, das Zeugnis zu geben, daß ihr an der Schule und am Lernen Freude zu haben scheint und euren Eltern damit Freude macht.

Den 12. Juni zogen wir wieder in die Stadt.

Mariens musikalisches Talent zeigt sich immer mehr; sie hat Lust, Liebe, gutes Ohr, vortreffliches Gedächtnis – und fängt schon an, aus sich heraus zu singen und kleine Melodien zu Kindergedichten zu erfinden. Leider gibt es ja wenig Zeit zum Üben auf dem Klavier – aber auch dafür muß Rat geschafft werden.

Auch Lieschen hat viel Lust zur Musik. Ludwig desgleichen trällert.

Julchen zeigt öfters lebhafte Geistesanlagen, nebst außerordentlicher Eßgier – macht sehr oft drollige Äußerungen.

Seit einigen Monaten geht sie in Doktor Frankenbergs Kindergarten – die älteren, wie früher, zu Herrn Mühl in die Lernschule und zu Fräulein Malinska in die Klavierschule.

Gott mit euch!

Der Tod eines guten Bruders eures Papa (am 9. April) – also eures Onkels – fiel auch in diese Zeit. Marie und Lieschen hat er oft auf dem Schoß gehabt; ihr wohntet den ganzen Winter über, wo wir in Rußland waren, bei ihm in Schneeberg.

Jetzt habt ihr nur noch einen Großonkel (in Greiz), eine Großtante (Weber, jetzt hier in Dresden), einen Cousin (Richard S. in Gleichen), dann vier Cousinen, zwei Töchter von Karl Sch. – *Rosalie* und *Anna*, und zwei von Julius Sch. – *Emilie* und *Mathilde* Schumann. Dies sind aber nur die Verwandten von Papas Seite.

*Den 5. Juli*

Ein Geschichtchen fiel mir gestern ein, nehmt euch ein Exempel daran –

*Bleibe jeder in seinem Element!*

– Den Fischen wurde es zuletzt zu langweilig im Wasser – »was«, sagten sie – »draußen sieht alles so schön grün, ist die Sonne so warm, und von allem merken wir nichts in unserm Wasser«, und nun verschworen sie sich untereinander und sagten: »Wir trinken den ganzen Teich aus« und fingen an zu trinken und zu trinken, bis er leerer und leerer wurde. In höchsten Jubel gerieten sie, als sie endlich im Trockenen saßen und die Sonne so warm auf sie schien. Aber, aber nicht lange dauerte der Jubel – von Augenblick zu Augenblick wurden sie matter und hinfälliger – an keinem Trunke Wasser konnten sie sich erlaben – sie starben eines elenden Todes.

Bleibe jeder in seinem Elemente.

## Sprüche fürs Leben
## Von F. Rückert

Sich im Spiegel zu beschaun,
Kann den Affen nur erbaun.
Wirke! nur in seinen Werken
Kann der Mensch sich selbst bemerken.

*

Was du willst ausschließlich treiben,
Mußt du schätzen überwichtig,

Würdest ja es lassen bleiben,
Wenn du's sähest an als nichtig.

*

Auch der Reichtum ist eine Kraft,
So gut wie Weisheit und Stärke,
Kann werden nicht minder ehrenhaft,
Verwendet zum Menschheitswerke.

*

Mal immer deine Zimmer aus,
Daß sich daran dein Aug' erquicke;
Laß außen ungeschmückt dein Haus,
Daß es nicht reize Feindesblicke.

*

Sei freundlich beflissen
In deinem Hause den Pilger zu laben,
Weil, ohn' es zu wissen,
Schon manche so Engel bewirtet haben.

*

Auf das, was dir nicht werden kann,
Sollst du den Blick nicht kehren;
Oder ja, sieh recht es an,
So siehst du gewiß, du kannst's entbehren.

*

Prahl nicht heute: morgen will
Dieses oder das ich tun,
Schweige doch bis morgen still,
Sage dann, das tat ich nun.

Gesell dich einem Bessern zu,
Daß mit ihm deine bessern Kräfte ringen,
Wer selbst nicht weiter ist als du,
Der kann dich auch nicht weiter bringen.

*

Wem du einmal hast wehgetan,
Und tust du tausend Guts ihm an,
Du darfst dafür dir nicht versprechen,
Daß er nicht einst das Weh wird rächen.

*

Herz, laß dich's nicht berücken,
Daß nach Verdienst nicht wird gelohnt auf Erden,
Verdiente Kronen schmücken, unverdiente drücken,
Wie sich auch ihre Träger stolz gebärden.

*

Nicht der ist auf der Welt verwaist,
Dessen Vater und Mutter gestorben,
Sondern der für Herz und Geist
Keine Lieb' und kein Wissen erworben.

*

Klage nicht, daß dir im Leben
Ward vereitelt manches Hoffen,
Hat, was du gefürchtet eben,
Doch auch meist dich nicht betroffen.

*

Wenn du die Welt willst sehn
Und ihre Gestalten fassen,
Mußt du drauf aus nicht gehn,
Dich selber nur sehn zu lassen.

Tu, was jeder loben müßte,
Wenn die ganze Welt es wüßte;
Tu es, daß es niemand weiß,
Und gedoppelt ist dein Preis.

*

Was du Ird'sches willst beginnen, heb zuvor
Deine Seele im Gebet empor.
Einen Prüfstein wirst du finden im Gebet,
Ob dein Ird'sches vor dem Göttlichen besteht.

*

Wahrheit ist das leichteste Spiel von allen,
Stelle dich selber dar,
Und du läufst nie Gefahr,
Aus deiner Rolle zu fallen.

*

Deines Herzens Güte
Magst du daran erproben,
Ob du von ganzem Gemüte
Das Gute kannst an deinem Todfeind loben.

*

Wer die Hand, die strafend schlägt,
In demselbigen Moment
Herzlich lieben kann, der trägt
Liebe, die den Tod nicht kennt.

*

In jedem Klotz, in jedem Stein
Ein Götterbild versteckt mag liegen,
Doch muß, wer es heraus will kriegen,
Bildschnitzer oder Bildhauer sein.

Nicht jedes Lächeln laß geschwind
Dich rühren, und nicht jede Träne,
Das Krokodil weint wie ein Kind,
Und wie ein Mensch lacht die Hyäne.

*

In Sommertagen
Rüste den Schlitten,
Und deinen Wagen
In Winters Mitten.

*Geschrieben in Maxen im Juni 1846.*

### Von E. M. Arndt

Wilst du glücklich sein, bete täglich zu deinem Gott, deiner Schönheit und Liebe.

Zermalme täglich deinen Ehrgeiz, deine Eitelkeit, daß du ein heiterer und kräftiger Kämpfer werdest.

Nichts als Mut fehlt dir und Wegwerfen der Sorge für morgen, um glorreich durchzukommen, *Heiterkeit!*

Leid frißt den Mut,
Denk, diese Welt und du seist gut.
Leid löscht den Geist und den Verstand,
Die Freud' ist Gottes Feuerbrand.

*

Geld und Gut macht Mut; die Furcht des Herrn aber viel mehr. Jesus Sirach.]

*

Auf der vorletzten Seite des Erinnerungsbüchelchen finden sich folgende Eintragungen:

*Paul Ferdinand*, geboren in Dresden den 16. Juli 1849, nachmittags eineinhalb Uhr, getauft den 25. September. Paten: Frau Minister Oberländer, Herr Advokat Felix Güntz und Konzertmeister Franz Schubert von hier.

*Eugenie*, geboren in Düsseldorf den 1. Dezember 1851 in der ersten Stunde des Tages (* Minuten vor ein Uhr), getauft den 31. Januar 1852. Paten: Frau Doktor Hasenclever, geborene Schadow, Fräulein Leser, Herr Professor Theodor Hildebrandt und Doktor Wolfgang Müller.

Auf der letzten Seite stehen die Worte:

Ein Prediger Schumann war einer der ersten, der am Hofe Heinrich des Frommen in Freiberg das Abendmahl lutherisch reichte (1531–32).

Siehe Böttigers Geschichte von Sachsen,
Band I, Seite 484.

# Gedichte
von Felix Schumann

## Am Grabe Robert Schumanns[1]

Vor dein Grab, o Vater, tret' ich sinnend,
hänge um den Stein den Kranz aus Lorbeer,
Liebe und Verehrung half ihn flechten
Dir, dem nie Geschauten, der mich zeugte.
Myrthen sah ich blühn, Zypressen träumen
und Platanen kühle Schatten breiten,
Vögel singen, Schmetterlinge schwärmen
selig still gleich Ewigkeitsgedanken –
Hier in einsam lieblicher Verträumnis
hat man deinen Erdenstaub gebettet,
aber hoch im wolkenlosen Äther
lauscht dein Geist der Harmonie der Sphären.
Doch was zuckt die Lippe mir so schmerzlich?
Quillt so heiß und wehmutsvoll die Träne
aus dem Auge mir, dem tränenschweren?
Bin kein Weib, zu weinen jeder Regung,
bin kein Weib, dem Toten noch zu klagen!
Meine Tränen fließen nicht dem Einen,
fließen allen staubgebor'nen Menschen!
Vor mir zieht vorbei die Welttragödie
und das große, erzbewehrte Schicksal!
Auf der Zeit unbänd'gem Flügelrosse
stürmt es durch der Menschheit dichte Reihen.
Throne bersten, Königreiche sinken
und Tyrannen kleiden sich in Purpur.
Wer beglückt, muß selbst dem Glück entsagen,
und der Werke Opfer wird der Meister.
Wirf in eine Schale alle Wonnen,
die du schöpftest aus dem Meer des Lebens,
in die andre allen Gram und Jammer,
zweifelst du noch, welche sinken werde?

1 Alle Gedichte aus dem Nachl. Eug. Schumann, STA Bonn, wo sie teils in hand-, teils in maschinenschriftlichen Abschriften, teils in Autographen von Felix selbst vorliegen.

Oder raff' in eine Faust zusammen
all das Unbegrenzte, was du nicht weißt?
Türme Pyramiden aufeinander,
wälz' die Alpen auf der Anden Gipfel,
wirst der Götter Wolkenburg nicht stürmen
und herabschaun in das Weltgeheimnis!

Doch was hör' ich? Tausendstimm'ges Tönen,
gleich dem Rufe dunkler Geisterstimmen?
Um mich scheint's zu leben und zu weben,
goldner Glanz umfließt der Bäume Kronen,
überall titanenhaftes Ringen,
nach dem Licht ein wunderbares Streben!
Oben tragen sel'ge Himmelsboten
die erlöste Seele in die Wolken,
drunter eilt im Flügelkleid die Peri,
im Gesicht das weiblich stille Hoffen!
Töne schallen heil'ger Büßerinnen,
Himmel scheint zur Erde sich zu neigen,
goldgelabte Engelshäupter lächeln
in den Strom der Melodien verschlungen.
Ganz im Anschaun möchte sich die Seele
in dem Hauch der Töne ganz verlieren!
Welt und Schicksal, Zeit und Raum versinken
in des Wohllauts unerforschte Tiefen,
und des Daseins Kreislauf fließt zusammen
in ein einzig himmlisches Empfinden.

Hebt mich auf, ihr reinen Lichtgestalten!
In dem Äther möcht' ich mit euch wohnen!
Doch wo seid Ihr? In die Luft zerflossen?
Während ich noch an dem Grabe stehe?
Einen nur noch seh' ich dort in bleichen,
schwarzumlockten Dulderangesichten:
kenn' dich wohl, o Manfred, Himmelstürmer,
kenne dein dämonisch finstres Kämpfen,
blickst mich an, so seltsam, markerschütternd,
seufzest und entschwindest –

Stille senkt den Fittig sanft hernieder
auf den efeugrünen Totenhügel,
Rosen blüh'n und Immergrün dazwischen
ew'ger Jugend wunderholdes Sinnbild.
Abgetrocknet hab' ich meine Tränen,
friedensandacht läutet durch die Seele,
fühle Kraft, dem Höchsten nachzuringen,
und die Furcht, dem Schicksal zu entweichen.
Von der Myrthe brach ich eine Blüte
und dazu den Zweig von Grabzypresse,
Tod und Leben schwesterlich umschlingend –
sei's mir ein Gedenken dieser Stunde.

## Studentenlieder

Im faulen Pelz in lauer Nacht,
da hab' ich manchen Tag verbracht,
da hab' ich manches Glas geleert,
und manchen Batzen froh verzehrt,
da hab' ich bei der Fidel Klang
gesungen manchen frohen Sang,
da hab' mit Schelmerei und List
ich oft der Schenkin Mund geküßt .

Im faulen Pelz in lauer Nacht
da hab' ich manches Lied erdacht,
da hab' ich mit dem Gerstensaft
erneut die schlaffe Dichterkraft,
und an der Liebe Mutterbrust
gesogen neue Lebenslust.

*

Nun blühen die Rosen wieder,
Kirschblüten regnen nieder,
Es ist der alte Lauf.

Da blüht in meinem Herzen
Die Lust nach alten Scherzen,
Nach Tanz und Liebe auf.

Ihr Alten und ihr Jungen,
Nur immer n'ausgesprungen,
Da hab' die Arbeit Ruh'!

Und wem zu steif die Beine,
Der sitze her zum Weine,
Und seh' dem Treiben zu!

Ihr lieben guten Leute,
Die Erde ist auch heute
Noch immer jung und neu.

Und jedes rechte Pärchen
Erlebt das alte Märchen
Als wenn's das erste sei.

*

Ja, wenn der Verstand nicht wäre,
Wär' es wohl mit uns bestellt,
Gaudeamus säng die Erde,
Und im Rausche wär' die Welt.
Leben würden wir wie Götter
Wüßten nichts von Zeit und Raum,
Und das ganze Erdenweben
Wäre ein beglückter Traum.

## Naturgedichte

Der Vogelfänger zog, juchhei,
Zum sonnigen Buchenhaag,
Die Vögel sangen Tandaradei
Und zwitscherten Guten Tag.

Er stellte die Netze in gute Reih':
Ihr armen Vöglein, o weh!
Da sangen sie nicht mehr Tandaradei
Und er sang nicht mehr juchhe.

»Du bunter Buchfink, ich lass' dich frei,
Bist ein zu drolliger Tropf.
Du grüner Zeisig, warum so scheu?
Nur sachte, du Wiederhopf!«

Er ließ sie fliegen, eins, zwei, drei,
Sie schwirrten wohl munter hinaus;
Da sangen sie wieder Tandaradei
Und er zog jodelnd nach Haus.

*

Wollt ihr Wolken gar nicht weichen?
Sonne, willst du nie mehr glüh'n?
Frühling gibt noch gar kein Zeichen
Und die Erde wird nicht grün.

Und die Linde streckt noch immer
Traurig ihre Äste aus,
Und der Rauch steigt aus dem Zimmer
Immer noch zum Dach hinaus.

Im Kamin verglüh'n die Kohlen,
Dämm'rung spinnt mich leise ein,
Aus dem Dunkel nah'n verstohlen
Süße, traute Träumerein.

Kommt der Lenz auch endlich wieder,
Bringt er mir das alte Glüh'n?
Wird mit Rosmarin und Flieder
Auch die Liebe wieder glüh'n?

*

Den Kopf von blühenden Zweigen bedeckt,
Die Arme über den Kopf gestreckt
Und die Beine hinaus in die Sonne –
Es ist wohl schon ein rundes Jahr,
daß mir so wohl, so wohl nicht war – so voller Wonne.

Wie scheint so anders, so anders die Welt,
Wenn man die Augen gen Himmel hält!
Wo blieben doch alle die Sorgen?
Schon manchen Monat hat's gesäumt,
Daß ich so lustig nicht geträumt – wie heute morgen.

(Reale, 13. März)

### Meeresbilder

Unbegrenztes, uferloses,
tiefes, unerforschtes Meer,
Wie in jener dunklen Vorzeit
Weltensinnend, schöpfungshehr.

Schwebt auch jetzt auf deinen Wassern
Gottes Odem rein und mild,
Und in deinen tiefen Fluten
Spiegelt sich sein Schöpferbild.

Anders ist die Erde worden
durch der Zeiten Wandlungskraft,
Aber du bist stets dasselbe,
Ewig und unwandelhaft.

*

Nun braust der Sturm und weckt empor
der Wassergeister wilden Chor.
Es ächzt der Mast, es knarrt der Kiel
der regen Wellen leichtes Spiel,
Und weißer Geifer spritzet rund
Und gierig gähnt des Meeres Schlund.

Und wir, wir treiben auf und ab
Und hören rings das feuchte Grab,
Und unermeßlich weit und breit
Umschlummert uns die Einsamkeit.
So treibt auch unser Erdenball
Im Weltenmeer, im Weltenall,
So treibt auch unseres Lebens Kahn
Auf ewig unstet schwanker Bahn.

Welle, hat auch dir der Schöpfer
Seinen Odem eingehaucht,
Ist's mir doch, als wenn du riefest:
»Komm zu mir herabgetaucht!«

Auf dem Spiegel deines Wassers
tanzt der Danaiden Schaar,
Und um ihre weißen Nacken
Fließt das grünbeschilfte Haar.

Und sie flüstern und sie lispeln
dunkel und geheimnisvoll,
und mir ist's, als ob ich wieder
Ihnen mich vermählen soll.

*

Nun hat sich die Luft mit der Welle verwoben
Im Schleier der großen, der heilgen Nacht,
Und silberne Nebel wallen von oben
In trüber, in wilder, gestaltloser Pracht.

Der Mond und die Sterne, sie flimmern darüber
Zu schmücken des Schöpfers lebendig Gewand
Und ich wie entkörpert, schwebe hinüber
Und träume mich fort in ein anderes Land.

## Liebesgedichte

Wo soll's nun wieder hinaus, mein Herz?
Soll's über's Meer, soll's himmelwärts?
Weißt nicht, wohin? – Fast scheint es mir
Der alte Ruf: Zu ihr! Zu ihr!

*

Es brausen der Liebe Wogen
Und schäumen mir um das Herz:
Zwei tiefe Augen sogen
Mich mächtig niederwärts.

Mich lockte der Nixen Gemurmel
Die wunderliebliche Mähr.
Als wenn die Erde dunkel
Und leuchtend die Tiefe wär'.

Nun brausen und schäumen die Wogen
Und hüllen mich liebend ein,

Es schimmert durch Regenbogen
Die Welt von ferne herein.[2]

*

Jetzt, wo hoch die Fenster liegen,
dicht verwahrt mit Holz und Brettern,
Wo verschlossen Liebchens Türe
allen Freunden, Onkeln, Vettern,
Wo die Wächter früh die Häuser
Hinter Schloß und Riegel legen,
Ist es schwer, der Liebe Freuden
Leichtlich und bequem zu pflegen.

Jene Zeiten sind vorüber,
Wo der Gott dem Weib sich einte,
Wo die Göttin zu dem Jüngling
Mondgestaltig niederweinte,
Wo im Bad dem Heldenleibe
der Phäakenmädchen Hände
Abgespürt des Meeres Salzspur,
Jene Zeiten sind zu Ende.

*

Niedersank das Reich der Götter,
Nur noch Amor wollt' man leiden,
doch er mußte Anstands halber
Sich in Frack und Hosen kleiden.
Und so geht er steif und stutzig
Zwischen denen, die sich lieben:

2 Dieses Gedicht wurde von Brahms in op. 86 (Nr. 5) vertont. Zwei weitere Felix-Schumann-Vertonungen in op. 63 (Nr. 5 u. 6.)

Amor, guter, alter Jünger,
wärest du doch nackt geblieben!

*

Einst kam sie auf mein Zimmer,
so schnippisch, wie sie immer:
»Gib mir mal her, was du da schreibst,
möcht' auch mal sehen, was du treibst!«
»Pandekten, Liebe, nichts für dich.«
Schnapp! hatt' sie's schon und las für sich:

»Mein Käthchen, süßes Käthchen,
mein Mädchen, süßes Mädchen«,
»Tirolerin, Tirolerin,
Du hast mir ganz verkehrt den Sinn«,
»Mein Lieb', was bist du doch so schön,
Ich werd' nicht müd', dich anzusehn!«

»So geht das immer weiter,
Recht artig, ja, recht heiter!
Ist's das, was man Pandekten heißt,
Womit ihr eure Köpfe speist?
Jetzt hab' ich euch entlarvt, mein Herr!
Die Schmach verzeih' ich nimmermehr.

Betrüger, Ungetreuer,
du falsches Ungeheuer!
Läufst allen Gassendirnen nach,
und allen Pellerinen, ach!
Das ist am Ende doch zu viel,
So falsches, ungetreues Spiel!«

»Ach, sei mir nicht so wütig,
Und höre mich kaltblütig,
Hab' immer ja nur dich gemeint,
In dir ja alles stets vereint,

Und wenn ich eine Andre sah,
bliebst du mir immer lieb und nah.«

»Schon eine Lüge wieder!«
Sie sprach's und zu mir nieder
bog sie sich sanft zu einem Kuß,
Trat mir dabei auf meinen Fuß,
Und rief mit ihrer Schelmenlist:
»Hab' auch schon mehr als dich geküßt!«

*

Komm' her, mein Mädchen, komm' her, mein Schatz,
Ach, nur ein Küßchen, nur einen Schmatz!
Was sind deine Lippen so rosig und voll,
wenn niemand hienieden sie küssen soll?
Was sind deine Wangen so blühend und rund,
Wenn nie sie erwärmt ein glühender Mund?

Komm' her, mein Mädchen, die Rose hier,
die brech' ich vom Busche zu deiner Zier;
Auf deines Busens Schnee zu glühen,
tat sie des Morgens nur erblühen,
Zu leuchten aus deiner Locken Pracht,
Ward sie vom Schöpfer nur gemacht.

Komm' her, mein Mädchen, komm' her, mein Schatz,
Ich stecke sie dir an des Busens Latz.
Ein neues Mieder wollt' ich fürwahr
dir längst bestellen zum neuen Jahr;
doch weiß ich nicht, wie lang, wie breit,
doch weiß ich nicht, wie schmal, wie weit?

Komm' her, mein Mädchen, komm' her, mein Schatz,
Ach, nur ein Küßchen, nur einen Schmatz!

Laß einmal die Brüste mich halten umfaßt,
damit dir das Mieder recht schließet und paßt;
Laß durch das Gelock die Rose dir ziehen,
bevor ihre Blätter verduften, verblühn.

*

Es war noch grau und dämmerig
und wohl noch weit vom Tag,
Ich ging allein spazieren
In einem Buchenhaag.

Still war's wie in der Kirche,
Ein einzig Vöglein sang
Verschüchtert in den Morgen –
seltsam verträumt das klang.

Da dacht' ich an den ersten,
des Knaben Liebesdrang,
das war derselbe leise,
gedämpfte Flötenklang.

Die Sonne ist gekommen,
nun singt der ganze Hain.
Dir fliegt mein Lied entgegen,
O Liebessonnenschein.

### Krankheit und Tod

Nur einmal noch möcht' ich beim Hahnenkrähen
Vom Lager mich erheben hochgemutet,
Und von der Berge frischbeschneiten Höhen
die Welt begrüßen, die im Zwielicht flutet.

Noch einmal möcht' ich wie in alten Tagen
die Geige streichen im Quadriegelbunde,
Und trunken mit den alten Brettern schlagen,
davon die Kranke Seele mir gesunde.

Und dann noch einmal mit Olympierarmen
Sie an den Busen siegreich wieder pressen,
Noch einmal bis ins Herzensmark erwarmen
Und wieder zu erwachen gern vergessen.

*

Es liebten der Tod und der Frühling
Dieselbe schöne Maid.
Der Tod kam schneller gegangen
Und hat sie sich gefreit.

Nun weint der Frühling mächtig
Auf ihre Gruft hinab,
Es blüh'n aus seinen Tränen
Viel Blümlein um das Grab.

Das Kreuz mit ihrem Namen,
Das hat er ganz umschmiegt.
Bald wird kein Mensch mehr wissen,
Wo sie begraben liegt.

*

Es sitzt das Fischermädchen
Auf hohem Felsenriff.
Sie schaut nach ihrem Liebsten,
Nach ihres Liebsten Schiff.

Mit raschen Schritten zieht sie
In frühster Frühe aus.

Mit wundem Herzen kehrt sie
In später Nacht nach Haus.

Die Mutter spricht: »Das Warten
Das macht dich krank, mein Kind.
Lass' nur den Himmel sorgen.
Der leitet Flut und Wind.«

Die Tochter spricht: »Und sollt' ich
Auch ewig nach ihm späh'n,
Ich will's doch nimmer lassen,
Er wird's vom Himmel seh'n.«

Nun ist er doch gekommen,
Da's niemand mehr gedacht,
Nun hat sie's doch verschlafen,
Ist nimmer aufgewacht.

*

Das Meer ist blau, das Meer ist tief.
Der Schiffer lag im Kahn und schlief.
Er träumt von seiner Liebsten.

Die Wellen spritzen drüber her,
Sie möchten gern erkunden, wer
Der unsichtbare Schiffer wär'.
Die Sonne schien so helle.

»Ein schöner Jüngling liegt darin,
Der ist für unsre Königin!«
So flüstern sie zusammen.

Das Meer ist kalt, das Meer ist tief,
Der Schiffer lag im Meer und schlief,
Die Liebste saß am Strand und rief –
Die Sonne schien so helle.

Schlafend wird der Held Odysseus
Von dem Schiff hinab gebracht,
Und den heiß' ersehnten Boden
Küßt er, da er aufgewacht.

Und so schläft ein Jeder jenen
Schlaf, den sie den Tod genannt,
Und erwacht nach langer Irrfahrt
In dem fernen Heimatland.

*

Denk' ich der Freunde, die hienieden
vor mir frühzeitig hingeschieden,
die mitten in der Jugend Kraft
Mir Krankheit oder Krieg entrafft,
dann will mein Herz gar trübe werden,
und wünscht sich fort von dieser Erden!

Geräuschvoll ziehen des Lebens Wogen
Nun über ihrer Gräber Plan,
Und keine Furche reicht gezogen
Im Wasser ihres Wirkens Bahn.

So nimmt das Leben hin die Meisten,
den Einzelnen verschlingt die Flut,
Und Großes, Ewiges zu leisten
Ward nur den Wenigsten der Mut.

Doch bin ich nicht der Wen'gen Einer,
So führ' auch mich der Tod hinweg,
Um überirdisch, schöner, reiner
zu füllen meines Daseins Zweck.

# Nachwort
## von Eva Weissweiler

# 1. Ein Elternpaar

Als Clara Schumann mit ihrer Tochter Eugenie schwanger war, schrieb sie an ihre im sächsischen Schneeberg lebende Schwägerin Pauline:

*Bei uns ist sonst alles wohl, auch Robert, so weit es überhaupt sein sehr reizbares Gemüth zuläßt ... Mir geht es jetzt nicht so wohl, doch, dieß hat seinen guten Grund, ich bin wieder einmal guter Hoffnung und leide seit 14 Tagen an fortwährendem Uebelseyn, was mir wohl das Leben verbittert, doch, ich hoffe, es soll sich bald verlieren, das ist immer so der Anfang. Ich hätte wohl gern noch etwas Ruhe gehabt, doch, der Himmel will es nun einmal so, und daß ich noch nicht fertig sey, dachte ich mir wohl immer.*[1]

Eugenie war das siebte Kind, das Clara Schumann in elf Ehejahren zur Welt brachte. 1841 war Marie geboren worden, 1843 Elise, 1845 Julie, 1846 Emil, 1848 Ludwig und 1849 Ferdinand. Im Juli 1846, nur fünf Monate nach Emils Geburt, hatte sie während eines Sommer-Aufenthalts auf Norderney einen vermutlich willentlich herbeigeführten Abort mit Folgen wie Kindbettfieber und Mastitis.

Dasselbe wiederholte sich im September 1852 in Scheveningen.

Clara Schumann war also mit nur kleinen, durch Fehlgeburten bedingten Pausen nahezu ununterbrochen schwanger. Kein Wunder, daß Eugenie kein Wunschkind war. Clara habe viel geweint und sei sehr unglücklich gewesen, berichtet Marie, die damals zehnjährige Älteste.[2] Eugenie bezog das als Vorwurf auf sich und äußerte als junges Mädchen den Wunsch, nicht geboren zu sein.[3]

1 HHI, Slg. Dickinson, 10. 4. 1851.

2 Schumann, Eugenie, Robert Schumann, ein Lebensbild meines Vaters, Leipzig 1931, S. 353.

3 Vgl. S. 59 dieses Buches.

Was Clara während dieser Schwangerschaft besonders belastete, war Roberts Gesundheitszustand, der immer bedrohlicher wurde und sich wohl deutlich von seinen ihr seit Jahren bekannten Ängsten und Depressionen unterschied. An Pauline schreibt sie:

*Robert ist wieder seit einigen Wochen recht nervös angegriffen – alle meine Vorstellungen sich zu schonen, in ein Seebad zu gehen, oder sonst zu reisen, fruchten nichts – Du weißt ja, wie die Männer sind! doch Liebste, erwähne Nichts davon, wenn Du mir schreibst, es verstimmt den Robert jedes Mal! Du kannst Dir wohl denken, daß es mir immer große Sorge macht, wenn Robert unwohl ist, denn meist rührt es doch von Gehirn-Affektionen her.*[4]

Der Begriff *Gehirn-Affektionen* als mögliche somatische Ursache seiner Leiden wird hier zum ersten Mal von ihr benutzt, nachdem sie sich vierzehn Jahre lang mütterlich um ihn bemüht und ihn aus Depressionen und Angstzuständen wieder aufzurichten versucht hatte, mit dem Erfolg, daß keine entscheidende Besserung eingetreten, sondern seine Position als Düsseldorfer Musikdirektor nach nur einem Jahr schon gefährdet war. Da er auch gegen die Kinder und sie aggressiv reagierte,[5] machte sie sich einen Freund, Wolfgang Müller von Königswinter, zum Vertrauten, der als Arzt, Dichter und Rheinromantiker beiden Ehepartnern nahestand. Sogar aus Scheveningen, wo sie selber unter extrem schlechter medizinischer Betreuung im Krankenbett lag, schrieb sie ihm, um ihn über Roberts Krankheitssymptome zu informieren.[6]

Der Terminus »Gehirn-Affektionen« mag wohl von ihm als Hinweis auf eine mögliche Syphilis Schumanns gekommen sein,

4 HHI, Slg. Dickinson, 16. 7. 1851.

5 S. dazu die ausführliche Schilderung von Schnitzler, Victor, Erinnerungen aus meinem Leben, Köln 1921.

6 STA. Köln, Nachl. Müller v. Königswinter, Brief Claras vom 4. 2. 1852: »Schon längst wollte ich Sie bitten, ob Sie uns und unserer kleinen (sic!) Familie Ihren ärztlichen Schutz angedeihen lassen wollen? mündlich hatte ich zu dieser Bitte immer keinen rechten Muth …«

Ebda., dies. an dens., 5. 9. 1852: »Gewiß wird es Sie freuen zu hören, daß das Bad günstig auf Robert gewirkt; körperlich fehlt ihm eigentlich nichts mehr, er hat guten Appetit, keine Uebelkeit mehr, sein Aussehen ist vortrefflich, und was die Nerven betrifft, so hat sich doch auch in diesen Zuständen Vieles gebessert, wenngleich die nervösen Anspannungen und Aufregungen immer wiederkehren …«

womit sich Befürchtungen, die sie schon zu Beginn ihrer Ehe gehabt hatte, bestätigten:

*Noch immer bessert sich mein Unwohlseyn nicht – meine Angst steigt von Tag zu Tag. Ich bin melancholisch, und manche Sorgen quälen mich – gebe Gott, daß meine Besorgnisse nicht eintreffen.*[7]

Für eine Fehlgeburt war es damals, nach nur wenigen Ehewochen, noch zu früh und der Verdacht auf eine Schwangerschaft zu naheliegend und »normal«, als daß er derartige Angst hätte auslösen können. Hatte ihr Vater mit seinen Verdächtigungen doch recht gehabt? Und hatte Robert ihr nicht selbst 1839, im Hinblick auf den bevorstehenden Eheprozeß, geschrieben:

*… und es schien mir dann selbst so, als hätte ich früher doch manchmal Deiner nicht so würdig gelebt, um meinem Richter überall Rede und Antwort stehen zu können …*[8]

Die Diagnose »Syphilis« wurde neuerdings wieder aufgegriffen, nachdem man in den erst seit kurzem zugänglichen Krankenpapieren den ärztlichen Hinweis fand:

*Schrieb in letzter Zeit wieder allerlei abrupte Äußerungen melancholischen Inhalts … z. B. 1831 war ich syphilitisch und ward mit Arsenik curirt.* [9]

Doch Claras Ängste schienen sich auch diesmal wieder zu zerstreuen, da Robert auf einer Sommer-Reise in die Schweiz fröhlich und ausgeglichen war. Aber schon im Oktober, zwei Monate vor Eugeniens Geburt, wurde eine Begegnung mit dem psychisch schwer kranken, ebenfalls für syphilitisch gehaltenen Maler Alfred Rethel zu einer Vision dessen, was ihr noch bevorstehen würde:

*Rethel im Uebrigen sehr verstimmt u. afficirt. – Schlechter Anfall v. Schwindel. – Betrübt …*

schrieb Schumann in sein Tagebuch.[10]

7 Tb. II, S. 118.
8 BW II, S. 626.
9 Zit. nach Hoffmann-Axthelm, Dagmar: Robert Schumann – Glücklichsein und tiefe Einsamkeit, Stuttgart 1994, S. 8.
10 Tb. II, S. 429. In der Privatirrenanstalt Endenich bei Bonn würden sie sich 1854 als Patienten wiederbegegnen.

So klingt die nächste Mitteilung an die Schwägerin wieder sehr deprimiert:

*Meine Niederkunft rückt näher, hätte ich sie nun erst einmal wieder hinter mir! es hängt gar so viel daran und darum, das Einem das Leben erschwert, und dann kosten Einem die vielen Kinder doch schrecklich viel Geld! – Nun, ich denke, der Himmel giebt sie Einem, wird er Einem wohl auch Kräfte geben, sie zu erziehen.*[11]

Nach so vielen Belastungen und Ängsten – dazu kam, daß Clara nun über Dreißig war und die Aussicht auf eine zweite Karriere als Konzertpianistin immer mehr schwinden sah – war es fast ein Wunder, daß Eugenie in der Nacht zum ersten Dezember 1851 gesund und termingerecht geboren wurde. Schumann war, wie schon mehrmals vorher, nicht in der Nähe. Wenn Clara kurz vor der Geburt eines Kindes stand, floh er gern abends und sogar mittags ins Wirtshaus.[12] Auch diesmal amüsierte er sich mit Freunden auf einem Fest zu Ehren des Düsseldorfer Kunstakademiedirektors von Schadow. Als er mitten in der Nacht nach Hause kam, lag das Kind schon frisch gewaschen und gewickelt in der Wiege.[13]

Trotzdem trifft das von Nancy Reich und anderen tradierte feministische Klischee, Robert hätte sich nie um seine Kinder gekümmert,[14] nicht ganz zu. Das von Eugenie in diesem Buch veröffentlichte *Erinnerungsbüchlein*, das allerdings nach der Geburt von Ludwig abbricht, ist der beste Gegenbeweis. Schumann fand über Jahre hinweg große Freude daran, sich mit seinen Kindern zu beschäftigen, denn in Kinderspielen und -gedanken zeigte sich ihm der von Zwängen freie Urzustand der Phantasie, dem er in seinen *Kinderszenen* ein Denkmal gesetzt hatte. Maries Beilage zu Eugenie Schumanns Robert-Schumann-Biographie, *Mein Vater Tag für Tag*, gibt einen authentischen Eindruck vom Vater Robert Schumann, der seine Töchter, beson-

11 HHI, Slg. Dickinson, 1. 10.1851.

12 HHB 1, August/September 1841, S. 192 f.

13 Schumann, Eugenie, Robert Schumann, S. 354: »Die Eltern waren nämlich auf dem Schadowfeste als meine Mutter ihre Stunde herannahen fühlte. Von einer Freundin begleitet, eilte sie, ohne den Vater, der sich ausgezeichnet unterhielt, nach Hause, und bei seiner Heimkehr, bald nach Mitternacht, fand er mich bereits vor.«

14 Reich, Nancy, Clara Schumann, Romantik als Schicksal, Reinbek 1991, oder Borchard, Beatrix, Robert Schumann und Clara Wieck, Bedingungen künstlerischer Arbeit in der ersten Hälfte des 19. Jahrhunderts, Weinheim/Basel 1985.

ders die ihm wie aus dem Gesicht geschnittene Marie, nach heutigen Maßstäben vielleicht sogar zu sehr geliebt hat:

*Marie erzählt:*
*Wenn ich mein Leben überblicke, so leuchtet darin am hellsten meine Kindheit. Das Glück, das ich im Zusammenleben mit den Eltern empfand – die Gewißheit, daß wir Kinder ihnen das Teuerste waren auf der Welt, gab mir ein Gefühl der Sicherheit …, das mir, als das große Unglück über unser Haus kam, ganz verloren ging, um in dem Maße nie wiederzukehren.*

*… Unserem Vater pflegten wir, ehe wir zur Schule gingen, ›Guten Morgen‹ zu sagen – die Eltern frühstückten allein.*

*Dann sahen wir ihn erst bei Tisch, wo er manchmal mit uns plauderte, oft auch still war oder sich nur mit der Mutter unterhielt. Wir hatten Ehrfurcht vor den Eltern, und kein vorlautes Wort wäre uns in ihrer Gegenwart so leicht entschlüpft, obwohl wir sonst ziemlich unartig waren.*

*Wenn nun meiner Mutter Klagen über uns kamen und sie mit dem Vater davon reden wollte, so sagte er gewöhnlich: ›Ich weiß nicht, was du willst, die Kinder sind ja so artig.‹*

*Nach Tisch gingen wir wieder zur Schule und sahen den Vater erst gegen Abend, wenn er zu arbeiten aufhörte – in der Dämmerstunde. Das war dann aber ganz herrlich, weil er sich da ausschließlich mit uns beschäftigte. Als wir klein waren, ließ er uns auf seinen Knien reiten und sagte ein Verslein dazu, oder er machte einen Scherz mit uns, den wir: ›Brot in den Backofen schieben‹ nannten, wobei er eine von uns an den Händen nahm und sie durch seine gespreizten Beine gleiten ließ. Der lange gefütterte Schlafrock, den er gewöhnlich in seiner Stube trug, erhöhte den Reiz des Spieles, denn wir verschwanden darin wie in einer Kulisse, aus welcher wir nur herauskrochen, um das Spiel von vorne zu beginnen.*

*Manchmal spielte uns der Vater auch ein Stückchen auf dem Klavier; so erinnere ich mich des Jägerchors aus dem ›Freischütz‹.*

*Nach dieser kleinen lustigen Stunde pflegte mein Vater eine Stunde ins Kasino zu gehen, und um acht Uhr wurde mit den größeren Kindern zu Abend gegessen. Die Kinder bekamen eine Suppe und ein Butterbrot, die Eltern eine kleine Fleisch- oder Eierspeise …*

*Nach dem Abendbrot spielten die Eltern Domino, und wir Kinder durften dabei sein. Meine Mutter saß auf dem Sofa, wo es dann unser höchstes Vergnügen war, hinter ihr herumzukrabbeln, und manchmal durften wir ihr Haar lösen und damit spielen.*

*Eine Zeitlang las unser Vater uns abends vor, und ich entsinne mich, daß er uns ›Uli, der Knecht‹ und ›Onkel Toms Hütte‹ vorgelesen hat.*

*… Mein Vater ging regelmäßig vor der Mittagsmahlzeit eine Stunde spazieren. Die Mutter begleitete ihn immer, nur wenn sie krank war, durf-*

*te ich mit dem Vater gehen. – Vor einiger Zeit kam mir zufällig ein Bild des Marktplatzes in Dresden zu Gesicht, und wie durch Zauberschlag sah ich mich wieder, wie ich da als Kind an der Hand meines Vaters ... über den Platz ging. ... Auf diesen und anderen Spaziergängen war es, daß er mir von all den schönen Dingen erzählte, die ihn beschäftigten. Die Geschichte der Peri, des Sängers Fluch, der Rose Pilgerfahrt, hat er mir erzählt, mir auch von Goethe und Shakespeare gesprochen – auch antwortete er immer mit größter Geduld auf die tausend Fragen, die einem Kind einfallen. – Große Freude hatte mein Vater, wenn wir ein Gedicht gelernt hatten, und ich habe einmal ... ›Des Sängers Fluch‹ für ihn auswendig gelernt, wofür er mich sehr lobte. Auch begann ich selbst zu reimen, verfertigte kleine Gedichte, was meinen Vater sehr beglückte. Einmal hat er sogar eines meiner Gedichte komponiert.*

*... Gestraft hat uns unser Vater selten, mich aber doch einige Male.*

*Eines Tages sagte er bei Tisch: ›es wäre doch hübsch, wenn eines der Mädchen eine Stimme bekäme!‹ Obwohl ich mir das immer gewünscht hatte, denn Singen dünkte mich das Schönste, sagte ich aus reiner Unart: ›Ich mag nicht singen!‹ Da schickte mich mein Vater vom Tisch, und ich sah mich plötzlich in die größte Strafe versetzt, die über uns verhängt werden konnte, die, nichts zu essen zu bekommen. Nach Tisch aber rief mich die Mutter, jedenfalls auf des Vaters Wunsch, und gab mir mein Essen.*

*Ein anderes Mal war ich längere Zeit sehr faul im Klavierspiel, und da die Mutter uns selbst unterrichtete, erzürnte es den Vater um so mehr, und er sagte: ›nun gut, so soll Marie gar nicht mehr spielen.‹ Ich erhielt also keine Klavierstunde mehr und brauchte auch nicht mehr zu üben. Nun kam ich mir aber wie ausgestoßen vor und litt einige Tage unter diesem Gefühl so sehr, daß ich die Mutter flehentlich bat, mir doch wieder Stunden zu geben.*

*Die ärgste Strafe empfing ich einmal für ein kleines Vergehen. Die Eltern waren den Nachmittag nicht zu Hause gewesen, und ich hatte der Bertha, unserer Haushälterin, nicht gefolgt. Als die Eltern abends heimkehrten, erzählte sie ihnen sogleich, wie unartig ich gewesen. Als ich das hörte, versteckte ich mich auf einem kleinen Hof. Mein Vater kam an die Hoftüre und rief mich. Nicht zu kommen hätte ich nicht gewagt. Zögernd näherte ich mich – er haschte nach mir und, da ich in demselben Augenblicke zu entwischen versuchte, traf er mich so unglücklich, daß ich am anderen Tage ein ganz geschwollenes Gesicht und Auge hatte. Die armen Eltern entsetzten sich, und die Mutter ging mit mir zum Arzt. Natürlich mußte sie ihm sagen, wie es gekommen sei, und sie erzählte ihm, sie habe mich geschlagen. – Das rührte mich sehr.*

*Am Rhein war es Sitte, die jungen Töchter in Pensionen zu schicken. Das beschäftigte mich oft, und ich fürchtete mich, in eine Pension zu kom-*

*men. Da frug ich meinen Vater: ›Kommen wir auch in Pension?‹ ›Nein, niemals‹, sagte er.*

*Als er nun krank wurde, meine Mutter auf Reise gehen mußte, und wir der Bertha nicht gehorchten, sah meine Mutter keinen andern Ausweg, als uns doch in Pension zu tun. Sie teilte es dem Vater mit, und mehrere Äußerungen in seinen Briefen weisen darauf hin, daß der Gedanke ihn beunruhigte …*[15]

Maries Bericht beschäftigt sich einseitig mit Robert als Vater und läßt Clara als Mutter relativ blaß erscheinen. In ihrer Erinnerung war er es, der sich um ihre emotionalen und geistigen Bedürfnisse kümmerte und sie, nach klassischer Rollenverteilung, auch bestrafte. Wie liebevoll allerdings auch die junge Mutter Clara sein konnte, zeigen bisher kaum beachtete Briefe und Tagebucheintragungen aus Maries früher Kindheit, in denen sie immer wieder ihr Aussehen, *wie von Alabaster so weich und weiß!* [16] bewundert, Todesangst aussteht, wenn sie Zahnkrämpfe hat[17], oder Weihnachtsgeschenke wie *Püppchen, Kätzchen etc.,* … [18] mit so viel Begeisterung aufzählt, als hätte sie sich selbst eine Freude gemacht, was wohl auch der Fall war, denn ihre nur dem pianistischen Erfolg gewidmete Kindheit hatte sie *doch eigentlich gar nicht genossen* [19], wie sie an Robert schrieb, in der Hoffnung, er werde ihr einmal die Jugendjahre ersetzen.

Das Mutter-Kind-Verhältnis blieb aber merkwürdig unkörperlich, denn Clara hat ihre Kinder nie gestillt, sondern *Ammen* und *Kindermädchen*[20] engagiert, die sich um alle physischen Bedürfnisse kümmerten.

Diese Arbeitsteilung (deren Auswirkung auf das Kind man heute als bedenklich ansehen würde) war allerdings notwendig, da Clara schon bald nach der ersten Geburt wieder anfing zu üben und Konzertreisen zu unternehmen, die erste größere im März 1842 nach Dänemark. Robert, der sie anfangs begleitet hatte, machte unterwegs kehrt und schmollte, wobei seine Nachrich-

15 Zit. nach Schumann, Eugenie, Robert Schumann, S. 355 ff.

16 Tb II, S. 192.

17 Ebda., S. 244: »Wir waren Abends bei Lampadius, wurden aber bald nach Haus geholt, wo das arme Kind besinnungslos lag. Der Anblick war herzzerreißend, so ein kleines liebes Wesen so leiden zu sehen …«

18 Ebda., S. 198 und 244.

19 BW II, S. 575.

20 Tb II, S. 259.

ten über Marie so spärlich waren, daß Clara in größte Aufregung geriet:

*Jede Kleinigkeit interessiert mich, … ich will wissen, was sie anzieht, ob sie Schuhe hat, ob sie des Nachts in's Wickelbett kommt, ob sie Haare bekommt, ob es lockig oder glatt ist, wie es mit den Zähnen geht, ob sie eigensinnig, oder friedfertig ist, … ob sie allein im Zimmer sitzen kann wenn Betten um sie herum gelegt sind, ob das Mäntelchen und Hütchen noch sitzt – Gott, tausenderlei giebt es da doch zu schreiben! die Menschen haben aber gar keine Idee, … was eine Mutter ein solcher genauer Bericht in der Fremde freut.*[21]

Sie bekam keine Antwort, jedenfalls keine ausführliche und ließ von ihrem Plan, nach Stockholm weiterzureisen, ab, da Robert mit Klagen und Vorwürfen darauf reagierte. Ausgerechnet in dieser Zeit komponierte er den Adelbert-von-Chamisso-Liederzyklus »Frauenliebe und – leben« und idealisierte darin die stillende Frau zur Inkarnation wahrer Mütterlichkeit.

Bis zur nächsten Schwangerschaft, über die Clara keineswegs unglücklich war, vergingen noch ein paar Monate. Wieder ging alles gut. Wieder ging er vor und nach der Geburt allabendlich zu Poppe, wo manchmal *leider viel getrunken*[22] wurde. Die Geburt war viel leichter als die erste und hatte nur einen Fehler: daß das Kind, Elise, ein Mädchen war.

*Ich hatte mir und dem Robert besonders einen Knaben gewünscht, und gewiß war mein Robert innerlich betrübt, daß es nicht so war, doch ist er zu gut, daß ihm dieß Kind nicht auch lieb wäre, schon um Meinetwillen, und wir sind ja auch noch jung, der Himmel wird ihm schon auch einen Knaben schenken, der sein Vaterherz freut.*[23]

Robert betrachtete das Kind allerdings als zurückgeblieben und fing sofort an, es mit Marie, seinem erklärten Liebling, zu vergleichen.

*Ihre Entwicklung geht langsamer vorwärts als bei Marien und ich glaube auch, daß das Kind nicht gut hört. Aber man muß abwarten und für alles dankbar sein, was Gott bescheert.*[24]

21 Dies. am 25. 3. 1842 (BW III: in Vorbereitung).
22 HHB I, S. 250.
23 Tb. II, darin Clara am 25. 4. 1842, S. 262 f.
24 Tb. II, 28. 6. 1843, S. 265.

Nach der Geburt von Elise werden die Tagebucheintragungen über die Kinder immer spärlicher. Weder die Geburt von Julie noch die von Emil, Ludwig und Ferdinand findet im Ehetagebuch durch eines der beiden Elternteile Erwähnung, nur im Haushaltsbuch heißt es am 11. März 1845:

*Früh 7 Uhr unser 3tes Töchterlein.*[25]

Im Januar 1844, vor der großen Rußlandreise, eine Zeit künstlerischer Triumphe für Clara und tiefer Niedergeschlagenheit für Robert, werden Marie und Elise der Schwägerin Pauline im sächsischen Schneeberg anvertraut. Clara kann sich nur schweren Herzens von ihnen trennen. Sie schreibt:

*D. 21. nahm Pauline unsere Lieblinge mit fort – das war ein schrecklicher Tag ... Was wir Beide bei dieser Trennung fühlten, kann sich jedes Vater- und Mutterherz denken, der Schmerz war unbeschreiblich! möchte der Himmel uns diese lieben Kinder wieder gesund und wohlbehalten in die Arme führen ...*[26]

Während der Reise wird die Erinnerung an die beiden Kinder blasser. Das Interesse für »fremde Länder und Menschen«, aber vor allem die Sorge um Robert stehen im Vordergrund. Clara, die ausnahmsweise einmal nicht schwanger ist und sich mit ganzem Elan ihrer Karriere widmen kann, ahnt offenbar, daß dies eine der letzten großen Konzertreisen sein wird, die sie, so lange sie kleine Kinder hat, unternehmen kann. Ein von Herrn von Stryk und Frau von Seymar[27] in Moskau geführtes Findelhaus versetzt sie in so große Begeisterung, daß sie volle sechs Tagebuchseiten darüber schreibt. Vielleicht wird der Gedanke, auch ihre Kinder eines Tages in »Pensionen« zu geben, schon jetzt geboren.

*Mittags spielte ich im Findelhause vor einer großen Anzahl Waisen ... Nachdem besahen wir uns das ganze Institut, Eines der Großartigsten, die ich je gesehen. Herr v. Strik und Frau v. Seymar führten uns herum, Beides Leute von herrlichem Gemüth. Zuerst gingen wir in die Klassen der Kinder, wo Alles auf's Properste eingerichtet ist; hübsch sind die kleinen Zelte wo die jungen Mädchen ihre Uebungen machen. Wir kamen dann in*

25 HHB I, S. 382.
26 Tb. II, S. 276.
27 Gerd Nauhaus gibt außerdem die Lesung »von Hoymar« an (Tb. II, S. 617).

*einen Zeichnungssaal, wo wir von der Geschicklichkeit der Mädchen überrascht waren. Dort überreichten einige junge Mädchen dem Robert eine gestickte Mappe ... Diese Aufmerksamkeit freuete uns sehr. Wir gingen nun weiter, alles auf eisernen Fußböden, eine Treppe höher zu den Ammen, wo wir die höchste Sauberkeit fanden, und von allen 540 Kindern an der Brust kein Einziges schreien hörten. Die Ammen gingen Alle höchst proper in weißes Leinen gekleidet und hatten rothe oder blaue Sammtmützen auf. Jedes Kind hat sein Bettchen und sein Wäscheschränkchen mit seiner Nummer ... Wir sahen dann auch einige wirkliche Findelkinder, von denen man die Eltern nicht wußte, was mir einen traurigen Eindruck machte. Von da gingen wir in die Knabenklassen und in deren großen Saal, wo sie einiges sangen. Ich spielte ihnen darnach auch eine Kleinigkeit, denn wo die Mädchen sind, kommen nie Knaben hin. Von da führten uns die Knaben zu ihrem Turnsaal wo sie einige Künste zeigten. Wir kamen nun wieder in die untere Etage, wo wir die schöne propere Kirche besahen, wo wirklich Alles wie geleckt erschien, so blank und glänzend ... Zuletzt gingen wir in das unterste Parterre, wo wir den Aufnahmesaal der kleinen (nur neugeborenen) Kinder fanden; dort sind ein Mann und eine Frau Jahr aus Jahr ein, die ... die Kinder in's Buch einträgt und der Mutter des Kindes, oder wer das Kind bringt die Nummer desselben übergiebt, welche dann auch dem Kinde umgehangen wird, die Andere das Kind sogleich in Empfang nimmt und es in das anstoßende Zimmer trägt, wo es gleich gebadet, gekleidet und der Amme übergeben wird, deren jeden Morgen an 20 kommen und auf die Kinder warten. Und sogleich ist auch ein Pfarrer bereit der es tauft, wenn es noch nicht geschehen. Die Mutter braucht weder ihren Namen noch sonst etwas zu sagen, sie wird nach Nichts gefragt, nur wie das Kind heißt oder heißen soll, welcher Religion es sein soll und das ist Alles. Während wir da waren wurden zwei Kinder gebracht Nro 2359 und 2360 in diesem Jahre. Es kommen täglich wenigstens 20, und werden im Jahr 7–8000 aufgenommen. Sie bleiben dort 6 Wochen, und werden dann mit ihrer Amme auf's Land geschickt wo sie bis zum 10ten Jahr bleiben, d. h. die Amme bekömmt so lange wöchentlich 2 Silberrubel. Will sie das Kind auch später behalten, so kann sie das, muß dann aber selbst dafür sorgen. Selten geben die Ammen die Kinder wieder her, die dann zu Bauern erzogen werden, wie überhaupt alle Findelkinder. Jede vier Wochen geht ein Arzt auf den Dörfern herum um nach den Kindern zu sehen, ob sie auch gut gepflegt werden und gesund sind. Ist das letztere nicht der Fall, so werden sie zurückgenommen und in dem Lazaret gepflegt, das sich auch im Findlingshaus befindet. Dies Haus ist wie eine Stadt für sich; es hat seine Krankensääle, seine Aerzte, seine Wäscherinnen, Nätherinnen, kurzum es wohnen 7000 Menschen darin. Man kann sich von der Großartigkeit dieses Institut keinen Begriff machen, hat man es nicht selbst gesehen. Und in diesem großen Hause und für diese vielen Kinder ist Herr v. Strick der Vater und Frau v. Seymar die Mutter, Beide von edelstem Gemüth und von Allen geliebt und verehrt. ... Ich werde nie den Eindruck vergessen, den mir der heutige Tag gemacht hat! erst die Großartigkeit des Instituts, des Gebäudes, dann aber die Aufeinanderfolge von Wohltaten die hier täglich verübt ... Dies Institut ist ein unsterbliches Zeichen der Herzensgüte der Kaiserin Katharina, welche es gestiftet hat ... Dahin können alle hochschwangeren Frauen kommen und finden die beste Pflege, für das Kind gleich eine Amme, und können 6 auch mehr Wochen nach der Entbindung dort bleiben, bis sie wissen wohin. Wollen sie ihren Namen nicht sagen, so fragt sie auch Niemand darnach, und wollen sie ganz ungekannt und ungesehen sein, so kommen sie in einer Maske, bekommen auch sogleich ein Zimmer für sich allein, können auch ihre eigene weibliche Bedienung mitbringen ...*

*Wie manche Frau kann sich zu Hause bei allem Wohlstand vielleicht, doch nicht die Ruhe und Pflege gestatten, die hier eine Jede findet.*[28]

Bei den Schumanns in Schneeberg treffen sie Marie und Elise schlafend und gesund wieder an. Aber Elise fängt sofort an zu kränkeln und will von Clara, die sie kaum mehr wiedererkennt, nichts mehr wissen.[29]

Emil, der weniger als zwölf Monate nach Julie geboren wird, ist von Anfang an eine große Enttäuschung. Das ist nicht der Stammhalter, den Roberts »Vaterherz« sich gewünscht hat, auch wenn er lapidar »Freudentag« in sein Haushaltsbuch schreibt. Das Kind ist schwach und zu klein, Clara selbst vollkommen entkräftet, denn der Abstand zwischen den beiden letzten Entbindungen war viel zu kurz. Im achten Monat hatte sie wie nebenbei die Uraufführung von Schumanns a-Moll-Konzert unter Ferdinand Hiller gespielt und das Publikum mit der Schönheit und Leidenschaftlichkeit dieses Werkes so sehr beeindruckt, daß ihre pianistische Leistung kaum mehr beachtet wurde. Der produzierende Mann und das reproduzierende Weib: Dieser Antagonismus wird sich ihr für immer einprägen.[30] Sie nimmt ihn als naturgegeben an und predigt ihn später Schülerinnen und Töchtern.

Auf die nächste Tournee, die nach Wien führt, werden Marie und Elise mitgenommen. Julie und der kleine Emil bleiben bei Clementine Wieck, Claras Stiefmutter. Bei ihrer Rückkehr finden

28 Tb. II, darin Clara auf S. 360 ff. und S. 364 f.

29 Tb. II, darin Clara auf S. 374.

30 Weissweiler, Eva, Clara Schumann, eine Biographie, Hamburg 1990, S. 185 f.

sie den Jungen unterernährt und mit verhärteten Lymphknoten. Sie kämpfen nicht um ihn, wie seinerzeit um Marie, sondern reisen gleich weiter und schicken ihn, schon jetzt dem russischen Vorbild folgend, mit seiner Amme aufs Land. Am 21. Juni 1847 wird er zurückgebracht. Er stirbt, nicht einmal anderthalb Jahre alt, in der nächsten Nacht. Wie Clara auf seinen Tod reagiert hat, ist nicht bekannt, da das Ehetagebuch im März 1847 abbricht. Robert, erzählt Marie, habe am Morgen darauf geweint:

*Da führte er mich an das Bettchen und zeigte mir das tote Brüderchen, und da sah ich Tränen in seinen Augen.*[31]

Clara ist um diese Zeit gerade wieder schwanger geworden. Ludwig, der im Januar 1848 geboren wird, ist zwar gesund, wächst aber im Schatten der Revolution auf, die, von Frankreich kommend, bald ganz Deutschland ergreift und auch Schumann in seiner Schöpfer-Ruhe zu stören droht, obwohl er sich einspinnt wie eine Puppe und in seinen zu Maries 7. Geburtstag komponierten »40 Klavierstücke(n) für die Jugend« noch einmal ein biedermeierliches Familienidyll heraufbeschwört:

*Ringsum verschneit liegen Wald und Flur. Dichter Schnee bedeckt die Stadt. Abenddämmerung. Es beginnt in leichten Flocken zu schneien. Drinnen im traulichen Zimmer sitzen die Alten am hellen Kaminfeuer und schauen dem fröhlichen Kinder- und Puppenreigen zu.*

Ferdinand kommt anderthalb Jahre später, im niedergebrannten, von Schwarzen Pocken und Cholera heimgesuchten Dresden zur Welt, aus dem Clara unter Lebensgefahr Kinder und Möbel rettet, während Robert bei Freunden auf dem Land auf sie wartet. Um diese Zeit erhält er das Angebot, Musikdirektor in Düsseldorf zu werden. Clara redet ihm trotz von vornherein auftauchender Zweifel an seiner Eignung für ein öffentliches Dirigenten-Amt heftig zu, da sie an die materielle Zukunft ihrer Familie denkt. Im September 1850 findet der Umzug statt. Robert, durch Krankheit und Berufspflichten stark absorbiert, wird seinen Kindern immer mehr entzogen, deren Tragödie nun unaufhaltsam beginnt.

Für Clara ist es die arbeitsreichste Zeit während ihrer ganzen Ehe, da sie unmerklich in die Rolle von Roberts Assistentin

31 Schumann, Eugenie, Robert Schumann, S. 359.

schlüpft, um immer beschützend bei ihm zu sein und die schlimmsten Entgleisungen zu verhindern. Außerdem hat sie Schüler, tritt in den umliegenden rheinischen Städten auf, spielt unbezahlt in den Düsseldorfer Abonnementskonzerten und sucht lange Zeit vergeblich nach einer Wohnung, die ihren und Roberts Bedürfnissen genügt. Vorübergehend kommt noch einmal Familienglück auf. Clara schreibt an Pauline:

*Die Kinder sind Alle ganz munter und beglücken uns Jedes in seiner Weise. Die beiden Knaben – die Jüngsten – sind natürlich jetzt die kleinen Lieblinge! – Die drei Mädchen gehen fleißig in die Schule, und die zwei Aeltesten haben jetzt den Clavierunterricht bei mir; welch ein Opfer aber das von meiner Seite ist, begreifst Du vielleicht nicht, es ist aber wirklich ein Schweres.*[32]

Im Herbst 1853, anderthalb Jahre nach der Scheveninger Fehlgeburt, nach der sie sich körperlich und seelisch sehr schlecht gefühlt und es lange vermieden hatte, mit Robert zu schlafen[33], wurde sie bekanntlich wieder schwanger – mit Felix, dem begabtesten ihrer Söhne, dessen genetische Herkunft der Schumann-Gemeinde bis heute keine Ruhe läßt.

Spätestens seit dem Erscheinen von Titus Frazenis Skandalnovelle *Johannes Brahms, der Vater von Felix Schumann*,[34] die sich angeblich auf mündliche Familientraditionen stützt, wird Brahms als möglicher Vater gehandelt, ein Gerücht, gegen das die Schumann-Gemeinde so verbissen zu Felde zieht, als gälte es, die Jungfräulichkeit Marias zu beweisen.

Was dieses kollektive, linke wie rechte Schumannianer verbindende Reinheitsdenken, eine Art musikhistorischer Waschzwang, soll und warum man Clara mit aller Gewalt zur Ikone macht, wäre für Psychoanalytiker vom Range der Mitscherlichs sicher von Interesse gewesen, kann aber nicht Thema dieses Nachwortes sein. Hier interessiert die damit verbundene Unfähigkeit zu trauern. Denn man zerbricht sich bloß über die genetische Herkunft Felix Schumanns den Kopf, nicht über seinen weiteren

32 HHI, Slg. Dickinson, 7. 1. 1851.

33 Im Haushaltsbuch fehlen die Zeichen für Beischlaf während eines längeren Zeitraumes.

34 Bielefeld 1926. »Titus Frazeni« ist ein Pseudonym für »Alfred Schumann«, einen Sohn Ferdinands aus der Ehe mit Antonie Deutsch. Alfred Schumann rächte sich mit diesem Buch für die Art, wie Clara seine Mutter behandelt hatte und wie er und seine Geschwister bei der Verteilung des Erbes übervorteilt worden waren.

Lebensweg, der allerdings Anlaß zur Trauer genug gäbe. Das gleiche gilt für die Biographien aller übrigen Schumann-Kinder: es gibt keine. Sie zählen, je nach ideologischem Standpunkt, entweder nur als Liebespfand oder karrierehemmende Störfaktoren. Daß vier von ihnen einen frühen, tragischen Tod starben – Julie vor der dritten Niederkunft, Felix an Tuberkulose, Ferdinand an Morphiumsucht und Ludwig im Irrenhaus – ist ein Phänomen, das man für weiter nicht kommentierungsbedürftig hält, als hätten Kultfiguren das Recht, Opfer zu hinterlassen, und als wäre Mitgefühl mit den Opfern Kritik am Kult.

Wer Felix' Vater war, ist völlig uninteressant. Er betrachtete Schumann als seinen Vater[35] und durchlitt die typischen Kämpfe eines Sohnes, der im Schatten des väterlichen Ruhmes steht. Dieses Nachwort soll neues Licht auf das Leben der Schumann-Kinder werfen und das ihnen zugefügte biographische Unrecht hoffentlich ein wenig wiedergutmachen.

## 2. Die Auflösung einer Familie

Nach Schumanns Einlieferung in die Privatheilanstalt von Bonn-Endenich erfuhr Clara neben großer Anteilnahme auch Ablehnung. Einige dem Künstlerpaar noch aus früheren Zeiten verbundene Kollegen äußerten mehr oder weniger deutlich den Verdacht, der schwierige, hochdepressive Tonschöpfer sei von ihr in die Verbannung geschickt worden, damit sie ungestört ihrer Liaison mit Johannes Brahms leben könne, dessen Ruf als Komponist sie übertrieben enthusiastisch unterstütze.[36] Mit der folgenden, an Kinder und Nachwelt gerichteten Erklärung versuchte sie, diese Gerüchte aus der Welt zu schaffen:

35 Vgl. das hier erstmals publizierte Gedicht »Am Grabe Robert Schumanns«.

36 So z.B. Bettina v. Arnim in einem Brief vom 15. 5. 1855 (Biblioteca Jagiellońska, Krakau, vollständig zit. bei Weissweiler, Clara Schumann, S. 332f.: »... Man erkennt deutlich daß sein überraschendes Übel nur ein nerveuser Anfall war der sich schneller hätte beenden lassen hätte man ihn besser verstanden, oder auch nur geahnt was sein Inneres berührt ...«); s. auch Litzmann II, 384f. über das Verhalten von Livia Frege und der Familie Härtel.

*Gott sendet jedem Menschen, und sei er noch so unglücklich, immer einen Trost, und gewiß sollen wir uns desselben erfreuen und stärken daran. Wohl habe ich euch, doch ihr seid noch Kinder, Ihr kanntet den teuren Vater kaum, ihr seid noch zu jung, um tiefen Schmerz zu empfinden; ihr also konntet mir in den schrecklichen Jahren keinen Trost gewähren, Hoffnungen wohl, doch das konnte mich in solchem Schmerz nicht aufrecht erhalten. Da kam Johannes Brahms ... um als treuer Freund alles Leid mit mir zu tragen; er kräftigte das Herz, das zu brechen drohte, er erhob meinen Geist, erheiterte, wo er nur konnte, mein Gemüt, kurz er war mein Freund in vollstem Sinne des Wortes. ... Wohl kann ich euch sagen, meine Kinder, daß ich nie einen Freund so liebte wie ihn – es ist das schönste Einverständnis unsrer Seelen; nicht liebe ich an ihm die Jugend, nicht ist es vielleicht geschmeichelte Eitelkeit, nein, sein ... edles Herz ist es, das ich liebe ... Auch Joachim, ihr wißt es, war mir ein treuer Freund, doch mit ihm lebte ich nicht immer zusammen, so war denn Johannes es allein, der mich aufrecht erhielt. Vergeßt dies nie, liebe Kinder ..., glaubt eurer Mutter, was sie euch gesagt, und hört nicht kleinliche und neidische Seelen, die ihm meine Liebe und Freundschaft nicht gönnen, daher ihn anzutasten suchen oder gar unser schönes Verhältnis, das sie entweder wirklich nicht begreifen oder nicht begreifen wollen.*[37]

Wenn man weiß, wie sehr gerade die älteren Kinder an Schumann gehangen haben, dann scheint die Behauptung, sie hätten ihn *kaum gekannt* und seien unfähig, *tiefen Schmerz zu empfinden,* fast wie ein Rückfall in die Ideologie Friedrich Wiecks, der kleine Kinder als stumpfsinnige *Mehlwürmer* bezeichnet hatte.[38] Clara spricht in diesem Text nur von ihrem Leid. Die Gefühle der Kinder werden nicht erwähnt. Sie spricht ihnen nicht nur das Recht ab, selber Hilfe zu brauchen, sondern auch helfen zu können. Ein sensibles Kind muß bei der Lektüre dieser Erklärung das Gefühl völliger Überflüssigkeit gehabt haben.

Tatsächlich waren die pathetischen Formulierungen eher geeignet, Verdacht zu erhärten als zu zerstreuen. Eugenie hat ihnen trotz berechtigter Empörung über Frazenis Enthüllungsbuch noch im Alter mißtraut und an zentraler Stelle ihres Nachlasses festgehalten:

*Ich hatte immer geglaubt, daß meine Mutter Brahms seiner Zeit in unsere*

37 Zit. nach Litzmann II, S. 336ff.

38 Wieck, Friedrich: Clavier und Gesang: Didaktisches und Polemisches, Leipzig 1853.

*Wohnung genommen habe, weil er so sehr arm gewesen. Um ganz sicher zu gehen, fragte ich heute, am 2. Januar 1927, Marien ... Da sagte sie: »... Wir hatten eine große Wohnung im 1. Stock und dazu 3 Zimmer im 2. Stock. In zweien derselben schliefen die älteren Kinder; in dem 3ten stand ein Flügel für die Mama, auf welchem sie ohne den Papa zu stören, üben konnte. Als nun der Papa nach Endenich kam, wie Elise und ich in Pension gebracht wurden, standen die oberen Zimmer unbenutzt, bis Mama sie Brahms anbot ... Als sie später an die Poststrasse 17 zog, zog Brahms mit, wohnte aber zu ebener Erde bei einer Familie dort.«*[39]

Es ist viel darüber gerätselt worden, warum Clara Robert in Endenich erst am Tag vor seinem Tod besucht hat. Schlechtes Gewissen, Müdigkeit, Überforderung und unterdrückte Aggression sind als Gründe genannt worden. Dazu kam wohl Ekel vor der Syphilis, die er ihrer (und seiner eigenen Überzeugung nach) hatte, was allerdings de facto nicht zutreffen muß, wie Hoffmann-Axthelm und andere darlegen.[40] Das Argument »Besuchsverbot durch die Ärzte« scheidet als eine von Clara frei erfundene und von ihrer Gemeinde unkritisch übernommene Schutzbehauptung aus.[41]

39 STA Bonn, Nachl. Eugenie Schumann.

40 Hoffmann-Axthelm (a. a. O.), die das Rätselraten um Schumanns Krankheit mit Recht als kleinlich zurückweist, da es nicht dem Verständnis seiner Musik und inneren Gestimmtheit diene, führt zutreffend aus, daß auch der körperlich zweifellos noch gesunde junge Schumann schon zu Depressionen und Angstzuständen neigte, die übrigens in der Familie lagen. Die Diagnose »Syphilis« sei (mangels zuverlässiger Labor-Untersuchungsmethoden) im 19. Jahrhundert viel zu schnell und bei vielen Formen abweichenden männlichen Verhaltens gestellt worden. Da die Syphilis heute so gut wie ausgestorben sei, gebe es kaum Erfahrungen mit syphilitischen Psychotikern, die Schumanns Krankheitsbild als eindeutig auswiesen. Auch der amerikanische Psychiater Peter F. Ostwald (Schumann, The Inner Voices of a Musical Genius, Boston 1985, S. 75) ist der Meinung, daß »Narcissus Water«, das Schumann 1831 verordnete Medikament, denkbar ungeeignet zur lokalen Syphilis-Behandlung gewesen sei und mehr auf eine mechanische Hautreizung schließen lasse. Die von dem NS-Experten für »musikalische Rassefragen«, Rosenberg-Referenten und späterem philologischen Berater der Düsseldorfer Robert-Schumann-Gesellschaft Boetticher schon 1938 aufgestellte Behauptung einer »unheilbaren paralytischen Erkrankung« (in: Die Musik. Organ des Amtes für Kunstpflege beim Beauftragten des Führers für die gesamte geistige und weltanschauliche Erziehung und Schulung der NSDAP, XXXI. Jahrgang 1938/39, S. 73) kommt dem anti-psychologischen Geist einer Schumann-Gemeinde entgegen, die lieber an körperliche als an seelische Krankheiten »glaubt« und daher die kürzlich exhumierte Syphilis-Theorie mit lautem Jubel begrüßte.

41 Da Schumann anfing, an Claras und seiner Kinder Existenz zu zweifeln, wurde sie von den Ärzten *aufgefordert*, ihm zu schreiben. Ein von Dr. Richarz ausgesprochenes »Besuchsverbot« ist weder bei Litzmann noch in den Krankenpapieren ver-

Viel mehr Anlaß zum Rätseln gibt meiner Ansicht nach die bislang kaum gestellte Frage, warum sie sieben Kinder kreuz und quer in ganz Deutschland verteilt hat und damit gegen den erklärten Willen Roberts verstieß?

Auch Brahms und Joachim haben das bei aller Sympathie nie verstanden und sie immer wieder beschworen, ein festes Domizil mit Wohn- und Lebensmöglichkeiten für alle Kinder unter der Obhut von ein oder zwei Vertrauenspersonen zu nehmen, was ihre Vereinsamung weniger dramatisch gemacht hätte, ohne Claras Mobilität als Virtuosin zu beschneiden. Wien, Hamburg und Berlin waren als Standorte im Gespräch.[42] Joachim und Brahms boten sich selber als Nachbarn und Helfer an. Paul Mendelssohn war bereit, Kredite zu gewähren. Aber Clara wies solche Ratschläge als Kritik an ihrer Künstlerschaft oder kränkenden Verweis auf ihr Alter beleidigt zurück[43] und wurde erst seßhaft, als Rheumatismus eine Fortsetzung ihres Reiselebens unmöglich machte. Da war Julie bereits tot, Felix tuberkulös, Ferdinand morphiumsüchtig und Ludwig im Irrenhaus.

Claras hochkompliziertes Distributionssystem war weder preisgünstig noch praktisch. Denn ein gut organisierter Haushalt hätte weniger gekostet als sieben verschiedene Pensionen. Und die *Flut schriftlicher Ermahnungen*,[44] die sie regelmäßig an Kinder und Erzieher ergehen ließ, hätte sich bei nur einer Adresse drastisch reduziert. Es stimmt auch nicht oder nur begrenzt, daß Kinder-Verschickung zeittypisch gewesen wäre. Söhne gehobener Gesellschaftsschichten kamen in der Regel nicht in Pension, sondern besuchten ein örtliches Gymnasium und nach Ableistung ihres Wehrdienstes die Universität. Die Töchter wurden, solange es noch keine höheren Mädchenschulen gab, für ein bis zwei Jahre auf Internate oder Privatschulen geschickt, wo sie neben Haus- und Handarbeit Französisch, Geographie

merkt. Richarz plädiert in seiner für die damalige Zeit fortschrittlichen Schrift »Ueber öffentliche Irrenpflege und die Nothwendigkeit ihrer Verbesserung, mit besonderer Rücksicht auf die Rheinprovinz«, Bonn 1844) ausdrücklich für den häufigen persönlichen Kontakt von Patienten und Angehörigen. Daß Clara schließlich am Tag vor Schumanns Tod nach Endenich fuhr, geschah ebenfalls auf seine dringende Aufforderung.

42 Schumann/Brahms, BW 1, S. 356, Brief vom 7. 2. 1861, S. 575, Brief vom 2. 2. 1868; Joachim, BW I, S. 148 f., Brief vom 28. 6. 1861.

43 Schumann/Brahms, BW I, S. 579, Brief vom 19. 3. 1868.

44 Reich, a. a. O., S. 204, wo ebenfalls keine nachvollziehbare Erklärung gefunden wird.

und Geschichte lernten.[45] Kinder vergleichbarer Künstlerfamilien, wie etwa der Joachims oder Viardots, in denen die Mütter ebenfalls internationale Karriere machten, wuchsen gemeinsam in einem konstanten Haushalt auf und wurden beim Umzug der Eltern mitgenommen, oft sogar auf Tournee und fast immer auf Urlaubsreisen, die Clara ebenfalls meistens allein oder mit der erwachsenen Marie unternahm.

Es mag viele psychologische Gründe geben, die sie zu diesem Verhalten brachten: jahrelang aufgestauter Bewegungsdrang, Erschöpfung ihrer mütterlichen Reserven durch Robert, Angst vor der physischen Erinnerung an ihn und Aggression gegen eine ihr aufgezwungene Frauen- und Mutterrolle.

Sehr wichtig scheint allerdings auch die Veränderung ihrer Beziehung zu Johannes Brahms in ein reines Freundschaftsverhältnis nach der offenbar schwierigen Schweiz-Reise im Sommer 1856 gewesen zu sein. Bis dahin hatte der junge Komponist eine Art Ersatzvaterschaft für die in Düsseldorf verbliebenen Kinder Ludwig, Ferdinand, Eugenie und Felix und die Funktion des schützenden, häuslichen Partners für Clara übernommen, so daß sie unbesorgt reisen und konzertieren konnte. Diese quasi umgedrehte Rollenverteilung änderte sich nun. Denn nach über zwei Jahren mochte er diesen einseitigen Dienst nicht mehr leisten. Ein noch in der Schweiz geschriebener Brief Claras an Pauline zeigt, daß sie zu diesem Zeitpunkt noch an ein familienähnliches Leben mit Brahms und den Kindern glaubte:

> ... *Tausend Dank nun, meine Liebe, für Deine freundlichen Anerbieten wegen der Kleinen. Ich kann aber unmöglich zugeben, daß Du deswegen eigens häusliche Veränderung vornähmst, ... da es ja doch nur auf höchstens ein Jahr vielleicht wäre, denn später nehme ich doch irgendwo meinen festen Aufenthalt, um auch endlich dann die Kinder wieder Alle bei mir zu haben, oder doch wenigstens die Kleinen. Ich habe nun für nächsten Winter für die Kleinen meine Wirthschafterin noch behalten, und am Ende, ging es so lange, wirds wohl auch noch den Winter gehen* ...[46]

Brahms unerwarteter Rückzug führte zu einer schlagartigen Änderung dieses Konzepts. Marie und Elise waren bereits nach Leipzig in Pension geschickt worden, Julie zur Großmutter Bar-

45 Zinnecker, Jürgen: Sozialgeschichte der Mädchenbildung, Weinheim/Basel 1973, S. 58.
46 HHI, Slg. Dickinson, Brief vom 30. 8. 1856.

giel nach Berlin. Nun mußten auch Ludwig und Ferdinand, acht und sieben Jahre alt, in ein Internat nach Bonn, wovon vorher nie der Rede gewesen war.

*Es tat mir sehr weh, ist aber sicher zu ihrem Besten,*

schrieb Clara in ihr Tagebuch.[47] Ein Jahr später siedelten die sechsjährige Eugenie und der dreijährige Felix in eine Berliner Wohnung über, wo sich eine Gouvernante und die Familie Bargiel um sie kümmerten, bis Marie 1861 ihren *Hausmutterstand*[48] antrat. Die Familiengemeinschaft war damit aufgelöst. Nach der großen Enttäuschung über das Ende ihrer Liebesbeziehung mit Johannes Brahms und ohne einen Partner und Lebensgefährten wie ihn traute sich Clara ein Leben mit Kindern nicht mehr zu, wenn nicht sogar Trotz und der Wunsch, ihn moralisch ins Unrecht zu setzen, eine Rolle spielten.

Auf das Motiv der enttäuschten Liebe weist jedenfalls eine Bemerkung auf einen Vorwurf von Johannes Brahms (... *Wenn Du mir nur einmal schreiben könntest, daß Du ja den festen Vorsatz hast, ... nicht mehr Konzerte zu geben, als Du eben brauchst, um durchzukommen ...)*[49] schließen:

*Vielleicht fügt sich später einmal Alles glücklicher, vielleicht leben wir doch noch einmal in einer Stadt, und dann wird mir ein ruhigeres Leben Bedürfniß sein – im Zusammenleben mit einem geliebten Freunde könnte ich, glaube ich, noch wieder Ruhe und Heiterkeit finden ...*[50]

Zu dieser Zeit – 1861 – war sie allerdings schon vier Jahre mit dem Komponisten Theodor Kirchner liiert[51], der aber mit seinem leichtlebigen, romantischen Charme als Familienvater kaum in Frage kam und sicher nur eine Art Ersatz für den als Idealpartner angesehenen Johannes war.

47 Litzmann III, S. 15. S. dazu auch Tagebucheintragung vom 25. 9. 1856 (a. a. O., S. 11 f.): »Wie ich die Knaben unterbringen soll, das macht mir ... viel Sorge, denn auf der Reise habe ich wohl eingesehen, daß sie unter männliche Zucht kommen müssen, sonst werden gar keine Jungen aus ihnen.« Oder an Emilie List, a. a. O., S. 15, Fußnote: »Denke nur allein fünf Kinder in Pension an drei verschiedenen Orten ...«.

48 Schumann/Brahms, BW I, S. 376.

49 Schumann/Brahms, BW I, S. 355.

50 Litzmann III, S. 99.

51 Vgl. S. 302 ff.

Bekannten und Freunden gegenüber hat Clara ihre Entscheidung, die von schwersten psychsomatischen Symptomen wie Gesichtsreißen, Brustkrämpfen und Nervenschmerzen[52] begleitet war, stark idealisiert. An Marie Reinick schrieb sie z. B.:

*Meine Kinder sind wol – die beiden Aeltesten in Leipzig, wo Marie zu Ostern confirmiert wird! sie entwickeln sich prächtig zu meiner Freude – dies muß mir Muth und Kraft verleihen und die göttliche Kunst, wie fühle ich ihren Balsam oft! ... Bald muß ich nun wieder mein Wanderleben antreten – wie schwer ist mir der Gedanke daran! ...*[53]

Neuere Biographen wie Nancy Reich sind sich allerdings sicher, daß Clara dieses *Wanderleben* keineswegs widerwillig antrat, sondern als Fortsetzung einer von Kind auf erlernten, durch Ehe und Mutterschaft unfreiwillig unterbrochenen Lebensform.[54] Leider versagte sie ihren musikalisch hochbegabten Töchtern Marie und Elise, sich ebenfalls am Balsam der göttlichen Kunst zu laben, wie aus einem Brief an Pauline Schumann ersichtlich ist:

*... Solltest Du etwa zur Messe nach Leipzig kommen, so suche doch die Kinder auf – ich glaube, Marie namentlich wird Dir gefallen. Sie wohnen bei Frau Bernhardine Hoffmann, Windmühlengasse No. 15, 3ter Stock ... Das Conservatorium besuchen sie nicht, obgleich sie es umsonst gehabt hätten. Ich habe meine Gründe es nicht zu wünschen wie ich sie denn überhaupt gern so zurückgezogen wie möglich gehalten sehe. Du verstehst mich schon, ohne daß ich es Dir detailliere ...*[55]

52 Litzmann III, S. 12 und S. 27, Brief an Joachim, 27. 11. 1857: »Ich bekam vorgestern plötzlich solch einen Anfall von Nervenschmerzen, daß ich glaubte, ich müsse sterben; ich habe sechs Stunden laut geschrieen ..., es war als wolle man mir mit glühenden Eisen die Knochen aus den Armen, Hals und Brust reißen ..., der Arzt gab mir Opium, worauf sich die Schmerzen legten ...«.
53 HHI, Korr. Clara Schumann, Brief Nr. 37.2482 vom 16. 9. 1856.

## 3. Elise und Julie Schumann

Elise hatte schon als Kind keine Angst vor ihrer Mutter und nahm die ihr zugedachte Behandlung nicht unwidersprochen hin.

Als Clara im Sommer 1854 nach Oostende reiste, die Kinder aber zu Hause bzw. in ihren Pensionen ließ, muß sie sich heftig beschwert haben. Clara antwortete:

*... Du hast mir ja recht hübsche Briefchen (nur ein wenig kurz) geschrieben ... Wie viel ich an Euch denke, wirst Du wohl glauben, und wohl wünschte ich oft, ich könnte Euch hierher kommen lassen, doch es geht ja nicht, es würde gar zuviel Geld kosten und wird es mir doch schon schwer, für mich allein so viel auszugeben! Ich denke aber, wenn ich zurückgekehrt bin, so mache ich einige kleine Spatzen-Tourneen mit Euch, und das macht Euch ja auch Freude! es ist doch nicht gut, wenn einem nichts zu wünschen übrig bleibt, hat man als Kind schon alles genossen, was soll Einen als Jungfrau und Frau erfreuen? der liebe Gott richtet es doch immer so ein, wie es am besten für uns ist! ...*[56]

Bald nach ihrer Entlassung aus der Leipziger Pension machte Elise sich selbständig und schlug sich als Klavierlehrerin, Gesellschafterin und Gouvernante durch, wobei sie es auch ohne professionelles Studium zu beachtlichen pianistischen Fähigkeiten gebracht haben muß, denn sie war die einzige der Schumann-Töchter, mit der Clara jemals öffentlich auftrat. Über das Museumskonzert in Frankfurt am Main, in dem Mutter und Tochter Schumanns Andante und Variationen für zwei Klaviere spielten, schreibt die *Neue Zeitschrift für Musik:*

*Frau Clara Schumann und Joachim haben in Frankfurt am Main ihr erstes Concert mit entsprechend glänzendem Erfolge gegeben. Fräulein Elise*

54 Reich, a. a. O., S. 205.

55 HHI, Slg. Dickinson, Brief vom 23. 3. 1856.

56 HHI, Korr. Clara Schumann, Brief Nr. 63.5939 vom 22. 8. 1854.

*Schumann führte in demselben mit ihrer Mutter die Variationen Robert Schumanns für zwei Flügel in vortrefflicher Weise aus.*[57]

Eugenie berichtet allerdings, daß es bei diesem einem gemeinsamen Auftritt blieb, wobei Elisens Reaktion

*einmal und nicht wieder*

an Deutlichkeit nichts zu wünschen übrigläßt.

Nach diesem Konzert nahm Claras Respekt vor der selbstbewußten Tochter deutlich zu. Sie machte sie zur Mitwisserin ihrer Erziehungsprobleme mit Eugenie und Ludwig und behandelte sie beinahe wie eine Freundin, wenn auch mit gelegentlichen Rückfällen in den mahnenden, moralisierenden Ton, der typisch für ihre Korrespondenz mit ihren Kindern ist und die Dreiundzwanzigjährige eher amüsiert als beeindruckt haben mag:

… *Schone Dich doch ja, spiele wenig, und vor allem aber, gehe immer früh zu Bett, Du, bei Deiner sonstigen Willenskraft, kannst das schon durchsetzen. Glaube mir, das gerade ist das Wichtigste für die Nerven, nichts greift diese mehr an, als spätes Aufbleiben, und namentlich, wenn man sich denTag über anstrengen muß. Da Du schon so viele Bekannte hast, so mußt Du mit den Abenden sehr sparsam sein, Du verlierst sonst Deine jungen Jahre im geselligen Treiben, wobei weder Herz noch Geist gewinnt* …[58]

Elise war bereits vierunddreißig, als sie den Kaufmann Louis Sommerhoff heiratete, mit dem sie für einige Jahre nach Amerika ging und vier Kinder bekam: Robert (geb. 1878), Walther (geb. 1880), Clara (geb. 1882) und Felix (geb. 1886).

Die Ehe scheint glücklich gewesen zu sein. Alle Kinder, bis auf Clara, die als Kleinkind starb, erreichten ein hohes Alter.

Anders als zu ihren übrigen Schwiegerkindern hatte Clara Schumann ein gutes Verhältnis zu Louis Sommerhoff, der sie durch Weltläufigkeit und kaufmännisches Geschick beeindruckte. Trotzdem fiel es ihr schwer, die Übersiedlung nach Amerika, bei der sicher auch Distanzierungsbedürfnisse eine Rolle spielten, zu akzeptieren. Am Tag von Clara juniors Geburt appelliert sie an Sommerhoff, Rücksicht auf ihre Tochter zu nehmen

57 Neue Zeitschrift für Musik, 61. Bd., No. 46, 10. 11. 1865.
58 HHI, Slg. Dickinson, Brief vom 1. 1. 1866.

und läßt dabei ihre eigenen Erfahrungen mit Robert durchblikken:

*Liebster Louis!*
*Eure Freudenbotschaft kam uns diesen Morgen beim Frühstück, also am 8ten, ihres Großvaters Geburtstag, ist das Mägdelein geboren!*

*Gottseidank lässt mich Dein »Hurrah« auf Gutes schließen. … Ich schreibe Dir, mein lieber Louis, weil es mir sehr am Herzen liegt, Dich zu bitten, recht auf Elises Schonung in all der Zeit, aber auch nachher zu sehen … Aus Elisens letztem Brief versteh ich, daß sie sich die ganze Zeit doch wieder furchtbar angestrengt hat und wirklich kann ich nur mit Sorge ihrer gedenken. Die Schwäche des Rückens nimmt mit den Wochenbetten immer zu und wie viele junge Frauen kommen schließlich dahin, daß sie nicht mehr gehen können, jahrelang auf Sesseln herumliegen. Elise nimmt das zu leicht. Du kannst es mir glauben. Es ist doch auch eine schreckliche Misere mit den Dienstboten in Amerika, anderswo hat man davon … ja wirklich keinen Begriff. Meine Sorge um die Knaben ist auch recht groß … es scheint mir doch ohne Zweifel, daß sie das Clima in Amerika nicht vertragen … Wäre es nicht besser, Elise entschlösse sich, schon im Herbst herüberzukommen? Ihr könntet unser Nachbar-Haus kaufen, und sie wäre mit unter meinem Schutze. Du kämst dann Ostern nach oder im Herbst und besuchtest sie mal inzwischen …*[59]

Clara empfand beim Verlust der *lieblichen Enkelin* Clara Sommerhoff tiefere Trauer als nach dem Tod der erst siebenundzwanzigjährigen Julie und hat sich um die Söhne der ursprünglich so wenig geschätzten Tochter Elise weitaus mehr Sorgen gemacht als um ihre eigenen, scheint überhaupt erst als Großmutter in der Lage gewesen zu sein, Qualitäten wie Zärtlichkeit und Fürsorge zu entwickeln, wozu ihr in der anstrengenden Ehe mit Robert die Kraft fehlte.

Elise Sommerhoff, geb. Schumann, starb 1928 mit fünfundachtzig Jahren in Haarlem.

Julie war als erste, mit neun Jahren, von zu Hause fortgebracht worden, fand aber bei Großmutter Bargiel in Berlin, die von allen Schumann-Kindern wegen ihrer Vitalität und Herzlichkeit sehr geliebt wurde, ein gutes Ersatz-Zuhause. Diese Marianne Bargiel, Cembalistin, Flötistin und Klavierlehrerin, hatte den choleri-

59 HHI, Korr. Clara Schumann, Brief Nr. 63.5939 vom 8. 6. 1882.

schen, besitzergreifenden Wieck verlassen und war seinem Musiker-Freund August Adolf Bargiel gefolgt, mit dem sie (wie mit Wieck) vier Kinder bekam. Sie wußte also, was es heißt, eine große Familie zu haben, kannte auch das Gefühl der enttäuschten Liebes-Illusion, denn der ursprünglich als Ideal-Partner vergötterte Bargiel erwies sich als hypochondrischer, launenhafter Ehemann, der Ende 1839, als Clara in Berlin zu Besuch war, zeternd im Morgenmantel durch die Wohnung lief und seiner Frau, der Ernährerin der Familie, vorwarf, sie warte ja nur auf seinen Tod.[60] Außerdem hatte Marianne sicher ein schlechtes Gewissen gegenüber Clara, um die sie zwar nach der Scheidung heftig gekämpft hatte, die sie aber dann auf Gerichtsbeschluß doch beim Vater lassen mußte wie die Söhne Alwin und Victor.

Da Julie ein hübsches, freundliches, blondes Kind war, fiel es nicht schwer, sie gern zu haben. Auch Woldemar, Claras 1828 geborener Halbbruder, kümmerte sich viel um das Mädchen und spielte in seiner lustigen, warmherzigen Art später auch für Felix und Eugenie eine ähnliche Große-Bruder- und Ersatzvater-Rolle wie der junge Brahms.

Trotzdem bekam Julie, ein zartes, empfindliches Mädchen, das oft krank war, schon bald Heimweh nach Düsseldorf. Der Gedanke, Weihnachten 1854 ohne ihre Geschwister verbringen zu müssen, war ihr schrecklich. Aber Clara schrieb an Elise:

*Julie ist lustig und guter Dinge! zu Weihnachten brächte ich sie schon gerne mit nach Hause, doch wie bringe ich sie wieder nach Berlin? hier ist sie so gut aufgehoben, in der Schule geliebt, ebenso von Onkel ... und Großmama! Die Reise würde auch gar viel Geld kosten und kann ich das wirklich nicht, so gern ich es möchte!*[61]

1860 wurde Julie an einen neuen *Bestimmungsort*[62] gebracht, da inzwischen auch Felix und Eugenie in Berlin wohnten und Marianne mit so vielen Kindern überfordert war.

*Julie schlief die ganze Nacht vorher nicht und weinte immer und immer,*

schreibt Clara an Brahms.[63] – Sie war zwar, wie alle Schumann-Töchter, hochmusikalisch, erhielt aber keine kontinuierliche

60 BW II, S. 731, Brief Claras vom 9. Oktober 1839.
61 HHI, Korr. Clara Schumann, Brief Nr. 62.5939 vom 27. 11. 1854.
62 Schumann/Brahms, BW I, S. 331, Brief vom 16. 9. 1860.
63 S. Anmerkung 59.

Ausbildung, sondern wurde von Berlin aus in ein merkwürdiges Wanderleben entlassen, das sie teils bei Großvater Wieck in Dresden, vor dem alle Schumann-Kinder Angst hatten und der in seiner barsch-kommandierenden Art ein denkbar ungeeigneter Erzieher für Julie war, teils am Rhein, in München, Mannheim und Frankreich in den Häusern reicher Bekannter verbrachte. Ihre Odyssee ist trotz Litzmanns gelegentlicher Fußnoten-Hinweise im Nachhinein kaum rekonstruierbar. In Claras Briefen an Brahms ist von so vielen *Bestimmungsorten* die Rede, daß man jeden Überblick verliert.

1862 war ihr Gesundheitszustand offenbar so schlecht, daß Clara sich entschloß, sie anstelle der stabilen, praktischen Marie mit auf Konzertreise zu nehmen, weniger zur Erholung vermutlich, als zur Unterstützung beim Frisieren, Ankleiden, Brief-Schreiben, Kartenverkauf usw. Diesen anstrengenden Dienstleistungen und dem ungewohnt intensiven Zusammensein mit Clara war Julie nicht gewachsen, so daß sie (wie ihr Vater in vergleichbaren Situationen) krank wurde. Clara schreibt an Pauline:

*Um Julie … habe ich aber erst recht Sorge! sie reiste Anfang Winters mit mir, war aber noch zu jung und zu zart um diese Anstrengungen auszuhalten, und bekam in Folge dessen eine förmliche nervöse Abspannung, wobei sie Wochen lang im Bett zubrachte. Für sie ist nun als einziges Stärkungsmittel hohe Bergluft, ebenso für mich, für meine Nerven- und Rükkenschmerzen, verordnet, wollen wir also auf Kaltbad-Rigi gehen … Nun soll aber Julie, weil sie sehr zu Melancholie neigt, nie allein und immer in der Luft sein, ich aber kann bei meiner künstlerischen Beschäftigung, ohne die ich auch im Sommer nicht leben kann, nicht immer mit ihr sein, bin auch zu ernst für ihren steten alleinigen Umgang …*[64]

Das hieß im Klartext: Clara suchte jemanden, der ihr die Sorge um Julie abnahm, da sie selbst mit ihrem Liebhaber, Theodor Kirchner,[65] reisen wollte, einem wie Robert aus Sachsen stammenden Komponisten, den sie seit 1851 kannte und der ihr ein Jahr nach der Trennung von Brahms wiederbegegnet war. Dabei konnte sie Julie, die hübscheste ihrer Töchter, nicht gebrauchen. Denn so wie schon Brahms heftig für Julie schwärmte, würde es wahrscheinlich auch Kirchner tun.

Das alles wäre ohne Claras Tendenz zur Selbstverklärung völlig legitim gewesen. Pauline und Marianne waren lebenserfahre-

64 HHI, Slg. Dickinson, Brief vom 22. 3. 1862.

ne Frauen, die sicher verstanden hätten, daß eine Dreiundvierzigjährige nicht wie eine Nonne leben wollte und sich nach so vielen schweren Jahren das Recht auf ein bißchen Freude nahm. Man war damals, gerade Künstlerinnen gegenüber, durchaus nicht intolerant. Die französisch-spanische Sängerin Pauline Viardot, die wie Clara ein Sommerhaus in Baden-Baden hatte, lebte ihre Liaison mit dem russischen Romancier Iwan Turgenjev offen aus, ohne daß irgendjemand Anstoß daran nahm.

Um dieselbe Zeit, Anfang 1862, bat Clara ihre Schwägerin, nicht nur auf Julie, sondern auch auf die in Berlin lebenden *beiden Kleinen* aufzupassen, da Marianne dazu offenbar nicht mehr bereit oder in der Lage war. Claras Forderungen an die hilfsbereite Pauline, die diesen Dienst kostenlos erbringen und ihr eigenes Schneeberger Haus verlassen sollte, nahmen allmählich den Charakter von Zumutungen an:

*... Es handelt sich darum Jemand zu finden, der sich entschließt für 3–4 Monate im Sommer nach Berlin in mein Haus zu kommen, um die beiden Kleinen zu versorgen, und ich dachte daran, ob Anna es vielleicht übernähme? denn Du kannst wohl denken, ich fände wohl Manche, die es gegen Honorar thäte, doch Liebe und Gewissenhaftigkeit läßt sich nicht erkaufen. ... Es trifft sich so schlimm nächsten Sommer mit meinen Töchtern, daß ich es nicht anders einzurichten weiß, Marie muß wegen häufigen Rheumatismus ein Bad gebrauchen, eben so ich ..., also kann sie, die diesen Winter bei den Kindern war, nicht zu Hause bleiben ... Du siehst also, es bleibt mir keine andere Aushülfe, als Jemand zu finden, der Freundschaft genug für mich hat, die Sorgen für die Kleinen, die, Gott sey Dank, gesunde und liebe Kinder sind, zu übernehmen ... Ich bitte Dich, liebe gute Pauline, überlege dies einmal! oder könntest Du, wenn Du Anna nicht gerne von Dir ließest, nicht vielleicht für die Zeit mitkommen? ... die Kinder jemand Fremden zu übergeben, wäre mir gar so schrecklich ...*[66]

1864 lebt Julie in Köln, 1866 in München, 1867 in Mannheim. Ihr chronischer Husten scheint sich zur Tuberkulose zu entwikkeln. Aber Claras Ausreden, sie nicht sehen oder zu ihren zahl-

65 Sietz, Reinhold: Theodor Kirchner, ein Klaviermeister der deutschen Romantik, Regensburg 1971, S. 27, 30, 31 f., 45 und Schumann/Brahms, BW I, S. 403, 405, 427, 455. Clara verbrachte die Ferien mit Kirchner in Interlaken, wo er u.a. die Bemerkung machte, »er wünsche doch, daß die Jungfrau nun endlich mal fertig würde mit ihrer Toilette« (a.a.O., S. 405).
66 HHI, Slg. Dickinson, Brief vom 22. 3. 1862.

reichen Kuraufenthalten mitnehmen zu wollen, ziehen sich wie ein roter Faden durch ihre Briefe an Brahms und an Elise:

*Julie haben wir recht munter gefunden, und ich habe ihr versprochen, sie zum Musikfest nach Düsseldorf zu nehmen, worauf sie sich »schrecklich« freut … Nach Carlsbad nehme ich Julie nicht mit, es kostet viel mehr, und langweilt sie doch sehr.*[67]

*Julie habe ich in Mannheim besucht, konnte sie aber nicht mitnehmen, weil sie sich nicht so kräftig fühlte, um hier viel laufen zu können, ich aber muß dies bei der Kur; ich hätte sie dann aber oft zu Hause allein lassen müssen, das hätte immer unangenehme Erregungen gegeben, die ich aber bei der … gefährlichen Kur durchaus vermeiden muß.*[68]

Gegen Ende dieses Jahres, 1867, lebt Julie in Divonne, ist aber zu krank, um Weihnachten nach Hause, d. h. in Claras Landhaus in Lichtenthal bei Baden-Baden zu kommen. Obwohl die Beziehung zu Kirchner seit zwei Jahren zu Ende, eine Konkurrenz-Situation also nicht mehr zu befürchten ist, weigert sich Clara, Julie zu besuchen, da sie sich vor ihren Winter-Konzerten nicht überanstrengen will, und fährt lieber nach Karlsruhe, um Hermann Levi die *Genoveva* dirigieren zu hören.[69]

Ein Jahr später wird Julie für nervenkrank erklärt wie ihr Vater und wie dieser in eine Kaltwasserkur geschickt.

*Der Gedanke an unser armes leidendes Julchen lastete auf uns … Wir haben uns doch so ungeheuer lieb!*[70]

schreibt Clara an Brahms. –

Gegen ihre Hochzeit mit dem italienischen Grafen Marmorito di Radicati hat sie trotz Juliens schlechten Gesundheitszustandes aber nichts einzuwenden, außer daß der Graf katholisch und Ausländer ist. Brahms, der Julie immer noch verehrt und ihr die Variationen über ein Thema von Schumann op. 23 gewidmet hat, ist empört, nicht aus gekränkter Eitelkeit, sondern weil er voraussieht, daß Julie die Strapazen mehrerer Schwangerschaften nicht überleben wird:

67 HHI, Slg. Dickinson, Brief vom 23. 4. 1866.
68 Schumann/Brahms, BW I, S. 561, Brief vom 6. 5. 1867.
69 Vgl. Reich, a. a. O., S. 210 und Schumann/Brahms, BW I, S. 573.
70 Schumann/Brahms, BW I, S. 573.

*Hier habe ich ein Brautlied geschrieben für die Schumannsche Gräfin – aber mit Ingrimm schreibe ich derlei – mit Zorn! Wie soll's da werden!*

schreibt er an Joachim.[71] – Tatsächlich geht es ihr während der ersten beiden Schwangerschaften sehr schlecht. Elise, Marie und Felix besuchen sie zweimal in Italien. Clara versagt sich auch jetzt das *Vergnügen*, dabei zu sein, weil sie fürchtet, die *Wiedersehensfreude* würde Julie nur schaden.[72]
Die dritte Schwangerschaft überlebt sie nicht. Im September 1872 ist sie noch einmal zu Besuch in Lichtenthal, *drängt* aber von der Mutter fort nach Paris, wo sie am 9. November mit erst siebenundzwanzig Jahren stirbt. Einen Tag später gibt Clara in Heidelberg ein Konzert, das sie nicht absagt, da es *nicht ohne große Verlegenheit abzuändern* war.[73]

## 4. Ludwig

Ludwig, laut Schumann als Kind ein Prachtkerl, der sich gut entwickelte und von Clara besonders geliebt wurde, wird schon in Düsseldorf als leicht *zurück* geschildert. Er sprach wenig und undeutlich, was auf schlechtes Gehör hindeuten könnte. Außerdem war er – ein Erbteil von Robert – stark kurzsichtig, was aber nicht rechtzeitig erkannt wurde. Seine Lese- und Rechtschreibeschwächen wurden folglich falsch, d. h. als Zeichen von Dummheit, interpretiert. Clara, die selber große orthographische Probleme hatte, beschwerte sich mehrmals über Ludwigs schlechte Rechtschreibung bei Brahms, der aber antwortete:

*Die Briefe scheinen mir nicht wichtig, der von Ludwig ist freilich arg für einen zwölfjährigen Knaben, der von Ferdinand aber nicht anders wie von einem Jungen, der ohne Gedanken schreibt und sich freut, bald fertig zu sein.*[74]

71 Johannes Brahms im Briefwechsel mit Joseph Joachim, hrsg. von Andreas Moser, Berlin 1908, Bd. I, S. 77 f., Brief vom 28. 8. 1869.
72 Vgl. Reich, a. a. O., S. 210 und Schumann/Brahms, BW I, S. 644.
73 Litzmann III, S. 278.
74 Schumann/Brahms, BW I, S. 274, Brief vom 28. 8. 1859.

Ludwig und Ferdinand kamen, soweit aus den etwas verwirrenden Angaben des mit dem Protokoll dieser Irrfahrt offenbar ebenfalls überforderten Litzmann ersichtlich, 1856 in die Pension Herchenbach nach Bonn, 1857 in die Stoysche Erziehungsanstalt nach Jena und von dort nach Bad Kreuznach, von wo sie Weihnachten 1860 nicht zu Clara und Rosalie Leser nach Düsseldorf fahren durften, *da Fräulein Leser so leidend* war, *daß sie gar keine Unruhe bei sich vertragen*[75] konnte. 1861 besuchte Clara ihre Söhne in der Pension und überzeugte sich *von der Notwendigkeit, sie von dort fortzunehmen.*[76] Gründe werden nicht genannt. Aber Clara schien kurzfristig selbst den Eindruck zu haben, daß es ihren *Jungens* nicht *so gut* ginge *wie Julien und den Anderen,* daß sie *jedes häuslichen Zusammenlebens* entbehrten und daß es die einzig akzeptable Lösung sei, *sie vom Herbste an nach Berlin zu nehmen sie dort in halbe Pension zu geben, jedoch bei den Geschwistern ... wohnen zu lassen, sie* bekämen *dann doch täglich, Morgens und Abends, Sonntags, Mittwochs und Sonnabends Nachmittag etc. die Eindrücke eines Familienlebens ...*

*Kurz es wird mir immer mehr zur Gewißheit daß ich diesen Schritt thun muß. Wer weiß, ob dies nicht dazu beiträgt, die ganze innere Entwicklung der Knaben umzuwandeln, ihnen erst die Liebe zu mir und den Geschwistern mit in's Leben giebt, die sie jetzt nur ahnen können.*[77]

Leider wurde dieser Vorsatz nicht realisiert, da ein Herr *Dr. Breusing* und ein *Hauslehrer bei Frau Böcking, der ein äußerst gebildeter Mensch und sehr erfahren im Lehrfach* war, die Meinung vertrat, daß Ludwig *in keiner öffentlichen Schule fortkommen* könne, also *vom Ferdinand getrennt* werden müsse.[78] Auch lebten die Söhne gemeinsam zu sehr in *englischem Komfort.*[79] So suchte sie wieder nach neuen *Bestimmungsorten,* sehr zum Kummer von Brahms, der befürchtete, Ludwig und Ferdinand könnten *blasierter, gleichgültiger* werden, wenn man sie noch länger hin- und herschiebe.[80]

Auf Anraten des ungenannten Hauslehrers kam Ludwig zu einem ungenannten Pfarrer nach Wissen an der Sieg – Clara

75 Schumann/Brahms, BW I, S. 342.
76 Litzmann III, S. 99, Fußnote.
77 Ebda., S. 99 f., Brief Claras an Elise v. Pacher vom 22. 2. 1861.
78 Ebda., S. 105, Brief Claras an Brahms vom 15. 7. 1861.
79 Schumann/Brahms, BW I, S. 328.
80 Schumann/Brahms, BW I, S. 274.

schreibt nach einem Besuch lapidar von *den Leuten* –[81] wo er sich gut einlebte, fleißig lernte und am 3. August 1862 konfirmiert wurde, ohne daß Clara, die zu dieser Zeit gerade ihr Sommerhäuschen bei Baden-Baden kaufte, Zeit gefunden hätte dabeizusein.

*Den 3. August wurde Ludwig in Wissen konfirmirt, natürlich dachte ich viel seiner,* schrieb sie in ihr Tagebuch.[82]

1863 erscheint er, d. h. ein Fußnotenhinweis auf ihn, plötzlich in Karlsruhe, wo er ein Gymnasium besucht und, ohne bei Clara (und Kirchner) zu wohnen, *öfters herüber* kommt *und so ganz eigenthümlich … ist.*[83]

Aus dieser Zeit stammen Eugeniens Schilderungen seines unbeholfenen, linkischen Benehmens, das vermutlich immer noch Folge seiner Kurzsichtigkeit war und Clara bewog, ihn einem Spezialisten, Professor Lazarus vorzustellen.

Brahms besuchte ihn mehrmals in seiner Pension, lobte sein liebenswertes Wesen und stellte ihn als einen besonderen, merkwürdig optimistischen Charakter dar, dem man seine *durchlebten Lehrjahre* nicht anmerke. An Clara schreibt er:

*Sei nur vorsichtig mit ihm und nicht übereilt … ein Mensch ist leicht verpfuscht. Daß er ein technisches Fach wähle, leuchtet fürs erste nicht ein.*[84]

So wie Claras Freundinnen sich um Julie kümmerten – Elise v. Pacher, Frau Bendemann und Frau Schlumberger werden nacheinander genannt – übernahmen Brahms' Freunde eine Art Patenschaft für Ludwig: so z. B. Levi und Allgeyer, die ihn alle *sehr in ihr Herz geschlossen* hatten, *wie das denn auch nicht anders sein* konnte[85] nach dem Eindruck, den er auf sensiblere Naturen machte. Aber Clara, durch Dritte und ihre eigene Wahrnehmung beeinflußt, hatte schon ihr Urteil über ihn gefällt und schrieb an ihre Vertraute Elisabeth Werner:

*Es ist nicht zu beschreiben, welche Sorge einem solch ein Junge machen kann! … Denken Sie sich einen träumerischen Jungen, der eigentlich zu gar nichts neigt, als träumen, der so unpractisch in jeder Hinsicht ist, daß*

81 Litzmann III, S. 108, Brief Claras an Joachim vom 26. 9. 1861.
82 Ebda., S. 125.
83 Ebda., S. 142.
84 Schumann/Brahms, BW I, S. 463.
85 Litzmann III, S. 160.

*selbst seine Lehrer sagen, sie würden nicht wissen, was mit ihm beginnen. Und für diesen mußte ich nun seine Lebenscarriere bestimmen! ... Wie gern hätte ich ihn eine höhere geistige Bildung noch gewinnen lassen, doch es war die höchste Zeit, er muß ins practische Leben hinein, sonst ist er ein verlorener Mensch!*[86]

Daß sie so etwas nicht nur ihren Freundinnen schrieb, sondern sehr drastisch auch an Ludwig selbst, zeigt ein Brief an Elise:

*An Ludwig schrieb ich nochmal einen langen Brief ... es ist mir schrecklich schwer geworden, ihm entschieden und hart schreiben zu müssen, doch ging es nicht anders. Ich erhielt wieder vor 8 Tagen einen Brief von ihm, der voller grammatikalischer Fehler war, und den ich ihm zum Beweis corrigiert zurückgeschickt.*[87]

Ihre Härte und Entschiedenheit bestand darin, daß sie ihn trotz seiner Neigung zu Musik und Literatur *ins practische Leben* schickte, d.h. in verschiedene Lehrstellen bei Buch- und Musikalienhändlern, unter anderem zu Raimund Härtel nach Leipzig, bei dem Ludwig sich offenbar nicht einlebte. Clara entschuldigt sich:

*... Welch eine Last ist Ihnen doch Ludwig geworden und noch jetzt sehe ich mich gezwungen Ihre Güte abermals in Anspruch zu nehmen, indem Ludwig mir schreibt, er bitte mich inständigst, ihn in Leipzig aufs Conservatorium zu lassen. Ich sehe ein, daß ich mich dem nicht mehr widersetzen kann, obgleich ich Ludwigs Vorwurf, als habe ich ihn gegen seine Neigung dazu gezwungen, vielleicht eben so wenig entgehe wie vorher. Ich habe Zeugen genug, daß Ludwig auf eigenen Wunsch nach Carlsruhe, dann ebenso nach Berlin kam, später ohne mein Wissen nach Leipzig etc. etc. –*

*Meine große Bitte an Sie wäre nun dies, zu erfahren, ob eine Aussicht dazu ist, daß Ludwig im Conservatorium aufgenommen würde? aber ohne die Verpflichtung auf drei Jahre? ob man mir ferner gestatten würde nur so lange zu bezahlen, als er wirklich bleibt? denn was steht dafür, daß er nach drei Monaten schon kommt und sagt, er habe sich geirrt, das sei auch nicht das, was ihn beglücke! Ich möchte überhaupt fragen, ob man sich darauf einlassen würde Ludwig versuchsweise auf drei Monate eintreten zu lassen, bis zum 1. October, wo ich ihn dann sein Dienstjahr antreten lassen will – einmal muß es ja doch sein!*

86 Zit. nach Litzmann III, S. 183, Brief vom 10. 9. 1865.
87 HHI, Slg. Dickinson, Brief vom 1. 1. 1866.

*Dann müßte ich Sie ersuchen sich zu erkundigen wieviel ich dem Ludwig wohl monatlich auslegen muß? ... In eine Familie kann ich Ludwig nicht mehr bringen, denn es geht nirgends! er muß sich ein kleines Zimmer – Chambre garnie nehmen und sich irgendwo zum Essen abonnieren, anderen Rath weiß ich mir nicht. ... Bitte senden Sie mir so bald als möglich Antwort, damit der Junge uns nicht so herum bummelt. Er schrieb mir, er wolle sein Jahr in Leipzig abdienen, dabei kann er aber kaum ... studieren, wenigstens nicht am Conservatorium! ihn aber privatim in allen Fächern unterrichten zu lassen, ist mir unmöglich und wäre ... nach alledem was er mich ohnehin schon immer extra gekostet Unrecht gegen meine anderen Kinder ...*[88]

Im Zusammenhang mit dem geplanten militärischen Dienstjahr fanden offenbar ärztliche Untersuchungen statt, die, so Clara an Brahms, ergaben, *daß sein Nervensystem ein äußerst angegriffenes und sein Augenleiden großen Einfluß auf sein Denkvermögen übt.*[89] Aus dem Besuch des Konservatoriums wurde nichts. Seine nächste Station war Dresden, wo er beim alten Wieck einzog, mit dem er sich aber erwartungsgemäß überwarf. Ende 1869 schreibt Clara an Elise:

*Wir wollen auf der Rückreise nach Dresden gehen, ich muß doch mal sehen, wie Ludwig dort wohnt, dann mit dem Geld eine andere Einrichtung treffen, da er mit den Großeltern ganz auseinander ist. ... Marie schreibt er, er sey sehr unfreundlich und hatten sie ihn zu Weihnachten gar nicht eingeladen – das ist doch herzlos.*[90]

Im Mai 1870, Ludwig ist zweiundzwanzig Jahre alt und Clara konzertiert gerade in Brüssel, erhält sie von seiner Dresdner Zimmervermieterin eine Hiobsbotschaft, der sie sofort genauen Bericht an Brahms folgen läßt:

*Ludwig war sehr krank und zwar 3–4 Wochen gefährlich ... Wie es gekommen (daß er es sich selbst zugezogen) erzähle ich Dir mündlich. Merkwürdig ist es, daß er keine Nacht ohne Nachtwache schläft, während er am Tage spazieren geht und mit Appetit ißt ... Ich habe Hübner gebeten, mit einigen Ärzten zu konsultieren, und für mich zu handeln – das kann in diesem Falle nur ein Mann. Es wird schließlich nicht anders werden, als*

88 HHI, Korr. Clara Schumann, Brief Nr. 67.2544 vom 12. 6. 1868.
89 Schumann/Brahms, BW I, S. 591.
90 HHI, Korr. Clara Schumann, Brief Nr. 63.5939 vom 29. 12. 1869.

*daß ich Ludwig in eine Anstalt bringen muß … Es ist doch grausam vom* Schicksal, mir zweimal solch'ne Prüfung aufzuerlegen …[91]

Da die Wirtin von unheilbarer Rückenmarkskrankheit schrieb, Clara Ludwigs eigene Schuld daran betont und von zweimaliger Prüfung spricht, ist klar, was gemeint ist: die Syphilis. Ob er allerdings wirklich syphilitisch war oder nur wegen bestimmter Verhaltensauffälligkeiten dafür erklärt wurde, ist im Nachhinein kaum zu klären. Das Verhalten der Patienten Robert und Ludwig Schumann beschreibt Clara als weitgehend identisch: unruhige, exaltierte Nächte mit Wahnvorstellungen, Angepaßtheit und Normalität am Tag. Durch Hübners Vermittlung kommt Ludwig ausgerechnet in die öffentliche Irrenanstalt von Colditz, zu der schon sein Vater eine besondere Beziehung hatte, worüber der amerikanische Psychiater Peter F. Ostwald schreibt:

*Ein anderes Beispiel für eine … frühe Liebesbeziehung war Schumanns Begeisterung für Agnes Carus, eine Sängerin. Sie lebte in Colditz, sechzig Kilometer nördlich, kam aber gelegentlich nach Zwickau, um ihren Schwager zu besuchen … Schumanns Zuneigung zu dieser Frau, die fünf Jahre dauerte, wurde erschwert durch die Anwesenheit ihres Mannes, eines Arztes, der nicht nur sein ödipaler Rivale, sondern auch sein erster Psychiater wurde. Ernst August Carus war medizinischer Direktor eines großen Krankenhauses in Colditz, das in einer riesigen, abweisenden, alten Burg untergebracht war. – Diese Burg beherrschte das Dorf Colditz seit dem 15. Jahrhundert. Sie wurde verschiedentlich als Festung, Gefängnis, Armenhaus und Konzentrationslager benutzt. – Die Burg war in ein Irrenhaus umgewandelt worden und … Ernst und Agnes Carus lebten hier. Doktor Carus war ein Amateur-Musiker, der Orgel und Horn studiert hatte und gelegentlich komponierte und dirigierte. Er war als freundlicher Verwalter bekannt, der seinen Patienten erlaubte, die in der Burg veranstalteten Konzerte zu besuchen oder sogar darin mitzuwirken.*

*In seinen Ferien, während eines Besuchs bei Dr. Carus und seiner Frau in Colditz, entwickelte Schumann eine … hochambivalente Beziehung zu diesem Paar. Die Aufregung und die Angst, sich näher mit ihm einzulassen, begünstigte seine Anfälligkeit für das Milieu des Wahnsinns, das er in Colditz vorfand. Die Lebensbedingungen in diesem Irrenhaus müssen auf jemanden, der so jung und leicht zu beeinflussen war wie Schumann und zudem noch unter dem Eindruck einer kurz zurückliegenden Psychose seiner Schwester stand, erschreckend gewesen sein. (Selbst der erfahrene ameri-*

91 Schumann/Brahms, BW I, S. 620 f.

*kanische Psychiater Pliny Earle, der im 19. Jahrhundert deutsche Irrenhäuser besichtigte, war erstaunt, daß mehr als 400 »Insassen« von Colditz unter unbeschreiblichen hygienischen Bedingungen lebten – »jeder Patient kann nur einmal alle fünf Wochen gebadet werden.«)*

*Da Therapie im heutigen Sinne zu Schumanns Zeit noch fast unbekannt war, wandten viele Ärzte eine Art »moralischer Behandlung« an, um ihre Patienten zu beeinflussen. Fallbeispiele von Geisteskrankheiten wurden erklärt, schlechtes Benehmen kritisiert, gesunde Auffassungen unterstützt ... Es ist wahrscheinlich, daß Dr. Carus in diesem Sinn mit Schumann gesprochen hat, aber wohl mehr als Freund, nicht in Form offizieller klinischer Behandlung ...*[92]

Öffentliche Irrenanstalten haben Schumann seitdem immer Angst gemacht, so z.B. der wesentlich kleinere, ebenfalls in Sachsen gelegene *Sonnenstein*, dessen Gitterfenster er von seinem Maxener Sommerdomizil aus sehen konnte, was ihn dazu trieb, in einer Art Panik-Attacke die Wohnung zu wechseln. Ein an Hiller gerichteter Brief, in dem es um seine mögliche Anstellung in Düsseldorf geht, enthält als zentrale Bedingung die Frage, ob auch kein Irrenhaus in der Nähe sei, da er in einem alten Buch davon gelesen habe.

Ferdinand, inzwischen Bankkaufmann und neuer männlicher Vertrauter der Mutter, übernimmt die Aufgabe, Ludwig als erster zu besuchen. Es ist Juni 1870. Clara verläßt sich ganz auf das Schreckensbild, das der einundzwanzigjährige Sohn entwirft, und wünscht Ludwig tatsächlich den Tod. In einem Brief an Brahms heißt es:

*Sein Zustand ist aber so furchtbar, daß man nur den Himmel bitten muß, den armen Menschen zu erlösen. Wir denken viel daran, ob eines hingehen sollte, aber es ist eine so große Reise für die kurze Zeit ... Er hat einen Augenblick geweint, als er den Ferdinand sah, dann aber verfiel er sehr bald in seine Phantasien, zwischen denen er aber immer ausrief: »Ich bin ein verlorener Mensch!« ... Dächte ich nur im geringsten, etwas nützen zu können, ich ginge gewiß hin, aber ich weiß ja, wie es mit solchen Kranken ist.*[93]

Sie bemerkte nicht, wer die Urheberin dieser *Phantasie*, ein *verlorener Mensch* zu sein, war, nämlich sie selbst, daß es sich um *ihr*

92 Zit. nach Ostwald, a. a. O., S. 28 f.
93 Schumann/Brahms, BW I, S. 626.

Zitat handelte, daß Ludwigs Zwangsvorstellung, ein unwürdiges, nutzloses, fehlerhaft schreibendes, herumbummelndes, gesellschaftlich nicht integrationsfähiges, Unsummen von Geld verschlingendes, zu keinem Beruf begabtes und am Ende noch unmoralisches Nichts zu sein, in mindestens zehnjähriger Kleinarbeit von ihr genährt worden war.

Eine fast quälende Parallele zu Robert besteht darin, daß auch dieser in der Irrenanstalt immer ein- und denselben Satz vor sich hinsprach, nämlich:

*Ihr Lügner!*

oder:

*Das ist gelogen, das ist nicht wahr!*

womit er Zweifel am Wert seiner Kompositionen von sich abzuschütteln versuchte, sogar an deren *Geldwerth,* wie die Krankenpapiere berichten.[94]

Hoffmann-Axthelm meint, daß er *Verbündete* suchte *gegen diejenigen selbstzerstörerischen inneren Kräfte, ... die ihm seine Integrität als Komponist absprachen.* Vielleicht auch Verbündete gegen Clara, der er in seinen *Wahnvorstellungen* oft den Tod oder den Wahnsinn wünschte, mit der er immer wieder Dispute wegen zu geringer Einkünfte gehabt hatte und die einige seiner zuletzt in Düsseldorf entstandenen Werke als unwürdig oder vielleicht sogar epigonenhaft ansah?

Jede heutige Therapie würde die Familienanamnese des Kranken, also auch seine Beziehung zur Mutter bzw. Ehefrau, in den Mittelpunkt stellen. Richarz und die Ärzte von Colditz unterließen das und suchten Ursachen im Rückenmark und im Gehirn. So konnte Clara sich frei von jeder Mitbeteiligung fühlen und die Schuld bei Robert und seinem genetischen Erbe suchen. Daß ihre eigene Halbschwester Cäcilie, eine Tochter Wiecks aus seiner Ehe mit Clementine, ebenfalls als unheilbar geisteskrank galt und seit dem 16. Lebensjahr im Irrenhaus lebte, ließ sie bei der Beurteilung von Ludwigs Krankheit unerwähnt.

Ludwigs Briefe, die Eugenie Schumann in diesem Buch publiziert hat, machen einen genauso wenig »verrückten« Ein-

94 Zit. nach Hoffmann-Axthelm a. a. O., S. 9 f.

druck wie die letzten von Robert. Besucht hat Clara ihn, soweit bekannt ist, bis 1876 insgesamt dreimal, danach nicht mehr.

Ihre Korrespondenz mit dem Anstaltsgeistlichen Grössel, den sie einige Zeit als »Kontaktmann« zu Ludwig benutzte, ist vollständig erhalten und wurde mir freundlicherweise zur Einsicht überlassen. Ich zitiere im folgenden chronologisch:[95]

Kiel, Februar 1875

*... Als mein Sohn nach Colditz kam, bat ich den Herrn Director um Nachricht alle Viertel-Jahre; ich erhielt die ersten Male einige ganz kurze Zeilen, dann schrieb er mir, sie könnten bei so viel Kranken unmöglich öfter als halbe Jahr schreiben – falle in dem Zustand irgend etwas vor, daß sich eine Veränderung zeige, so würde ich selbstverständlich davon unterrichtet. Jetzt (vorigen Monat) waren es nun dreiviertel Jahr geworden, daß ich nichts hörte, und nun bat ich um Nachricht, worauf denn der Bescheid kam, es sey seit 3/4 Jahren ... eine Aenderung eingetreten, insofern als der Kranke Theil an Spielen, Spaziergängen nehme etc., dies also hatte man mir nicht 'mal mitgetheilt, und ist nun mein sehnlichster Gedanke der, auf irgend eine Weise eine öftere, wenn auch kurze, Notiz über meines Sohnes Befinden zu erlangen ... Können Sie mir irgend einen Weg angeben, wie das zu bewerkstelligen? dazu war die letzte Nachricht so unklar, daß ich jetzt gar nicht weiß, was ich über den Zustand denken soll? Ich lege Ihnen den Brief bei, wo am Schluss steht, daß die geistige Verblödung vorgeschritten sey, während vorher doch eigentlich das Gegentheil gesagt ist ...*

Lichtenthal, 18. 9. 1875

*... Entschuldigen Sie, wenn ich die Beantwortung Ihres freundlichen Schreibens so lange anstehen ließ. – Wir waren viel auf Reisen, wo man nicht zu der rechten Ruhe zum schreiben kommt. Vor Allem nehmen Sie herzlichen Dank für Ihre freundliche Einladung, der wir gewiß folgen werden, wenn wir nach Colditz gehen. Der Entschluß wird mir aber unendlich schwer, um so mehr jetzt wo mein Sohn sich besser befindet und somit sich das Verlangen aus der Anstalt zu kommen in ihm mehr und mehr regt, als früher, wo er keiner klaren Gedankenverbindung fähig war. – Das Wiedersehen neulich hat mir doch einen furchtbar traurigen Eindruck*

95 Stl. Briefe im STA Bonn.

*hinterlassen, und besonders durch sein treuherziges Wesen, was Sie ja auch erwähnen. – An seinem guten Gemüthe hatte ich nie Grund zu zweifeln. Sein Wille war immer gut, aber er war eben nicht gesund und hatte nicht die Kraft. –*

Berlin, 2. 2. 1876

*... Ludwig schreibt nämlich in letzter Zeit immer sehr traurige Briefe, daß er, obgleich gesund, zurückgehalten werde, während er ganz wohl im Stande sein würde frei und selbständig zu leben. – Daß dies nicht der Fall ist, bin ich fest überzeugt, möchte nun aber zu meiner Beruhigung so gern einmal genau wissen, worin seine Krankheit sich jetzt äußert, ob sie derart ist, daß er der fortwährenden Aufsicht bedarf? ... Ich bat neulich den Director um seine Meinung ob nicht eine Besprechung mit einem Specialaugenarzt zu bewerkstelligen wäre.., worauf er ziemlich unfreundlich schrieb, daß nichts zu machen sei mit den Augen und »daß mir nichts im Wege stünde, wenn ich meinen Sohn aus der Anstalt nehmen wollte.« Daran hatte ich nun nie gedacht, denn ich bin überzeugt, daß er in Colditz gut gehalten wird, und es wäre ja doch nur um ihn wieder in eine andere Anstalt zu bringen, denn, wie gesagt, an eine völlige Besserung kann ich nicht glauben. Er beklagte sich einmal über die Wärter, ich und meine Kinder haben aber den angenehmsten Eindruck von denselben gehabt. Nun ist dies aber für mich eine furchtbare Aufregung, dabei die Furcht, daß es dem Director unangenehm ist, und die stete Anwesenheit der Wärter, die auch so sehr peinlich ist. Bekommen Kranke nie die Erlaubniß mit den ihrigen alleine zu sein? ... Es ist doch furchtbar ein geliebtes Kind wie in der Gefangenschaft zu wissen, und eigentlich nichts weiter, als daß er athmet ...*

Berlin, 20. 2. 1876

*... Was nun meinen Sohn betrifft, so bin ich ... der Meinung, daß er mehr beschäftigt werden sollte ... Er könnte doch z. B. jetzt zum Frühjahr kleine Gartenarbeiten machen, die ja so oft Kranken verordnet werden. Eine Aenderung hinsichtlich der Anstalt scheint mir sehr gewagt. Leider habe ich Erfahrungen gemacht, die mich alles Vertrauen zu Privat-Heilanstalten verlieren ließen. Was wäre nun gewonnen wenn ich ihn aus einer in die andere Anstalt bringe? Da er frei u. selbständig sein will so könnte ihn solch eine Uebersiedlung möglicherweise furchtbar irritieren u. wieder viel kränker machen ...*

Berlin, 5. 5. 1877

*... nachdem ich seit kurz vor Weihnachten von meinem Ludwig nichts gehört, ließ ich Anfang April bei Gelegenheit der 1/4 jährlichen Zahlung durch meinen Sohn hier anfragen, wie es dem Ludwig gehe, und wie es komme, daß er gar nichts schriebe? mir fiel das doppelt auf weil er sonst wenn ich ihm kleine Geschenke gemacht, sofort geschrieben hat. Darauf erhielt mein Sohn beiliegende Zeilen, die mich tief verletzt haben ... Daß ich um einige Worte bei dieser Gelegenheit bitten ließ, geschah aus Rücksicht, ich wollte dem Herrn Director einen eigens abgefertigten Brief ersparen. Meine Bitte errathen Sie, geehrtester Herr Pastor, gewiß ... Ich möchte wissen, wodurch er am Schreiben an mich gehindert ist? sind seine Augen etwa schlimmer? ... wie oft irren meine Gedanken in schlaflosen Nächten hin und her, wie es ihm wohl gehen mag, ob er wohl an mich denkt, vielleicht gar sich nach mir sehnt. Wie so gern besuchte ich ihn öfter, aber solch ein Besuch macht mich jedes Mal auf Wochen elend ...*

Berlin, 8. 6. 1877

*... herzlich danke ich Ihnen für Ihre freundlichen Zeilen, aus denen ich ersehe, daß ich wohl besser thue jetzt noch nicht baldigst zu kommen, da es nicht Ludwigs dringender Wunsch ist. Die eine Bitte möchte ich mir aber noch an Sie erlauben, daß Sie mir, sollte ... Ludwig etwa einen lebhaften Wunsch mich zu sehen äußern, Sie dies gütigst ... mir mittheilen ...*

Damit bricht die Korrespondenz ab. Soweit bekannt ist, fand kein Besuch der Familie Schumann in Colditz mehr statt. 1879, kurz nach dem Tod des fünfundzwanzigjährigen tuberkulösen Felix, schreibt Clara an Brahms:

*So ein armer, unglücklicher Mensch lebt nun, und der andere, der geistig begabt ... stirbt. Warum das?*

Ludwig Schumann hat die Anstalt nie mehr verlassen und starb 1899, drei Jahre nach Clara, mit einundfünfzig Jahren. In seinen letzten Lebensjahren war er blind.

# 5. Ferdinand

Ferdinand war ein Sohn, der sich bemühte, Clara niemals Kummer zu machen, anders als sein jüngerer Bruder Felix, der vor Widerworten und harten Kämpfen nicht zurückschreckte. Obwohl auch er, wie seine von Eugenie publizierten Briefe ahnen lassen, ein guter Klavierspieler und Liebhaber der Musik seines Vaters gewesen sein muß, äußerte er nie den Wunsch, Berufsmusiker zu werden. Das kam Claras Konzept, ihre Kinder möglichst *zurückgezogen* zu »halten«, sehr entgegen.

Er stellte keine Forderungen, sondern gab sich mit dem, was Clara ihm zudachte, zufrieden, mit ihren Geldzuwendungen, brieflichen Ermahnungen, Verfügungen über seinen Aufenthaltsort, ja sogar mit den seltenen persönlichen Kontakten. Nie klingt aus seinen Briefen ein Ton der Klage. In Berlin fühlte er sich für die *Kleinen,* Felix und Eugenie, zuständig, die er zu braven, anständigen Menschen erziehen wollte. Er übernahm die Geldüberweisungen an Ludwigs Anstaltsdirektion und war wohl der einzige, der regelmäßigen Kontakt zu dem Bruder hielt. Wenn Eugenie und Felix gelegentlich Zweifel an Claras Unfehlbarkeit äußerten, so war er stolz, eine so berühmte Mutter zu haben. Nancy Reich führt seine wie *Willensschwäche* wirkende Bescheidenheit auf *Familienlegenden von Claras Heldentum* während des Dresdner Maiaufstands, in der Zeit kurz vor seiner Geburt, zurück,[96] obwohl man kaum pränatale Einflüsse bemühen muß, um die zurückgezogene, wenig selbstbewußte Art eines Jungen zu erklären, der noch keine fünf war, als sein Vater versucht hatte, sich das Leben zu nehmen, Zeuge seines Abgleitens in die Psychose und vermutlich heftiger Ehe- und Familienszenen geworden war, sich mit Mühe an einen Ersatzvater, Johannes Brahms, gewöhnt hatte, und mit gerade sieben schon *in Pension* mußte.

Nach den Stationen Bonn, Jena und Bad Kreuznach kam Ferdinand nach Berlin, wo er in der Pension des Professor Planer lebte (und nicht, wie Clara ursprünglich vorgehabt hatte, mit

96 Reich, a.a.O., S. 216.

den Geschwistern zusammen). Nach der Mittleren Reife und seinem Eintritt als Lehrling ins Bankhaus Plaut mußte ein möbliertes Zimmer für ihn gefunden werden. Clara bat Ernst Rudorff, einen ehemaligen Klavierschüler, der Ferdinand zeitweilig Klavierstunden gab, die er, so Clara, beruhigt abbrechen möge, *wenn's zu schrecklich wird,*[97] um Vermittlung:

*Ansprüche mache ich keine für ihn als ein kleines Stübchen in dem er schläft, und des Sonntags oder auch Abends arbeiten kann, und eine einfache aber kräftige Kost, Mittags ordentlich Fleisch, so viel er will, denn er wächst furchtbar schnell jetzt.*[98]

Wenn Eugenie in ihren *Erinnerungen* schreibt, er sei *einer der besten Schüler des Joachimsthal'schen Gymnasiums* in Berlin gewesen, idealisiert sie, wie an vielen anderen Stellen, die Tatsachen, sei es, weil sie es nicht besser wußte oder Gerüchte über die Niveaulosigkeit ihrer Brüder widerlegen wollte, was angeblich ihr Hauptmotiv für die Niederschrift der Geschwister-Kapitel war. In Ferdinands Abgangszeugnis, das im Nachlaß seiner Enkelin[99] gefunden wurde, heißt es aber:

*Paul Ferdinand Schumann, geboren den 16. Juli 1849 zu Dresden, Sohn des verstorbenen Komponisten Herrn Robert Schumann, evangelischer Konfession, ist seit Michaelis 1861 ... Schüler des unterzeichneten Gymnasiums gewesen. Sein Betragen war während dieser Zeit stets anständig und wohlgesittet, der Fleiß regelmäßig und geordnet, die Theilnahme am Unterricht befriedigend. Seine Leistungen waren im Allgemeinen den an einen neu in die Klasse versetzten Schüler zu stellenden Anforderungen entsprechend. In der lateinischen Lektüre leistete er in der Regel, in den schriftlichen Arbeiten theilweise Befriedigendes, im Griechischen im Ganzen Befriedigendes. Im Deutschen machte er bei eifrigem Fleiß erfreuliche Fortschritte und die Arbeiten waren zuletzt nach Form und Inhalt im Ganzen befriedigend. Auch im Französischen befriedigten seine Leistungen im Allgemeinen. Einen Theil des geschichtlichen Pensums (Mittelalter) hat er sich befriedigend angeeignet. In dem Klassenpensum des Religionsunterrichts*

97 Zit. nach Reich, a. a. O., S. 217. Nancy Reich konnte das Rudorff-Archiv in Berlin einsehen.

98 Zit. nach Reich, a. a. O., S. 204.

99 Die Cembalistin Käthe Walch-Schumann. Diese hatte einen Teilnachlaß ans Stadtarchiv Bonn gegeben, ihn 1982 aber zurückgefordert und angeblich verbrannt, nachdem in der FAZ ein auf diesen Quellen basierender Artikel »Söhne eines Genies« erschienen war.

*(Einleitung in das Neue Testament) ist dies nur zum Theil in genügender Weise geschehen. In der Mathematik ist ihm die elementare Planimetrie, die Arithmetik bis zur Potenz- und Wurzelberechnung inklusive und die Auflösung einfacher Gleichungen bekannt; seine Leistungen hierin genügten nur theilweise. In der Physik waren sie befriedigend. Da er jetzt die Anstalt verlässt um sich dem Kaufmansstande zu widmen, so ertheilen wir ihm vorstehendes Zeugniß der Wahrheit gemäß und entlassen ihn mit den besten Wünschen für sein ferneres Wohl.*

*Berlin, den 29ten Juni 1866.*
*Königliches Joachimsthalsches Gymnasium.*

Clara war trotz allem sehr zufrieden mit ihm und schreibt vierzehn Tage später an einen Bekannten:

*Mendelssohn in Berlin hat mir seine Hülfe versprochen, vielleicht, daß wir ihn nun zum Hamburger Haus bringen, bis dahin aber behalte ich ihn hier, er soll sich in den Sprachen fleißig üben, und sich körperlich erholen. Er wird übrigens, hoffe ich, ein tüchtiger Mensch werden, denn er hat viele gute Eigenschaften gerade für den Kaufmanns-Stand.*[100]

Als er seine Lehre im Berliner Bankhaus Plaut antrat, schien er von der Last einer als quälend empfundenen Schullaufbahn wie befreit. Joseph Joachim schrieb an Clara:

*Ferdinand ist ein so stattlicher, prächtiger, lebensfrischer Junge geworden, daß ich mich in Berlin recht seiner freute.*[101]

Alles lief nach Plan, auch für Clara, deren Beziehung zu Kirchner gerade zu Ende gegangen war und die sogar daran dachte, mit Ferdinand in Berlin zusammenzuziehen, um ihm und Felix *endlich ein Heim bieten zu können.*[102] Da kam der Krieg 70/71, der Clara zur glühenden Nationalistin machte und in den Ferdinand als einziger ihrer Söhne eingezogen wurde. Sie war stolz und besorgt zugleich. Brahms schrieb an seine Familie:

*Bei Schumanns wird bald der zweite Sohn von Paris zurück erwartet, wodurch denn die vielgeprüfte Frau einer Angst enthoben ist.*[103]

100 HHI, Korr. Clara Schumann, Brief Nr. 57.2898 vom 14. 7. 1866.
101 Joachim, a. a. O., Bd. II, S. 454, Brief vom 31. 12. 1867.
102 Nach Litzmann, Clara Schumann III, S. 288, Fußnote.
103 Johannes Brahms in seiner Familie. Der Briefwechsel. Hrsg. v. Kurt Stephenson, Hamburg 1973, S. 183.

Wenig später kam die Nachricht von seiner Verlobung mit Antonie Deutsch, seine erste eigenmächtige Aktion, die Clara sehr übelnahm. Das knapp zwanzigjährige, aus Tiefenort in Westpreußen stammende Mädchen hatte offenbar kein Vermögen und schien als Tochter geschiedener Eltern nicht standesgemäß. Möglicherweise spielten auch antisemitische Ressentiments eine Rolle, denn der Name *Deutsch* ließ auf jüdische Herkunft schließen, die allerdings 1982 von Ferdinands Nachfahren energisch bestritten wurde.[104] Clara war, trotz enger Freundschaft mit Mendelssohn, Levi und Joachim, wie übrigens auch Robert nicht frei von antisemitischen Regungen und mit der Vermutung, jemand, der ihr aus irgendeinem Grund unsympathisch war, sei *ein Jude,* schnell bei der Hand.[105] Nach der Reichsgründung mögen solche Gefühle neue Nahrung bekommen haben. Wie auch immer: sie mochte Antonie nicht und erschien darum auch nicht zur Hochzeit, die 1873 in der Jerusalemer Kirche von Berlin stattfand.

Ferdinand wurde – wie Robert – Vater von sieben Kindern, die zwischen 1874 und 1884 geboren wurden. Aber noch immer konnte Clara sich nicht dazu durchringen, Sympathie oder wenigstens Solidarität für ihre Schwiegertochter zu entwickeln, sondern machte sie im Gegenteil dafür verantwortlich, daß Ferdinand morphiumsüchtig wurde,[106] wann genau, ist den Quellen nicht zu entnehmen.

Der Familientradition folgend (die auch Eugenie in ihren *Erinnerungen* vertritt), zog er sich im Krieg 70/71 Rheumatismus zu, der vorschnell mit Morphium behandelt wurde. Im Nachlaß seiner Enkelin fand sich allerdings ein Attest, in dem es heißt:

*Auf Antrag des jetzt in Gera wohnenden Kaufmanns*
*Herrn Ferdinand Schumann*
*dessen Arzt ich lange Jahre gewesen bin, während er in Berlin domicilierte, bescheinige ich demselben amtlich, daß derselbe im Jahre 1880 nach einer*

104 Käthe Walch-Schumann an STA Bonn, 3. 6. 1982: »In der Familie ihrer Eltern ... sind keine Juden nachzuweisen.« Weitere (männliche) Nachkommen legten der FAZ sogar ihren arischen Nachweis vor und wiesen auf ihre Zugehörigkeit zur SA hin.

105 Vgl. z.B. BW II, S. 388, Brief Claras vom 14. 2. 1839: »Heller hab' ich bei List's kennen gelernt; er ist nicht sehr künstlerisch, und ein Jude, dem man nicht viel trauen muß.«

106 Käthe Walch-Schumann an STA Bonn, Brief vom 3. 6. 1982: »Ferdinand griff heimlich zum Morphium. Antonie merkte es erst sehr spät, was ihr von Clara nicht geglaubt wurde.«

*Militairübung im Frühjahr des Jahres 1880 unmittelbar an Gelenkrheumatismus erkrankt war. Diese Krankheit kehrte in mehr oder minder heftiger Art bald in den Gelenken, bald in den Auskleidungen der Brust und Bauchhöhle sich cavalisierend wieder u. hatte, so lange ich Herrn pp. Schumann ärztlich behandelte, ihn nicht wieder verlassen, trotzdem er hier im Augusta-Hospital behandelt wurde und in jedem Jahre die Bäder in Teplitz benutzt hat.*
*Ueber den weiteren Verlauf und die weiteren Folgen der Krankheit des Herrn pp. Schumann seit dem Jahre 1885 vermag ich Auskunft nicht zu ertheilen. Bis dahin und vom Jahre 1880 ab kann ich mich gutartlich dahin äußern, daß die rheumatische Erkrankung desselben vom Frühjahr 1880 zu den schwersten und schmerzhaftesten rheumatischen Leiden gehoerte und die fast gänzliche Dienstunfähigkeit für seinen Beruf bedingte.*
*Dies bescheinigt amtlich*

*Berlin, 31. 10. 1890*
*gez. Geheimrat Dr. Lewin*
*Kgl. Physikus*

So wie es Clara und ihrer heutigen Gemeinde lieber war bzw. ist, an eine Syphilis Schumanns zu glauben anstatt an eine fortschreitende, durch Lebensumstände begünstigte Depression, war sie auch froh, Ferdinands Morphiumsucht auf den Krieg 70/71 zurückführen zu können, da sie dadurch sozusagen geadelt und von biographischen Ursachen befreit wurde. Sie selbst, die fast dauernd unter rheumatischen Beschwerden litt (wie übrigens auch Marie und Eugenie seit ihren mittleren Jahren) und dagegen Kuren *und Opium*[107] benutzen mußte, war allerdings der beste Beweis, daß selbst mehrfache Anwendung von Narkotika nicht zur *Sucht* führt, wenn man nicht prädisponiert ist.

Heutige Suchtexperten beschreiben, daß körperliche Leiden als Suchtmotive gegenüber seelischen wie *Furcht, Angst, innerer Spannung* und den Konflikten *zwischen Wollen und Können, Ehrgeiz und Leistung* in der Minderzahl seien, von den Kranken selbst aber gern als Ausreden benutzt würden, *mit denen sie ihre Süchtigkeit nachträglich sich selbst und ihrer Umwelt … erklären.* Auch würden durch die Morphiumsucht *sekundär schmerzhafte Zustände* wie Magen-Darm-Spasmen, Atem- und Herzbeschwerden und reißende Schmerzen in den Beinen provoziert, die ihrerseits wieder mit Morphium unterdrückt würden.[108]

107 Vgl. S. 297.
108 Nach Kielholz, Paul, in: Drogenabhängigkeit. Therapie und Rehabilitation, hrsg. von Eberhard Biniek, Darmstadt 1978, S. 42 ff.

Ferdinand, dessen Defizit an familiärer Geborgenheit Clara wohl bewußt war, hatte früh geheiratet, um der Einsamkeit seines möblierten Zimmers zu entfliehen. Da er als Bankangestellter nicht viel verdiente, müssen schon bald größere Finanzprobleme aufgetreten sein, was Clara wohl Anlaß zu hämischen, gegen Antonie gerichteten Bemerkungen gab. Die schroffe, ja feindselige Ablehnung seiner Frau durch die geliebte Mutter muß ihn tief verletzt und zwischen die Fronten getrieben haben. Antonie spricht von einem *Fluch*, der über ihrer Ehe lag. Mitverantwortlich für den Griff nach dem Suchtmittel war sicher auch, daß er 1880 bereits zwei Geschwister, Julie und Felix, verloren hatte, daß er Zeuge von Ludwigs Dahinvegetieren im Irrenhaus war und dadurch wieder lebhaft an seinen Vater erinnert wurde, und daß in allen drei Fällen der Gedanke nahelag, sie wären durch ein anderes Erziehungskonzept zu vermeiden gewesen. Die Tragödie seiner Geschwister traf ihn (und auch Felix) stärker, als Clara wahrhaben wollte. Wie ihre Briefe an Felix zeigen, betrachtete sie Trauer als Schwäche oder Undankbarkeit. Da Eugenie und Marie weitgehend solidarisch mit Clara waren – noch Ferdinands Kinder sprachen angsterfüllt von *den Frankfurtern*[109] – stand Ferdinand innerhalb seiner Verwandtschaft ganz allein, ohne Ansprechpartner und ohne Trost, den er schließlich bei *Sulfonal*, einem um 1870 entwickelten, pulver- oder pastillenförmigen Mittel suchte, das als Billigimitat eines in Deutschland nur unter strenger ärztlicher Aufsicht verabreichten Medikaments illegal aus China importiert wurde und unter Künstlern und Intellektuellen sehr verbreitet war. Dabei dürfte nicht zuletzt Claras eigene Begeisterung über die wohltuende, schmerzlindernde Wirkung von Narkotika seinen Griff zur Droge unterstützt haben. 1884 schreibt sie an Laura von Beckerath:

*Mir ist es sehr schlecht ergangen, bis ich mich zu einer Morphium-Einspritzung entschloß, die meinen Leiden einen milderen Charakter gebracht hat.*[110]

Als Ferdinand arbeitsunfähig wurde – seine Tochter Julie berichtet, sie habe ihn *nur auf Krücken gehend gekannt* – wollte sein Bankhaus ihm eine Rente aussetzen, was Clara als erniedrigendes Almosen empfand und durch ihren Einfluß zu verhindern

109 Käthe Walch-Schumann an Eva Weissweiler, undatierter Brief vom Juni 1982.
110 HHI, Korr. Clara Schumann, Brief Nr. 53.2204 vom 28. 7. 1884.

wußte.[111] Sie kam lieber selbst für seine Behandlungskosten auf, mit der Auflage, daß Antonie die Verantwortung für die Kinder abgab, die sie nach bewährtem Prinzip auseinanderriß und über ganz Deutschland verteilt *in Pension* schickte. Alles, was sie für sie ausgab, wurde auf Heller und Pfennig zusammengerechnet und später vom Erbe abgezogen, wobei sie eine großzügige Stiftung von Brahms – zehntausend Reichsmark für die Erziehung ihrer Enkel – allerdings nicht in Anrechnung brachte.[112]

Zu den Enkeln Julie und Ferdinand, die beide zweitweise bei ihr in Frankfurt aufwuchsen, dort aber hauptsächlich von Eugenie versorgt wurden, hatte sie (wie zu den Kindern von Elise) eine sehr enge Bindung, erlaubte ihnen aber trotzdem nicht, ihren Vater kurz vor seinem Tod noch einmal zu besuchen.

Nach Claras Tod verwaltete Louis Sommerhoff, assistiert von Marie, das Vermögen der Kinder, wobei Marie aus ihrer bis dahin nur dienenden Rolle heraustrat und Claras Schikanen gegen Antonie und deren Familie fortsetzte.[113] Eugenie dagegen bemühte sich noch im hohen Alter um ein herzliches Verhältnis zu ihren Neffen, Nichten und deren Kindern, stand in umfangreichem Briefwechsel mit ihnen und zeigte sich finanziell stets sehr hilfsbereit.[114]

111 Käthe Walch-Schumann an STA Bonn (s. o.).

112 Nach Clara Schumanns Testament im Nachlaß Walch-Schumann.

113 So z. B. in einem Brief an Ferdinands Kinder vom 28. 1. 1899 (ehem. Nachl. Walch-Schumann, STA Bonn): »Angesichts der unangenehmen Vorkommnisse zwischen Euch und uns, die wir und auch Ihr ganz richtig auf unser Verhältniß zu Eurer Mutter zurückführt, finden wir es besser, einstweilen allen persönlichen Verkehr mit Euch abzubrechen. ... Wir haben daher die Anordnung getroffen, daß in Zukunft alle geschäftlichen Anfragen durch Euren Dr. Gehrke vonstatten gehen und werdet Ihr auf diesem Wege auch unsere Antwort erhalten, so daß jede persönliche Mittheilung von Euch zu uns ausgeschlossen ist und von uns auch unberücksichtigt bleiben wird. Abgesehen davon, daß das die einzige Art ist, uns vor Euren Schmähungen zu schützen, hoffen wir, daß Ihr auch dadurch zu größerer innerer Reife gelangen werdet, was für Euren Beruf und für Eure Entwicklung unbedingt nötig ist.« 1909 wurde das Pflichtteil Ferdinand Schumanns unter dessen Kindern aufgeteilt. Die Abrechnung führte wiederum zu größeren Streitigkeiten. 1923 versuchet Ferdinand Schumann jun. die Publikation des Briefwechsels Schumann/Brahms durch den Breitkopf-und-Härtel-Verlag zu verhindern, da Marie 1921 »den gesamten literarischen Nachlass unseres Großvaters an die Schumann-Gesellschaft in Zwickau mit vollständiger Übergehung unserer Generation« verkauft habe. Diese »Expropriation einer ganzen Generation« habe seiner Beziehung zu Marie Schumann »den Todesstoß« versetzt. Folge dieses Dauerstreits war u. a. die Publikation des Enthüllungsbuches von Titus Frazeni (= Alfred Schumann), mit der wohl mehr die noch lebende Marie als die bereits verstorbene Clara getroffen werden sollte.

114 Umfangreiche Korrespondenz mit Neffen, Nichten, Großneffen usw. im Nachl. Eugenie Schumann, STA Bonn.

*Nach heutiger Auffassung haben Morphinisten ohne familiäre Bindungen oder ohne beruflichen und finanziellen Rückhalt* schlechte Prognosen.[115] Das traf zum Teil auch auf Ferdinand Schumann zu. Claras Verhältnis zu seiner Frau blieb während seiner ganzen Krankheit unverändert feindselig. 1887 schreibt sie von der *große(n) Sorge um meinen Sohn, dessen ganze Häuslichkeit verändert werden musste, weil er f. s. Gesundheit für ein Jahr in ein besseres Klima soll und die Knaben (fünf), die Aeltesten wenigstens, in gute männliche Hand kommen* müßten. *Mein Sohn ist so elend, daß er Nichts veranlassen kann, keine Tatkraft hat, wozu noch vieles eheliches Unglück kommt, kurz, wir haben alles in die Hand nehmen müssen und mit Energie müssen wir jetzt durch!*[116]

Ferdinand Schumann stirbt im Juni 1891, mit zweiundvierzig Jahren, in Gera. Über seine Krankheit und seinen Tod schreibt seine Frau an ihren Bruder:

*Mein lieber Ewald!*
*… seit Ferdinand nun verschied, quält mich eine fast unüberwindliche Abneigung gegen Alles, und am meisten ist mir das Briefeschreiben zur Qual. Es ist ja so furchtbar, sich immer wieder das tief schmerzliche, das unsagbare Leid vor Augen zu setzen und immer und immer wieder seine Gedanken durchspielen zu müssen … Es ist ja zu furchtbar für die armen Kinder, so früh schon den Vater zu verlieren, und er war ihnen trotz seiner langen, schweren, 12jährigen Leidenszeit stets ein liebevoller, fürsorglicher und treuer Vater gewesen. Und alle mußten sie fern sein in seiner letzten Stunde, keines seiner lieben Kinder stand an seinem Sterbebette! diese unglücklichen Entfernungen und die unseligen Feindschaften! und das unseligste und grausamste, was wie ein Fluch auf unserer Ehe lag, ist daß die Frankfurter, Ferdinands eigene Verwandte, meinen Worten nie Glauben schenken wollten. All mein Schreiben, all mein Reden, all meine Vorstellungen sind unbeachtet worden, und darunter ist der arme Ferdinand allmählich zu Grunde gerichtet und in seinen sicheren Tod getrieben worden. Wenn ich daran denke, könnte ich verzweifeln, fragen muß ich mich, ist es denn möglich, daß Menschen so sein können??! Auch jetzt, als ich ihnen voll Angst und Verzweiflung im Herzen die Depesche schicken muß, schreibe: Ferdinand ist lebensgefährlich erkrankt, Aerzte geben wenig Hoffnung, noch da haben sie den Worten gezweifelt, weil – der Arzt die Depesche nicht abgeschickt habe!! Sonst wäre es geglaubt worden! Dem wä-*

115 Kielholz, a. a. O.
116 HHI, Korr. Clara Schumann, Brief Nr. 53.2204 vom 3. 6. 1887.

*re es geglaubt worden, aber da ich es gewesen! Es ist unglaublich, unmöglich zu denken. Als wenn ich mit einer so ernsten Sache Scherz treiben würde! So hat der arme Mann keinen von seiner großen Familie um sich gehabt und wäre ich nicht gewesen, so hätte er ganz verlassen seinen letzten Athemzug ausgehaucht. Nachher, als ich die traurige Nachricht schicken mußte, da kamen sie, die Schwester und der Schwager, ach, da konnten sie ja nichts mehr nützen, und nicht mehr helfen; während in der schweren Krankheitszeit sie ihm zur Seite bleiben und mir helfen konnten. Hätten sie nur wenigstens den Nand geschickt, es wäre dem theuren Entschlafenen eine letzte Herzensfreude gewesen, denn sein Herz hing an dem Kinde ganz besonders. Ach Gott, wenn ich geschrieben hätte, nur den Nand, dann würde die Mutter ihn noch haben kommen lassen, meinte die Schwägerin …*

*Liessen sie dann doch wenigstens solche hirnlose Ausreden. Wie kann ich ihnen solche Wünsche stellen, ohne den größten Vorwurf der Mißachtung des Geldverlustes zu hören; … der arme Mann, wie sehr hat er unter dieser Gefühllosigkeit gelitten! –*

*Seine Krankheit ist infolge des Genusses von Sulfonal, eines seit 3 Jahren heimlich zu bekommenden Pulvers. Denke Dir wie furchtbar!! dies unselige Mittel hat eine vollständige Lähmung der Därme, des Magens und der Blase herbeigeführt, und würde in gänzliche Lähmung geendet haben, wenn er dieses Mal noch wieder gesund geworden. Da wirklich müssen wir dem Allgütigen danken, daß Er ihn erlöst von einem so furchtbaren Schicksal, denn, wie die 3 Aerzte sagten, hätte er dann lebend verhungern können. O, wie furchtbar ist das alles zu denken, aber ein furchtbarer Schmerz ist es auch, ihn nicht mehr zu besitzen! Eine gütige Vergeltung Gottes war es, daß sein jetziges Kranksein ohne großen Schmerz gewesen ist, nach all den Jahren der schwersten und schmerzvollsten Leiden. Gott gebe ihm die Ruhe, und lasse ihm die Erde so leicht werden, wie ihm das Leben oft schwer gefallen. – Am 8. Juni, seines Vaters Geburtstag, haben wir ihn bestattet, und unter den Klängen der herrlichen Nachtstücke seines Vaters zur Gruft getragen …*[117]

117 Aus d. Nachl. Walch-Schumann im STA Bonn.

## 6. Felix

Auf Felix, den gut aussehenden, eleganten, hochbegabten, in vielen Sprachen und Wissensgebieten bewanderten jüngsten Bruder scheint Eugenie ein wenig eifersüchtig gewesen zu sein, weil er die zärtlichsten Briefe von Clara erhalten habe. Doch zeigen gerade die Beispiele, die sie selber anführt, eine strenge, manchmal fast gnadenlose Mutter, die den komplizierten, durch die Beschäftigung mit klassischer Literatur beeinflußten Briefstil des Sohnes als schwülstig bezeichnet, schlechte Schulleistungen als Indiz für Undankbarkeit wertet, ihn ständig ermahnt, weniger Geld auszugeben, ihm die Musiker-Laufbahn ausreden will und ihm *in Gottes Namen* gestattet, sie zu besuchen, *aber bitte dritter Klasse!*

Richtig ist, daß Felix, der praktisch ganz ohne Vater und Mutter aufwuchs, da er den Vater nie kennengelernt hat und Clara gleich nach seiner Geburt wieder auf Reisen ging, die kontinuierlichste Ausbildung von allen Schumann-Kindern erfuhr. Nach seiner Übersiedlung von Düsseldorf nach Berlin zog er nicht mehr um, machte als einziger ein gymnasiales Abitur und besuchte die Universität, zuerst in Heidelberg, dann in Zürich, bis seine Tuberkulose ihn zwang, das Studium aufzugeben.

Sein Ernst, seine Nachdenklichkeit, sein Hang zum Philosophieren und Gefühle in poetische Metaphern zu kleiden, seine intensive Beschäftigung mit dem Thema »Tod«, dem er in der Familie so oft begegnet war und für sich selbst immer näher heranrücken fühlte, seine durch nichts zu bremsende Lebensfreude, sein trockener Humor – das alles geht aus seinen Briefen und Gedichten so nachdrücklich hervor, daß sich jede Kommentierung erübrigt.

Offenbar wurde Clara mit diesem ihr intellektuell besonders weit überlegenen Sohn am wenigsten fertig, was dazu führte, daß sie zu übertrieben harten Konsequenzen griff und seine künstlerischen Pläne nicht ernst nahm. 1870 schreibt sie an Brahms:

*Nächsten Monat kommt Felix, mit dessen harten Kopf ich schlimme Tän-*

*ze hatte. Es ist so schwer für eine Mutter, Söhnen gegenüber die nötige Konsequenz zu behaupten, besonders, wenn sie in vielem … gescheiter sind als die Mutter selbst.*[118]

In der Beurteilung seiner Gedichte war sie sich nie sicher, rief aber immerhin Brahms als Autorität an. Dem Plan einer Publikation stand sie von vornherein ablehnend gegenüber. An Brahms schreibt sie:

*Ich schrieb ihm neulich, daß, wenn er dies thäte, er es zuerst anonym thun solle, damit er sich und uns Unannehmlichkeiten erspare, falls die Sachen nicht reussirten, da man an ihn, mit seinem Namen von vornherein noch andre Ansprüche stelle, als an einen andern. Das scheint ihn sehr verdrossen zu haben, manches Andre auch, womit ich Dich schriftlich nicht langweilen will, und nun schreibt er mir so unartige, und ich kann nicht anders sagen, liebeleere Briefe, daß ich tiefbetrübt bin. Könntest Du, wenn Du mit ihm sprichst, vielleicht etwas Einfluß auf ihn gewinnen, ihm seine Lebensanschauungen … als ganz haltlos darstellen und ihn zurückführen auf die Pflichten, die er doch gegen die Seinigen vor Allem hat …*[119]

Die Gereiztheit auf beiden Seiten ist verständlich, da sie so gut wie nichts voneinander wußten, sich manchmal ein ganzes Jahr lang nicht sahen und nicht einmal Familienfeste wie Weihnachten oder Konfirmationen miteinander verbrachten. Alle Konflikte wurden in der Korrespondenz abgehandelt, die stellenweise an die Claras mit dem jungen Robert erinnert und den Eindruck eines in zwei verschiedenen Sprachen geführten Dialogs macht. Seine Sehnsucht nach einem normalen, sagen wir ruhig: bürgerlichen Familienleben, das er bei anderen mit Neid beobachtete, drückt sich in einem Gedicht über seine Konfirmation aus, in dem es heißt:

*Manche Mutter schaust du, den frommen Blick auf*
*Ihre Psalter senkend, und manchen Vater*
*Sinnend ob entschwundener Tage Glauben, Lieben und Hoffen*

*Fest und fester drückt er der Gattin Hand jetzt,*

118 Schumann/Brahms, BW I, S. 624.
119 Litzmann III, S. 355.

*Eng und enger flechtend das Band der Treue,*
*und von hohen Weisen erbraust der orgelrauschende Kunstbau ...*[120]

Er mißtraute der Selbstsicherheit, mit der Clara Ludwig für verrückt erklärte und vermutlich auch ihren Erzählungen über Robert, dem er sich lieber auf seine eigene Methode annäherte, nicht nur im Gedicht und durch langes, nachdenkliches Verweilen an seinem Bonner Grab, sondern auch durch Nachleben seiner Biographie und literarischen Vorlieben. Ganz unabhängig von der Frage der Vaterschaft wurde Robert in keinem von Claras Söhnen so sehr präsent wie in diesem. Wenn sie gar nicht mehr weiterwußte, drohte sie mit dem, was die schlimmste Strafe für sie war, dem Entzug von *Capital,* und das noch in Zeiten, als Felix längst für unheilbar tuberkulös erklärt worden war und weder mehr arbeiten noch studieren konnte.

*Ich habe nun dem Felix von mir aus jährlich 800 Thaler ausgesetzt, was er darüber braucht, wird ihm am Capital abgezogen. Ich bin diese Maßregel seinen Geschwistern, namentlich Ferdinand, schuldig.*[121]

Um seine musikalische Ausbildung hat sie sich allerdings mehr bemüht als um die der anderen Kinder, indem sie Joachim um ein ausführliches Gutachten über sein Geigenspiel bat, was dieser auch abgab und was bei allem Wohlwollen eher abratend als ermunternd klang. Joachim, der zur Zeit von Felix' Taufe noch dem jüdischen Glauben angehörte und darum nicht, wie von Clara gewünscht, Felix' Pate werden konnte, betrachtete sich immer als *ideellen Paten* des »guten Lix«, besonders, solange er selbst noch keine Kinder hatte. Im Dezember 1860 schrieb er Clara, daß er dem *kleinen Geiger, der doch eigentlich auch Ihrem Willen nach mein Pathchen war,* seine Guarneri-Geige schenken wolle, sobald *seine Fingerchen nicht mehr »zu kurz« seien.*[122] Das geschah denn auch. 1867 berichtet er über sein Spiel:

*Der liebe Junge spielte mir die F dur Romanze von Beethoven vor, und recht rein und ordentlich. Mehr kann ich freilich nicht sagen; aber es ist bei der wirklich sehr geringen Zeit, die er auf's Violinspiel verwenden kann, gar nicht möglich, viel zu leisten. Um mir ein Urtheil über seine Befähi-*

120 Gedicht »Einsegnung« im Nachl. Eugenie Schumann, STA Bonn.
121 Litzmann III, S. 364.
122 Joachim, BW II, S. 124.

*gung zum Künstler zu erlauben, müßte ich ihm entweder selbst eine Zeitlang Unterricht geben können oder ihn hören, nachdem er mehr und anhaltend Mühe auf's Geigen verwendet hat. Wenn ich, so Gott will, im Herbst nach Berlin übersiedle, werde ich mich ja mit dem guten Lix mehr befassen können; aber es wäre gut, ... wenn er vorläufig mindestens 1 1/2 Stunden auf's Üben verwendete. Sollte sich das nicht einrichten lassen? Er läßt sich ganz geschickt zum Violinspielen an, und es wäre ein Unrecht, geradezu abzurathen, bevor man ihm die Möglichkeit zur Entwicklung einige Monate wenigstens gegönnt hat.*[123]

Das heißt also: Felix übte zu wenig, da er wie Robert keine Freude an mechanischen Studien hatte und durch vielfache intellektuelle Interessen »abgelenkt« war. Joachim war trotzdem bereit, ihn als Schüler der Berliner Musikhochschule aufzunehmen, wozu es aber wegen Felix' schlechter Gesundheit nicht mehr kam. 1877, zwei Jahre vor seinem Tod, griff Felix den Plan, aktiv Violine zu üben, wieder auf, was beweist, daß er bis zuletzt mit aller Energie gegen seine Krankheit ankämpfte. An Joachim schreibt er:

*... als Sie voriges Jahr in Meran waren, hatten Sie die Freundlichkeit, mich zu fragen, ob ich vielleicht die Violine, die ich ehemals besessen, wieder haben möchte. Ich lehnte damals Ihr freundliches Anerbieten ab, erstens, weil ich noch zu schwach war, um fleißig ein solches Instrument zu benutzen, zweitens, weil ich fürchtete, es einem würdigeren Besitzer zu entreißen. Wenn nun diese Furcht auch noch dieselbe ist, so veranlaßt mich doch der Plan, diesen Sommer wieder Stunden zu nehmen und technische Studien zu machen, bei Ihnen bescheiden anzufragen, ob Sie geneigt und überhaupt im Stande sind, das Instrument wieder meinen Händen anzuvertrauen. Meine Mutter würde dann für sorgfältige Verpackung und Übersendung Sorge tragen. –*

*Meine Gesundheit ist, wenn auch nicht gut, doch so weit hergestellt, daß ich den Sommer die Universität Zürich zu besuchen gedenke, wo ich auch einen tüchtigen Violinlehrer zu finden hoffe.*

*In der Hoffnung, Ihnen mit meiner Anfrage nicht lästig zu sein, und mit besten Grüßen an Ihre Frau Gemahlin und ganze Familie*

*Ihr ergebenster*
*Felix Schumann*[124]

123 Joachim, BW II, S. 454.
124 23. 4. 1877, STA Bonn, I i 98/364.

In Zürich wohnte Felix zeitweilig bei Musikdirektor Friedrich Hegar, der Clara als Kollege verbunden war und sie mehrmals zu Konzerten engagierte. Kurz vor Felix' Eintreffen schrieb sie an seine Frau:

*... Aber die Bitte habe ich an Sie, daß Sie vor meines Sohnes Ankunft nochmal mit Frau Rohr sprechen, daß sie meinem Sohn nicht den Vorschlag macht, auswärts Mittagstisch zu nehmen, denn in den Restaurationen bekommt er doch nur schlechtes Essen, für ihn aber ist einfache aber kräftige Kost das nöthigste.*

*Will er seine Freunde sehen, so kann er das Nachmittag beim Kaffee, des Abends nach dem Essen, beim Biere. Ich fürchte, stellt man ihm die Wahl, so denkt er nur an sein Vergnügen, nicht an den Nutzen. Dann muß ich noch um Eins bitten. Er braucht nämlich verschiedene Garderobe, da er aber höchst unpraktisch ist, so wird er, geht er allein als Kunde zu einem Schneider, geprellt, und dann habe ich die große Bitte an Ihren lieben Mann ihm einen Schneider zu empfehlen, und mit ihm dahin zu gehen, besser bei diesem für Felix gut zu sagen. Ich bezahle nämlich seine Kleider und Schusterrechnungen immer direct. – da ich ihm viel Geld nicht anvertrauen darf. Er ist nicht verschwenderisch, aber versteht es nicht einzutheilen, es schmilzt ihm unter der Hand fort und dann hat er es nicht, wenn er es braucht. So werde ich auch die Miethvorauszahlung u. Auslagen an Wäsche ect. von hier aus berichtigen ... und sende Ihnen ab nächster Tage 100 Frs. mit der Bitte diese meinem Sohn bei seiner Ankunft zu übergeben ...*[125]

Trotz aller bedrohlichen Anzeichen und ärztlichen Mahnungen und trotz der Erfahrungen, die sie mit Julie gemacht hatte, nahm Clara Felix' Krankheit bis kurz vor seinem Tod nicht wirklich ernst und unterließ es, seine Züricher Wirtsleute darüber zu informieren. So ist in diesem Brief nur von seinen schlechten Angewohnheiten die Rede, nicht etwa von Rücksichten, die auf ihn zu nehmen gewesen wären. Es wirkt fast zynisch, daß sie sich nicht nach einem Arzt, sondern nach einem Schneider für Felix erkundigt und den Dreiundzwanzigjährigen aus der Ferne zu maßregeln und zu erziehen versucht, als glaubte sie, er hätte noch Jahrzehnte zu leben. Hegar ließ sich allerdings nicht von ihr beeinflussen, da er seine eigenen, nicht ganz unproblematischen Erfahrungen mit ihr hatte.[126] Er behandelte

125 Brief vom 27. 4. 1877, Zentralbibliothek Zürich, Nachl. Friedrich Hegar.
126 Der Nachlaß Hegars enthält zahlreiche Briefe Claras mit komplizierten Honorar- und Programmbedingungen, auf die Hegar geduldig einging, bis Clara dann

Felix wie seinen Sohn und diskutierte mit ihm über Musik, Literatur und Philosophie. Als Felix wegen seiner Tuberkulose nach Palermo ging, weil man dachte, Mittelmeerklima könne die Krankheit lindern, blieb er mit ihm in intensiver Korrespondenz, von der Teile erhalten sind:

*Lieber Herr Hegar,*
*... am Schlusse des alten Jahres all der Freunde gedenkend, die man im neuen wiedersehen möchte, konnte es nicht fehlen, daß ich mich und nicht zuletzt an Sie erinnert. Und wenn auch mein Brief zwei Wochen zu spät kommt, so bleiben doch noch 50 Wochen vom Jahr, eine lange Zeit, für welche Ihnen alles Gute zu wünschen sich noch immer der Mühe verlohnen mag. Von ganzem Herzen hoffe ich, daß Ihre liebe Frau sich von der Krankheit des Sommers erholt hat und daß sich ebenso die Kinder fröhlichen Gedeihens erfreuen ...*

*Meine Mutter trug mir auf, Ihnen ihr Bedauern auszudrücken über das Unterbleiben des Züricher Concertes; leider darf sie ihrem immer noch nicht ganz geheilten Arm keinerlei Anstrengungen zumuthen, und ich glaube, Ihr Entschluß, nicht bei Ihnen zu spielen, hat ihr mehr Entsagung gekostet, als Ihnen der Verzicht, sie bei sich zu hören.*

*Mir geht es so daß ich wünschte, es ginge mir besser; der Thermometer meiner Empfindung und meiner Lebenskräfte steht gewöhnlich unter Null, trotzdem ich dieses Jahr die Unbilden der nordischen Winter nicht zu ertragen habe. Meine Existenz ist im Ganzen so wenig beneidenswerth, daß ich, wenn ich darüber zu Anderen sprechen würde, nur die Absicht haben könnte, ihnen die ihrige durch den Vergleich erträglicher zu machen. Zu plagen hat sich am Ende Jeder. Zufriedenheit aber ist,. wie ich glaube, kein anerzogener noch erworbener, sondern ein angeborener Zustand, obgleich Manche die Existenz eines solchen bestreiten, ja, wenn ich mich recht erinnere, vertraten auch Sie gelegentlich diese Ansicht. Von hier zu erzählen, würde dieser Briefbogen zu klein sein, auch wenn er zehnmal größer wäre. Nur bitte ich Sie, wenn Sie an Palermo denken, Ihrer Phantasie nicht mit ewig blauem Himmel, göttlicher Frauenschönheit, edelstem Volkesschlag und ähnlichem Schlaraffischen den Magen zu verderben, welche zu importieren deutsche Reisende sehr geschäftig sind ...*[127]

Der weitere Verlauf dieser Geschichte kann bei Litzmann nachgelesen werden: Felix' Tuberkulose schreitet immer weiter fort, so daß er ständige Pflege braucht und auf Drängen seines

doch wegen Armbeschwerden absagte. Felix wurde öfters als Vermittler zwischen ihr und Hegar eingschaltet.

127 Brief vom 12. 1. 1878, Nachl. Hegar, Zentralbibliothek Zürich.

Schwagers Marmorito nach Deutschland zurückfährt, wo er von Clara, Eugenie und Marie empfangen wird. Er genießt einige Tage das Familienleben auf der Frankfurter Myliusstraße, kann aber nur noch mittels Chloral einschlafen, geht auf zwei Krükken und kann keine Treppen mehr steigen. Eugenie begleitet ihn in eine Lungenheilstätte in der Nähe von Frankfurt, wo man ihm aber nicht mehr helfen kann. Er stirbt am 16. Februar 1879, noch nicht ganz fünfundzwanzig Jahre alt, in den Armen seiner Schwester und Ersatzmutter Marie. Vier Monate später schreibt Clara an Brahms:

*Felix hatte eben Talent zu vielem, in keiner Sache aber außerordentliche Begabung.*[128]

## 8. Eugenie

Die Sommerferien in Lichtenthal, die Eugenie als ungetrübte Familienidylle beschreibt, müssen in Wahrheit oft sehr anstrengend gewesen sein, da hier Menschen und Charaktere aufeinanderstießen, die außer der Tatsache, blutsverwandt zu sein, wenig verband, und die das Jahr über fast nichts miteinander zu tun hatten. Zögernd und wie zufällige Hausgäste kamen sich die aus allen Richtungen angereisten Geschwister näher, bis die Schule wieder anfing, Clara auf Herbst-Tournee ging und der Kontakt allenfalls durch Briefe aufrechterhalten wurde.

Eugenie berichtet, wie fremd und furchterregend die Mutter auf sie gewirkt hat und wie schwer es war, offen mit ihr zu sprechen. Clara selbst stand in den Lichtenthaler Sommermonaten unter großer innerer Anspannung, da sowohl Kirchner als auch Brahms anwesend waren. Brahms wurde von ihren Kindern geduldet oder akzeptiert, wenn auch sein Verhältnis besonders zu Marie bei weitem nicht so herzlich und unverkrampft war, wie Eugenie es schildert,[129] während Kirchner als Eindringling, Stö-

128 Schumann/Brahms, BW II, S. 173.

129 S. dazu die ausführlichen Kommentare von Litzmann (Clara Schumann, III), Kalbeck (Johannes Brahms, Berlin 1921) und Florence May (Johannes Brahms, dt. München 1983), die als Studentin längere Zeit in Lichtenthal war. Brahms soll lt.

renfried und Nebenbuhler um die kostbare Gunst der Mutter geradezu gehaßt worden sein muß. Eugenie schweigt ihn in ihrem Buch einfach tot, läßt sich aber seitenlang über andere, sehr viel beiläufigere Besucher aus, eine postume Rache, die zugleich der Reinhaltung Claras diente. Denn natürlich paßte diese langjährige, in Zank und Haß zu Ende gegangene Liaison[130] nicht zu ihrem Ikonen-Image.

Brahms und Kirchner fühlten sich aber nicht als Konkurrenten, sondern kamen als Musiker und Nachbarn gut miteinander aus, gingen zusammen ins Wirtshaus, besuchten sich an ihren Heimatorten und reisten sogar zusammen nach Italien,[131] da sie nicht nur die Verehrung für Robert Schumann gemeinsam hatten, sondern auch eine Vorliebe für Kalauer, trockene Ironie und volkstümliche Scherze, über die die eher ernste, humorlose Clara überhaupt nicht lachen konnte. Als Kirchner sich 1865 von ihr trennte, um wenig später eine andere zu heiraten, blieb Brahms trotzdem sein Freund. Das nahm sie ihm übel und schloß zunächst mit Marie, später wohl auch mit Eugenie, ein von ihm als feindselig empfundenes Bündnis, das die Atmosphäre im Haus zunehmend unerträglich machte, so daß er immer seltener bei Tisch erschien und auch nicht mehr eingeladen wurde.[132] In dieser Verfassung war Clara nicht in der Lage, ihren Kindern, besonders Felix und Eugenie, Gerechtigkeit widerfahren zu lassen. Kleinste Unarten wurden als schwere Charakterfehler gerügt, eigene Meinungen als Renitenz mißverstanden, angebliche Vergehen bis zum Abreisetag nicht wieder verziehen, so daß Eugenie manchmal mehr gedemütigt als erholt wieder in ihre Pension fuhr, wie ihr folgender, unveröffentlichter Brief aus Rödelheim ahnen läßt:

*Liebe, theure Mama!*
*Heute Morgen bekam ich Deinen lieben Brief u. beeile mich um ihn dir zu beantworten. Du kannst Dir gar nicht denken, wie ich mich darüber gefreut habe, wie leid es mir aber noch that, daß Du so betrübt über mich*

Kalbeck (Bd. III, S. 374) öfter gesagt haben: »Ja, wenn man mit ihr allein zu tun hätte! Aber die Weiber um sie herum!«

130 Vgl. Schumann/Brahms, BW 1, S. 513. Clara macht sehr scharfe Bemerkungen über Kirchner und verbietet Brahms, ihn je wieder in ihr Haus zu bringen. »Er ist ein zu großer L...«

131 Sietz, a. a. O., S. 45.

132 Clara selbst machte dafür u. a. den Umstand verantwortlich, daß Brahms ihr zu ihrem 50. Geburtstag geraten hatte, nicht mehr so oft aufzutreten (vgl. Schumann/Brahms, BW I, S. 575 ff.).

*bist. Ich habe es aber selbst gefühlt, daß Ihr in der letzten Zeit meines Daseins nicht mehr so zufrieden mit mir wart, wie am Anfang. Ich bin nicht schlecht, liebe Mama, glaube es mir; ich habe aber viele große Fehler u. kenne sie alle; schon oft habe ich versucht sie zu überwinden, aber ich bin nicht stark genug, ich sinke immer zurück. Ich versuche es jetzt noch einmal u. werde dabei immer an Dich denken, liebe Mama. Hast Du mir auch vergeben? Mama, ich kann sonst nicht ruhig sein. Frl. Hillebrand läßt Dir vielmals für Deinen Brief danken u. wird Dir nächstens darauf antworten. Sie hat mir auch gesagt, daß ich immer während des Spaziergang's im Haus arbeiten soll, damit ich recht häuslich werden solle. Gestern Morgen gab uns Fräulein Hillebrand Literaturstunde. Wir hatten Goethe u. Du kannst Dir nicht denken, wie schön es war. Frl. Maria hatte uns versprochen in den Sommerferien eine Rheinreise machen zu dürfen, es war aber immer zu heiß dazu u. sie sagte uns deshalb vor einigen Tagen:*

*»Jede v. uns solle sich einen Fehler abgewöhnen, dann dürften wir die Rheinreise machen.« Darauf schrieben wir Alle den Fehler, den wir uns abgewöhnen wollten, auf einen Zettel u. übergaben ihn Ihr dann.*

*Ich habe Elise schon Alles geschrieben, was ich weiß u. will deßhalb schließen. Grüße Alle sehr u. sage Julchen ich würde ihr nächsten Sonntag schreiben. Ludwig ist wohl jetzt schon bei Euch; wo kommt er nun eigentlich hin? Dir geht es doch hoffentlich gut …? Kommt Elise erst jetzt nach Frankfurt? Ich hoffe, Du wirst mir auch einmal wieder schreiben u. wenigstens eine v. den Geschwistern.*

*Jetzt adieu, geliebte Mama, sei nicht mehr betrübt über mich u. sey fest versichert, daß ich mich bessern werde.*

*Ich bleibe in Liebe*
*Deine*
*Dich innigst liebende Tochter*
*Eugenie*

*Rödelheim Dienstag d. 15. August*
*Morgens 9 Uhr*[133]

Welche Missetaten sie in Lichtenthal begangen hatte und wofür sie – offenbar auf Anregung Claras – noch in Rödelheim mit Hausarrest bestraft wurde, während die anderen bei heißem Augustwetter spazierengingen, schreibt sie nicht. Clara beklagt sich bei Elise über Eugeniens Flüchtigkeit, Undankbarkeit und schlechte Laune: Das Kleid, das sie ihr Weihnachten 1865 ins Internat geschickt habe, sei doch *so reizend* gewesen.[134] Es han-

133 Nachl. Eugenie Schumann, STA Bonn, Brief ohne Jahresangabe.
134 HHI, Slg. Dickinson, Brief vom 1. 1. 1866.

delte sich vermutlich um eine von Claras abgetragenen Konzert-Roben, für dessen brokatene Scheußlichkeit Eugenie sich schämte und die sogar in die Memoiren ihrer Mitschülerinnen Eingang gefunden haben.[135]

Wenig später schreibt Clara an Elise:

*Wenn Eugeniens Benehmen Launenhaftigkeit ist, so ist sie später mal zu bedauern, wenn es nicht gelingt, diese gänzlich zu bannen. Ich habe ihr geschrieben, jedoch noch keine Vorwürfe gemacht, sondern nur gesagt, wie sehr mich ihr Benehmen betrübt, und sie sollte mir offen gestehen, was der Grund dazu? ich dachte, vielleicht erschließt sie sich mir, obgleich ich wenig hoffe. Sie hat doch nicht etwa mal Dich über Frl. Hillebrand raisonnieren hören? das wäre freilich sehr unrecht von Dir gewesen, doch kann ich mir kaum denken, daß Du so unbedacht sein würdest!*

*Daß Frl. Hillebrand nicht gewartet hat mit ihrer Klage bis zum Frühjahr, finde ich nicht schön. Bei meinem angestrengten Leben hätte sie mir den Schreck und die Betrübniß einstweilen noch ersparen können. Eugenie mal wieder in eine andere Pension zu bringen, finde ich recht traurig, und welche Schattenseiten finden sich in der anderen auch da wieder!*[136]

Henriette Schrader-Breymann, die Leiterin des Mädchenpensionats in Neu-Watzum, dessen Schülerin Eugenie nach einer in diesem Buch beschriebenen heftigen Szene mit Clara geworden war, zählte zu den fortschrittlichsten Pädagoginnen ihrer Zeit. Neben dem Thema »Kleinkindererziehung«, dem damals noch kaum jemand Bedeutung beimaß, interessierte sie vor allem die *Frauenfrage*, der sie sich auch als Publizistin widmete. Zwar war sie, wie Clara, der Meinung, daß *Gott … dem Manne … das eigentlich Vorgehende, Schöpferische u. der Frau das Gestaltende, Pflegende vertraut habe*, plädierte aber energisch für die Berufsausbildung aller Mädchen, damit ihnen auch bei späterer Ehe- und Kinderlosigkeit *ein Feld* offenstünde, *auf dem sie ihre Kräfte würdig verwenden* könnten. Auch verheiratete Frauen sollten ihrer Ansicht nach *in irgend einem Berufskreise, außerhalb des Hauses* arbeiten, *um somit innerlich und äußerlich selbständig zu sein und dem Manne als Freie gegenüber zu stehen, die nur der Liebe Gehör zu geben braucht.*

135 Mary Lyschinska in: Schrader-Breymann, Henriette, eingel. von Erika Hoffmann, kleine pädagogische Texte 5, Weinheim 1962, S. 171 ff.
136 HHI, Slg. Dickinson, Brief vom 5. 2. 1866.

Besonders in *Waisenhäuser(n), Hospitäler(n), Gefängnisse(n) und Irrenhäuser(n)* hielt sie weibliche Mitwirkung, nicht etwa nur als Pflegerin und Aufseherin, sondern als *Aerzte und Beamte* wegen ihres größeren psychologischen Einfühlungsvermögens für unerläßlich. *Somit* sei *der Frau eine … Fachbildung als Waffe gegen die ihre Würde oft bedrohenden Culturverhältnisse nicht nur zu gestatten, sondern vielleicht sogar zu fordern!*

Durch diese Pädagogin wurde Eugenie geradezu zur Emanzipation erzogen und war daher als einzige der Schumann-Töchter in der Lage, Claras latenter Frauenfeindlichkeit argumentativ zu begegnen und sich ein Studium an der Berliner Musikhochschule zu ertrotzen, was knapp zehn Jahre vorher für Marie und Elise noch undenkbar gewesen wäre.

Schrader-Breymann war allerdings auch der Meinung, daß bei aller Fachbildung und Emanzipation *kein Frauengeist zu hoch, keine Frauenkraft zu groß sein könne, daß es unter ihrer Würde wäre, sich mit dem Studium der zarten Kinderseele zu befassen.*

Dieser Standpunkt, den sie auch an ihre Neu-Watzumer Schülerinnen weitergab und mit dem sie an das Fröbelsche Motto

*Kommt, laßt uns unseren Kindern leben!*

anknüpfte, war das genaue Gegenteil von Claras Erziehungskonzept, das man auch als Abschiebungs- und Beseitigungskonzept zur Wahrung größtmöglicher physisch-psychischer Distanz mit der Irrenanstalt als Endlösung bezeichnen könnte. Eugenie berichtet, daß sich die Schrader-Breymann, die laut eigener Aussage ein besonderes Faible für Problemfälle hatte, oft und intensiv mit ihr unterhalten habe. Dabei müssen wohl auch das Schicksal der anderen Schumann-Kinder und der Tod Juliens zur Sprache gekommen sein. So klingt es fast wie eine Anspielung auf Clara, wenn Schrader-Breymann schreibt:

*Was wird aus den Kindern, denen man physisch das Leben gab, ohne im Stande zu sein, es ihnen auch geistig zu geben? … Weshalb entfaltet sich manche Knospe der Natur nicht zur schönsten Geistesblüte, weshalb sinkt so manches unter, das Herrliches versprach und verwandelt süße Hoffnung in Jammer und Elend?*

*Erziehung ist die Hilfe, welche der Entwickelte dem Unterentwickelten zu leisten hat bei dessen Entfaltung nach den göttlichen Gesetzen*, definiert sie. Clara hatte ihren Kindern diese Hilfe verweigert, hatte ihre *ersten Lebensjahre* und *das Fundament ihres Lebensgebäudes oft den Unfähigsten … anvertraut.*[137]

Diese Erkennnis, die der heutigen psychologischen Auffassung vollkommen entspricht, muß Eugenie deprimiert und zugleich getröstet haben. Denn nun sah sie, daß es nicht nur *schlechte* Kinder, sondern auch schlechte Erziehungskonzepte gab, daß sie sich nicht mehr schuldig und klein zu fühlen brauchte unter Claras Vorwürfen, sondern das Recht hatte, sich ihnen zu widersetzen.

Ohne die Schrader-Breymann hätte sie vielleicht Selbstmord begangen oder wäre depressiv und tuberkulös geworden wie Julie. Statt dessen machte sie einen guten Schulabschluß und bestand ihre Aufnahmeprüfung an der Berliner Hochschule, wenn auch »nur« in der Klavier-, und nicht, wie sie sich anfangs gewünscht hatte, in der Kompositionsklasse, da die ehemalige Komponistin Clara weibliche Kreativität für unmöglich hielt und Eugenie diesen Standpunkt so lange eintrichterte, bis sie ihn schließlich für sich annahm.

In Berlin lernte Eugenie die ein Jahr ältere österreichische Sopranistin Marie Fillunger kennen, die in Wien bei Mathilde Marchesi de Castrone studiert hatte und von Brahms nach Deutschland empfohlen worden war. Sie hatte zwei Schwestern und fünf Brüder, *Hanns, Thächen, Gustel, Charletto* und *Franzl*, gegen die sie sich von klein auf so hatte durchsetzen müssen, daß sie selber ein halber *Kerl* geworden war, was bei ihrer Winzigkeit und Zartheit niemand vermutete. Diese Marie, die sich später zwecks Unterscheidung von Marie Schumann *die* oder *der Fillu* nannte, brachte die Fröhlichkeit und Robustheit mit, die Eugenie fehlten. Sie war nie *in Pension* gewesen, sondern hatte ihre Jugend in familiärer Geborgenheit verbracht, die sie in Berlin vermißte, so daß sie sich schnell und eng an Clara und ihre Töchter anschloß. Schon als Studentin verdiente sie sich ihr Geld durch Konzertreisen, die sie ohne die damals obligatorische *Begleiterin* machte und auf denen sie Männer wie Frauen durch Humor, Charme und Selbstbewußtsein faszinierte, das alles gepaart mit einer Stimme, von der Brahms, Wasielewski, Sullivan, Richter und viele andere geradezu hingerissen waren, weil

137 Alle Zitate nach Schrader-Breymann, a. a. O. Die Aufsätze zur »Frauenfrage« und »Geistige(n) Mütterlichkeit« wurden 1868, während Eugeniens Neu-Watzumer Zeit, in Wolfenbüttel verfaßt.

sie in der *Johannes-Passion* so schön klang wie in Schumann-Liedern, im *Deutschen Requiem* so überzeugend wie im *Elias* oder der *Walküre*.

Die Beziehung zwischen Eugenie und ihr war ein leidenschaftliches Liebesverhältnis, über dessen aktiv-erotischen Charakter kein Zweifel bestehen kann. Fillu, die sich selbst einen *glücklichen Kerl* nennt, war der vitale, nach außen drängende, erfolgreiche Partner, während Eugenie mehr Prinzipien wie Konstanz und Häuslichkeit vertrat, eine ähnliche Rollenverteilung wie bei Clara und Robert. In den ersten, hauptsächlich auf Konzertreisen geschriebenen Liebesbriefen Fillus an Eugenie heißt es:[138]

*Mein liebes Genchen!*
*Meine Ruhe ist hin, seit ich von Dir geschieden bin … Ich zähle doch unausgesetzt die Stunden die mich noch von Dir trennen um so mehr als die vollendete Ruhelosigkeit, welche alle Tage in Eins zusammenschmilzt u. keine Besinnung zuläßt, die Sehnsucht nach dem Genchen-Eckzimmer immer mehr concentrirt.*

---

*… Wenn Du ein bisschen sonnenscheinen kämst mein goldenes Genchen so würden sich meine spiräaartig verwelkten Lebensgeister sichtlich erfreut wieder erholen. Sage an Mama meinen nichtswürdigen Handkuß u. an Marie viele Grüße*
*Dein Sommerfillu*

---

*… Ich fuhr diesen Morgen … so recht glücklich in die maigrüne Welt hinein und wenn ich Deinen Hut ansah so bildete ich mir ein, den wohlbekannten auf Deinem Kopfe sitzen zu sehen und so fuhrst Du mit mir und triebst praktische Geografie … Mein Genchen, ich habe physische Schmerzen so viele Meilen zwischen uns zu denken … Nach Stuttgart komme ich gar nicht mein liebes, süßes, goldenes, englisches Genchen! gute Nacht!*
*Der obige Herr*

---

138 Alle Briefzitate und Namensnennungen nach: Nachl. Fillunger, Briefe an Eugenie Schumann, in: Österreichische Nationalbibliothek, Wien, Handschriftenabteilung.

*... Heute erhielt ich die schwerwiegende Goldrolle 500 Fr., für einen armen Studenten immer eine stolze Summe die gut verzehrt werden soll unter Deiner Aufsicht, denn ich laße mich zu gerne von Dir bevormunden ... Deine Zweifel u. Sorgen freuen mich im Grunde, da sie gerade mir beweisen, was ich mir selbst nicht eingestehen mag, daß Du etwas auf mich hältst. Ich reicher, beneidenswerther Kerl!*

---

*... Ich bin aber, bei dem Barometerstand Deiner Zufriedenheit mit mir, welcher leider so furchtbar schlecht lautet, meinerseits auf einem Stand von Desperation angelangt der schwer zu ertragen ist ... Wenn Du mich aber ... so steng u. traurig ansiehst wie gestern u. heute, so renne ich blind an jeden Stock an u. gehe elend zu Grunde.*

---

*... Ich habe ja meinen guten Genius in Dir, ein Amulett welches mein Schiff nicht scheitern läßt, tollkühn wage ich mich in jeden Sturm. Ich träume täglich von Dir d. h. Tag u. Nacht u. könnte mit meinen Gedanken u. Erinnerungen als Einsiedler ohne jeglichen Verkehr nach aussen fortleben ...*

---

*... Mein höchster Wunsch wäre, mit Dir an einem schönen Ort leben zu können u. in Wald u. Feld herumzustreichen bei Tag u. Nacht ...*

*... Ich möchte die ganze Zeit, die uns trennt, so ohne äußere Einflüße zubringen, den arctischen Winter unserer Liebe wie im Winterschlaf verbringen. Schlafen u. träumen, u. nicht Tochter, Schwester, Cousine, Nichte u. Singmaschine sein.*

Wer diese zarten, poetischen Liebesbriefe liest, die übrigens genaue und witzige Schilderungen von Land und Leuten, Musikern, Konzerten und Kompositionen enthalten, dem wird es vor Staunen über die gesellschaftliche Furchtlosigkeit dieses Paares gleichgültig sein, wer wen »verführte« oder ob Eugenie schon vor der Begegnung mit der Fillu »lesbisch« war. Vielleicht war es in Rödelheim und Neu-Watzum zu Zärtlichkeiten mit Mädchen gekommen, vielleicht wirkten die Erfahrungen, die Clara oder auch Julie gemacht hatten, so abschreckend auf sie, daß sie mit Männern als Liebespartnern nichts mehr zu tun haben wollte. Für Eugenie war es jedenfalls lebensrettend, daß sie überhaupt, egal von wem, heftig geliebt wurde und sich nicht wie Felix selber zurufen mußte:

*Sei nicht traurig, wir lieben dich!*

Anfangs wurde der erotische Charakter der Beziehung noch verheimlicht.

*Ich bin froh, daß Niemand weiß, daß ich Rumpelstilzchen heiß,* schreibt die Fillu während eines Besuches bei ihren Eltern, die sie neugierig nach ihrem Liebesleben ausfragten. Aber im gleichen Brief, der doch auch Clara, die damals häufiger in der Berliner Wohnung war, hätte in die Hände fallen können, beschreibt sie minutiös, wie sie Eugenie zum ersten Mal über die linke Schläfe u. Wange fuhr und welche *namenlose Freude* sie empfand, *als sie sich dieser Liebkosung nicht entzog.*

*Seither habe ich mich an Deinen Küßen satt u. durstig getrunken u. dieser Durst brennt mir nun in tiefster Seele. Der Brand wird nicht erlöschen, bis Deine Lippen mich berühren.*[139]

Clara hatte nichts gegen diese Beziehung, sondern schätzte die Fillu als Sängerin und gute Hausfreundin, vertraute ihr, wenn sie verreiste, den Wohnungsschlüssel an, vermittelte ihr Schüler und Engagements und sprach von *Eugenie und Fillu* schon bald nur noch wie von einer unzertrennlichen Einheit.

Auch Brahms akzeptierte das Freundinnenpaar ohne eine Spur von Häme, so daß Eugenie alle Ängstlichkeit fallenließ und die Fillu offen als ihren *zweiten und besseren Teil* bezeichnete. Für die Fillu war Clara eine große, verehrungswürdige Kultfigur, der sie in beinahe jedem Brief ihren österreichischen *Handkuß* ausrichten ließ, die sie mit der Zeit selber *Mama* nannte und für die sie einmal *eine schwere, grobe Arbeit thun* wollte, um ihr *durch Dienstleistung ihre Ergebenheit zu zeigen.* Tatsächlich strickte sie ihr Reise-Kopfkissen, Fußwärmer, Decken usw. und erledigte später sogar einen Teil ihrer Korrespondenz, so daß Clara sie als ihre *Sekretärin* [140] bezeichnete.

Aus den Briefen, die leider nur einseitig erhalten sind, geht aber auch hervor, daß Eugenie immer noch unter Depressio-

139 Brief vom 11. 7. 1875.
140 Schumann/Brahms, BW II, S. 286.

nen, ja sogar *Halluzinationen*[141] litt und sich Sorgen machte, wie ihre Brüder oder ihr Vater psychisch nicht gesund zu sein, sich mit Selbstzweifeln quälte und sich die alten, ihr von Clara zugewiesenen Fehler der *Laune, Empfindlichkeit und Unausstehlichkeit* vorwarf, was die Fillu mit ironischen Kommentaren vom Tisch wischte:

*Zur Empfindlichkeit hast Du ein Recht als geborene Erbprinzessin!*[142]

Sonst aber ging sie ernsthaft wie ein Therapeut auf Eugenie ein, ließ sich ihre *Nervenkrisen* und Träume beschreiben und wünschte sich, ihre *Klagen in Jubel umzuwandeln:*

*Jubel passt zwar nicht zu Dir, mein ernstes Genchen, aber stille Freude, stete Heiterkeit möchte ich auf Dich herabbeschwören.*[143]

Ein Problem dieser sonst so glücklichen Beziehung lag darin, daß die Fillu erfolgreicher war als Eugenie und unbeirrt ihren Weg als Berufsmusikerin ging, was Eugenie trotz aller emanzipatorischen Vorsätze nicht fertigbrachte. Claras Vorbild war vermutlich zu stark, ihre Kritik oft zu entmutigend, die fast religiöse Verehrung, die man ihr und Robert überall entgegenbrachte, eine zu schwere Hypothek. So litt auch Eugenie unter entsetzlichem Lampenfieber und schloß ihr Studium bei Professor Rudorff nicht ab, sondern ging mit Clara und Marie auf Konzertreisen und verstrickte sich wieder ganz in die alten, als quälend empfundenen Familienprobleme, indem sie sich ständig schuldbewußt und für alles zuständig fühlte, für Maries altjüngferliche Einsamkeit wie für Ferdinands Ehe oder Ludwigs sogenannten Wahnsinn, bis die Fillu schließlich mahnend dazwischenfuhr:

*Zu Deinem Bruder geh nicht allein, nur mit Marie, ich fände es ganz unrecht, wenn Du allein Dich irgend einer großen Aufregung aussetztest!*[144]

Sie analysierte richtig, daß Claras Reise- und Arbeitsdrang und das unnatürlich enge Zusammensein nach Jahren fast völliger Distanz verstörend auf Eugenie wirkten und daß ein Leben im Schatten der Mutter nicht das richtige für sie war:

141 Nachl. Fillunger, ÖNB, Brief vom 7. 7. 1875.
142 Ebda., Brief vom 22. 7. 1875.
143 Ebda., Brief vom 1. 8. 1876
144 Ebda., Brief vom 24. 10. 1875.

*Du verträgst die Unruhe des Reiselebens nicht! … Ihr seid nun einmal ruhelose Geister, ihr müßt euch zwingen zu der Faulenzerei … Reformire in dem Sinne Mama u. Marie.*[145]

Fillus wachsender Erfolg machte Eugenie immer mehr zu schaffen, so daß sie ihr eines Tages allen Ernstes riet, sich zurückzuziehen und nur noch Gesangsstunden zu geben. Offenbar hatte ein unbedacht dahergesagter Ausspruch von Johannes Brahms, dessen Kalauer oft für bare Münze genommen wurden, den Stein ins Rollen gebracht, den Eugenie nun willig aufgriff, aber die Fillu setzte sich vehement und eloquent zur Wehr:

*Ich laße es nicht, ich will, ich muß! … Er thut so weh dieser Brief … Du schreibst »gieb es auf.« Hat Brahms Ausspruch sich Dir unauslöschlich eingegraben u. Du denkst: wäre sie lieber Köchin geworden? Dieses Gespenst stieg mir aus Deinem Brief entgegen u. jagte mir entsetzlichen Schrecken ein … O Dein Brief war so kalt …, bitte, bitte laß mich nicht verzweifeln! Laß mich Dich wiederfinden, ich kann Dich nicht träumen, nicht denken, immer fürchte ich Dich!*[146]

Der schwere Konflikt wurde offenbar verdrängt oder überwunden, denn schon Tage später nennt Fillu Eugenie wieder *mein Katzi*, dem sie 1879 nach Frankfurt folgte. Dort gründeten Clara, Marie, Eugenie und sie eine Hausgemeinschaft, die zehn Jahre lang mehr oder weniger harmonischen Bestand hatte. Fillu konzertierte zwar weiter und machte sich besonders als Interpretin von Brahms' *Liebes-* und *Zigeunerliedern* einen Namen, begab sich aber genauso in den Schatten Claras wie Eugenie, der sie bei ihren Schreib-, Haushalts- und Krankenpflegerdiensten assistierte, bis sie schließlich mehr Sekretärin als Sängerin war. Dabei spielte neben einer fast kindlichen Verehrung für Clara auch der Wunsch, die gesundheitlich sehr labile, zu Lungenentzündungen neigende Eugenie zu entlasten, eine Rolle.

Obwohl Clara sich 1888 noch sehr anerkennend über Fillus sängerische Leistung äußerte – *die Fillu sang mit einer Freiheit und Übermut, daß alle Leute sagten, so haben sie sie nie gehört,*[147] schreibt sie an Brahms –, kam es im Frühjahr 1889 zum totalen Bruch, dem größere Streitigkeiten mit Marie vorausgegangen waren. Ähnlich wie durch Brahms fühlte Marie sich auch durch die Fil-

145 Ebda., Brief vom 18. 7. 1876.
146 Ebda., Briefe vom 12. 6. 1876 und 16. 6. 1876.
147 Schumann/Brahms, BW II, S. 365.

lu in ihrer Rolle als engste Vertraute der Mutter bedroht und sah sich um den Dank für jahrzehntelange Aufopferung betrogen. Eifersucht auf die Begabung und Dominanz der Fillu und ihre enge, liebevolle Symbiose mit Eugenie mögen als weitere Motive hinzugekommen sein.

In diesem Streit, dessen offizieller Anlaß klein und banal gewesen sein muß, stellte sich Clara hinter Marie und warf die Fillu kurzentschlossen aus ihrem Haus, wenn auch mit dem scheinbar versöhnlichen, von der Fillu aber als Demütigung aufgefaßten Vorschlag, sie könne Eugenie *ja jederzeit besuchen und das Fremdenzimmer immer jederzeit benützen.*[148]

Sicher waren Claras Nerven durch die Sorgen um Ferdinand und dessen Kinder sehr überreizt. Auch Brahms hatte viel unter ihren Stimmungen zu leiden.[149] Doch die Fillu ließ sich im Gegensatz zu Brahms nicht wieder versöhnen, packte ihre Sachen, ging sofort auf Konzertreise und siedelte über die Schweiz und Holland nach London über, wo sie mit neununddreißig eine kometenhafte Zweitkarriere machte. Aus dieser Zeit stammen einige bittere Briefe an Eugenie, in denen sie sich nicht nur vom Clara-Kult endgültig verabschiedet, sondern auch das Verhältnis zwischen den Schwestern in einer Weise beschreibt, die mit der idealisierten Darstellung in den *Erinnerungen* wenig zu tun hat:

*Der Riß ist geschehen u. flicken läßt sich da nichts, ich kann nicht glauben, daß wenn Marie sieht, daß ich abgetreten bin für ewige Zeit, daß sie Dich immer noch weiter quält. Sollte sie nicht nachgeben, so beruhige sie darüber, daß sie von mir gar keinen Annäherungsversuch zu fürchten hat, ich bin ganz fertig u. mein Dankbarkeitsgefühl gegen Mama ist bis jetzt noch nicht sehr lebendig ...*[150]

---

*Ich kämpfte die ganze Nacht mit Marie ... u. suchte Dich immer vergeblich auf meiner Seite.*[151]

---

148 Brief vom 18. 5. 1889.
149 Es traten ständig neue Mißverständnisse auf, z.B. über den endgültigen Verbleib ihres Briefwechsels, die Neu-Edition der Schumannschen 4. Symphonie in der ersten Fassung durch Brahms und Wüllner oder die pianistische Qualität ihres Schülers Borwick.
150 Brief vom 5. 4. 1889.
151 Brief vom 10. 4. 1889.

*Dieser unerträgliche Zustand von Betäubung (wohl naturgemäß nach einem solchen Schlag vor den Kopf) läßt gewiß erst nach, wenn ich in London eintreffe ... Ich haße die letzten Wochen, die ich in diesen Räumen verlebt habe u. werde mich nie wieder in meinem ganzen Leben in eine solche Lage begeben.*[152]

---

*Von mir sind keine Feindseligkeiten ausgegangen, wol aber hat Mama mir alles gesagt was Hartes u. Unfreundliches zu erfinden war. So viel hätte es nicht gebraucht um mich los zu werden ... Ich bin ja aus dem Wege, kannst Du Dich nicht ein bischen aufraffen u. absehen von alledem. Du belastest dadurch daß Du so gar nichts genießest u. Mama betrübst, immer nur wieder mein Conto ... Morgen aber geht es fort u. dann fängt das neue Leben für mich an ... Wie kannst Du mir verbieten wollen über Dinge zu sprechen die mich so unausgesetzt beschäftigen. Du mußt doch wissen daß ich nicht aus Klatschsucht dazu komme. Du weißt so gut wie ich daß Mama schwach genug ist kleinliche Momente gegen mich aufzustapeln ... Freilich ist Mama daran gewöhnt von Schmeichlern umgeben zu sein, aber zu denen habe ich nie gehört. u. so wie ein gekröntes Haupt nie die Wahrheit ertragen kann, so kann es auch Mama nicht u. braucht es auch wegen mir nicht zu lernen. Wenn ich nun sicher wäre daß sie es aufgibt mich weiter zu verfolgen. Weiter wie England kann ich zunächst nicht gehen, sollte mir aber der geringste Anhaltspunkt kommen so gehe ich viel weiter. Ach mein geliebtes Genchen, Du siehst ich bin noch so voll von Bitterkeit! Verzeih mir u. laß die Wunden ausheilen, ... ich fühle mich so mißhandelt, zerbrochen u. umgeschlagen. Weiß Gott woher es kommt, daß meine Stimme diese Zeit so gut aushält, ich bin immer gut disponiert. Dies allein giebt mir Muth für die nächste ungewiße Zeit.*[153]

---

*Heute früh im Bett habe ich mir fest vorgenommen, meine Lebensgeschichte zu schreiben, dies wird mich auch über den Ablauf der 14jährigen Periode die ich mit Euch verlebt habe, aufklären.*[154]

---

*Du mußt eine Unterredung mit Mama erzwingen, denn so gut wie sie schließlich wirklich glaubte, weil ich mich nicht verteidigte, so wäre mir kein Unrecht geschehen, so denkt sie dies auch von Dir. ... Du darfst*

152 Brief vom 22. 4. 1889.
153 Brief vom 27. 4. 1889.
154 Brief vom 12. 5. 1889.

*auch Mamas Art nicht so schwer nehmen, das ist ein bischen so, wie sie erschrickt, wenn man sie anspricht ... Was hilft es nun, daß der Stein des Anstoßes aus dem Wege ist, wenn ihr alle nicht zur Ruhe kommen könnt. ... Es ist ja nur kindischer Trotz von Mama, die von Marie aufgestachelt ist u. Dir nicht entgegen kommen kann ... Sei klug, mein Genchen, Du hast es nicht mit normalen Menschen zu thun. Mama ist alt u. hört selten die Wahrheit u. Marie ist nicht bei Trost in ihrer maßlosen Heftigkeit, u. warum sollst Du Dich opfern wie ein Lamm, ohne Widerrede? ... Ich habe gestern mit Lisl*[155] *gesprochen, sie versteht den Zwiespalt in Mama auch nicht. Sie sagte, daß sie ihr in dieser Sache so klein u. gering erschienen wäre, daß sie aber wieder in allen übrigen eine solche Verehrung für sie trage ...*[156]

Clara tat zumindest Brahms gegenüber so, als sei alles in Ordnung, und wünschte der Fillu *eine dauernde Existenz* in London,[157] während sie in Wirklichkeit dieselbe Entmutigungsstrategie anwandte wie bei ihrem Töchtern, *immer nur von Stunden geben gesprochen hat* und dabei immer durchfühlen ließ, daß Fillus Talent doch zu unbedeutend sei, um davon in London existieren zu *können.*[158]

Als Künstlerin zeigte sich die Fillu nicht nachtragend, sondern sang in London sogar Claras Lied *Er ist gekommen in Sturm und Regen.*[159] Vor allem aber machte sie Karriere mit großen Wagner-Rollen, die sie erst jetzt für sich zu entdecken begann, da Clara fanatische Anti-Wagnerianerin war und in ihrem Haus keinen Takt von ihm duldete.

Eugenie schildert den Anti-Wagnerianismus ihrer Mutter, der sich bei Claras deutsch-nationaler Einstellung wohl kaum auf Inhalte bezogen haben kann, sondern rein persönliche, auf die gemeinsame Dresdner Zeit zurückgehende Ursachen hatte, in ihren *Erinnerungen* relativ lapidar, ohne zu werten, weil sie die Fillu, die damals noch lebte, nicht verletzen wollte. Die Fillu war selber irritiert über diese Standpunktlosigkeit und fragte 1889 irritiert:

*Du hast mir nie etwas gesagt über die Wagner-Singerei; findest Du es nicht ganz richtig? Ich will gerade dies Zeug so schön singen als ich nur kann,*

155 Elisabeth von Herzogenberg.
156 Brief vom 21. 9. 1889.
157 Schumann/Brahms, BW II, S. 388.
158 Brief vom 23. 5. 1889.
159 Brief vom 6. 5. 1889.

*weil ich sicher bin das nützt mir sehr und erweitert meinen Gesichtskreis.*[160]

Was an den Briefen der Fillu befremdet, ist ihr aggressiver Antisemitismus, der zu ihrer Toleranz und Sensibilität wenig paßt und vielleicht etwas mit ihrer eigenen Außenseiterrolle zu tun hat. Schon bald nach ihrer Ankunft in London regt sie sich über die *abscheuliche Menge deutscher Juden* auf, die sie sogar noch nach regionaler Herkunft (Mannheimer, Berliner usw.) spezifiziert und als physisch abstoßend schildert.[161] In krassem Gegensatz dazu stehen allerdings Eugeniens *Erinnerungen,* die bei allem deutsch-nationalen Pathos nicht nur frei von jedem Antisemitismus, sondern sogar voller Sympathie für »Juden« wie Rosenhain, Levi, Joachim, Fanny Lewald und Rubinstein sind.

Trotz der massiven Zerwürfnisse und Loyalitätskonflikte kam es nicht zur Trennung zwischen Fillu und Eugenie, die sich mit fast Vierzig endlich entschloß, der Freundin nach London zu folgen. Sie erwarb sich dort einen guten Ruf als Klavierpädagogin, hatte ihr finanzielles Auskommen und verlor wohl auch Angst- und Unsicherheitsgefühle beim Klavierspielen, worüber Clara schreibt:

*Eugenie geht jetzt viel sicherer mit den Tasten um, ist nicht schüchtern – wie freut mich das!*[162]

Eugeniens Beziehung zu Clara wurde durch die räumliche Trennung nicht schlechter, sondern herzlicher, und auch das Verhältnis zu Marie scheint sich normalisiert zu haben, da diese nun keinerlei Konkurrenz mehr zu fürchten hatte. So wie Elise erst selbständig werden mußte, um die Hochachtung ihrer Mutter zu erfahren, so trug auch Eugeniens innere Loslösung dazu bei, daß Clara sich nun endlich schwach, hilflos, ja sogar zärtlich zeigen konnte und die Liebe dieser Tochter nicht länger zurückwies. Wenige Tage vor Claras Tod schreibt Eugenie:

*Mein innig geliebtes Mütterlein!*
*Wie weit sind wir nun voneinander getrennt! Und alle Gedanken ließ ich*

160 Brief vom 18. 5. 1889.
161 z. B. Brief vom 21. 11. 1889.
162 An Joachim (Joachim, BW III, S. 438).

*bei Euch zurück und kann es noch nicht fassen, daß ich nicht mehr bei Euch bin. Ich weiß oft gar nicht mehr wohin ich gehöre und führe überall ein Traumleben. Alle Stunden des Tages habe ich Euch mit meinen Gedanken verfolgt!*
*Wie gerne wäre ich noch geblieben, bis ich Dich wieder munter gewußt hätte, doch Du wolltest es ja nicht!*

*... Ich sehne mich so unbeschreiblich nach Dir und kann mich durchaus nicht an die Trennung gewöhnen und daran, daß ich nicht jede Minute weiß, wie es Dir geht. Es ist schrecklich, daß ich jetzt fort mußte! Also heute solltest Du zum ersten Mal hinuntergehen! Könnte ich Dich doch die Treppe hinunterführen! Hoffentlich ermüdet Dich dieser erste Versuch nicht und Du darfst nun alle Tage hinunter. Ich fing gestern meine Stunden an; die Schüler sind fast alle faul gewesen, so daß ich mich heute entschlossen habe, dieses Jahr kein Concert zu geben ... Ich will mich jetzt recht schonen, damit ich Dir im Sommer, wenn wir uns wiedersehen, mit meiner Gesundheit keine Sorgen mehr mache.*

*Das Wetter ist hier ebenso wie in Frankfurt, sonnig, aber ein häßlicher Wind. Im Park ist es aber sehr schön; die Kastanien und der Goldregen sind in voller Blüthe und das Grün ist schon fast sommerlich dicht und dunkel. Ich ließ mich heute eine Stunde im Rollstuhl fahren; morgen holt mich Miss Hope mit dem Wagen ab, fährt mich spazieren und dann zu Lady Thompson.*

*Ich habe noch Niemanden hier gesehen, da ich bis jetzt noch nicht ausgehen konnte.*

*Lebewohl, mein Mütterlein! könnte ich Dich doch streicheln, Dir zutrinken, Dich lächeln machen und Deine lieben, theuren Augen sehen. Schicke mir doch durch Marie einen ganz speciellen Gruß, wenn sie mir schreibt, damit ich weiß, daß Du an mich denkst. – Innigsten Kuß von*
*Deiner Eugenie.*[163]

Nach Claras Tod, als das Motiv »Kampf um die Gunst der Mutter« entfallen war, versöhnte sich auch die Fillu mit Marie und wohnte sogar gegen Ende ihres Lebens wieder mit Eugenie und ihr zusammen. 1891 hatte sie mit Sir Charles und Lady Hallé Australien bereist, 1895 Südafrika, wo sie insgesamt 25 Konzerte gab. Von 1904 bis 1912 war sie Pädagogin am Royal College of Music in Manchester. Während des ersten Weltkriegs zog sie zu ihrer Familie nach Wien. 1919 ließ sie sich mit Eugenie und Marie in Interlaken nieder. Man bewohnte ein 1894 von Clara

163 Beide Briefe Mai 1896. STA Bonn, Nachl. Eugenie Schumann.

Schumann erworbenes Chalet mit mehreren Balkonen und See- und Gebirgsblick.

Über Eugeniens Karriere nach Claras Tod ist wenig oder Widersprüchliches bekannt. Für die gelegentlich auftauchende Behauptung, sie sei als Konzertpianistin aufgetreten,[164] konnten keine Belege gefunden werden. Richtiger scheint die Version, daß sie zwar eine eminente Kennerin pianistischer Techniken und Interpretationsstile gewesen, öffentlich aber kaum aktiv geworden ist.

Das Auskommen der drei Frauen war durch Ersparnisse, Tantiemen, Autographen-Verkäufe und Editoren-Honorare weitgehend gesichert, obwohl ein Teil des Vermögens durch die Inflation verlorengegangen war. So kam es nach 1919 zu der von Ferdinands Kindern beklagten *Expropriation einer ganzen Generation*[165], d.h. zum Verkauf großer Quellenbestände wie der Tagebücher und des Braut- und Ehebriefwechsels an das Robert-Schumann-Museum in Zwickau bzw. die Preußische Staatsbibliothek in Berlin.

# 8. Marie

Bevor Eugenie, die ihr literarisches Talent jahrzehntelang für sich behielt – in ihren Skizzenbüchern finden sich interessante Entwürfe zu Märchen und Fabeln – als Biographin und Musikschriftstellerin in Erscheinung trat, entwickelte Marie eine gewisse publizistische Aktivität, die, wenn auch nur wenig, Aufschluß über ihre sonst eher unkonturiert wirkende Persönlichkeit gibt.

Sie beauftragte zunächst den Brahms-Freund und Feuerbach-Biographen Julius Allgeyer, ein großes biographisches Quellenwerk über ihre Mutter zu schreiben, das jedoch nicht vollendet wurde. Nach ihm wurde Berthold Litzmann, Hölderlin-Forscher und Sohn alter Freunde Claras, als Autor engagiert. Die Arbeit

164 Reich, a. a. O., S. 222.

165 Vgl. S. 322. Zu den Verkäufen s. auch Nauhaus, Gerd, im Vorwort zu Tb II (S. 15) und Weissweiler, Eva, im Vorwort zu BW I (S. IX).

fand unter recht merkwürdigen Umständen in Maries Interlakener Domizil statt. Er bekam nur die Auszüge zu sehen, die Marie ihm auf den Tisch legte, einen stark zensierten und zusammengestrichenen Extrakt aus dem Briefwechsel Clara/Robert, Clara/Brahms und Claras Tagebüchern, die angeblich später verbrannt wurden.[166] Marie strich mit Rotstift recht respektlos in den Autographen[167] herum, wobei der Vergleich zwischen Original und Druckfassung deutlich macht, worauf es ihr ankam:

Ausgelassen sind fast alle Passagen, die auf schwerere Konflikte zwischen Clara und Robert hinweisen, allzu deutliche Bemerkungen über Zeitgenossen, ein Großteil des Psycho-Kriegs mit Friedrich Wieck, Details zur Entstehungsgeschichte und psychologischen Einbettung Schumannscher Kompositionen, Kritik an Claras Klavierspiel, politische Aussagen, Debatten über Finanzprobleme. So wurde die Beziehung zwischen Clara und Robert sowohl romantisiert als auch verharmlost, der Briefwechsel zweier Funktionen, die er bei aller Emotionalität auch hat, der des Arbeitsprotokolls eines oft unterschiedliche Positionen vertretenden Künstlerpaares und der des sozialpsychologischen Zeitdokuments, weitgehend beraubt. Erst die vollständige Edition, die nur gegen den erheblichen Widerstand alter NS-Kräfte und deren scheinheilige *Ehrfurcht vor dem Genius* durchgesetzt werden konnte,[168] macht diesen faszinierenden Facettenreichtum sichtbar.

166 S. dazu Nauhaus, Gerd, in Kommentar zu Tb. II, Anm. 386, S. 501.

167 Autographen des Braut- und Ehebriefwechsels, heute: Staatsbibliothek Preußischer Kulturbesitz, Berlin, Musikabteilung.

168 Wolfgang Boetticher (vgl. S. 293) betont in seiner Edition »Robert Schumann in seinen Schriften und Briefen« (= Klassiker der Tonkunst, Bd. 5), Berlin 1942, er habe sich bei seiner Zitatenauswahl von »Ehrfurcht vor dem Genius« leiten lassen. Die mit dem Schott-Verlag 1982 geplante neue und vollständige Edition des Braut- und Ehebriefwechsels durch mich hätte nur unter wissenschaftlicher »Supervision« des von der Robert-Schumann-Gesellschaft engagierten Boetticher stattfinden dürfen, was ich mit Verweis auf seine vielen antisemitischen Quellenfälschungen (s. BW I, Vorwort, S. XIII f.) ablehnte. Wenig später wurde mein Vorhaben, die Edition im Verlag Stroemfeld/Roter Stern zu realisieren, vom Leiter der Staatsbibliothek Preußischer Kulturbesitz, Dr. Vesper, mit dem Argument behindert, daß ich *nicht* mit »Prof. Dr. Wolfgang Boetticher von der Schumann-Gesellschaft« zusammenarbeite. Die bereits erteilte Editionserlaubnis wurde mir wieder entzogen und erst nach Einschaltung des damaligen regierenden Bürgermeisters, Richard v. Weizsäcker, und Aufklärung der zuständigen Stellen über die NS-Vergangenheit Boettichers wieder eingeräumt. Zur Tätigkeit Boettichers für das »Amt Rosenberg«, seiner Rolle als antisemitischer Lexikograph und Mitverantwortlicher bei der Beschlagnahme »jüdischen« Besitzes (Instrumente, Musikalien) im besetzten Frankreich s.: Lewis, Anthony, in: New York Times vom 18. 2. 1982 und Wolff, Christoph, in: Frankfurter Rundschau vom 24. 7. 1982.

Interessant ist allerdings auch, was Marie *nicht* gestrichen hat: Heftige Liebeserklärungen von Brahms an Clara und umgekehrt, das Auftauchen Kirchners, die quälenden Zerwürfnisse zwischen Clara und Brahms in den Frankfurter Jahren, erstaunlich brutal wirkende Tagebuch- und Briefnotizen über Ludwig, Felix und Ferdinand. Schon deren bloße Zusammenstellung reicht eigentlich aus, um den Mythos von der gütigen Übermutter Clara zu entkräften. Warum tat sie das? Aus Bemühen um philologische Redlichkeit ganz bestimmt nicht. Wieso hatte sie Ehrfurcht vor diesen Quellen und vor anderen nicht?

Es scheint fast, als ob hier ein leises Rachebedürfnis mitgespielt hätte, was überhaupt für die ältere Marie charakteristisch ist: Rache an Neffen und Nichten, die Ferdinands Ehe mit der ungeliebten Antonie entstammten, Rache an Brahms, der sie aus ihrem Kinderzimmer oder zumindest aus dem Herzen ihrer Mutter verdrängt, Rache an Clara, die sie als Kindermädchen, Kammerzofe und Sekretärin mißbraucht hatte, anstatt sie in ihrer Individualität zu fördern.

Nur einer geht als strahlender Heiliger aus der Zitaten-Collage hervor: Robert, der vergötterte Vater, das Leitbild ihrer Kindheit, der geistige Lehrer und schützende, gute Geist. Sein Bemühen um ihre literarische und musikalische Bildung, seinen dezidiert verkündeten Willen, sie niemals in Pension zu schikken, hat sie für alle Zeiten festgeschrieben, was im Grunde eine heftige Parteinahme gegen Clara war, die im dritten, den Zeitraum nach Roberts Tod behandelnden Band der Litzmann-Biographie etwas quälend Langweiliges, sich ständig monoton Reproduzierendes bekommt.

Fast ganz im Dunkeln läßt sie daher auch Schumanns Krankheit, über die sie wichtige Dokumente besaß, die sie nicht publizierte, so seinen Briefwechsel mit Clara während der Endenicher Zeit. Bis 1904 ließ sie noch Spuren von ihm auftauchen.[169] 1921, bei der Übergabe an die Preußische Staatsbibliothek, fehlt er ganz und ist, bis auf ein Autograph, das sich im Bonner Beethovenhaus befindet, nie wieder gesehen worden.

Litzmann wurde von vornherein unter erheblichen Druck gesetzt, indem sie ihn 1901 verpflichtete,[170] kein anderes Buch zu

169 Robert Schumanns Briefe. Neue Folge, Leipzig 1904, hrsg. von F. Gustav Jansen. Hier sind sechs Briefe Roberts aus der Endenicher Zeit abgedruckt.

170 Privatvertrag zwischen Marie Schumann und Litzmann im Nachl. Eugenie Schumann, STA Bonn.

schreiben, solange er an der Clara-Biographie arbeite. Er transkribierte und kommentierte die z.T. extrem schwer lesbaren Handschriften fast wie ein Gefangener unter ständiger Supervision. Als das Buch endlich fertig war und er den Nachlaß Ernst von Wildenbruchs herausgeben »durfte«, atmete er auf.

*Ich hatte viel Korrespondenz mit Frau von Wildenbruch wegen der Herausgabe des Nachlaßbandes. Ein wundervoller Kontrast gegen die Schererei mit Marie Schumann ...*[171]

schrieb er an seinen Sohn.

Marie hat dasselbe positiv ausgedrückt, indem sie lobend hervorhob, mit welchem Taktgefühl er *intime häusliche Vorgänge* verschwiegen, d.h. in Form nicht kenntlich gemachter Auslassungen übergangen habe.

Marie starb 1929 mit achtundachtzig Jahren, zwei Jahre, nachdem Litzmann seinen letzten editorischen Dienst an der Familie Schumann, die Herausgabe des Briefwechsels Brahms/Clara, vollendet hatte. Sie selbst ist als Autorin nie hervorgetreten, blieb also bis zum Schluß in ihrer Assistentenposition, die sie allerdings geschickt für sich ausnutzte.

Eugenie erzählt in einem tagebuchartigen Bericht[172] über Maries letzte Lebensmonate, daß sie das Aufkommen des Nationalsozialismus mit Interesse verfolgte. Der Niedergang der Monarchie und der Sieg der Sozialdemokraten in ihrem *Vaterland* hatten sie tief enttäuscht. Sie verglich ihr eigenes Sterben mit dem Deutschlands und legte die Zeitungen, *welche sie jeden Morgen im Bett las*, resigniert wieder weg. Ihre Lieblingslektüre war *Volk ohne Raum* von Hans Grimm, *Bilder aus meinem Leben* von Walter Siegfried und – ganz zum Schluß – das Alte Testament, das sie, wie Robert in den Tagen seiner Krankheit, geradezu verschlang.

*Sie wollte nicht sterben, ohne ein Mal die Bibel von Anfang bis zu Ende gelesen zu haben.*

Kurz nach ihrem 88. Geburtstag bekam sie Atemnot und qualvollen Husten.

171 Vgl. Nachl. Litzmann im deutschen Literaturarchiv Marbach am Neckar. Briefkarte an Hartwig Litzmann vom 29. 5. 1910.
172 Nachl. Eugenie Schumann, STA Bonn.

*Eugenia, sagte sie, muß ich sterben?*
*Meine Teure, erwiderte ich, wir müssen alle sterben, aber nicht gerade jetzt.*

Da ihr *unzählige Kampfer-, Koffein- und Digitalis-Injektionen* gesetzt werden mußten, engagierte man Rosa, eine Krankenschwester. Marie vertraute ihr nicht, weil sie *Ausländerin war und etwas fremdartig sprach.*

*Traut ihr nicht ... Hier ist keine Kontrolle!*

Eines Tages, als Eugenie wachend an ihrem Bett saß, sagte Marie:

*Es ist merkwürdig, wie du unserem Vater ähnlich siehst ... Gerade so, wie du mich jetzt ansiehst, sah mich der Papa an, als ich einmal als Kind sehr krank war. Ich wachte auf und da saß der Papa an meinem Bett und weinte.*

Eugenie, Rosa und die Fillu wechselten sich bei der Pflege der Kranken ab. Marie hatte große Sorge, daß die »kleine«, selbst schon achtundsiebzigjährige Schwester ohne sie nicht zurechtkommen würde. Um die Fillu, die *immer ihren Platz im Leben finden* würde, sorgte sie sich weniger. Marie Fillunger starb kurz nach ihr, im Dezember 1930.

Als Marie Schumann Blut spuckte und spürte, daß es nun nicht mehr lange dauern würde, sagte sie zu Eugenie:

*Rufe jemanden. Du darfst nicht allein bei mir sein, wenn ich sterbe. Du weißt nicht, wie es ist.*
*O ja, sagte ich, ich war doch bei Mama, als sie starb.*

Auf dem Sterbebett rief Marie:

*Oh, meine Mutter, oh, meine Mutter!*

# 9. Eugenie, Deutschland und die Nazis

Was ist nun von diesen *Erinnerungen*, diesem späten Befreiungsakt einer fast Siebzigjährigen, dem zehn Jahre später (!) noch eine Biographie folgen sollte, zu halten?

Es ist unmöglich, dieses Buch *nicht* unter psychologischen Kriterien zu beurteilen.

Denn daß Eugenie Schumann, eine Frau von so hoher Sprachbegabung und Intelligenz, bis ins Alter warten mußte, um den Mut zum Schreiben zu finden, ist einerseits tragisch, andererseits eine Bravourleistung, die den Schluß nahelegt, daß es für Erkenntnisse und Befreiungen nie zu spät ist, daß selbst ungünstigste Erziehungs- und Lebensbedingungen den Durchbruch einer kreativen Begabung nicht verhindern können.

Eugenie Schumann ist als einziges der Schumann-Kinder *nicht* resigniert an Claras Votum vom quasi natur- und gesellschaftsbedingten Schattendasein, das sie im Glanz des Vaters zu fristen hätten. Thematisch hat sie sich zwar nicht befreit. Aber sie hätte es gekonnt, was ihr viele ernstzunehmende Leser ihrer Bücher versicherten. 1936 schrieb ihr der österreichische Sänger und Schumann-Forscher Hans Reich:

*Darf ich in aller Verehrung etwas fragen? Wo sind andere Werke von Ihnen …? Wer so schreibt, wer die Sprache im Ausdruck, in prägnantestem, knappstem Ausdruck so meistert, daß jedes Geschehen, jede Person plastisch sind, wer mit wenigen Worten eine Stimmung vollständig vermittelt – muß Vieles gestalten können … Darf ich die wundervollen Worte wiederholen – »Eugenie mit den hellen Sinnen.«*[173]

Obwohl Eugenie mit Musik und Musikgeschichte aufgewachsen ist und Zeitgenossen wie Brahms oder Joachim genauer beobachtet hat als viele andere, wäre es unfair, ein nicht wissenschaftlich konzipiertes Buch mittels wissenschaftlicher Methoden zu demontieren. Vieles mag historisch falsch eingeordnet

173 Brief vom 23. 12. 1936, Nachl. Eugenie Schumann, STA Bonn.

sein, da es auf subjektiver Erinnerung der Autorin selbst oder falscher Tradierung durch Clara basiert. Aber was spielt es schon für eine Rolle, daß es Schumann war und nicht Mendelssohn, auf dessen Frage nach einem Wort mit F Clara »Pfannkuchen« sagte,[174] daß das Wiener Gespräch mit Liszt, in dem er Clara riet, doch nur ja eines seiner scheußlichen Stücke zu spielen, da die im frivolen Wien genau richtig am Platze seien, nicht in den 1830er, sondern 1850er Jahren stattfand[175] und auch nicht auf einen ritterlichen Unterton schließen läßt, sondern auf einen zynischen und gereizten?

Eine alte Frau erinnert sich an die Erinnerungen einer alten Frau.

Da können Schiefheiten nicht ausbleiben.

Schwerwiegender ist der falsche Glorienschein, der Claras Beziehungen zu Kollegen, besonders zu *Kolleginnen*, einhüllt und das Clara-Bild sicher dahingehend beeinflußt hat, daß sich auch Feministinnen von ihm blenden ließen. So verschweigt Eugenie, daß Clara, die selber so hochempfindlich mit Verweisen auf ihr Alter umging, der gerade fünfzigjährigen, ursprünglich hochverehrten Mentorin und Sängerin Wilhelmine Schröder-Devrient kategorisch erklärte, sie solle lieber schöne Talente unterrichten, da sie für eine Rückkehr aufs Podium zu alt sei.[176]

Oder daß sie der Viardot, ihrer angeblich liebsten Freundin und Nachbarin in Baden-Baden, unterstellte, sich aus Karrieregründen zu prostituieren:

*Mad. Viardot soll in Weimar die Sappho von Gounod singen wollen. Sie hat sich dem Großherzog angeboten, und, wie man erzählt, in einer Weise, daß er es nicht abschlagen konnte.*[177]

Auch die Kleinkriege und Intrigen, die Clara in Frankfurt anzettelte, um Konkurrenten wie Kwast oder Bülow zu schaden und die die Atmosphäre auf der Myliusstraße manchmal unerträglich vergiftet haben müssen, läßt Eugenie unerwähnt. Wenn Bülow einen Klavierabend gab oder mit seinem Meiningschen Orchester in Frankfurt konzertierte, organisierte Clara am gleichen

174 BW I, S. 153.

175 Litzmann II, S. 398 f.

176 Vgl. Weissweiler, Clara Schumann, S. 343 und Korr. Clara Schumanns mit Wilhelmine Schröder-Devrient in der Staatsbibliothek Preußischer Kulturbesitz, Berlin, Musikabteilung.

177 Clara an Brahms, Schumann/Brahms BW I, S. 550.

Abend ein Schüler-Konzert. Die Frankfurter *Kleine Chronik* schrieb darüber:

*Unwürdig ist aber auch der Zufall zu nennen, der das Hoch'sche Conservatorium gerade für diesen Concert-Abend eine Schüler-Soirée veranstalten ließ.*[178]

Daß Eugenie davon »nichts gewußt« hätte, ist unmöglich, denn die Londoner Briefe der Fillu an sie sind voll von taktischen Ratschlägen, wie mit dieser mütterlichen Intrigensucht umzugehen sei. – Auch der Klavierunterricht, den Clara in ihrem Frankfurter Domizil gab und bei dem Marie und Eugenie ihr assistierten, trug Züge von Psychoterror, über den einige Schülerinnen berichten.[179] Wenn eine Schülerin zu erfolgreich oder zu selbstbewußt wurde, konnte Clara sich schlagartig zu ihrer Erzfeindin, d.h. einem ernstzunehmenden, karrierehemmenden Störfaktor, entwickeln. Die von der Kritik hochgelobte Fanny Davies, eine *englische Jüdin*, wie die Fillu bösartig schreibt, machte den Fehler, sich nach ihrem Weggang von Clara und Frankfurt in London niederzulassen und sich dort in Konkurrenz zu Eugenie zu begeben. Beide machten Anspruch auf dieselben Schüler oder Schülerinnen, ein Konflikt, den die vierundsiebzigjährige Clara für ihre zweiundvierzigjährige Tochter regelte, indem sie der Davies auf »Englisch« schrieb:

*In answer to your letter I must first tell you that you have comitted several mistakes with regard to the pupils you asked Eugenie to teach. In the first instance you did not mention … that you wished to have the pupils back in spring; … E. was fully justified to believe, that you did not care to have the pupils back. – … We should however be willing to see behind these incidents only misunderstandings …, as they may happen now and then, and try to excuse them. But unfortunately you have in your interview with E. said the following words: »You ought to be very careful not to offend me. I can be very dangerous to you for I have a great many friends in England.« These words must fully destroy my faith in any loyal feelings in your part,*

178 Bülow, Hans von, Briefe, Bd. VI, Leipzig 1898, S. 239.

179 Z.B. Fromm, Marie, Some Reminiscences of My Music Studies with Clara Schumann, in: Musical Times 73, 1932, S. 615f. (»Everything was wrong, the arms stiff, the finger articulation totally inadequate, no knowledge of the structure of the muscles or of their use, and as for singing tone – «) oder de Lara, Adelina: Clara Schumann's Teaching, in: Music and Letters 26, 1945, S. 143ff.

*and make any further intercourse, either personal or by writing, impossible between us.*[180]

Eugenie hatte offensichtlich das Bedürfnis, die Mutter-Tochter-Beziehung so darzustellen, wie sie in Claras letzten Lebensjahren tatsächlich war: uneingeschränkt liebevoll, zärtlich und solidarisch. Sie hatte so lange für diese Beziehung gekämpft, so viele Zurückweisungen und Enttäuschungen erlitten, daß es aus ihrer Sicht absurd gewesen wäre, das endlich intakte Mutter-Bild nachträglich zu zerstören. So werden auch die schweren Zerwürfnisse, die die geliebte Mutter mit der geliebten Fillu hatte, nicht erwähnt, was man je nach Sichtweise als großzügig oder unredlich interpretieren kann. In merkwürdigem Kontrast dazu stehen die erschütternd autobiographischen Kindheitskapitel, die an Dickens erinnernden Schilderungen der Rödelheimer Internatszeit, die Klagen über die Nicht-Präsenz Claras in den frühen Berliner Jahren, die Tragödien der Geschwister Julie, Ferdinand, Ludwig und besonders Felix, den sie durch postume Erstpublikation seiner Gedichte gegen das Urteil Claras und gegen die Klatschsucht der Nachwelt verteidigt. Ziemlich eindeutige Schuldzuweisungen, wie sie hier vorgenommen werden, fehlen in den späteren Kapiteln völlig. So wirken diese *Erinnerungen* manchmal wie zwei verschiedene Bücher über zwei verschiedene Claras, die von mindestens zwei verschiedenen Autorinnen geschrieben wurden, aber gerade diese Ambivalenz in Ton, Fakten- und Charakterdarstellung macht sie wohl besonders authentisch.

Hochinteressant sind bis heute die Kapitel über Claras Interpretationsstil und Übungstechnik, die fast wie Werkstattberichte klingen und einen respektablen Ersatz für die fehlenden Phonogramm-Aufnahmen[181] bieten. Auch die Gegenüberstellung der verschiedenen pianistischen Auffassungen Brahms' und Claras ist in diesem Zusammenhang aufschlußreich. Eugenie erwähnt allerdings nicht, daß sich gerade über diese ältere, ihr als Pianistin besonders vertraute Clara eine Flut schlechter Kritiken ergoß, die man nicht durchweg als bösartig vom Tisch wischen kann, da sie zum Teil sehr detailliert argumentieren und durch

180 Brief Claras (wahrscheinlich von Marie abgeschrieben und übersetzt) vom 17. 7. 1893, STA Bonn, Nachl. Eug. Schumann.

181 Clara hat sich im Gegensatz zu Brahms der neuen Phonogramm-Aufnahmetechnik verweigert.

die von Autoren wie Shaw oder Hanslick verbreiteten hymnisch-pathetischen Ergüsse, die diese Detail-Argumentation als blasphemisch zurückweisen, eher bestätigt als widerlegt werden. So schreibt die *Niederrheinische Musikzeitung* 1863[182] über ihre Interpretation des Schumann'schen Klavierquintetts:

*Wir können nur von Herzen bedauern, dass die grosse Künstlerin bisher keine Erinnerung, auch die freundlichste u. wohlwollendste, zur Rückkehr zu angemessener, im Tempo maassvoller Anwendung ihrer Bravour auch nur im Geringsten beachtet hat.*

Oder die *Neue Zeitschrift für Musik 1868*[183] über ihr Spiel der *Appassionata* und *C-Dur-Phantasie:*

*In keiner Weise konnte diese vor Zeiten größte Pianistin den Anforderungen genügen, welche man bei der Prätention der Unantastbarkeit an sie zu stellen hat. Weder technisch noch musicalisch war die Wiedergabe ... annähernd gut, und gar Viele ihres clavierspielenden Geschlechts thun es ihr darin zuvor.*

Solche Kritiken lassen auch Brahms' mehrfach vorgetragenen Ratschlag, weniger Konzerte zu geben (und gründlicher zu studieren?) in einem anderen, d.h. nicht bloß frauenfeindlichen Licht erscheinen.

Nach dem Erscheinen der *Erinnerungen* und der Robert-Schumann-Biographie wurde es bald wieder still um Eugenie, die sich nach dem Tod Maries und der Fillu in der Berner Pension *Villa Frey* niederließ, von dort aber gern und häufig reiste, am liebsten nach Ascona und Oberstdorf. Ihre ursprünglich so labile Gesundheit war im Alter durch nichts mehr zu erschüttern, ihr Intellekt bis zum Schluß jung und vital, ihre Handschrift deutsch und energisch.

Schon bald nach der sog. »Machtergreifung« begann sie, obwohl in der Schweiz lebend, nicht nur ihre Briefe, sondern auch ihre *Briefentwürfe* mit *Heil Hitler* zu unterzeichnen, womit sie über die politische Linientreue ihrer Briefpartner, darunter viele »echte« Nazis wie der Inhaber des Engelhorn-Verlages, Spe-

182 1. 11., S. 359.
183 Bd. 64, Teil I, 1868.

mann, der Schriftleiter des *Völkischen Beobachters,* Hartmann, und der Reichspropagandaminister Joseph Goebbels (!) weit hinausschoß. In diesen Gegenbriefen überwiegt als Grußformel der *deutsche Gruß oder die vorzügliche Hochachtung.*

Man kann also durchaus von einem freiwilligen, wenn auch vielleicht etwas senilen Enthusiasmus sprechen, den Eugenie als Briefschreiberin zum Ausdruck brachte und der sicher auf die dezidiert deutsch-nationale Einstellung im Hause Claras und auf Maries und Eugeniens Enttäuschung über »Deutschland« nach dem ersten Weltkrieg zurückzuführen ist.

Trotzdem wäre es völlig verfehlt, sie als Nationalsozialistin oder gar Antisemitin hinzustellen, denn sie blieb sowohl gegen Spemanns Ansinnen, in der zu ihrem 85. Geburtstag geplanten Neuauflage der *Erinnerungen alle jüdischen Namen und von Sympathie getragene Passagen über jüdische Zeitgenossen zu streichen als auch massiven politischen Anwerbungsversuchen gegenüber immun. Spemann schreibt im Februar 1936:*[184]

> *Dabei hätten wir angeregt, ob Sie nicht einige Stellen streichen oder dämpfen könnten, die sich auf die Juden beziehen. Es wird sicherlich in späteren Zeiten wieder ein Augenblick kommen, wo man durchaus in der Lage ist, die wirklichen kulturellen Großtaten von Männern wie Joachim und Hermann Levi oder gar Mendelssohn in ihrem vollen Ausmaß zu würdigen; im Augenblick aber steht man in vollem Kampf gegen das Judentum, und es ist daher nicht der Zeitpunkt für eine Objektivität, die von interessierter Seite doch sofort mißbraucht … würde. Überlegen Sie sich einmal diese Frage grundsätzlich. Wir würden Ihnen dann diese Stellen gern im einzelnen bezeichnen. Wir sind nämlich fest überzeugt, daß die Reichsschriftumskammer … mit größter Freude und wärmstem Interesse den ihr zur Verfügung stehenden ungeheuren Apparat für Ihr Werk einsetzen würde. Aber dazu wäre es eben dann notwendig, daß man die … für den Augenblick nicht wegzuleugnenden Steine des Anstoßes beseitigt. Es ist eben … noch zu früh, den … Lesern Ihres Buches klar zu machen, daß es damals noch gar keine Judenfrage im heutigen Sinne zu geben brauchte …, weil damals der unheilvolle Einfluß des zersetzenden Judentums noch gar nicht Fuß gefaßt hatte …*

Eugeniens Antwort auf diesen Brief ist nicht erhalten, aber aus Spemanns schroffer Reaktion ist ersichtlich, wie sie ausgefallen sein muß:

184 Brief vom 7. 2., Nachl. Eug. Schumann, STA Bonn.

*Ihren Entschluß, an Ihrem ... Werk nichts zu ändern, haben wir zur Kenntnis genommen ... Da Sie keine Kürzungen vorzunehmen wünschen, werden wir die Frage der geplanten Neuausgabe erneut überlegen müssen.*[185]

Die *Erinnerungen* erschienen zu ihren Lebzeiten nicht mehr, sondern erst 1942 in einer absurd verstümmelten Version, in der die jüdischen Namen nicht (wie in Boettichers Nazi-Schumanniana) mittels »Stern« gekennzeichnet, sondern völlig gestrichen sind, so auch fast alle Passagen, in denen »Juden« (und wenn es nur zufällige Nachbarn oder Besucher waren) erwähnt werden, sofern sie nicht zum inhaltlichen Verständnis unbedingt notwendig sind wie einige Bemerkungen über Claras gemeinsame Auftritte mit Joseph Joachim. Bei der systematischen Tilgung jüdischer Namen half offensichtlich das von Boetticher mitherausgegebene Lexikon des Judentums in der Musik, wobei trotzdem noch einige »Pannen« passierten: Ferdinand Hiller zum Beispiel wurde nicht »getilgt«, wie sich überhaupt bei einigen nicht »typisch jüdisch« klingenden Namen eine gewisse Unsicherheit bei der Entscheidung »Tilgung oder nicht?« erkennen läßt.

Wenn es nicht so traurig wäre, könnte man über den hilflosen Redaktionsfanatismus Spemanns beinahe lachen. Selbst die (ohnehin falsch erzählte) kleine Episode, in der Mendelssohn Clara nach einem Wort mit F fragt und sie »Flamme« sagt, ist gestrichen!

Im Sommer 1936 war Eugenie in Oberstdorf, bekam Zahnschmerzen, ließ sich behandeln und lernte in ihrem Arzt, Dr. Hehnling, einen fanatischen Nazi kennen, der sie mit aller Gewalt für die »Bewegung« und für propagandistische Tätigkeiten in der Schweiz zu gewinnen suchte. Auch nach ihrer Abreise bombardierte er sie monatelang mit Briefen und Argumenten, die immerhin erkennen lassen, daß sie ihm offenbar mit Interesse zuhörte, wenn sich auch keinerlei Beweis dafür ergab, daß sie seinen Angeboten tatsächlich gefolgt ist. Wie andere führende Nazi-Kräfte hatte auch Hehnling, der in Bayern eine gewisse politische Rolle spielte, großes Interesse daran, eine Schumann-Tochter vor seinen ideologischen Karren zu spannen. Im August 1936 bittet er sie klipp und klar, als treue Deutsche, wie ich *Sie kennengelernt habe, in der Schweiz für unsere gute Sache zu wirken.*

185 Brief vom 22. 2. 1936, ebda.

Weiter heißt es:

*Adolf Hitler wollte und will als Ziel seiner Bemühungen eine völlige Erneuerung des deutschen Menschen, von innen heraus, auf allen Gebieten des Lebens ...*

*Die Gegner dieses neuen Gedankens besaßen im ganzen deutschen Reich die Macht und übten sie aus ... zum Schaden des Volkes; auch Sie haben ja Ihr Vermögen verloren durch einen solchen Schädling, der Deutschlands Finanzminister war ... Der einzige Weg war, als politische Partei um die Mehrheit zu ringen und nach einem klaren Sieg selbst eine NS-Regierung zu bilden, die es dann in der Hand hatte, alle jene Schädlinge kaltzustellen. Wie Sie selbst feststellen konnten, ist in unserem Vaterland seit 1933 sehr, sehr vieles in gutem Sinne anders geworden, und es bleibt trotzdem noch manches zu ändern. Einen Augiasstall auszumisten verlangt ungeheure Arbeit und lange Jahre ... Die Juden und Freimaurer der Schweiz zeihen uns der Wahlfälschung! Liebes Fräulein Schumann, Sie kennen mich zwar wenig, ich nehme aber an, daß Sie mich für einen anständigen Deutschen halten, der hinsteht für das, was er sagt und tut. Ich, Alexander Hehnling, erkläre Ihnen ehrenwörtlich, daß keine Fälschungen vorgekommen sind. Ich selbst war bei der letzten Wahl Vorsitzender eines Wahlausschusses ... und hätte auch nicht eine Unehrlichkeit geduldet, selbst nicht zu unseren Gunsten ... So wie ich hier in Oberstdorf gehandelt habe, so ist bei den Wahlen andernorts in ganz Deutschland gehandelt worden. Es wird wie überall, so auch in der Schweiz, eines Tages die Wahrheit sich ihre Bahn brechen ... Zwar kennen Sie nicht unsere Kämpfe und Leiden, die das ganze Leben eines Nationalsozialisten durchziehen, doch wissen Sie aus Ihrem eigenen Leben, wie ein Ringen um die seelisch guten Kräfte eines Menschen seelische eigene Kräfte verlangt ... Ein Blick in sein Auge gibt uns neue Kraft. Warum werden so viele Menschen, die nur ein Blick seines Auges traf, seelisch so durcheinandergeschüttelt, daß ihnen die Tränen über die Wangen laufen? Ich will es Ihnen sagen: Gott ist in ihm und wirkt durch ihn. Wollen Sie ihn sehen und vielleicht gar mit ihm sprechen? Ich glaube, es wäre möglich, daß Sie vom Führer als Ehrengast zum Parteitag nach Nürnberg eingeladen werden ... Lesen sie hin und wieder auch des Führers »Mein Kampf«, dann lernen Sie ihn ganz genau kennen.*[186]

Aus weiteren Briefen Hehnlings geht hervor, daß Eugenie ihn und seine Frau in die Schweiz einlud und ihm ihr Porträtfo-

186 Alexander Hehnling an Eug. Schumann, 31. 8. 1936, STA Bonn, Nachl. Eug. Schumann.

to schickte.[187] Ob er tatsächlich kam, ist nicht bekannt. Immerhin ist sein Einfluß auf sie unverkennbar, denn ein Jahr später schreibt sie an einen gewissen Beyer, der im NS-Kulturgemeinde-Organ *Die Musik*[188] (Boettichers Hausblatt) einen in der Tat kleinlich-klatschsüchtigen Artikel über Marianne Bargiels Ehestreitigkeiten mit Friedrich Wieck veröffentlicht hatte:

*Ich wünschte, Sie könnten meinen Worten anfühlen, dass ich nicht für mich kämpfe, nicht für die grossen Toten. Nein, mein Kampf gilt Deutschland, dem Deutschland von heute. Es schmerzt mich tief, wenn deutsche Männer ihre Kraft an Kleinigkeiten und Kleinlichkeiten wegwerfen, wo das Leben so furchtbar ernst ist und gebieterisch den Einsatz aller Kräfte verlangt.*[189]

Seit 1937 mehren sich die Bittbriefe jüdischer Freunde und Kollegen an sie, darunter viele Nachkommen von Mäzenen Brahms' und Claras, ihren Einfluß bei den Nazi-Behörden oder wichtigen, dem Nazi-Regime nahestehenden Persönlichkeiten wie Hitlers ehemaliger Ersatzmutter Bechstein geltend zu machen. Hermine Wittgenstein, die in Wien lebende Schwester des Philosophen Ludwig Wittgenstein, schreibt im Juni 1938:

*Unsere Familie ist – obwohl seit mehr als 100 Jahren getauft – zu 75% jüdischer Herkunft und daher allen Gefahren ausgesetzt, von denen die Volljuden bedroht sind!*

Bei ihren empfehlenden Zeilen an Frau Bechstein in Berlin möge sie, Eugenie, erwähnen

*… dass Ihre Familie die unsere seit der Mitte des vorigen Jahrhunderts gekannt hat und dass eine jahrzehntelange Freundschaft meine Tanten und Ihre verewigte Mutter … verband. Ferner dass Johannes Brahms als Lehrer und Freund bereits im Hause unserer Grosseltern Wittgenstein verkehrt hat, wie in jeder Biographie nachzulesen ist. Vor allem aber, dass unsere Familie sich weder je als jüdische Familie gefühlt, noch benommen, noch jemals als solche gegolten hat, ja dass sie ihrer immer durch die Tat bewiesenen sozialen Gesinnung wegen als eine der ersten Bürgerfamilien des Landes angesehen wurde und eines besonderen Schutzes wert ist.*[190]

187 Brief vom 25. 1. 1937, ebda.
188 XXIX. Jg., H. 7, 1937, S. 478 ff. (»Die Ahnen Clara Schumanns«).
189 Brief vom 10. 6. 1937, Nachl. Eug. Schumann, STA Bonn.
190 Briefe vom 19. 6. 1938 und 21. 6. 1938, ebda.

Die Wittgensteins, deren Sohn Paul – Bruder von Hermine und Ludwig – übrigens selbst ein bedeutender Pianist war, der als Offizier der österreichisch-ungarischen Armee im ersten Weltkrieg den rechten Arm verloren hatte und seitdem klassische Klavierliteratur für die linke Hand bearbeitete und spielte, waren über die Figdors mit Joseph Joachim verwandt. Betty Oser, eine Schülerin Clara Schumanns, war eine geborene Wittgenstein. In den Villen dieser Familien

*... stand für Brahms immer der Tisch gedeckt ..., der ehrwürdige, runde gelbe Altwiener Familientisch, von welchem schon Schubert, Grillparzer und Schumann gegessen hatten!*[191]

Eugenie Schumann muß wohl ablehnend auf die Bitte Hermine Wittgensteins reagiert haben, denn in deren letzten Brief an sie heißt es:

*Sie haben gewiss recht, dass es unter diesen Umständen das Beste ist, sich ruhig zu verhalten.*[192]

Durch die Kontroverse um die von Goebbels, der Reichsmusikkammer, der Preußischen Staatsbibliothek und dem Schott-Verlag durchgesetzte Aufführung des von Clara für unwürdig befundenen Schumannschen Violinkonzertes geriet Eugenie, die vehement Claras Position vertrat, in einen unmittelbaren, psychisch sehr belastenden Konflikt mit den Nazis, der bereits von Michael Struck ausführlich dargestellt worden ist[193] und darum hier nur in Stichworten skizziert wird.

Clara Schumann hatte das Manuskript des Werkes, dessen Negativeinschätzung Joseph Joachim teilte, an Joachim weitergeschenkt, der es seinerseits an seinen Sohn Johannes, später Bibliotheksrat in Göttingen, vererbte. Von dort gelangte es 1925 via Verkauf an die Preußische Staatsbibliothek, die damit Inhaberin aller Rechte wurde. Eugenie konnte der geplanten Uraufführung durch Wilhelm Kulenkampff, die im November 1937

191 Zit. nach Kalbeck, Max, Johannes Brahms, Bd. 2, Berlin 1908, S. 148 f.

192 Brief vom 30. 6. 1938, Nachl. Eug. Schumann, STA Bonn.

193 Die umstrittenen späten Instrumentalwerke Schumanns. Untersuchungen zur Entstehung und Rezeption. Hamburger Beiträge zur Musikwissenschaft, hsrg. von Constantin Floros, Bd. 29, Hamburg 1984, S. 291 ff. Dort auch Quellen und Analysen zur musikalischen Qualität des Werkes.

unter Leitung von Karl Boehm anläßlich der Jahrestagung der Reichskulturkammer und der NS-Gemeinschaft »Kraft durch Freude« in Berlin stattfand, zwar argumentativ und unter Berufung auf den ihr heiligen Willen Claras widersprechen – verhindern konnte sie sie nicht.

Das besagten auch verschiedene Rechtsgutachten, die sie in der Sache einholte, z.B. das des ehemaligen deutschen Botschafters in Bern, von Weizsäcker, der ihr am 19. 7. 1937 schrieb, daß er *vollkommen ihre Gefühle verstehe,* ihr zum *dornenvollen Weg eines Prozesses* aber nicht rate, denn *endgültige Sicherheit wäre nur zu erreichen, wenn sich Fräulein Schumann in den Besitz des Manuskriptes setzen und dieses vernichten könnte.*[194]

Eugenie verfaßte eine umfangreiche, bereits bei Struck abgedruckte *Erklärung,* in der es u.a. heißt:

*Meine Mutter hatte im Laufe der Zeiten uns Kindern einige Male in zartester Weise angedeutet, dass das Concert deutliche Spuren der verheerenden letzten Krankheit in sich trage, so dass sie sich nicht entschließen könne, es in Druck zu geben. Still, aber in tiefer Bewegung, hörten wir zu. Unvergesslich ist mir dann die Stunde, welche ich in den 80er Jahren des vorigen Jahrhunderts im mütterlichen Hause miterlebte, die Stunde, in welcher meine Mutter unterstützt von dem Rath der Freunde Joseph Joachim und Johannes Brahms nach jahrelanger Ueberlegung aus Gründen der Pietät für den Verstorbenen zum dem Entschluss kam, von der Veröffentlichung des Werkes endgültig abzustehen. Dieser Wille meiner Mutter ist mir heilig und ihr Urteil im Verein mit dem der Freunde wird mir für alle Zeiten die höchste Instanz sein …*[195]

Waldemar Hartmann, Schriftleiter des *Völkischen Beobachters*, lehnte die Publikation dieser Erklärung ab. Ohne Erfolg blieben auch mehrfache Interventionen beim Schott-Verlag, dem Präsidenten der Reichsmusikkammer und dem Leiter der Musikabteilung der Preußischen Staatsbibliothek, Georg Schünemann.[196] Auch der Versuch, Johannes Joachim, der allerdings, wie Struck wohl richtig vermutet, aufgrund seiner jüdischen Herkunft von Verfolgung bedroht und daher erpreßbar war,[197] auf ihre Seite

194 Nachl. Eug. Schumann, STA Bonn.
195 Zit. nach maschinenschriftlicher Entwurf-Fassung im STA Bonn.
196 Umfangreiche, in diesem Ausmaß wohl noch nicht ausgewertete Korrespondenz mit allen Beteiligten im Nachl. Eug. Schumann, STA Bonn.
197 Struck, a.a.O., S. 325.

zu ziehen, scheiterte. Die Erklärung erschien schließlich in der *Schweizerischen Musikzeitung*,[198] während in Deutschland folgender, an den Schott-Verlag gerichteter Brief von Yehudi Menuhin (!) aus Los Gatos kursierte:

*Lieber Herr Strecker!*

*Das Konzert ist prachtvoll, ich bin ganz bezaubert! Echt Schumann ist es, romantisch und frisch und bei allem Antrieb doch so logisch verknüpft. Überhaupt durchaus geistig gesund! Darum find ich so unglaublich und auch unwahrscheinlich die Geschichte der Unterdrückung dieses ganz herrlichen Werkes ... Ich werde es mit grosser Freude in der nächsten Saison spielen ... Mit der Ausnahme einer kleinen Stelle im ersten Satz ist alles spielbar und wohlklingend ... Vielleicht damals erschrak man vor den kühnen Harmonien die unseren heutigen Ohren gar nicht überraschend klingen. Hoffentlich gab es bessere Gründe Schumann im Irrenanstalt zu stellen! Ich bin Ihnen unendlich dankbar und kann überhaupt nicht sagen, wie gross eine Freude es ist, für einen Geiger besonders, solch eine »Entdeckung« spielen zu dürfen und zu fühlen, wie die alte Schumannsche Musik, die Flamme einer Epoche, leider viel zu kurz, wo die Romantik und das leidenschaftliche Sehnen noch jung waren, wie das alles uns noch entzücken kann.*

*Ihr ganz ergebener*
*Yehudi Menuhin.*[199]

Die Uraufführung durch Kulenkampff in Deutschland und durch Menuhin im Ausland erhielt fast nur enthusiastische Kritiken. Eugenie gab schließlich ihren Widerstand auf, blieb aber dem Festakt in Berlin, zu dem Goebbels persönlich sie einlud, fern. Zu Gunsten ihrer Geschwisterkinder und deren Nachkommen verzichtete sie auf alle Einnahmen aus Aufführung und Druck. An Strecker schrieb sie, daß sie das Ganze als nationalsozialistische Machenschaft betrachte:

*So sehe ich doch ein, dass ich der heutigen Entwicklung gegenüber, die den Künstler und sein Werk mehr und mehr für vogelfrei erklärt, völlig machtlos bin ... Was kann Erfolg oder auch Misserfolg ... bedeuten heutzutage,*

198 No. 1, 1938.
199 Brief vom 18. 4. 1937, zit. nach maschinenschriftlichem Durchschlag im STA Bonn, Nachl. Eug. Schumann.

*wo die Menschen nur am Gängelband der Propaganda marschieren können, wo jede individuelle Meinung unterdrückt, die Urteilskraft des Einzelnen nicht entwickelt wird?*[200]

Damit begab sie sich am Ende ihres Lebens in scharfe Opposition zu den Nazis, von denen sie dann auch prompt entsprechende Antwort erhielt. Ein gewisser Robert Pessenlehner, ursprünglich Antifaschist und Biograph des jüdischen Schumann-Freundes Hermann Hirschbach, eine Arbeit, die ihm den scharfen Tadel Boettichers einbrachte[201] und vermutlich fast Kopf und Kragen gekostet hätte, schrieb 1938 nach politischer Blitzkehrtwende in der *Zeitschrift für Musik*[202] einen offenen Brief an die *Verehrte Tochter unseres großen deutschen Meisters,* in dem er Eugeniens Haltung als *unbegreiflich* bezeichnet, von einer *Hintertreibung der Uraufführung* und einer *Unterdrückung in Zeiten des Liberalismus* spricht, Schumanns eigene Verdienste um unbekannte Werke Franz Schuberts hervorhebt und das Verhalten Claras und Joachims scharf kritisiert.

*So fiel das Violinkonzert Schumanns der Eitelkeit des Virtuosen unbedenklich zum Opfer. ... Sie (Clara) flüchtete hinter andere in einem Punkte, in welchem sie standhaft hätte bleiben müssen. Sie flüchtete ja auch vor Liszt und Wagner.*

Anstatt sich auf ihr eigenes Urteil und Schumanns in der Tat unzweifelhaftes Bekenntnis zu seinem Werk zu verlassen, habe sie sich an Joachim gehalten,

*welchem ... die Erkenntnis eines deutschen Werkes durch seine rassische Herkunft sowieso versagt bleiben mußte.*

Als Gewährsmann wird wiederum Menuhin zitiert, der, *das Urteil seines Rassegenossen beiseiteschiebend das Werk so schnell wie möglich zur Aufführung brachte.*

200 Brief vom 10. 7. 1937, ebda.
201 Vgl. Boetticher, in: Die Musik, 1937 (»Einen Volljuden für die gesamte deutsche Musikschriftstellerei der Mitte des vorigen Jahrhunderts verantwortlich zu machen, ist schon ein starkes Stück. Der Name Schumanns ist Pessenlehner gerade gut genug, um die Etikette Hirschbachs zu verschönern. Die deutsche Schumann-Forschung bedankt sich für diesen Beitrag ...«).
202 »Eugenie Schumann und das letzte Werk ihres Vaters Robert Schumann«, Zeitschr. für Musik, 105, Jg. 1938, S. 241 f.

*Robert Schumann sei eben von vielen verkannt worden, zuletzt auch noch von seiner Lebensgefährtin.* Das Ganze unterzeichnet der ihr *im Geiste Schumanns verbundene* Doktor Robert Pessenlehner mit einem zünftigen

*Heil Hitler.*

Eugenie hat diese Aufregungen nicht überlebt und starb am 25. September 1938 an den Folgen eines Bronchialkatarrhs. Boetticher versuchte, ihr in seinem Nachruf Verständnis entgegenzubringen:

*Das Alter will verharren und sucht keine entscheidenden Lösungen.*[203]

Über die Trauerfeier berichten die *Zwickauer Stadtnachrichten:*[204]

*An der Feier im Berner Krematorium nahm der deutsche Gesandte, Exzellenz Köcher, teil, der ebenso wie Reichsminister Dr. Goebbels durch einen großen Kranz mit Widmungsschleife der Wertschätzung für die Tote Ausdruck gab ... ferner waren ... auch die NS-Frauenschaft sowie die Musikkreise von Bern bei dem Trauerakt vertreten.*

Die Urne Eugenie Schumanns wurde neben der von Marie auf dem Bergfriedhof Gsteig bei Interlaken beigesetzt.

203 In: Die Musik, XXXI. Jg. 38/39, S. 77.
204 Bericht vom 4. 10. 1938.

Mehrfach zitierte Quellenwerke

BW: Schumann, Clara und Schumann, Robert: Briefwechsel. Kritische Gesamtausgabe Bd. 1 (1984) und 2 (1987), Bd. 3 in Vorbereitung, hrsg. von Eva Weissweiler unter Mitarbeit von Susanna Ludwig, Basel 1984 ff.

HHB: Schumann, Robert: Haushaltsbücher I (1847–1854), hrsg. von Gerd Nauhaus, Leipzig 1982.

Joachim, BW: Joachim, Joseph: Briefe von und an Joseph Joachim, hrsg. von Johannes Joachim und Andreas Moser, 3 Bände, Berlin 1911 ff.

Litzmann: Litzmann, Berthold: Clara Schumann. Ein Künstlerleben nach Tagebüchern und Briefen, 3 Bände, Leipzig 1902 bis 1908.

Schumann/Brahms BW: Schumann, Clara und Brahms, Johannes: Briefe aus den Jahren 1853–1896, 2 Bände, hrsg. von Berthold Litzmann, Leipzig 1927.

TB: Schumann, Robert: Tagebücher, Bd. 2 ( 1836–1854), hrsg. von Gerd Nauhaus, Basel/Frankfurt a.M. 1972.

Bibliothekssiglen

| | |
|---|---|
| HHI | Heinrich-Heine-Institut Düsseldorf |
| STA Bonn | Stadtarchiv Bonn |
| STA Köln | Stadtarchiv Köln |

Die Herausgeberin dankt dem Stadtarchiv Bonn, dem Stadtarchiv Köln, dem Heinrich-Heine-Institut Düsseldorf, der Österreichischen Nationalbibliothek Wien und der Staatsbibliothek Preußischer Kulturbesitz Berlin (Musikabteilung) für freundliche Unterstützung.

Ihr besonderer Dank gilt ihrer Mutter, Liesel Weissweiler, die auch bei dieser Publikation zum Thema »Schumann« tatkräftige Hilfe geleistet hat.

# Namenregister

(die Namen Clara, Eugenie und Robert Schumann sind wegen ihres häufigen Vorkommens nicht aufgeführt)

**Neuerscheinung im Herbst ´95**

## Verena Naegele
# Parsifals Mission

### Der Einfluß Richard Wagners auf Ludwig II. und seine Politik

**ISBN 3-920862-09-0,**
**ca. 300 Seiten,**
**16 Abbildungen, Gebunden,**
**Preis: DM 45,00,**
**ÖS 340, sFr. 45,00**

Ludwig II. suchte als 18jähriger jugendlicher Monarch nach Halt für sein Leben und Wirken. In Richard Wagner fand er sein Vorbild, das er verehrte und von dessen theoretischen Schriften und praktischen politischen Ratschlägen er sich in der Zeit von 1864-66 abhängig machte. Der damals 51jährige mittellose und nach wie vor als politischer Revolutionär verfemte Richard Wagner nutzte Ludwigs Abhängigkeit. Er versuchte nicht nur, seine Musikvisionen als die einzig wahren durchzusetzen, sich von Semper ein eigenes Aufführungshaus nur für seine Werke bauen zu lassen, sondern er nahm auch großen politischen Einfluß auf Ludwig II. Und dies in einer Zeit, in der in Europa der Machtkampf zwischen Österreich und Preußen um die Vorherrschaft im deutschsprachigen Raum tobte, wobei Bayern als drittgrößte Macht zwischen diesen Parteien stand. Daß Wagners Einfluß auf Ludwig II. auch zu einem königlichen Lebensstandard des Komponisten führte, ist nicht verwunderlich.
Seltsamerweise wurde das Faszinierende des Zusammenwirkens von Kultur und Politik, wie es sich in der Beziehung des Königs und des Komponisten zeigt, nie erkannt. In *Parsifals Mission* zeigt Verena Naegele eindrucksvoll, wie problematisch und faszinierend zugleich die Beziehung zwischen Ludwig II. und Wagner war, wie stark diese das politische Geschehen Bayerns und damit des deutschsprachigen Raumes jener Jahre mitgeprägt hat. Deutlich wird auch, wie sich durch diese Beziehung das Denken und Handeln der Beiden veränderte. *Parsifals Mission* liest sich spannend wie ein Psycho- und Polit-Thriller.
Eine große Bereicherung der Wagner-Ludwig II.-Forschung zum 150. Geburtstag des Bayern-Königs im August dieses Jahres.

**Verena Naegele** promovierte an der Universität Zürich in Geschichte und Musikwissenschaft, war Regieassistentin am Opernhaus Zürich und ist heute Kulturredakteurin beim Aargauer Tagblatt. Im Frühjahr erschien von ihr *Irma und Alexander Schaichet - Ein Leben für die Musik.*

Friedlind Wagner

# Nacht über Bayreuth

**Die Geschichte der Enkelin Richard Wagners**

**ISBN 3-920862-04-X**
**368 Seiten,**
**16 Abbildungen, Gebunden**
**Preis: DM 42,80**
**ÖS 334 sFr. 45,50**

"In diesem Frühjahr wurde die erbitterte Abrechnung Friedelinds mit der braunen Ära Bayreuths wieder aufgelegt."
**DER STERN**

"Dem Buch, das die 25jährige, das schwarze Schaf der Familie, 1944 in der Emigration schrieb, tut die scharfe Zunge gut, die Friedelind bis zu ihrem Tode 1991 führte; es ist respektlos, witzig, leidenschaftlich, manchmal verzweifelt, voller Atmosphäre und Humor."
**DIE ZEIT**

"Der Geist Hitlers schwebte in Friedelinds Kindertagen nicht nur über Bayreuth, auch über der Familie."
**Rudolf Augstein, DER SPIEGEL**

"Da erhält man aus erster Hand Einblick in eine Familiendynastie, deren Handlungen ... verzweifelt den Machenschaften des Denver-Clans ähneln, ... ."
**LUZERNER ZEITUNG**

"Es sind die Memoiren eines gewissermaßen bis heute ungeliebten, unerkannten Kindes. ... Nicht nur wie politisch das Private ist, sondern auch wie privat das Politische, läßt sich an dem Buch studieren."
**DIE TAGESZEITUNG**

"Durch Friedelind lernt man die Leitfiguren des "Dritten Reiches" und der Bayreuther Festspiele aus einer ungewohnten fast intimen Frosch-Perspektive kennen, ..."
**WDR (WESTDEUTSCHER RUNDFUNK)**

"Das wieder aufgelegte Buch bleibt ein wichtiger Beitrag zur Geschichte der Wagner-Sippe im schlimmsten Dunkel deutscher Geschichte, ..."
**DEUTSCHLANDFUNK**

In ihrem 1944 in New York und 1945 in der Schweiz auf deutsch erschienenen Buch beschreibt die Tochter Siegfried und Winifred Wagners ihr Leben bis zu ihrer Emigration 1940 und ihre Begegnungen mit Adolf Hitler in Bayreuth, München und Berlin.